La otra historia de México
Díaz y Madero
La espada y el espíritu

2

Clásica
Biblioteca Catón

Biografía

Armando Fuentes Aguirre, CATÓN, nació en Saltillo, Coahuila. Hizo sus primeros estudios en la Escuela Normal de ese estado y en el Ateneo Fuente, prestigiosa institución de la que posteriormente sería director. Luego cursó la carrera de abogacía en la Escuela de Leyes de su ciudad natal, y en la UNAM. Tiene maestrías en Lengua y Literatura Españolas y en Ciencias de la Educación, y recibió el grado de Doctor Honoris Causa por la Universidad Autónoma de Nuevo León. En 1978 se le nombró Cronista de Saltillo. Creó Radio Concierto, una emisora cultural de la que sus paisanos se sienten orgullosos. Es igualmente fundador de la Facultad de Ciencias de la Comunicación de la Universidad Autónoma de Coahuila. Junto con su esposa María de la Luz sostiene desde hace más de 30 años un comedor para niños campesinos. Autor de numerosos libros, todos ellos éxitos editoriales, escribe diariamente, para más de un centenar de publicaciones, sus artículos periodísticos "De política y cosas peores" y "Mirador". Se le considera el columnista más leído de México.

ARMANDO FUENTES AGUIRRE

CATÓN

LA OTRA HISTORIA DE MÉXICO

DÍAZ Y MADERO

LA ESPADA
Y EL ESPÍRITU

2

AUSTRAL

DIANA

Bajo el sello editorial AUSTRAL M.R.
Avenida Presidente Masarik núm. 111,
Piso 2, Polanco V Sección, Miguel Hidalgo
C.P. 11560, Ciudad de México
www.planetadelibros.com.mx

Diseño de portada: Marvin Rodríguez

Primera edición: agosto de 2010

Primera edición impresa en México en Austral: abril de 2023
ISBN Obra completa: 978-607-07-9980-8
ISBN Volumen II: 978-607-07-9982-2

Impreso en los talleres de Impregráfica Digital, S.A. de C.V.
Av. Coyoacán 100-D, Valle Norte, Benito Juárez
Ciudad De Mexico, C.P. 03103
Impreso y hecho en México –*Printed and made in Mexico*

Introducción

En el primer tomo de esta otra historia fue referida la manera en la que Benito Juárez, como muchos otros en su lugar, había adquirido el gusto por permanecer en el poder (o quizá pensara que sin él al mando, el país no saldría adelante). Una y otra vez se había reelegido, aunque eso significara una falta a la Constitución que tanto había defendido; pronto ésta y otras incongruencias originaron desconfianza entre varios adeptos suyos que optaron por alejarse o por rebatir las acciones que llevaba a cabo para continuar como presidente de la república.

Sucedió entonces que mientras don Benito perdía seguidores, Porfirio fue ganando popularidad entre el pueblo y era incitado por sus simpatizantes a que se enfrentara a ese gobierno que ya tenía tientes de dictadura.

Al darse cuenta de que en puntos clave a lo largo del país empezaban a surgir levantamientos que lo desconocían como presidente y se mencionaba con mayor frecuencia el nombre del general Porfirio Díaz, Benito Juárez maquinó una estrategia para segar la popularidad y el creciente poder, potencialmente amenazantes, de Porfirio: comenzó a ofrecerle puestos en su propio gabinete. No obstante, Díaz no se conformó con nimiedades, pues era consciente de que podía llegar mucho más lejos, así que rechazó todas esas propuestas y lanzó su propia candidatura.

Sin embargo, fue hasta la muerte de Juárez y después de que se convirtiera en diputado, cuando Porfirio recuperó su popularidad y en muchos mexicanos surgió la esperanza de que con él se consolidaría la paz y México entraría en una etapa de reconstrucción sin precedentes...

Y la intuición del pueblo en este caso no estuvo tan equivocada, pues Porfirio Díaz tenía ideas claras sobre el futuro de México y sobre el suyo propio, aunque ello trajo como consecuencia que, con la aplicación sin reservas de los principios del liberalismo económico, surgiera una "nueva clase" en la cual pudo apoyarse para gobernar sin estorbos hasta que Madero inició en 1910 una revolución (que se continuaría después con una larga serie de luchas por el poder y de enfrentamientos de esos de "quítate tú *pa* ponerme yo").

En uno y otro tomo de esta *otra historia de México* se encontrarán expuestos, con amenidad y con justicia, los errores y los tan poco reconocidos aciertos del porfiriato.

Con la objetividad que caracteriza a Armando Fuentes Aguirre, esta otra historia pretende reivindicar a los que han quedado como villanos, y bajar del pedestal a los divinizados héroes, presentándolos como los humanos que fueron.

Sexta parte

El Apóstol que llega

Preludio de balas

El escenario estaba ya dispuesto: iba a comenzar el gran drama —¿la gran tragedia?— de la revolución maderista. Antes de que el telón se alzara, sin embargo, había que escuchar el preludio. Y aquel preludio fue muy cruento.

La muchacha no era fea ni bonita. Su rostro habría pasado inadvertido en cualquier parte. Pero sus ojos eran profundos y soñadores, y cuando ella hablaba se le encendían como si por ahí se le asomara el fuego que ardía en su interior.

Se llamaba Carmen. Carmen Serdán. Era soltera —solterona, para la época—, y ávida lectora de novelas románticas. Cierto día leyó un libro que no era una novela, sino la acerada reseña de los males que a México afligían. El libro se llamaba *La sucesión presidencial*; su autor, un coahuilense de nombre Madero. Francisco I. Madero.

Cuando el Apóstol empezó su campaña por la presidencia, una de las primeras ciudades que visitó fue Puebla. Ahí vivía Carmen con sus hermanos, Máximo y Aquiles. A los tres los había arrastrado el fervor de la cruzada antirreeleccionista. En la casa de la familia Serdán —número 4 de la calle de Santa Clara— Madero tenía un altar.

Aquiles era también un hombre común. Se dedicaba al comercio; era pacífico. Pero sentía como pocos la opresión de un régimen que todo quería dar a los mexicanos, menos libertad. Era joven —tenía a la sazón 34 años—, y cuando Madero cayó en prisión se volvió uno de los más vehementes enemigos del régimen. Fue a Atlixco y a Tehuacán a llevar el mensaje maderista, y fundó ahí sendos clubes de oposición. Perseguido por la policía logró escapar a duras penas.

Carmen adoptó un nombre secreto: Marcos Serrato, y con esa firma escribía manifiestos que luego pegaba ella misma en las esquinas de las calles. Con Aquiles hizo el largo viaje hasta San Antonio, Tejas, a fin de acordar con Madero la forma en que la rebelión sería promovida en Puebla. Ya había estado Francisco en casa de los Serdán. Cenó una vez ahí en el curso de su campaña. Otros que estuvieron en el ágape dijeron después que en toda la noche Carmen no apartó los ojos de él. Parecía una enamorada mirando al hombre amado.

En San Antonio dijo Aquiles Serdán a los Madero —a Francisco y Gustavo, su tesorero— que podía disponer de casi mil obreros para iniciar con ellos un levantamiento armado. Gustavo le entregó una buena suma destinada a comprar rifles. Eso fue en octubre de 1910. Regresaron de inmediato a Puebla los hermanos Serdán y empezaron a dar pasos muy firmes para iniciar la lucha armada.

Con los hermanos Rousset, también partidarios de la causa, hicieron acopio de armas en las casas de las dos familias. Cometieron el error de hacerlo sin tomar ninguna precaución. Por las noches los vecinos podían ver cómo introducían bultos que claramente mostraban ser de armas. Un militar se puso un día a observar aquellos movimientos en la casa de los Serdán y no le cupo ya ninguna duda: se estaba formando ahí un arsenal. De inmediato dio aviso a la policía. El jefe de ésta era un odioso individuo llamado Miguel Cabrera. Quisiera no tener que hablar de él, pero me veo en la necesidad de hacerlo.

El Quetzalcóatl de San Pedro

Vasconcelos comparó a don Francisco I. Madero con un Quetzalcóatl que llevaba un mensaje de paz a una oscura tierra en la que todo era violencia y muerte, venganza de Huitzilopochtli.

Es acertado el símil del insigne oaxaqueño: Madero jamás se manchó con sangre. Dio la suya, pero no probó una gota de la de los demás.

"Hasta pronto, cielo mío. Tengo la intuición de que mi vida no peligra, pero si sucede lo contrario iré a la tumba con la satisfacción de haber cumplido con mi deber. Sabes que tu amor lo llevo siempre en mi corazón. Recibe un beso muy cariñoso de tu amante esposo."

Madero se disponía a entrar en el país por la frontera de El Paso. La Revolución ya había prendido. Vacilante en un principio, estaba convertida Chihuahua en un volcán. Nombres que luego se harían legendarios sonaban ya en alas de la fama bélica: Francisco Villa, Pascual Orozco, Giuseppe Garibaldi…

Algo sucedía que llamaba mucho la atención de los revolucionarios: los Estados Unidos no metían las manos; permitían que libremente fluyeran las armas para los rebeldes. Atribuyeron esa buena conformidad a la labor de los representantes de la Revolución: el doctor Vázquez Gómez, Gustavo Madero, Vasconcelos. Ignoraban que Washington había decretado pena de aniquilación contra don Porfirio Díaz. Los revolucionarios serían buen instrumento para castigar a quien no se mostró complaciente con el Tío Sam.

Los acontecimientos se habían precipitado. Madero nunca quiso la violencia, pero el régimen lo empujó a ella. El 18 de noviembre de 1910, a las 7.30 de la mañana, un piquete de gendarmes llegó frente a la casa de la familia Serdán, en Puebla. Encabezaba a los jenízaros aquel siniestro individuo de nombre Miguel Cabrera. Se le conocía porque algunos años antes torturó espantosamente a un pobre loco llamado Arnulfo Arroyo, a quien le vino en gana darle un puñetazo al gobernador cuando éste llegaba a una fiesta en la Alameda. Cabrera pensó que el loquito era el brazo de una siniestra conspiración para asesinar al señor gobernador, y le aplicó terribles tormentos que acabaron por matarlo. Pretendió que el infeliz orate confesara lo inexistente. Cuando se conocieron los hechos hubo indignación entre los poblanos.

Aquella mañana Carmen Serdán salió al balcón. Iba a poner alpiste en la jaula de su pájaro canoro. Vio el despliegue de fuerza policíaca frente a la casa y corrió a avisar a Aquiles.

—¡Cabrera viene por ti! —le dijo con alarma—. Trae muchos hombres.

No alcanzó a decir más. Fuertes golpes sonaron en la puerta.

—¡Policía! —tronó la voz del esbirro—. ¡Ríndanse!

Aquiles y Máximo estaban acompañados por un pequeño grupo de seguidores que se habían pasado la noche acomodando las armas de que disponía el grupo de rebeldes.

—No hay remedio —decretó Aquiles—. Tenemos que hacerles frente. Vamos, muchachos.

Se armaron todos y tomaron posiciones frente a la puerta. Cuando ésta cedió vencida por los culatazos de los gendarmes, los rebeldes levantaron sus armas. Irrumpió Miguel Cabrera. Todos los rifles sonaron al unísono y el jefe de los policías cayó acribillado. Los atacantes huyeron despavoridos.

¡Aquiles, voy!

El ataque contra la casa de los hermanos Serdán, en Puebla, fue el bautizo de sangre y fuego de la revolución maderista. Ahí empezó una violencia que no terminaría sino casi dos décadas después.

Tres mujeres estaban con Aquiles. Carmen Serdán, la hermana; Filomena del Valle, la esposa; Carmen Alatriste, la madre. Como varonas fuertes se portaron. Cuando empezó el ataque corrieron a disponer las armas de los hombres, a cargarlas, a tenérselas listas. Ellas también eran luchadoras de la causa.

Los escasos combatientes se parapetaron tras los balcones de la casa. Habían tapiado la caída puerta con muebles y cajones a modo de parapeto. El gobernador del estado solicitó el auxilio del ejército para acabar con los rebeldes, y el coronel Gaudencio de la Llave, jefe militar de la ciudad, se dirigió a sofocar el levantamiento. Llevó consigo a los 400 hombres que componían la guarnición de la plaza. Tal parecía que iba a batir a una fuerza considerable, y no a un puñado de obreros a quienes acompañaban tres mujeres.

Media hora transcurrió entre el primer ataque de Cabrera y la llegada de los soldados. En ese tiempo bien pudieron escapar los sitiados. No lo hicieron por temor a dejar solas a las mujeres o a que ellas se vieran en medio de una balacera si salían con los hombres. Así, unos y otras se dispusieron a resistir.

—¡Ríndanse! —grita De la Llave—. ¡Los tenemos rodeados!

Una descarga de fusilería es la respuesta a aquella intimación. Aquiles, Máximo y sus hombres han ocupado la azotea de la casa y desde ahí disparan a los sitiadores. El coronel despliega su tropa. Parte de los soldados ocupan las calles vecinas; otros desde los balcones empiezan a disparar a los rebeldes; algunos más suben a las azoteas cercanas. Todos empiezan a disparar al mismo tiempo.

Los rebeldes contestan el ataque. El coronel De la Llave comete el error de atravesar la calle y cae abatido por un disparo en el vientre. Los soldados redoblan la granizada de balas. Máximo muere en brazos de su madre.

Quince minutos dura el desigual combate. Las balas se les acaban a los rebeldes. Los federales irrumpen violentamente en la casa y hallan muertos o heridos a todos los que la ocupaban. Aparece Carmen Serdán. Sangra de una herida, pero se muestra serena. Aparecen enseguida, igualmente tranquilas, la esposa y la madre de Aquiles.

—¿Dónde está su hermano? —pregunta un capitán a Carmen.

—Ya no está aquí —responde ella sin que se note en su voz ninguna alteración.

—¡Tiene que estar! —ruge el militar—. ¡Si no lo entregan ya verán!

—Nada nos importa —responde Carmen.

Por todas partes buscan los soldados. Aquiles no aparece. El capitán da por seguro que el jefe de los rebeldes ha escapado saltando por las azoteas y ordena que muertos y heridos sean llevados al hospital, y las mujeres a la prisión. Deja una guardia en la casa, de cinco o seis soldados.

Transcurre el día y cae por fin la noche. Uno de los que hacía la guardia escucha ruidos leves en una habitación. Va a ella y observa que se mueven unas tablas del piso. Las remueve. Ahí, tendido, estaba Aquiles.

—¡No tiren! —grita—. ¡Me rindo! ¡Soy Aquiles Serdán!

—A usted lo andábamos buscando —dice el soldado.

Y dispara. Aquiles recibe una bala en la frente.

Yo tengo un pecado viejo

A toda costa quiso Madero evitar que el movimiento que había comenzado se volviera violencia, muerte y destrucción. Su empeño fue inútil: había sed de sangre, y muchos la querían saciar.

Febrero de 1911. Por El Paso entra don Francisco I. Madero en territorio nacional. Lo acompaña un centenar de hombres decididos a todo. El más decidido de todos es el mismo don Francisco. Acaudilla a sus hombres en una acción de armas en Casas Grande, y ahí recibe una herida leve en un brazo.

—Éste es el bautizo que yo estaba esperando —dice sonriendo al médico que le curó la herida.

Los levantamientos habían cundido en muchas partes del país. El 20 de noviembre fue un absoluto fracaso que hizo reír a los porfiristas. Madero, "ese chiflado", llamó a la revolución en la misma forma que se invita a un festejo. Seguramente su revolución ha sido la única en la historia del mundo a la que se citó dando a conocer al enemigo el día preciso y la hora exacta en que el pueblo se levantaría contra él. Sólo faltó que don Panchito pusiera en su proclama la fórmula tradicional que se pone en los anuncios de las corridas de toros: "Si el tiempo no lo impide, y previo permiso de la autoridad".

Casi nadie se movió el 20 de noviembre. Pero en los días que siguieron prendió la mecha de repente. En Chihuahua se levantó Salido, y luego lo siguieron Pascual Orozco y Villa. En Sonora se lanzó a la lucha Maytorena con sus indios yaquis. Eulalio y Luis Gutiérrez se fueron "a la bola" en Coahuila. En Guerrero hicieron lo mismo los hermanos Figueroa, y en Zacatecas el popular Moya. Cuando en febrero de 1911 entró Madero en territorio nacional, ardían polvorines en 18 estados del país.

Madero se preocupaba, y lo mismo su familia. No habían querido aquella violencia de armas. Empezaron a hacer intentos por llegar a un avenimiento con el gobierno de Díaz, a un arreglo que evitara el derramamiento de sangre. Limantour, de viaje por Europa, fue a Nueva York a fin de sostener una entrevista con el doctor Vázquez Gómez y con don Francisco Madero, padre del jefe de la Revolución, y su hermano Gustavo.

La conversación tuvo lugar el 11 de marzo, en el Hotel Astor. Ni siquiera se mencionó la renuncia de don Porfirio: aquél no era el propósito de Madero. El problema estaba en la vicepresidencia: don Ramón Corral no era grato a los revolucionarios.

—La Revolución —dijo a Limantour el doctor Vázquez— tuvo su origen en la imposición del señor Corral como vicepresidente. Usted es el causante de esa imposición.

—¿Por qué me dice eso? —palideció Limantour—. ¿Quién se lo dijo?

—El propio general Díaz —respondió el médico—. Me lo dijo el día 24 de junio del año pasado, a las seis de la tarde, en su oficina de Chapultepec.

Pareció que Limantour se iba a desmayar. Con ambas manos se cubrió el rostro y se desplomó en un sillón.

—Es cierto —balbuceó—. Tengo ese pecado.

Limantour se daba cuenta de que un acto de poder suyo era el origen de aquella conflagración que ya no se podía detener. Cuando don Porfirio le pidió a Corral que renunciara, éste le respondió altanero:

—Renunciaré en el momento en que usted lo haga.

Llegaste tarde...

Demasiado tarde se dio cuenta don Porfirio de que Madero no era "un chiflado". Su movimiento iba cobrando vigor, y nada podía contra él la fuerza del ejército federal. Intentó el viejo lobo, entonces, llegar a un acuerdo con la rebelión.

Abatido, lleno de confusión y de temores, regresó don José Yves Limantour a la ciudad de México. Le llevaba a don Porfirio los peores informes: el gobierno de Washington simpatizaba con la rebelión de Madero, y estaba dando toda suerte de facilidades a los revolucionarios.

—Los americanos podrían invadirnos —dijo Limantour al presidente—. Entiendo que preparan un ejército de más de 5000 hombres para venir sobre la capital.

Don Porfirio ya no era el mismo que había sido hasta hacía unos cuantos meses. Sus familiares comentaban en la intimidad familiar que el general quedó como postrado desde la manifestación aquella en que, poco después de la aprehensión de Madero en San Luis Potosí, una turba llegó hasta la casa del presidente Díaz y lanzó tomates, naranjas y huevos podridos contra las ventanas. Gritaba el populacho:

—¡Muera la tiranía! ¡Muera el mal gobierno! ¡Muera el viejo!

Todos esos gritos los escuchó don Porfirio. No podía creer que el mismo pueblo que antes lo había vitoreado ahora lo maldijera.

Profundamente pensativo dejaron a don Porfirio las palabras de su ministro Limantour. Para colmo, toda la tarde le había dolido una muela. El tremendo dolor lo atenazaba; parecía que la cabeza le iba a estallar.

—Haga usted lo que crea más conveniente, señor Limantour —dijo con apagada voz.

El ministro le aconsejó tender la mano a los revolucionarios. Realmente, le dijo, ellos no querían su caída. Todavía podía llegarse a un arreglo. El 1° de abril don Porfirio dio un mensaje a la nación, e hizo vagos pronunciamientos acerca de la libertad y de una reforma agraria. Convocaba a todos los mexicanos a volver a la paz.

Al conocer aquel mensaje, el abuelo de Madero, don Evaristo, dijo con asombro:

—¡Carajo! Parece que el viejo tiene miedo. ¡No vaya a resultar que Panchito tenía razón!

No alcanzó a ver don Evaristo que su nieto, en efecto, tenía la razón. La vida se le acabó el 6 de abril de aquel año de 1911, poco antes de que el presidente Díaz renunciara y partiera al destierro.

Madero mismo estaba asombrado por la fuerza que había cobrado su movimiento. Poco faltó al principio para que se entregara como prisionero del gobierno. Sucedió que sus partidarios le habían dicho que el 20 de noviembre se le uniría una fuerza de 300 hombres. Diez se aparecieron, y no muy decididos. Sólo la fuerza de convicción de Gustavo, temeroso de que la familia hiciera el ridículo, mantuvo a Madero en su decisión original.

El 23 de abril, los revolucionarios firman un armisticio en Ciudad Juárez con una comisión de representantes de don Porfirio. El movimiento obtiene concesiones muy importantes: la Revolución nombrará a cinco ministros, entre ellos los de Guerra, Instrucción Pública y Gobernación. No sólo se dará la amnistía a los rebeldes, sino que el gobierno les pagará haberes durante todo el tiempo que habían durado las acciones.

Un hombre, sin embargo, se opuso a esos arreglos.

Carranza, que con astuta pachorra de ranchero estuvo observando la marcha de los acontecimientos, se dio clara cuenta de que los aires soplaban ahora en favor de la revolución de Madero. Se unió entonces a ella con mucha decisión. Pero jamás fue maderista. Una sola cosa en su vida fue Carranza: carrancista.

Ningún mérito había adquirido don Venustiano en el movimiento revolucionario. Se mantuvo al margen de él mientras no vio claras las cosas. Escribió Vasconcelos: "En esos días de vacilaciones y despecho fue acumulando en su corazón el odio que después demostró a los maderistas".

Y muchos años después puso Krauze en la biografía que hizo del Varón: "En enero de 1911 Carranza se reúne con Madero en San Antonio, Tejas. En febrero, Madero lo designa gobernador provisional de Coahuila y comandante en jefe de la Revolución en Coahuila, Nuevo León y Tamaulipas. La celeridad no fue nunca virtud de Carranza, menos entonces, cuando había cumplido ya los 50 años. La insurrección que debería acaudillar se retrasa. Algunos piensan que Carranza permanece fiel a Reyes. Madero se impacienta, pero no desconfía. El 3 de mayo de 1911, *casi* sin acciones militares que lo avalen, Carranza se incorpora a las negociaciones de Ciudad Juárez y ocupa el ramo de Guerra en el Consejo de Estado".

A ese párrafo ninguna palabra le falta. Le sobra, sí, el *casi*. Ninguna acción militar avaló la presencia de Carranza en la mesa de las discusiones con los enviados del presidente Díaz.

Aun así opinó. Y quizá no opinó mal. A lo mejor el viejo zorro tenía razón. Por lo menos los acontecimientos que luego vendrían habrían de darle derecho a pronunciar una de las más odiosas frases que en cualquier idioma se pueden proferir: "Te lo dije".

Los maderistas habían llegado a una conclusión: cualquier arreglo con el gobierno tendría que fincarse por fuerza en las renuncias del presidente Díaz y el vicepresidente Corral. El señor Madero se oponía al principio a esas renuncias. Al final, sin embargo, hubo de ceder. Aun así dijo al doctor Vázquez Gómez:

—Está bien. Solicítesele la renuncia al señor general Díaz. Pero hágase en forma que no se le lastime. Sobre todo, no quiero más derramamiento de sangre.

¡Qué nobleza la del Apóstol! ¡Cómo contrasta su conducta con la de los fieros asesinos que vinieron después de él!

Carranza no estuvo de acuerdo con que se aceptaran las renuncias de Díaz y Corral. Hacerlo, dijo, equivalía a reconocer su gobierno. ¡Y lo decía un senador porfirista; lo decía alguien que le había pedido a don Porfirio el gobierno de Coahuila; lo decía aquel que intrigó contra Madero para quedar bien con el presidente!

—La Revolución, señores —dijo Carranza a la comisión de maderistas que negociaría con el gobierno— es de principios, no personalista. Si mañana el lábaro que hoy porta Madero cae de sus manos, otras manos robustas se aprestarían a recogerlo.

Adviértase la tendencia en las palabras de Carranza. Lo que estaba diciendo era, ni más ni menos, que la revolución maderista no era de Madero.

Una revolución pacífica

Madero no admitía que su revolución fuera un pretexto para derramar sangre de mexicanos. Para él, la ruptura de la paz sólo podía justificarse con el regreso definitivo a la paz.

Don Porfirio hablaba poco, pero cuando hablaba decía mucho. Habló menos después de la entrevista que concedió al periodista americano Creelman: el general Díaz, que siempre pedía que no le alborotaran la caballada, la alborotó él mismo inadvertidamente cuando hizo al reportero yanqui aquella sonada declaración de que el pueblo mexicano ya estaba maduro para la democracia.

Meses después cometió el presidente un nuevo error. El 7 de mayo (de 1911) expidió el general Díaz un manifiesto dirigido a todos los mexicanos, en el que reconocía la creciente fuerza del movimiento de oposición contra su régimen y daba a entender que las circunstancias le indicaban la conveniencia de que el gobierno a su cargo emprendiera una serie de cambios y reformas, incluyendo una de carácter agrario. Luego venía el error, inexplicable por lo descomunal: sin decirlo con todas sus letras, don Porfirio insinuaba por primera vez que, llegado el caso, podría presentar su renuncia a la presidencia. Lo haría, rezaba el manifiesto, en el momento en que su conciencia le indicara que podía dejar el poder sin exponer al país a caer en el caos y la anarquía.

Los rebeldes de todo el país recibieron con júbilo aquella declaración del viejo. No los alegraba su ofrecimiento de reformas, no. La causa de su regocijo era que vieron cercana la renuncia de don Porfirio.

En Ciudad Juárez había decretado Madero un cese el fuego. Pero la declaración de Díaz encendió a los jefes rebeldes. Desobedeciendo paladinamente la orden del jefe de la Revolución, los principales cabecillas, Francisco Villa y Pascual Orozco, cayeron sobre la plaza, y después de un rudo combate vencieron la resistencia de los federales y tomaron la ciudad.

La defensa de Ciudad Juárez, entonces poco más que un villorrio, había estado a cargo del general Juan Navarro. Hombre de avanzada edad, había combatido contra el Imperio. Gozaba de un gran prestigio personal por su acrisolada honestidad y su conducta recta: se decía de él que era el único general en el país que no tenía "querida". Cuando las circunstancias, súbitas e inesperadas, lo pusieron a combatir con una turba que ni siquiera tenía formación militar, luchó con denuedo para salvar la plaza que tenía encomendada. Vencido por la aplastante superioridad numérica del enemigo, no pudo hacer más que rendirse con honor.

Navarro quedó prisionero de Orozco y Villa, quienes de inmediato decretaron su muerte: la resistencia de los federales había durado más de 36 horas, y en ese tiempo quedaron muertos o heridos muchos revolucionarios. Los soldados exigían a gritos el fusilamiento del viejo general. Navarro fue llevado a una prisión y ahí se le anunció que ese mismo día sería pasado por las armas. Se le puso en capilla, con centinela de vista. El general vencido pidió pluma y papel y se sentó a escribir sus últimas disposiciones.

Y sucedió entonces algo increíble.

Madero el bueno

Un automóvil llega a la prisión y de él desciende don Francisco I. Madero. Con paso firme se dirige al interior de la cárcel y, encarándose al jefe de la guardia, le pide que le entregue al general Navarro.

—Señor Madero —farfulla el individuo—. El general Navarro va a ser pasado por las armas. Esa orden dieron Pascual Orozco y Villa.

—Yo soy el jefe máximo de la Revolución —dice Madero con serenidad, pero con energía—. Entrégueme usted al prisionero.

El hombre ya no replica más. Ordena que el general Navarro sea sacado de su celda y traído ante la presencia del señor Madero.

Cuando Navarro mira al coahuilense, le dice con voz en que había cierto desdén:

—¿Viene usted a presenciar mi fusilamiento?

—No, señor —responde Madero—. Vengo a salvarlo.

Lo toma del brazo y con premura lo conduce al automóvil. Lo hace subir a su lado y el coche arranca a toda velocidad.

Una hora después, sudoroso y agitado, llega Madero a donde estaba el doctor Vázquez Gómez. Éste se alarma al verlo así.

—¿Qué le sucede, señor Madero? —pregunta el médico—. ¿De dónde viene usted?

—Acabo de salvarle la vida al general Navarro —responde don Francisco—. Lo saqué de la prisión y lo llevé sano y salvo al otro lado.

—No sé si hizo usted bien, señor Madero —dice entonces el doctor Vázquez Gómez lleno de preocupación—. Esto va a traer muy graves consecuencias.

Bien lo sabía Madero. En el momento en que arrancó el automóvil alcanzó a oír maldiciones en labios de los hombres que estaban frente a la prisión esperando el fusilamiento de Navarro.

En ese momento se oyeron gritos.

—¡Muera Madero! ¡Muera el maldito chaparro! ¡Abajo los traidores!

Madero se topó de manos a boca con Pascual Orozco. Éste desenfundó su pistola.

—¡Está usted preso, señor Madero!

Don Francisco iba a responder, pero se le adelantó sin decir palabra don Abraham González, uno de sus más fieles seguidores. Se lanzó sobre Orozco y lo abrazó tan estrechamente que éste no pudo hacer movimiento alguno. Madero entonces empezó a hablar. Aunque era un pésimo orador, en esta ocasión sus palabras sonaron llenas de energía y de verdad.

—¡Soldados! —gritó—. ¡Recuerden lo que dijo una vez Guillermo Prieto! ¡Los valientes no asesinan! ¡Nuestra revolución es grande en la victoria, y más grande aún en la clemencia! ¡Si por ser misericordioso me repudian, está bien! ¡Desconózcanme ahora mismo como su jefe, y, si lo quieren, asesínenme! ¡Aquí me tienen!

Y al decir así don Francisco, aquel hombre pequeñito, se erguía como un gigante y se abría la chaqueta mostrando el pecho a la amenaza de las balas.

El abrazo de la vida

Habló Madero. Con emoción arengó a los soldados levantiscos. Y éstos cedieron en su cólera y se dejaron poseer por la palabra emocionada de aquel hombre pequeño que tenía la grandeza de la verdad y el bien. Cuando acabó de hablar don Francisco, un inmenso grito se levantó de entre la muchedumbre:

—¡Viva Madero!

Orozco y Villa, confundidos y avergonzados, fueron hacia don Francisco, y éste les abrió los brazos.

—Perdónenos, señor Madero —farfulló Pascual Orozco—. Tenía usted razón. Lo reconocemos como jefe.

—Le juro, don Panchito —dijo Villa—, que nunca volveré a rebelarme contra usted.

Aseguran quienes vieron aquella dramática escena que los ojos de Villa estaban llenos de lágrimas que luego se le desbordaron por las mejillas. Lloraba de vergüenza y de emoción aquel hombre violento. Sus lágrimas no fueron como dicen que son las del cocodrilo, falsas: en adelante Villa fue todo devoción, todo fidelidad a Madero. Por eso, por su acendrado maderismo, me es grata la figura del terrible bandolero.

Acompañado por Orozco y Villa, por el doctor Vázquez Gómez y don Abraham González, Madero regresó al edificio de la aduana, donde se llevarían a cabo las conversaciones con los comisionados del gobierno presidido por don Porfirio Díaz. Gobierno terminado era ése: todo él residía en la persona del presidente, de modo que cuando éste envejeció y se hizo débil el gobierno envejeció y se debilitó con él. Tal es la falla de los gobiernos que residen en una sola persona.

Y todo a media luz...

El régimen de Porfirio Díaz llegó a su fin. Aquel hombre pequeño, aquel "chiflado" de quien el presidente había hecho burla, triunfaba en unas cuantas semanas sobre un régimen que había durado más de 30 años.

“Te aseguro que el general Díaz me causó la impresión de estar completamente decrépito; no le encontré ninguna de las cualidades que le encuentran todos los que lo han entrevistado, pues ni me pareció imponente, ni hábil ni nada.”

Esas palabras las puso Madero en una carta que dirigió a don Adrián Aguirre Benavides. En ella le daba cuenta de la conversación que sostuvo con don Porfirio unos días antes de lanzar su candidatura a la presidencia.

Viejo y achacoso, en efecto, estaba ya el caudillo. No conservaba la reciedumbre y fortaleza de los pasados tiempos. Madero se impresionó por un incidente que sucedió al final de aquella entrevista. Después de un intercambio de palabras algo acaloradas, Madero se llevó la mano al bolsillo posterior del pantalón a fin de sacar su pañuelo para secarse el sudor que le perlaba la frente por la excitación del momento. El general Díaz pensó que Madero iba a sacar una pistola para asesinarlo, y retrocedió visiblemente asustado. No cabía duda: don Porfirio ya no era el mismo.

Son ahora las 10.30 de la noche del 21 de mayo de 1911. Se firman en Ciudad Juárez los tratados que ponen fin al largo gobierno del presidente Díaz. Los papeles son signados sobre el capacete de un automóvil, a la luz de los fanales de otro y de unas velas. Sucede que cuando los representantes del gobierno y los de la Revolución llegaron a su entrevista final, la Aduana de la ciudad, en la que se llevaban a cabo las conversaciones, había cerrado ya. Así, el encuentro tuvo lugar afuera del edificio, y en aquella forma se firmaron las cláusulas del acuerdo.

Madero había hecho a sus partidarios una recomendación que lo muestra tal como era: patriótico y desinteresado: “Les suplico se sirvan presentar al delegado del gobierno la siguiente proposición para asegurar de un modo rápido la pacificación del país: dando un ejemplo que prestigie a nuestra patria ante el extranjero, tanto el general don Porfirio Díaz como don Francisco I. Madero y don Ramón Corral renunciarán al gobierno de la República. Quedará como presidente interino, mientras se convoca a elección general al país, el C. licenciado Francisco León de la Barra, ministro de Relaciones, quien según lo prescribe la Constitución debe ocupar ese puesto, vacante la Primera Magistratura".

La propuesta había sido aprobada por los maderistas. Dijo Vázquez Gómez: "Entre lo desconocido a donde nos llevaría una revolución más o menos larga, y lo conocido a donde iríamos en virtud de una transacción formal, buena y sincera, creo que no debemos vacilar en resolvernos por ésta".

Se ha acusado a Madero de "transar" con los miembros del antiguo régimen, de haber puesto en peligro el triunfo de la Revolución. Lo cierto es que el desprendimiento de Madero y la patriótica renuncia de Díaz salvaron a México de una terrible efusión de sangre.

Trata de los tratados

Porque sin conocerlos no se entendería el curso de los acontecimientos que sucedieron al triunfo de la Revolución maderista, incluyo el texto de los Tratados de Ciudad Juárez.

"En Ciudad Juárez a los veintiún días del mes de mayo de mil novecientos once, reunidos en el edificio de la aduana fronteriza, los señores licenciado Francisco S. Carbajal, representante del Gobierno del señor General D. Porfirio Díaz; D. Francisco Vázquez Gómez. D. Francisco Madero y Lic. D. José María Pino Suárez, como representantes los tres últimos de la revolución, para tratar sobre el modo de hacer cesar las hostilidades en todo el territorio nacional y considerando:

"Primero. Que el señor General Porfirio Díaz ha manifestado su resolución de renunciar a la Presidencia de la República, antes que termine el mes en curso;

"Segundo. Que se tienen noticias fidedignas de que el señor Ramón Corral renunciará igualmente a la Vicepresidencia de la República dentro del mismo plazo;

"Tercero. Que por ministerio de la Ley, el Lic. D. Francisco León de la Barra, actual Secretario de Relaciones Exteriores del Gobierno del Señor General Díaz, se encargará interinamente del Poder Ejecutivo de la Nación y convocará a elecciones generales dentro de los términos de la Constitución.

"Cuarto. Que el nuevo Gobierno estudiará las condiciones de la opinión pública en la actualidad, para satisfacerlas en cada Estado dentro del orden constitucional y ACORDARÁ LO CONDUCENTE A LAS INDEMNIZACIONES DE LOS PERJUICIOS CAUSADOS DIRECTAMENTE POR LA REVOLUCIÓN, las dos partes representadas en esta conferencia, por las anteriores consideraciones han acordado formalizar el presente convenio.

"Único. Desde hoy cesarán en todo el territorio de la República las hostilidades que han existido entre las fuerzas del Gobierno del General Díaz y las de la revolución; debiendo éstas ser licenciadas a medida que en cada Estado se vayan dando los pasos necesarios para restablecer y garantizar la paz y el orden público.

"Transitorio. Se procederá desde luego a la reconstrucción o reparación de las vías telegráficas y ferrocarrileras que hoy se encuentran interrumpidas.

"El presente convenio se firma por duplicado.— Lic. Francisco S. Carbajal, rúbrica.— Dr. Francisco Vázquez Gómez, rúbrica.— Francisco Madero, rúbrica.— Lic. José María Pino Suarez, rúbrica".

Con todo respeto

Lo que se veía imposible había sucedido; el presidente Díaz presentaba su renuncia.

He aquí el texto de la renuncia de don Porfirio Díaz, uno de los textos capitales en la historia de México:

"El pueblo mexicano, ese pueblo que tan generosamente me ha colmado de honores, que me proclamó su caudillo durante la guerra internacional, me secundó patrióticamente en todas las obras emprendidas para robustecer la industria y el comercio de la República, fundar su crédito, rodearla de respeto internacional y darle puesto decoroso entre las naciones amigas; ese pueblo, señores diputados, se ha insurreccionado en bandas milenarias armadas, manifestando que mi presencia en el ejercicio del Supremo Poder Ejecutivo, es la causa de su insurrección. No conozco hecho alguno imputable a mí que motivara este fenómeno social; pero permitiendo, sin conceder, que puedo ser un culpable inconsciente, esa imposibilidad hace de mí la persona menos a propósito para raciocinar y decidir sobre mi propia culpabilidad. En tal concepto, respetando, como siempre he respetado, la voluntad del pueblo, y de conformidad con el artículo 82 de la Constitución Federal, vengo ante la Suprema Representación de la Nación a dimitir sin reserva el encargo de Presidente Constitucional de la República, con que me honró el voto nacional; y lo hago con tanta más razón, cuanto que para retenerlo sería necesario seguir derramando sangre mexicana, abatiendo el crédito de la nación, derrochando su riqueza, segando sus fuentes y exponiendo su política a conflictos internacionales. Espero señores diputados, que calmadas las pasiones que acompañan a toda revolución, un estudio más concienzudo y comprobado haga surgir en la conciencia nacional un juicio correcto que me permita morir llevando en el fondo de mi alma una justa correspondencia de la estimación que en toda mi vida he consagrado y consagraré a mis compatriotas. Con todo respeto. México, 25 de mayo de 1911. PORFIRIO DÍAZ".

Obtenido el triunfo, llegó el licenciamiento: 40 pesos a cada individuo, con la obligación de entregar su arma.

—¿Te dieron tus 40 pesos, mano?

—Sí, pero nomás les di un arma vieja y descompuesta. A la buena, sí les iba yo a entregar la mera petatera.

—¡Claro, *pos* de tonto!

—Estamos retecontagiados por todos los ranchos y ni modo de andar sin arma, expuestos a que le den a uno de trancazos al que mejor le cuadre. Oye; me dijo un amigo de por ahí de El Compás, que Cheché Campos quiere armar bola contra Madero.

—*Pos pue* que tenga razón. Ya ves éstos… cómo lo corren a uno apenas ganaron.

—En balde la ayudada que les dimos.

—Yo *creiba* que nosotros íbamos a quedar en lugar de los pelones y mira qué tanteada nos han dado.

—*Pos* eso nos pasa por andar con *l'hocico* escarbando en la *humedá*.

—¡Ah!, ¡cómo serán…!

—Vente, vámonos acercando por el lado de Cheché Campos, por *ai* ha de reventar la bola.

—Claro que nos vamos, ¡*pos* no faltaba más…!

(Francisco L. Urquizo, *Páginas de la Revolución*)

¡Perdón, oh diosa Libertad!

¿Por qué cayó don Porfirio? Muchas cosas buenas había dado a México: paz, progreso, prosperidad, buen crédito ante las naciones. ¿Cómo fue posible que un hombre que casi no tenía fuerza, sin cualidad alguna para la política, hiciera caer aquel régimen de tantos años? Arriesguemos una explicación.

A finales del siglo XIX, el escritor francoargentino Paul Groussac visitó México. Quedó deslumbrado por sus espléndidos paisajes, por la belleza de sus ciudades antañonas, por la pujanza de un país que buscaba ingresar en "el concierto de las naciones civilizadas". Así, dedicó grandes elogios a la nación mexicana. Pero cuando los estaba escribiendo pareció salir súbitamente de aquel deslumbramiento y puso entonces estas palabras en su libro: "¡Perdón, oh diosa Libertad, porque te he ofendido! Alguna vez he deseado para mi Argentina un gobierno fuerte, capaz de unificar a los partidos y de encauzar el progreso nacional. Pero después de pasar algunos días en esta atmósfera de cuartel, en este pobre México silencioso y aterrorizado, me retracto y vuelvo a gritar: ¡Viva la Libertad!".

El problema de don Porfirio es que quiso hacer felices a los mexicanos sin contar para nada con su voluntad. Fue él quien hizo nacer esa "dictadura benévola" que todavía padecemos los mexicanos, ya no en la forma de un caudillo —dictadores fueron Juárez, Díaz, Calles y Obregón— sino ahora en la forma de un partido de Estado que al parecer todavía no se percata plenamente de la necesidad que tiene de cambiar. Igual que don Porfirio, quienes ahora nos gobiernan quieren hacernos felices sin pedirnos nuestra opinión acerca del concepto que tenemos de la felicidad. Díaz quiso hacernos felices sin libertad; los actuales detentadores del poder están empecinados en hacernos felices sin democracia.

El gran acierto de Madero consistió en darse cuenta de que el hambre de los mexicanos no era hambre de pan, sino de libertad. Quiso dársela al pueblo de México, y por eso inició su lucha bajo el lema del Sufragio Efectivo y la No Reelección. Supo don Francisco que ahí donde hay efectividad del voto —es decir, democracia— florece como necesaria consecuencia la libertad. Actualmente la libertad de los mexicanos es apariencia: no puede haber plena libertad si existen gobernantes que se sienten por encima de las leyes, si priva el presidencialismo, si la justicia está sometida al poderoso, si hay un partido oficial que es con el gobierno una y la misma cosa. Como en los tiempos de don Porfirio Díaz tampoco ahora hay plena libertad para los mexicanos porque tampoco ahora hay en México plena democracia. Nos faltará mientras no se rompan del todo, en forma real y verdadera, los inmorales vínculos que ahora existen entre el gobierno y el Partido Revolucionario Institucional. Nos seguirá faltando mientras el verde, el blanco y el rojo, los colores de nuestra bandera, no nos pertenezcan a todos los mexicanos y sigan siendo propiedad que detenta en monopolio el partido oficial.

Se va don Porfirio

La caída del porfiriato inició una nueva etapa en la vida mexicana.

El 21 de mayo, cuando eran las 10.30 de la noche, a la luz de los faroles de algunos automóviles, se firmaron los Tratados de Ciudad Juárez. A ellos se habían opuesto Carranza, Sánchez Azcona y Vázquez Gómez, que rechazaban toda transacción y deseaban continuar la campaña. "Yo hubiera querido que la insurrección llegara a caballo hasta el Palacio Nacional, para no tener cortapisas que respetar y para poder efectuar desde luego la renovación necesaria. Aun cuando la lucha armada hubiese continuado por algunas semanas más, en las que seguramente se habría derramado alguna sangre, ¡poca hubiera sido esa sangre en comparación con la que fue necesario verter después a causa de la generosidad de la insurrección, que dio lugar a los pérfidos manejos de sus enemigos natos!". (Sánchez Azcona)

En el documento se expresaba la resolución de Díaz y Corral de renunciar. León de la Barra se hacía cargo interinamente del Poder Ejecutivo y asumía la obligación de convocar a elecciones generales. Cesarían las hostilidades, y las fuerzas de la Revolución sería licenciadas "a medida que en cada estado se vayan dando los pasos necesarios para establecer y garantizar la paz y el orden públicos".

Al saberse en la ciudad de México la noticia del arreglo, el pueblo se lanzó a las calles para pedir la inmediata renuncia del presidente Díaz. El dictador había esperado el respaldo popular y la petición de que siguiera gobernando a México.

Se equivocaba. El 25 de mayo por la tarde, ante la presión de los motines populares, firmó el texto de su renuncia. Al día siguiente salió hacia Veracruz, y el último de mayo se embarcó. "Aún en la noche de su partida final de México, Porfirio Díaz estaba en plena posesión de su serenidad [...] pero cuando a bordo del *Ypiranga* en Veracruz, hubo oído por última vez las voces de miles de personas que se habían reunido para saludarlo, y hubo dado los últimos abrazos y el *Ypiranga* puso proa al mar, entonces lloró". (Edith O'Shaughnessy)

León de la Barra asumió la presidencia. Madero renunció a su carácter de presidente provisional e inició el camino hacia México. Siete días habría de durar su viaje: en cada estación el pueblo se reunía para mostrarle su respaldo y la alegría por su triunfo. El país vibraba poseído de la misma fe y de entusiasmo igual a los que habían lanzado a Madero a su cruzada. El optimismo del Iluminado llenaba toda la nación. "El triunfo ha sido completo y en lo sucesivo la Justicia será igual para el rico y para el pobre, para el poderoso y para el humilde; la libertad cobijará con sus anchos pliegues a todos los mexicanos, y todos, unidos fraternalmente, trabajaremos por el engrandecimiento de nuestra patria".

La ciudad entera se lanzó a las calles a recibir a Madero y a los suyos. Quedó para nosotros la imagen de Madero, de pie en el automóvil que lo conducía victorioso, abiertos los brazos, "aquellos brazos pequeños en que cabía México". Era el 7 de junio de 1911. Exactamente un año antes Madero había sido encarcelado en Monterrey.

Libertad, libertinaje

Madero habría de permitir lo que don Porfirio nunca permitió: la libertad: He aquí dos testimonios de la época: "La diaria lectura de la prensa (*El País*, *El Imparcial*, *El Tiempo* y algunos otros) me demostraban la constante oposición que tales publicaciones le hacían al señor Madero y a los hombres de su misma ideología; las revistas como *Multicolor* y otras muchas aparecían constantemente con caricaturas y burlas a la primera autoridad de la nación.

"La procacidad en el lenguaje que usaban tales periodistas había contaminado al público, quien usaba los mismos términos soeces que para mencionar a los funcionarios utilizaban los plumíferos. Al Presidente Madero le llamaban *Naderito*, *el Chaparro* o de otras maneras; a don Gustavo Madero lo nombraban con el mote de *Ojo Parado*, aludiendo al ojo artificial que llevaba; al Secretario de Gobernación don Abraham González, le llamaban *Ñor* Abraham, refiriéndose a su origen norteño; víctima de constantes caricaturas y de alusiones chuscas era el señor ingeniero don Manuel Bonilla, Secretario de Comunicaciones, y hasta la Primera Dama de la República era aludida por los abyectos periodistas con el nombre de *Sarape de Madero* [Sara P. de Madero]. Jamás había presenciado la República mayor desvergüenza periodística, abusando de la libertad de expresión que un honrado Presidente le otorgaba". (José Romero Flores)

"La oposición fundada, a diario, libelos difamatorios que resquebrajan el prestigio del gobierno, y sobre todo, la popularidad extraordinaria del Apóstol. El sarcasmo, la sátira, la injuria, saciaban su odio en innoble retórica y las acciones más elevadas de Madero arrancaban, a la tremenda literatura de oposición, artículos de insidia que trastornaban el criterio público y cubrían, al Presidente, con el disfraz de lo cómico y lo absurdo. En los mismos órganos maderistas el periodista pérfido se había introducido; y el redactor de uno de sus diarios, después de entrevistarse conmigo, para hablar de mi persona a sus lectores, me regaló con estas notables declaraciones: Ha venido usted en mala época, señor Ministro; y pronto ha de ver al gobierno hecho pedazos y a Madero acaso navegando hacia Europa. Es un Apóstol a quien la alta clase desprecia y de quien las clases bajas recelan. ¡Nos ha engañado a todos!

No tiene un átomo de energía; no sabe poner al rojo el acero; y ha dado en la manía de proclamarse un gran demócrata. ¡No fusila, señor! ¿Cree usted que un Presidente que no fusila, que no castiga, que no se hace temer, que invoca siempre las leyes y los principios, puede presidir? El mundo todo es mentira. ¿Cómo pretende Madero gobernarnos con verdad? Si dentro del Apóstol hubiera un D. Porfirio, oculto y callado, México sería feliz. Momentos críticos, que han puesto a prueba al Presidente. Y Madero es bueno. Pero no es un hombre bueno lo que se necesita. En el interior de Madero hay sólo telarañas y en esas telarañas enrédanse la democracia y libertad". (Manuel Márquez Sterling)

Llorar para adentro

Con tristeza digna, con triste dignidad, don Porfirio Díaz emprendió el camino del destierro. Yo lo imagino semejante a alguien que hubiera recibido de repente un golpe que lo dejó anonadado y que no sabe de dónde o por qué vino.

La gente, poca gente, lo vio aparecer en el muelle de Veracruz. Caminaba erguido, como siempre, llevando su bastón, aquel bastón que estaba hecho de una pesada barra de hierro cubierta apenas por una delgada corteza de madera, con puño de oro. Era como una imagen del hombre su bastón: también don Porfirio, bajo la apariencia del hombre ciudadano, encubría fortaleza de hierro, y de oro fue su corazón en aquellos días tan dolorosos para él.

Presentó su renuncia don Porfirio el 25 de mayo de 1911. En ella expresaba su desconcierto por las manifestaciones que hubo en su contra. En eso, entre otras cosas, finco mi convicción de que don Porfirio no renunció por la fuerza de una revolución que ni siquiera llegó a alcanzar fuerza —lo prueba el hecho mismo de su derrumbamiento— sino porque pensó que el pueblo ya no lo respetaba ni quería. Aquel grito de

"¡Muera Díaz!" le llegó al alma a aquel que, pensaba todo el mundo, moriría en el poder.

Don Porfirio bien pudo defenderse. La victoria de Ciudad Juárez se debió a una combinación de afortunadas circunstancias que favorecieron a los revolucionarios. Si don Porfirio hubiese decidido resistir habría acabado, al menos por el momento, aquella rebelión. Don Porfirio renunció por patriotismo. No se ha reconocido el enorme mérito de esa renunciación.

En la tarde de aquel día se hizo cargo de la presidencia don Francisco León de la Barra, hombre de rancia aristocracia, señor bueno. Don Porfirio, convertido ya en simple ciudadano, se recluyó en sus habitaciones. Sentía un fuerte dolor en el vientre, pero se negó a que los doctores lo examinaran y ni siquiera quiso aceptar alguna medicina. Al día siguiente apareció ante los suyos igual que siempre: sereno, tranquilo, reposado. Hizo venir al presidente del Ferrocarril Mexicano y le pidió que arreglara lo concerniente a su traslado, con su familia y acompañantes, de México al puerto de Veracruz. El viaje lo hizo con Carmelita, que no se separaba de él ni por un instante. Todos supusieron que el ministro Limantour, a quien muchos echaban la culpa del desastre, acompañaría a don Porfirio. Don José Yves no hizo acto de presencia. Cuando don Porfirio llegó a la estación lo acompañaba solamente aquel señor del ferrocarril.

En el curso del viaje, el presidente caído fue escoltado por un general que antes le había pedido permiso de ir al norte a batir a los rebeldes maderistas. Se decía que aquel hombre era un genio de las matemáticas, un prodigio de inteligencia. Sin embargo andaba siempre borracho como una cuba, y despedía a varios metros de distancia un olor entremezclado de cebollas y licor. Se llamaba Victoriano Huerta.

El 31 de mayo don Porfirio y los suyos se embarcaron en el vapor *Ypiranga*, de matrícula alemana. Único regalo de despedida que recibió el hombre que marchaba al destierro fue un ramo de flores que le puso en las manos una niña.

Adiós, adiós, adiós

Todo había acabado para don Porfirio Díaz. Solo, abandonado por los hombres de su gobierno, llegó con su familia a Veracruz. En ese puerto se embarcaría con rumbo a Francia, donde pasaría un exilio que acabó con la muerte.

Una niña pequeñita se acercó y puso en manos de don Porfirio un ramo de flores. El caído presidente pareció sorprenderse por aquella muestra de afecto. Alzó la vista y vio a un gran grupo de personas que se había congregado en el muelle para verlo subir al barco. No saludó a la gente don Porfirio, no hizo ningún ademán de despedida. Miró a la niña con tristeza, le dio una pequeña palmadita en la cabeza, entregó el ramo a Carmelita, que iba a su lado, y siguió caminando erguido y firme hacia el *Ypiranga*.

Edith O'Shaughnessy, testigo de aquellos días cruciales, saludó a don Porfirio la víspera de su salida de la ciudad de México. Estaba casada esta señora con un diplomático norteamericano que luego quedaría encargado de los negocios de los Estados Unidos cuando fue retirado de la representación el siniestro embajador Henry Lane Wilson.

La señora O'Shaughnessy acostumbraba apuntar al final de cada jornada sus impresiones del día. Cuidadosa observadora, solía notar pequeños detalles que quizá hubiesen pasado inadvertidos a otros ojos. Así por ejemplo, tuvo ocasión de entrar una vez con Sarita Pérez en la habitación de don Francisco I. Madero, ya siendo éste presidente de la República, y vio sobre el buró, al lado de la cama de don Francisco, una buena cantidad de medicinas homeopáticas.

A propósito de la salida de Díaz escribió la señora estas palabras: "Aún en la noche de su partida final de México, Porfirio Díaz estaba en plena posesión de su serenidad [...] No se le notaban señales exteriores de emoción. Pero cuando ya a bordo del *Ypiranga* en Veracruz hubo oído por última vez las voces de millares de personas que se habían reunido para saludarlo, y hubo dado los últimos abrazos y el *Ypiranga* puso la proa al mar abierto, entonces lloró".

Si es cierta la versión de la señora O'Shaughnessy, quizá fue ésa la última vez que don Porfirio debe de haber llorado. Los años y el largo ejercicio del poder habían dado al oaxaqueño una especie de serenidad interna que se traducía en un continente igualmente sosegado. Hasta su muerte, acaecida en París el 2 de julio de 1915, llevó con decoro y dignidad su voluntario exilio. Si hubo amargura en él —por fuerza debió haberla— jamás dejó que se le trasluciera ni de palabra ni de obra. Por su parte, los franceses trataron con caballerosidad y señorío a aquel que muchos años antes había combatido contra ellos. Algún periódico republicano expresó una vez la opinión de que don Porfirio había luchado contra un imperio, no contra Francia.

Dignidad, siempre dignidad en el gran viejo. En cierta ocasión, al entrar en un café, se topó con don Miguel Macedo, quien acompañaba al flamante ministro en Francia del gobierno de Madero. Turbado por la delicadeza del trance, don Miguel presentó al ministro con don Porfirio. Sin vacilar, el general Díaz estrechó la mano del maderista y le dijo con voz firme:

—Un mexicano a las órdenes de usted, señor ministro.

Murió papá

Don Manuel Romero Rubio supo morir a tiempo. El papá de Carmelita, esposa de don Porfirio Díaz, se fue de este mundo cuando el régimen estaba en el apogeo de su poder. Así, no alcanzó a ver el desastre de 1911, ni sufrió con su hija y con su yerno las amarguras del destierro.

¡Qué escándalo se hizo! ¡Qué gran escándalo! Unos decían que sí; otros decían que no. Los periódicos católicos publicaron la noticia: don Manuel Romero Rubio se había confesado antes de morir, había abjurado de sus creencias liberales y se había reconciliado con la Santa Madre Iglesia, en cuyo amoroso seno murió confortado con todos los auxilios espirituales. Esas versiones dadas a conocer por los periódicos "mochos", es decir, católicos, causaron gran alarma e indignación entre los liberales. ¿Cómo podía ser que uno de los más conspicuos miembros del partido liberal, suegro además del presidente de la República, prominente masón y jacobino radical, hubiese incurrido en la suprema debilidad de claudicar? El hecho de que estuviera en trance de muerte no justificaba la pérdida de los principios.

Hubo juntas urgentes entre los liberales de la vieja guardia y los nuevos, a quienes preocupaba el mal efecto de la noticia dada a la luz por la mochería. ¿Qué hacer?

El 13 de octubre de 1895 apareció publicada esta carta en *El Tiempo*: "Han dado lugar a diversos comentarios los últimos momentos del señor Romero Rubio. Por amor a la memoria del ilustre reformista, cuya desaparición nunca lloraremos bastante sus numerosos amigos, y por respeto a la verdad, créome estrechamente obligado a rectificar las inexactitudes y exageraciones en que ha incurrido la prensa conservadora.

"He aquí lo sucedido. Un anciano y virtuoso sacerdote, el señor Presbítero Violante, cuyas relaciones de amistad con la familia Romero Rubio son bien conocidas en la sociedad mexicana, a invitación de aquélla entró en la cámara en que expiraba el señor Romero Rubio, a las 8.30 a.m. del día 3 del presente, y le administró los Santos Óleos. El señor Romero Rubio, que había perdido el conocimiento desde antes de la medianoche, a esas horas era ya propiamente un cadáver. La familia Romero Rubio, en medio de su aflicción y angustia, quiso al menos dar satisfacción a sus incontestables sentimientos piadosos, que, por lo demás, no contradecían en nada al credo liberal de su jefe exánime.

"Este solo hecho es el que ha servido de fundamento a algunos periódicos católicos para aseverar con énfasis que el señor Romero Rubio se confesó, que abjuró de sus creencias liberales y que murió en el seno de la Iglesia católica. Ahora bien: en cuanto a la confesión y retractación, que son siempre obra de una voluntad libre, se ve que no hubo, ni pudo haber nada de eso. Por lo que toca a la muerte del señor Romero Rubio en el seno de la Iglesia, no seré yo, sino los que entienden mejor en estas cosas, quienes podrán, en vista de los hechos, decidirlo. Suyo siempre afmo. ROSENDO PINEDA".

Como se ve, la vieja pugna entre liberales y conservadores seguía viva y no dejaba en paz ni a los muertos.

Se acabó

El rencor de quienes se convirtieron en dueños de México no terminó, y los restos de don Porfirio Díaz no pueden descansar en su suelo natal. El hombre que sacó a México de la anarquía y le dio el don preciado de la paz sigue, aun en muerte, condenado al destierro.

El 20 de junio de 1911, el *Ypiranga* llegó a los muelles de El Havre. Un reducido grupo de mexicanos fue a recibir a don Porfirio. Estuvo presente también en la recepción una representación de autoridad.

Los periodistas fueron a entrevistar al caído presidente. Don Porfirio, inquieto y desasosegado, no quería hablar. Desconfiaba, dijo a alguien, de la traducción que podían tener sus palabras. Como si pesara cada una, dijo al fin:

—En este ocaso de mi vida sólo un deseo me queda: la dicha de mi país y la felicidad de mi familia. Sinceramente anhelo que el gobierno que ha de suceder al mío salga avante en todos sus proyectos de afianzar la calma en el interior y mantener el crédito en el exterior.

—¿Tiene algún proyecto futuro? —preguntó un reportero.

—Ninguno —contestó don Porfirio—. Mi vida política ha terminado.

—¿No debió haber terminado antes? —insinuó otro.

Don Porfirio endureció el gesto. Advirtió ánimo de agresión en la pregunta.

—Hace ya muchos años que quería retirarme —respondió con voz tensa—, pero mis compatriotas no me lo permitieron.

Faltaba a la verdad don Porfirio. La verdad es que nunca quiso retirarse por propia voluntad. He dicho que los tres mexicanos que más ambición han tenido de poder en toda la historia de México han sido Benito Juárez, Porfirio Díaz y Álvaro Obregón. Al primero y al último sólo la muerte pudo arrancarlos de la pasión política. Don Porfirio, más patriota —o más sensato— tuvo el acierto de irse antes de que un poder mayor al suyo, o el máximo poder de la muerte, lo quitara del poder.

Poco después de su llegada a Francia, don Porfirio entregó una declaración escrita al redactor de uno de los principales diarios de París: "En la última elección presidencial una convención nacional de todos los Estados estuvo en la capital a pedirme que aceptara de nuevo la Presidencia de la República, y yo accedí, pero al ceder hice presente que a mis años mi energía y mi actividad no eran ya las de antes. Dichas razones no valieron; mis compatriotas se opusieron a que me retirara.

"Después, por causas que expuse al Parlamento Mexicano, tomé la resolución de renunciar a mis funciones. Por causas que no me explico, importantes grupos de ciudadanos se levantaron contra mi administración. A fin de evitar que mis compatriotas se maten entre sí, a fin de evitar que se derrame sangre mexicana, y a fin de evitar la eventualidad de una intervención extranjera, me dije que si la lucha podía desaparecer gracias a mi partida, partiría yo voluntariamente.

"Sólo un acontecimiento podría decidirme a reanudar una vida activa: que mi país se viera amenazado por el extranjero. Pero aun en ese caso actuaría yo como un simple ciudadano y como lo que soy y he sido siempre: un soldado mexicano".

El pararrayos de la barra

Don Francisco León de la Barra, considerado una especie de pelele, ha sido mantenido en la sombra por la historia oficialista. Sin embargo fue un mexicano de altas prendas que supo con dignidad y honor ser puente eficaz entre el antiguo régimen y el nuevo.

—¿Cómo estás Eduardo? ¡Qué ganas tenía de verte! ¡Cómo me gustaría que, si tienes tiempo, me visitaras mañana en mi casa!

Esas palabras las dijo don Francisco León de la Barra el día que fue designado presidente de la República. No se las dijo a algún político u hombre poderoso con quien quisiera congraciarse. Se las dijo a Eduardo León, su sobrino y ahijado de bautizo, quien tenía entonces nueve años de edad.

Amaba a los niños don Francisco; a todos los trataba con paternal solicitud. Ésa era sólo una entre las muchas cualidades que tenía. Ante mis ojos basta para darme cuenta de que el señor León de la Barra era un hombre bueno: alguien que tiene amor por los niños, la música y los animales no puede ser malo.

Don Francisco León de la Barra era un consumado diplomático. "De apariencia gentil —escribió de él García Naranjo—, su rostro, de facciones suaves, era como una anticipación de su benevolencia. Luego, su trato exquisito confirmaba plenamente la impresión agradable que causaba a primera vista [...] El general Díaz lo envió [de embajador a Washington] como un pararrayos que podía detener, o por lo menos amortiguar, las descargas eléctricas que nos llegaban del norte".

Al llegar a la presidencia quedó el señor León de la Barra entre la espada y la pared. Sabía que por fuerza tendría que entregar el poder a los revolucionarios, pero estaba en total desacuerdo con ellos. Le pesaban sus antecedentes y su lealtad al hombre que le dio su confianza. Por su parte, los porfiristas le pedían que hostilizara a la gente de Madero, que maniobrara para quedarse en la presidencia y luego hacer regresar a don

Porfirio. Bien sabía León de la Barra que ello era imposible, pero cuando así lo hacía ver a sus amigos del viejo sistema, éstos lo calificaban a sus espaldas de débil o traidor.

Madero era el ídolo del tiempo. Consciente de que el pueblo estaba con él, don Francisco León de la Barra actuó de manera de reunir en torno del coahuilense a todas las llamadas "fuerzas vivas" de la capital, sobre todo a los partidarios de don Porfirio. Hizo que el Jockey Club, el más fuerte bastión del porfiriato, le ofreciera un banquete a Madero. Todos los socios del máximo centro social de la República eran contrarios, naturalmente, a la Revolución, y detestaban a Madero, por más que pertenecía a su misma clase, pero aceptaron la invitación a regañadientes. El día del banquete, quienes acompañaron en la mesa al coahuilense, se divirtieron diciéndole albures que el ingenuo don Panchito no entendía, lo que provocaba la risa descarada de los comensales.

Uno de los trabajos que tuvo el señor León de la Barra cuando estuvo en la presidencia fue combatir a las fuerzas de Emiliano Zapata.

—Corre como conejo —solía decir don Francisco de *el Caudillo del Sur*.

Ellos y nosotros

Los hechos del pasado van formando una trama que determina lo que somos hoy. Madero, hombre bueno, quiso dar vida a una patria digna.

A Carranza, que sobre todo era un político, se le atribuye la frase según la cual "revolución que transa es revolución perdida". Según la tradición dijo esas palabras para reprocharle a Madero su determinación de firmar en Ciudad Juárez un acuerdo con los porfiristas, acuerdo que pondría fin a la rebelión y fincaría las bases para la elección democrática de un nuevo presidente.

En la actitud que asumieron los dos coahuilenses se observa la enorme diferencia que entre ellos había. Madero, autor de la Revolución, quería una patria libre de revoluciones; libre —todavía más importante— de los revolucionarios.

Madero no quería un gobierno de caudillos; no quería presidencialismo; no quería maximatos. Carranza, el Primer Jefe, fue en verdad eso: el primer jefe. Lo seguirían en esa jefatura sus asesinos, y luego los herederos de éstos, pero don Venustiano inauguró la lista de jefes máximos que padecimos hasta hace poco tiempo, con el presidencialismo. Madero quiso que los frutos de la lucha de ideales que inició no se convirtieran en botín para nadie. Ninguno tenía derecho a pasarle a la patria una factura.

El mismo Madero fue el primero en poner el ejemplo: renunció al mismo tiempo que lo hizo don Porfirio. Bien pudo alzarse con la presidencia, como en su tiempo lo hicieron Juárez y Díaz. Triunfador por las armas, era también el deseado de toda la gente. De la aduana de Ciudad Juárez, donde se firmaron los arreglos con los representantes porfiristas, pudo irse Madero al Palacio Nacional o a Chapultepec, residencia de los presidentes. No lo hizo: quería deberle la presidencia al pueblo, no a las armas. Carranza, antiguo porfirista y político práctico, no podía entender las altas razones del Apóstol.

Con esas razones coincidió Porfirio Díaz. Actuó con el mismo patriotismo de Madero: don Francisco no quiso llegar al gobierno sin el pueblo; don Porfirio no quiso seguir gobernando sin él. Tengo para mí que el verdadero momento de la patriótica renuncia de don Porfirio fue cuando su casa fue apedreada y oyó el grito de "¡Muera Díaz!".

Todo era gloria para los vencedores y, sin embargo, no actuaron como tales. Para ellos no había vencedores ni vencidos: había mexicanos. Todos eran uno, a diferencia de como somos ahora: los gobernantes son "ellos" y todos los demás somos "nosotros".

La patria madre

El triunfo de Madero pareció abrir las puertas a una nueva esperanza de los mexicanos. El acabamiento del régimen de don Porfirio hizo pensar que surgiría un país distinto, fincado en la participación de todos los mexicanos más que en la fuerza de un solo caudillo.

¡Qué pocos instantes de verdadera y plena felicidad ha conocido México, este país que tanto sufrimiento ha conocido! Sin cargar las tintas oscuras, yo bien podría decir —a reserva de corregirme o de ser corregido— que sólo dos momentos de ventura cabal ha vivido nuestra patria.

El primero lo disfrutaron los mexicanos el 27 de septiembre de 1821, con la entrada del Ejército Trigarante a la ciudad de México. Agustín de Iturbide —a quien deberíamos llamar Padre de la Independencia si no estuviéramos engañados por la historia oficialista— había realizado la gran obra de emanciparnos de la metrópoli española. Aquel enorme truhán se había convertido, por una de esas extrañas transformaciones que a veces hay entre los hombres, en un visionario, en un iluminado que supo entender lo que pasaba y dar rumbo y dirección a los acontecimientos.

Digo que Iturbide *realizó* la obra de la Independencia, y no que la consumó, como dicen aun los más encendidos iturbidistas. Desde ese punto de vista soy más iturbidista que ellos, pues *consumar* quiere decir completar lo que otro comenzó, y no hay relación alguna entre lo que Iturbide hizo y lo que hizo Hidalgo. ¿Podemos en verdad llamar Padre de la Independencia a quien empezó su efímera rebelión al grito de "¡Viva Fernando VII!".

Iturbide sí separó a México de España. Y lo hizo sin odios: uno de los dictados de su lema fue el de la unión entre todos los habitantes de la nación que él creó, a la que dio nombre y bandera. Cuando entró vencedor en la capital, todos lo aclamaron por igual, criollos y peninsulares. Su triunfo fue el triunfo de todos los nuevos mexicanos.

Lo mismo sucedió con Madero, salvadas —obviamente— todas las diferencias. Su victoria alegró casi a todos los mexicanos. Se entristecieron sólo aquellos que con necedad habían esperado que el viejo régimen sería eterno, y los otros que, diciéndose parte del nuevo, envidiaban secretamente a don Francisco y no compartían sus ideales. Pero los hombres de buena voluntad vieron en Madero a una especie de mesías que auguraba el establecimiento de una patria nueva, madre de todos los mexicanos por igual. Escribió Vasconcelos estas bellas palabras: "Sentaba Madero un precedente. Bastaba ya de jefes que se encumbraban sobre la sangre de sus compatriotas; él no entraría a la capital a la cabeza de un ejército que ha matado hermanos, sino aclamado como libertador y reformador de todo un pueblo [...] Emoción agradecida, fervorosa. ¡Cuánto dieran por gustarla, una vez siquiera, todos esos que llegan a la fama envuelto el nombre en el miasma de la matanza!".

Un México sin asesinos

Después de Madero la historia de México se llenaría de muerte: el asesino de uno sería asesinado por otro. La espléndida victoria de Madero, conseguida sin efusión de sangre, fue limpia, igual que el Apóstol de la Democracia.

El 7 de junio de 1911, Madero hizo su entrada en la ciudad de México. Cien mil personas —uno de cada 5 habitantes de la capital— acudieron a vitorearlo. Su llegada fue un final de apoteosis para una marcha triunfal. En cada estación —Monterrey, Saltillo, San Luis Potosí, Querétaro— el pueblo iba con entusiasmo a aclamar al hombre del destino. Leamos a Vasconcelos: "¡Qué dulce sabor tenían las aclamaciones que cada población de tránsito nos dedicaba con músicas y cohetes y trompetería! [...] A medianoche nos despertaba el grito de la multitud, o ya de retirada nos despedía el eco de las dulces músicas aldeanas. Reconocíamos la caricia de la gloria sin resabios. En piyama nos asomábamos a las ventanillas para recibir el saludo de la gente".

Madero iba feliz, y su alegría interior se le mostraba en el semblante. Edith O'Shaughnessy escribió en su diario estas palabras: "Madero posee una sonrisa agradable y espontánea. Hay algo en él de juventud, de esperanza, de bondad personal". Juventud... Madero tenía a la sazón 37 años de edad. Moriría sin haber llegado a los 40.

Todos sus compañeros cercanos de lucha —Gustavo y Raúl Madero, los hermanos Vázquez Gómez, Maytorena, González Garza, Roque Estrada, Vasconcelos— estaban poseídos por la misma luz interior. "No se coló entre nosotros —dijo Vasconcelos— ningún patibulario de los que más tarde han convertido la galería de la Revolución en un museo de los tipos y variedades de la criminalidad".

La entrada de Madero a la ciudad de México fue única. Otros caudillos habían entrado en la capital, vencedores, antes que él: Iturbide, Santa Anna, Juárez, Díaz. Pero todos entraron al frente de un ejército. Madero hizo su entrada sin soldados. Llegó acompañado por su esposa, sus hermanos y unos cuantos amigos. El pueblo supo que por fin había conseguido la libertad: el que llegaba no era un hombre de fuerza; era un hombre de espíritu.

La descripción que hace Vasconcelos de aquel maravilloso día tiene acentos de emoción: "Tirado por caballos blancos, empujado por el pueblo en delirio, avanzaba el carruaje del libertador. La gente cantaba por primera vez, en plena calle, espantando un silencio de siglos de desconfianza y de pavor. Se encontraban los desconocidos y se abrazaban llorando, reconociéndose hermanos. El Caballito, viejo símbolo de la tiranía antigua, se cubrió de muchachos desde el pedestal hasta los hombros del rey olvidado. Manos infantiles acariciaban el cetro, como si por fin la autoridad se hubiese vuelto servicio humano y no atropello de bandoleros afortunados".

El regreso a casa

Con la victoria de Madero regresaron al país los maderistas y los que se decían maderistas. Entre estos últimos estaba un hombre que luego desempeñaría un papel de primer orden en la historia mexicana.

Hay que decirlo sin reservas: don Francisco I. Madero no habría tenido éxito si no hubiera tenido el visto bueno de los Estados Unidos. El general Díaz no quiso hacer de México un satélite que girara, dócil, en torno de la órbita de Washington, y eso molestó mucho a los poderosos vecinos del norte. Pensaron que en don Panchito tendrían un amistoso aliado mexicano —ya lo habían tenido antes en Juárez— y así volvieron las espaldas a don Porfirio y apoyaron la revolución maderista.

En la Secretaría de Relaciones Exteriores debe de existir todavía un expediente con una nota de don Francisco León de la Barra, embajador de México en los Estados Unidos. En esa nota el embajador informaba a su gobierno que tenía la promesa formal del procurador de los Estados Unidos de poner en prisión a Madero y a sus seguidores. Jamás se llevó a cabo esa aprehensión: Madero no sólo pudo seguir sus actividades revolucionarias en territorio norteamericano, sino que sus partidarios pudieron comprar armas de desecho del ejército yanqui a precios tan bajos que se tiene que pensar que había interés en Washington de que la Revolución triunfara sobre el gobierno del general Díaz.

Uno de los indicios más evidentes del apoyo de los Estados Unidos a la revolución maderista fue que jamás se puso obstáculo a ningún mexicano que cruzara la frontera para unirse en San Antonio a la rebelión. Uno de los primeros que salió del país en plan rebelde fue Venustiano Carranza. Estaba sumamente enojado con don Porfirio, pues creyó que le había asegurado el gobierno de Coahuila y luego el caudillo se lo dio a don Miguel Cárdenas.

Hay una anécdota curiosa de estos días. En San Antonio hubo una reunión de apoyo a la Revolución, y en ella estuvo presente don Venustiano. Al final de la sesión se hizo una colecta a fin de recaudar fondos que servirían para la compra de armas y equipo. Don Venustiano, tan cuidadoso de su dinero que llegaba a pecar de cicatero, sacó su cartera, extrajo de ella un billete de cinco dólares y lo puso en la caja de la colecta.

Se supo después que Carranza, cuidadoso de sus dineros y sumamente previsor, antes de salir del país había dado poder a un individuo para que en su nombre cobrara en la ciudad de México el sueldo que le correspondía como senador. En aquellos años ese sueldo se pagaba por decenas. Cada 10 días, con puntualidad exasperante, el enviado de don Venustiano llegaba a la Cámara de Senadores, cobraba el sueldo y se lo mandaba a Carranza. Con él vivía en San Antonio el coahuilense su vida de aparente revolucionario. Los revolucionarios, sin embargo, no lo veían con buenos ojos. Lo consideraban oportunista y acomodaticio. No les faltaba razón. Quizá si don Porfirio, que nombró senador a Carranza, lo hubiera hecho gobernador de Coahuila, el Varón de Cuatrociénegas habría combatido a don Francisco I. Madero.

Salto a Saltillo

En la amable capital de Coahuila se vivieron intensos días de Revolución.

Cuando la Revolución, Saltillo (igual que en la Independencia, cuando sus mujeres entregaron sus prendas de oro y plata para comprar fusiles; igual que en la Reforma, cuando los saltillenses dieron abrigo y descanso a Juárez y a los suyos) apoyó fervorosamente a Francisco I. Madero, que desde un balcón del Gran Hotel Coahuila habló a la multitud vitoreante (cuando la policía iba a apresarlo, Madero se pasaba al balcón del otro lado del hotel y continuaba hablando, y así, alternándose con Roque Estrada hasta que el mitin terminó).

Siguieron luego a Carranza los saltillenses en su lucha contra Huerta después del sacrificio de Madero, y fueron los diputados saltillenses, aquéllos de la XXII Legislatura, los primeros en emitir un decreto desconociendo al gobierno usurpador.

Un veterano de aquellas cruentas luchas me contaba con orgullo cómo asistió a don Venustiano Carranza en Tlaxcalantongo, en los últimos instantes de su vida:

"Murió en mis brazos Venustiano, licenciado. Apenas alcanzó a decirme: 'Compadre, *ái* le encargo la República'".

Quién mucho, quién poco, todos los saltillenses supieron de los azares de la Revolución, aunque no fuera sino como aquel viejo a quien sus hijos comunicaron su irrevocable decisión de levantarse en armas:

—Ya quisieran levantarse temprano, desgraciados.

Ejemplo de esa vida fue el tío Molesto. Don Modesto Cárdenas se llamaba, pero sus sobrinos le decían el tío Molesto porque era dado a zaherirlos con remoquetes, burlas picantes, travesuras de todo orden. Y su esposa, que a veces lo acompañaba en esas bromas, no salía tan bien librada con sus sobrinos, que le decían María Molona, en vez de Molina, como era su apellido.

Los dos, doña María y don Modesto, eran buenas gentes: toda su malicia se reducía a inocentes ligerezas, como aquella que ponía en práctica el tío Molesto, que a una vaca suya le puso el nombre de La Concurrencia, para poder asomarse a la sala y anunciar a las señoras que estaban de visita:

—La merienda se servirá tan pronto ordeñemos a La Concurrencia.

Tenía otras vacas lecheras el tío, y en el zaguán de su casa vendía a los vecinos el rico producto de su ordeña, aquella leche sustanciosa que daba nata con sabor de mantequilla para las meriendas saltilleras de pan recién horneado y gorditas de harina. Eran los tiempos en que las casas de Saltillo tenían patio, traspatio, caballeriza y corral, de modo que iban de una calle hasta la otra. Las costumbres eran casi rurales, y así en aquellos corrales la gente tenía gallinas, palomas, el obligado marranito, la vaca, todo un zoológico doméstico.

De sus vacas estaba muy orgulloso don Modesto. Tenía para ellas cuidados de padre. A cada una, igual que a La Concurrencia, le tenía su nombre.

Y decía el tío Molesto:

—La que me da más leche es La Noria.

Y diciendo así dejaba pensado a quien lo oía si acaso La Noria era una vaca que así se llamaba y que rendía buenos litros, o si era la noria que estaba en el traspatio de la casa, y que convenientemente ordeñada daba buenos volúmenes de agua para aumentar la leche. Bien podía ser eso: si Nuestro Señor hizo el milagro de convertir el agua en vino, ¿por qué no convertirla en leche? Cristiana debe ser, y para ello requiere las aguas lustrales del bautismo. Pero no: la leche que vendía el tío Molesto era pagana, hereje leche sin bautizar, y aquello de La Noria no pasaba a ser más que otra de las gracejadas de aquel simpático saltillense que dejó en muchos la grata memoria de su donosura y de su ingenio singular.

¡Viva Villa, **jijos** *de la tiznada!*

Personalidad recia, Pancho Villa y su gente dieron lugar a recios sucesos.

Año de 1914. Se vivían días difíciles de revolución, y la ciudad se sobresaltaba de continuo con los ires y venires de las tropas, y con los encuentros que a veces en las calles más céntricas de la ciudad libraban los seguidores de Carranza con los soldados del ejército federal.

Saltillo había sido ocupado por las fuerzas revolucionarias de Pablo González y Francisco Villa. Una tensa calma reinaba tras la retirada de las tropas del gobierno, pero la vida de los saltillenses no volvía del todo al sosiego y a la tranquilidad. Y eso era por causa de los soldados villistas.

El general Pablo González era un militar culto, un hombre de lecturas, y aun en los fragores de la lucha sabía respetar los derechos de la población civil. Por eso cuando conquistaba una plaza, cuando tomaba una ciudad, lo primero que hacía era acuartelar a sus tropas para evitar los desmanes de la soldadesca. Cualquier abuso lo castigaba con rigor, y así en sus filas reinaba la más completa disciplina. Todo lo contrario se veía en las huestes de Francisco Villa. Sus hombres, arrojados como eran, seguían con sus arrojos después de la victoria y trataban a los inermes ciudadanos igual que a feroces enemigos. El saqueo y el pillaje no eran caso raro entre los villistas, cuyo jefe no les imponía la dura rienda de la obediencia militar.

Para celebrar el triunfo de las fuerzas revolucionarias en Saltillo, se llevó a cabo un baile en el casino. Asistieron Pablo González y Francisco Villa, quienes al terminar el sarao salieron juntos a caminar alrededor de la plaza de Armas. Villa había cedido a don Pablo el lado preferente al caminar con él, de modo que con su mano izquierda llevaba por el brazo derecho al general. En ese paseo iban cuando por una calle que conducía a la plaza irrumpió una banda villista de soldados ebrios que disparaban sus pistolas al tiempo que gritaban:

—¡Viva Villa, *jijos* de la tiznada!

De sobra está decir que con excepción de "Viva Villa" todas las demás palabras eran más sonoras. Al oírlas, y al ver la amenazante actitud de los soldados, los saltillenses que salían del baile se pegaron todos a la acera, esperando alguna agresión o tropelía de los escandalosos.

Pablo González, entonces, cambió de lado, se puso a la derecha de Villa y con su mano lo tomó del brazo. Así siguieron caminando un trecho más. Luego habló González a Francisco Villa.

—General —le dijo con voz de orden—, mande usted a esos hombres que inmediatamente se vayan al cuartel.

Villa no estaba acostumbrado a oírse mandar así. Hizo un movimiento instintivo como para sacar la pistola, pero sintió la fuerte presión de la mano de don Pablo, que le oprimía el brazo como garra impidiéndole todo movimiento. Entendió el guerrillero la previsión del general. Sonrió y abandonó su actitud de violencia. Y luego:

—¡Fierro! —llamó con fuerte grito a uno de los hombres de su estado mayor—. ¡Llévense a ésos al cuartel!

Y sin decirse más, Pablo González y Francisco Villa siguieron su paseo. Nadie se percató de que en Saltillo, esa noche, pudo haber sucedido algo que ciertamente habría alterado el rumbo de la Revolución.

Las cosas de Pancho Coss

Figura grande de la Revolución, muchas cosas se pueden contar del famoso general Francisco Coss.

Como don Pancho Coss tenía animales en el corral de su casa de Ramos Arizpe, Coahuila, algunos vecinos quisquillosos se fueron a quejar con Chencho Oranday, que era entonces alcalde del lugar.

Todo mundo quería al general, héroe de la Revolución. La queja, entonces, era cuestión delicada. Llamó Chencho al doctor Homero Guerra, recién llegado a Ramos en calidad de encargado de Salubridad, y le pidió que hablara con el general.

Don Pancho Coss se dio por enterado y firmó sin protesta el acta de apercibimiento. Pero por una oreja le entró el aviso y por otra le salió. Cuando las quejas se renovaron, el doctor Guerra habló otra vez con él, y otra, y otra más. Fue como hablarle al cerro. Finalmente el joven, cumplido funcionario, aplicó una multa municipal al infractor. Para su mortificación, el mismo Chencho Oranday la condonó. Cuando el doctor pasaba frente a la casa del general, éste lo veía con sonrisilla socarrona. El doctor Guerra, entonces, hizo de aquella una cuestión de honor. Volvió a apercibir al general, y cuando tampoco obtuvo resultados, impuso una multa, ahora estatal. El gobernador del estado ordenó su abrogación. Más sonrisas burlonas. Por último el doctor Guerra, que tenía también funciones federales, impuso al general Coss una multa federal. A los pocos días se recibió un oficio de México en que se decía que por deseo expreso del señor presidente de la República la multa quedaba sin efecto.

Mohíno y apesadumbrado estaba el doctor Guerra en su oficina cuando le fueron a decir que el general Coss quería hablar con él. Fue a la casa del general con sobra de temores: temía una regañada del general o ser objeto de burletas. Don Pancho Coss lo recibió afable, le hizo muchas preguntas acerca de sus estudios y luego le dijo yendo al grano:

—Mire, médico: yo a *usté* no lo conozco. Pero se me ha ocurrido que si así como ha sido de terco conmigo es de terco para curar enfermedades, ha de ser muy buen doctor. Quiero que sea mi médico.

Y médico fue el doctor Homero Guerra del general Francisco Coss. Recuerda a su ilustre paciente con afecto y mucha admiración. De sus labios oyó narraciones con sabor épico de la Revolución, y él mismo presenció algunas de las ocurrencias del general, que por ser ranchero y por ser anciano era doblemente sabio.

Cuenta el doctor Guerra que unos agricultores *nailon*, como se llamaba entonces a quienes sin saber nada del campo se metían con él, le enseñaron al general unos cultivos de maíz.

—Qué buen chilar —les dijo el general.

—¡Cómo chilar! —exclamó uno algo amoscado.

—Sí —dijo don Pancho—, porque de aquí van a sacar puro chile.

Y en efecto, no sacaron más que eso que los chilares suelen dar, y que en folclórico lenguaje es lo mismo que polvo, cenizas, viento, sobras, nada.

Hipólito llegó al Plan...

Historia y leyenda se confunden en la gesta de la Revolución.

Cuando acabó la lectura del Plan de Guadalupe, don Venustiano Carranza puso en él su firma y luego pidió a "los presentes que quisiesen y pudiesen firmar", que inscribiesen su nombre bajo el suyo.

Documento de historia era ese plan. Los señores Madero y Pino Suárez habían sido arteramente asesinados, y en Saltillo el gobernador Carranza levantó banderas de rebelión y vuelta a la legalidad. Marchó hacia el norte, y en la Hacienda de Guadalupe expidió el plan que convocaba a los mexicanos a luchar contra la usurpación. Sucedió eso, lo sabemos, el 26 de marzo de 1913.

Uno por uno fueron pasando quienes ahí estaban a la pequeña mesa, y uno por uno pusieron su firma como se usaba en aquel tiempo, con estudiados arabescos, filigranas y vueltas muy lucidas. Avanzó para tomar la pluma y él también firmar un joven apuesto y bien parecido. Alto, de rostro agradable, frisaba en los 30 años de edad. Disponíase ya a firmar cuando don Venustiano lo detuvo. Preguntó luego a su secretario quién era el hombre aquel, y cuando hubo obtenido la respuesta se dirigió al joven y le dijo:

—Tú no puedes firmar. Sabes que tienes una deuda con la sociedad, que aún no acabas de pagar.

Avergonzado, el muchacho salió del salón donde ocurría la firma y se quedó en un patio mientras la ceremonia terminaba. Era Hipólito Valdez. Por celos de amante despechado había dado muerte tiempo antes a su novia, una bella muchacha que se llamaba Rosita Alvírez.

Oí esa narración de labios de un veterano de la Revolución en Nuevo Laredo, Tamaulipas. Me dijo también él que Hipólito militó bajo las órdenes del general Marciano González y que murió en combate peleando contra las fuerzas de Francisco Villa.

Difícil es confirmar lo que por tradición oral nos llega de los pasados tiempos. En todo caso el relato del viejo combatiente cierra el círculo de fatalidades que condujo a Hipólito a arrebatar la vida de la mujer que amó. Yo recogí las palabras del anciano y las guardé conmigo, y ahora aquí las pongo porque hay un punto siempre en que se juntan la historia y la leyenda. La vida quizá habrá reunido en una encrucijada al hombre que hizo historia, don Venustiano Carranza, y al hombre del pueblo que en alas de un corrido, que es la historia escrita por el pueblo, vive todavía en la inmortalidad de una canción.

Estampa de sangre

La Revolución fue tiempo de muerte. He aquí una muestra.

Cuando le faltaban seis años para llegar a 100 de edad, el novelista español Eduardo Zamacois escribió un libro de memorias. En él cuenta que en uno de sus viajes vino a México, y que en la capital presenció un hecho digno de recordación.

Dice Zamacois que recibió una invitación a cenar. Más de 12 eran los comensales, entre ellos un joven militar que, sin dar indicio alguno de embriaguez, se divertía en apurar copa tras copa, las que rompía a mordidas después de beber de ellas.

A la mitad de la cena se puso en pie aquel joven y pidió que se le permitiera hablar.

—Señores —dijo—. Propongo que en honor del señor Zamacois, nuestro invitado, le brindemos un espectáculo que no pueda olvidar. Mostrémosle el valor del alma mexicana. Vamos todos a jugar nuestra vida en un volado. El que pierda al final, se dará un tiro en la cabeza.

Se hizo un profundo silencio entre los invitados.

—Vamos —insistió el muchacho con gran serenidad—. Miren ustedes: mi esposa dará a luz esta noche a nuestro primer hijo. Soy feliz; de la vida no he recibido más que felicidad. Y sin embargo estoy dispuesto a jugármela a cara o cruz. ¿Quién me sigue?

Otros militares se levantaron. La situación se volvió tensa. En eso Dámaso Acosta, el dueño de la casa en que la cena se efectuaba, dijo como sin darle mayor importancia a aquel asunto:

—Señores: para morir ya habrá tiempo. Vivamos ahora.

Y ordenó a los criados que sirvieran el siguiente platillo y llenaran las copas otra vez. Con eso, dice Zamacois, terminó el drama.

Recogí la narración del español porque en esa cena estuvo presente Miguel Alessio Robles, saltillense, quien fue representante de México en España. El hecho sucedió allá por 1925. Era joven entonces Eduardo Zamacois, y vivía vida inquieta y llena de aventuras. Como los mineros, en cada puerto tenía un amor: tomaba a las mujeres igual que a flores cuyo perfume se aspira para dejarlas luego. De dos de ellas se apasionó tanto que con las dos estuvo casado al mismo tiempo y en la misma ciudad, sin que la una se enterara jamás de la existencia de la otra. En el ocaso de su vida aquel aventurero, viajante de los mares, donjuán incorregible, se consideró afortunado por haber conseguido un empleo burocrático en el que, a las cinco de la tarde, un conserje iba de mesa en mesa sirviendo café con leche y panecillos a los empleados. *Sic transit gloria mundi*...

El ocaso

Madero fue como un súbito deslumbramiento para el pueblo mexicano. El coahuilense le devolvió la libertad que había perdido, y muchos usaron esa libertad para combatir y deturpar a quien se las había devuelto. Parecía que, acostumbrados a la opresión, despreciaban a quien les había quitado las cadenas.

Se cuenta que Margarita de Saboya iba una vez por los arrabales de Madrid, en misión caritativa. Vio a un pequeñito que lloraba en brazos de su padre.

—¿Por qué llora esta criatura? —preguntó Margarita.

—Tiene hambre, señora —respondió conturbado el hombre—. Ayer murió su madre y no he encontrado aún quien le dé pecho.

La noble dama tenía poco tiempo de haber dado a luz, y amamantaba a su hijo. Tomó en sus brazos de madre al niño pobre, se abrió el seno y lo ofreció al pequeño, que chupó ávidamente el alimento.

Aquel rasgo hermoso de generosidad debía haber emocionado a todos. No sucedió así: la rancia nobleza española se escandalizó. En casinos, tertulias y cotilleos se hizo burla de Margarita; soeces comentarios, obscenidades chocarreras fueron la respuesta a aquel gesto lleno al mismo tiempo de belleza y de bondad.

La anterior anécdota puede servir para ilustrar lo sucedido con don Francisco I. Madero. Luego de más de tres décadas de dominación, llegó el Apóstol hablando de libertad, de democracia, de igualdad de todos ante la ley. A cambio recibió burlas y desprecio. Aquellos a quienes había librado de un sistema dictatorial, lo juzgaron loco y le llamaron "chiflado", el mismo mote que le habían aplicado los porfiristas. Un maderista explicó así tal actitud: "Hay hombres cuyo ideal se encuentra a tal punto abatido que se sienten más inclinados a admirar a un asesino que a un santo con tal de que el primero se les presente bajo un ropaje majestuoso. Madero era de pequeña estatura; en vez de un habla ronca y pausada, de un andar fiero y pomposo, de un ademán lento y estudiado, el nuevo presidente tenía la voz del que no bebe, no fuma y se ha acostumbrado a tratar con benevolencia a los humildes. Hablaba como todo el mundo, andaba como todo el mundo, se movía como todo el mundo. Aquel hombre, aquel vencedor, no traía una espada flamígera, no lanzaba decretos destructores, no perseguía a sus enemigos, sino que los sentaba a su mesa y los invitaba a ayudarlo. No marchaba sobre un rastro de sangre, sino que sembraba de flores su camino".

En efecto: los hombres fuertes del futuro ya no iban a ser apóstoles, sino asesinos. Cada uno de ellos se levantaba pisando sobre el cadáver del otro. Después del crimen infame que quitó la vida a Madero —limpia esperanza de regeneración—, la historia de México no puede leerse sin que cada página chorree sangre. Las muertes de Carranza, Villa y Zapata son sólo cruenta obertura en el drama terrible de aquel país lleno de fieras que se disputaban a mordiscos y zarpazos el poder. Esas luchas criminales suceden ahí donde no hay democracia. En vez de que el pueblo sea el soberano de la nación, se apropia de ella un grupo de hombres poderosos. Cuando no se ponen de acuerdo en la manera de gozar el botín, surge entre ellos la violencia.

El temblor

A la manera de los antiguos griegos y romanos, los mexicanos de 1911 buscaron en los sucesos de su tiempo augurios que los ayudaran a adivinar lo que sucedería.

El 7 de junio de 1911, a las 4.30 de la mañana, la ciudad de México fue asolada por un terremoto de grandes proporciones. Ese mismo día, a las tres de la tarde, entró en la capital don Francisco I. Madero.

De inmediato la imaginación popular estableció una liga entre los dos sucesos, y concluyó que el gobierno de don Panchito estaría amenazado por grandes males, pues su llegada a la capital había sido anunciada por un acontecimiento tan siniestro.

Don Francisco León de la Barra, presidente de la República con carácter de interino, se había encargado de hacer los preparativos para que los capitalinos recibieran a Madero. El señor De la Barra era hombre inteligente, y no se le escapaba que el coahuilense habría de ser por fuerza el próximo presidente de la República. Hombre probo y caballeroso, no incurrió en el tremendo error de caer en tentaciones de poder. En una de sus últimas entrevistas con Taft, presidente de los Estados Unidos, éste le había dicho con tortuosa intención.

—Creo, señor embajador, que no sería difícil que fuera usted el próximo presidente de México. Pienso que deberemos conversar acerca de eso.

León de la Barra no alentó de ninguna manera a quienes juzgaron que podría ser continuador de don Porfirio. Ni siquiera quiso considerar la eventualidad de acompañar a Madero en su fórmula electoral como candidato a la vicepresidencia. Quizá pudo presentarse esa coyuntura. Madero sentía sincero aprecio por León de la Barra, y podría haberlo llevado con él como gesto de conciliación con los partidarios del antiguo régimen. Pero hemos de pensar que aun si Madero le hubiese ofrecido la vicepresidencia a León de la Barra, éste la habría rechazado, tanto por lealtad a don Porfirio como —sobre todo— por una razón que reveló tiempo después:

—Yo sabía muy bien que Madero era un incompetente, que no podría gobernar la República. Pero, en el estado de ánimo en que el país se hallaba, había que acatar la voluntad del pueblo. Madero tenía que llegar a la presidencia, pero yo no lo iba a acompañar en ella.

La idea de León de la Barra acerca de la incompetencia de Madero, compartida por muchos, se fincaba en una total incomprensión del pensamiento del coahuilense. Por principio de cuentas él tenía ideas, los demás no. León de la Barra, lo mismo que los políticos de su tiempo, era heredero de la vieja política, que se fincaba en la contundencia de los hechos —sobre todo de los hechos de armas—, y no dejaba lugar alguno a las ideologías. Se consideraba incompetente a Madero porque pensaba, porque tenía principios, porque era portador de valores. Y eso en la política mexicana estorbaba entonces, lo mismo que estorba ahora.

Casi sí; Casino

Gente de toda laya anduvo metida en la Revolución, gente que hizo de todo. Aquí se habla de un curioso episodio poco conocido.

El Casino de Saltillo acaba de cumplir 120 años de existencia. Es el casino uno de los muchos corazones que tiene mi cordialísima ciudad. Otros son la catedral, con la Capilla del Señor; la plaza de Armas; el Ateneo y la Normal; el barrio del Ojo de Agua... Y la hermosísima Alameda —otra más bella no he visto en el país— que si pudiera hablar, ¡ah, cuántas cosas no callaría!

Pues bien: el año de 1914, el precioso Casino de Saltillo fue incendiado por hombres del ejército federal que mandaba el general Mass. Este señor se refirió un día al valiente general carrancista don Francisco Coss tildándolo de ladrón. Pancho Coss tomó el teléfono y le reclamó a Mass su proceder.

—Yo soy Francisco Coss —le dijo—, el que *usté* anda diciendo que es ladrón.

—Pues yo soy Mass —se presentó, retador, el federal.

Y respondió con cachaza Pancho Coss:

—Eso yo ya lo sabía.

El hombre que personalmente prendió el fuego que incendió el casino fue un subordinado de Mass que se llamaba Gonzalo Enriles. Era coronel huertista ese talísimo. Antes fue cónsul de México en Honduras. Lo separó del cargo don Victoriano Salado Álvarez, pues le llegaron mil acusaciones contra Enriles: ni siquiera pagaba la renta de la casa en que moraba, y le debía hasta al panadero.

Enriles fue con don Francisco León de la Barra, el presidente interino, que era todo bondad, y entre hipos gemebundos le contó una tristísima historia: tenía muchos hijos que mantener, varias hermanas que no habían casado y que por tanto dependían de él. Su sueldo no le alcanzaba, y se vio en la necesidad de quedarle a deber a todo el mundo. Don

Francisco lo restituyó en el empleo. Tenía Enriles aspecto de hombre ingenuo, candoroso, pero era un pícaro de más de siete suelas. De él dijo don Victoriano que "era capaz de todo, y de otras cosas más".

Los carrancistas sacaron de Saltillo a las fuerzas de Huerta. Fue en esa ocasión cuando Pancho Coss les quitó un cañón que los federales tenían emplazado en la plaza principal. A todo galope llegó por una calle, lazó el cañón y luego se lo llevó arrastrando a cabeza de silla. Cuando los huertistas acordaron ya la gente de Carranza les estaba disparando desde la otra esquina con la pieza que Pancho Coss se había llevado.

Mass no encontró más forma de vengarse de Saltillo —la capital del estado que Carranza había gobernado— que ordenando la destrucción del casino de la ciudad. Fue el coronel Enriles quien con su propia mano le prendió fuego. Quedó destruido el precioso recinto, pero surgió de sus cenizas y es hoy uno de los más hermosos casinos que hay en México. Años después Enriles murió fusilado en el curso de "la bola". Cuando los socios del casino saltillero supieron de su muerte, hicieron sonar músicas alegres y brindaron porque el diablo lo tuviera de las orejas.

Científicos ayer; científicos hoy

El triunfo de Madero no hizo que los enemigos desaparecieran. Se agazaparon solamente; quedaron en espera de una nueva ocasión para tener poder.

En cierta ocasión escribió don Victoriano Salado Álvarez esta frase en uno de los artículos periodísticos que semana a semana publicaba en un diario de la capital: "Yo creo que mientras haya México seguirá habiendo científicos [...] Por incalculable número de años esto que llamamos democracia mexicana necesitará del funcionamiento de algo que se parezca al cientificismo o caerá en la anarquía o en la oclocracia [el gobierno de la plebe] Puede existir el gobierno de los pocos y no traer dificultades serias a los muchos".

En cierta forma los *científicos* de ayer pueden equipararse a los llamados tecnócratas de hoy. Ambos grupos se forman con individuos socialmente privilegiados, dueños de bienes, de educación y de fortuna. Los científicos del porfirismo vieron con desprecio a Madero; luego lo miraron con temor. Para ellos —como para los tecnócratas de hoy— la democracia era una invitación al caos. Se equivocaban: en verdad lo que trajo el caos a México fue el gran crimen que se cometió cuando junto con Madero fue asesinado su ideal de democracia. Precisamente la falta de democracia fue lo que causó los grandes crímenes de la época revolucionaria; la falta de democracia es lo que ha causado los grandes crímenes de nuestros días.

Los científicos habían puesto sus esperanzas en el general Bernardo Reyes, gobernador de Nuevo León, hombre fuerte a quien consideraban seguro sucesor de don Porfirio Díaz. Éste le había dado un fuerte espaldarazo: en una visita que hizo a Monterrey en 1904 felicitó a don Bernardo diciendo:

—¡Así se gobierna, general!

Los científicos interpretaron esa declaración como lo que hoy llamaríamos un *destape* y empezaron a trabajar a fin de asegurarle a Reyes la sucesión. Se formó un Comité Organizador del Partido Democrático encargado de formar clubes en todo el país con partidarios de don Bernardo. El pueblo, que sabía que ni una hoja del árbol político se movía sin la voluntad de don Porfirio, pensó que todos esos manejos se hacían con autorización del presidente, y dio su propia interpretación a las siglas de aquel comité, CODPD: Como Ordene Don Porfirio Díaz.

Por cierto —esto lo diré de pasadita—, encabezando a los partidarios del general Reyes iba y venía un señor que se presentaba como gran jacobino —es decir, comecuras—, defensor estricto de la Constitución y fiel partidario de don Porfirio Díaz. Ese señor, valido del lustre de su nombre, se paseó por todo el país ondeando la bandera reyista. En tal carácter recibió muchos agasajos y fue huésped de honor de los gobiernos. El viajero se llamaba nada menos y nada más que Benito Juárez. Era hijo del Benemérito de las Américas, el mayor enemigo que en toda su vida tuvo don Porfirio.

Cinco cosas

La Revolución acabó hasta con el recuerdo de los hombres del antiguo régimen. Tarea deleitosa, sin embargo, es evocar sus figuras, sus hechos y sus dichos.

Hombre de altivo porte proceroso era don Francisco Cañedo, gobernador porfirista de Sinaloa. Anciano ya, seguía siendo apuesto y arrogante: su elevada estatura, su perilla y su bigote canos, su elegante manera de vestir lo hacían grato lo mismo en desfiles militares que en la tertulia de las damas.

Tenía una sabiduría muy particular este Cañedo. Solía decir:

—Lo mismo en la oficina que en el cuartel, y hasta en la casa, para ser buen jefe hay que saber cinco cosas: premiar, castigar, alentar, perdonar y recordar.

Fue incondicional partidario de don Porfirio, y éste supo recompensar su lealtad extendiéndole siempre su amistad y protección. Sucedió una vez que los diputados del Congreso sinaloense pretendieron darle al gobernador un "camarazo", es decir, un golpe de Estado. Por telegrama se comunicó el señor Cañedo con el presidente Díaz para hacerle saber la situación. El astuto don Porfirio envió dos telegramas a Culiacán: uno dirigido al gobernador, otro a los diputados; pero dio instrucciones en el sentido de que, simulando una equivocación, el mensaje dirigido a los congresistas se le entregara al gobernador, y el telegrama dirigido a su amigo se les entregara a los diputados. Decía este último telegrama, que los legisladores leyeron llenos de temor: "Querido Pancho: No te mortifiques. Juntos subimos; juntos bajaremos".

Aquel telegrama fue suficiente para acabar con la rebelión de los diputados: supieron éstos que si querían tumbar al gobernador Cañedo primero tenían que tumbar a don Porfirio. Y eso, allá en los primeros años del siglo XX, estaba muy difícil.

Con absoluta fidelidad correspondió siempre don Francisco a la buena amistad del general Díaz. Alguna vez alguien le preguntó si no tenía miedo de algunos generales que abrigaban malas intenciones hacia él. Respondió Cañedo:

—Mire usted: en este mundo nada más a dos les tengo miedo: a Dios y a don Porfirio.

En cierta ocasión, sin embargo, se topó don Francisco Cañedo con la horma de su zapato. Eran los tiempos en que los gobernadores cuidaban hasta de que las calles de la ciudad se mantuvieran limpias. En esa labor de inspección andaba el gobernador en Culiacán cuando advirtió que una anciana barría su banqueta sin haberla regado antes.

—Oye, mujer —le dijo—. ¿No ves el polvo que estás levantando? ¿Por qué no riegas?

—Porque no hay agua —respondió lisa y llanamente la mujer.

—Sí hay —replicó el gobernador—. En toda la ciudad hay agua.

—Ahí tiene la llave —lo desafió la anciana—. Vaya a abrirla, y si le sale riego mi banqueta y riego también la suya. Pero si no hay agua entonces vaya *usté* a su casa a traerme unas dos tinas.

Se molestó el general por el tono de la mujer.

—¿No sabes con quién estás hablando? —le preguntó irritado.

—Cómo no voy a saber —respondió ella—. Con el necio de Cañedo.

Ya no contestó el gobernador. Subió a su coche al tiempo que mascullaba mohíno:

—Vieja desgraciada.

La historia iba tejiendo sus hilos. Unas estrellas caían y otras empezaban apenas a elevarse.

En 1904, un joven mecánico que trabajaba en el ingenio de Navolato se afilió al Club de Jacobinos. Tal era el sonoroso nombre que tenía el modesto casino de aquel pequeño lugar. Para hacer honor a la denominación, los socios del club, entre copa y copa, entre partida y partida de billar o dominó, debatían acerca de asuntos políticos. En esas conversaciones aquel muchacho se dio a conocer por su ingenio, por sus salidas centelleantes y llenas de gracejo.

Pasaron los años. Se convirtió el joven mecánico en gran agricultor; luego entró en lides políticas y militares. Ya hombre prominente, la vida lo puso en tratos con los protagonistas de la historia mexicana de aquel tiempo. Una vez tuvo ocasión de conocer y tratar de cerca a don Venustiano Carranza. En una huerta de Colima se le ofreció al Primer Jefe un ágape campestre, en el cual se sirvió un platillo típico: cabrito tatemado. Al terminar de comer preguntó don Venustiano a su nuevo amigo:

—¿Qué le pareció el cabrito?

—Señor —respondió éste—. En esta ocasión, como siempre sucede, el pez grande se ha comido al chico.

Otra vez se hablaba acerca del calor que hacía en cierta ciudad. Dijeron otros que más calor hacía en la suya: Guaymas, Acapulco, Mazatlán. Entre los presentes se hallaba un coronel nacido en Piedras Negras, muy conocido por sus retiradas, que le habían dado fama de poco valiente, y aun de miedoso.

—Si de calor se trata —dijo ese coronel—, Piedras Negras, mi ciudad, es un horno.

—¡Mire! —exclamó con voz burlona el sonorense—. ¡Con razón usted huele a rosca!

Llegó a presidente de la República aquel que fue mecánico una vez. El día en que iba a entregar la presidencia, le dijo el peluquero que a diario lo afeitaba en el Castillo de Chapultepec:

—Señor presidente: quiero hacerle un regalo de despedida. Acabo de traer de los Estados Unidos un cosmético muy bueno para pintar las canas. Permítame aplicárselo. No se le va a notar.

Respondió el hombre:

—Si no se me va a notar ¿para qué me lo aplicas?

Se hacía bromas él mismo. Cuando tenía el grado de mayor ocupó un pueblo con sus tropas. El general Benjamín Hill, su superior, le ordenó que avanzara. "Mi general —respondió en un telegrama el mayor—, aquí ya no hay nada que avanzar". En jerga de revolucionarios el término *avanzar* era sinónimo de robar.

El escritor José Rubén Romero, autor de la famosa novela *La vida inútil de Pito Pérez*, escribió una vez un haiku, pequeño poema de inspiración japonesa, que decía así:

Buscando huevos en el gallinero un día
me encontré con los senos de mi prima.

Alguien le preguntó al personaje de quien trata este artículo qué le parecía la obra de Romero.

—Lo mejor que tiene —respondió— son los senos de su prima.

Ya habrá adivinado el perspicaz lector que todas las anécdotas que he contado son de Álvaro Obregón. De él he estado hablando.

Una aventura de don Roque

La época de la Revolución fue pródiga en aventuras de todo orden. He aquí una.

Nacido en Saltillo en 1885, el general Roque González Garza fue presidente de la República.

En su juventud hubo de trabajar en oficios muy diversos para ganarse la vida, pues sus padres la perdieron siendo él niño, y conoció desde muy pronto los rigores de la pobreza y la necesidad.

Entre las muchas cosas que hizo don Roque fue vender máquinas Singer, entonces novedosísima invención, en los estados de Guerrero y Michoacán. Era buen vendedor González Garza. Y regresaba siempre de sus viajes con buenos dineros sacados de sus ventas. A veces le pagaban con pepitas de oro, de modo que él volvía feliz y contento en su caballo, satisfecho por el buen éxito de su trabajo.

Cierto día que cabalgaba por un camino cerca de Pungarabato, que así con ese raro nombre se llama un pueblo de Michoacán, le salió al paso un individuo, también a caballo, que le pidió la lumbre del cigarro. Se detuvo González Garza para obsequiar el deseo del sujeto aquel, pero en ese momento el individuo sacó un machete y le tiró un furibundo golpe a la garganta. Instintivamente el joven vendedor se echó hacia atrás, y también por instinto sacó la pistola que llevaba en la cintura y con ella golpeó la cabeza de su agresor. Al hacerlo, la pistola se disparó. No quiso ver más González Garza. Metió espuelas a su caballo y a todo galope se alejó. Así, galopando, llegó hasta Cutzamala, otro pueblito, y se dirigió de inmediato a la presidencia municipal a dar cuenta del asalto y de lo sucedido. En eso estaba, recordaba luego, “cuando mi caballo dio el cuartazo, muerto de cansado por la enorme carrera que había hecho”.

Las autoridades le pidieron que los acompañara al lugar de los hechos. Cuando llegaron encontraron el cadáver del asaltante: al dispararse la pistola la bala le había atravesado el cráneo.

Tembló González Garza. Pensó que seguramente lo meterían a la cárcel mientras se hacían las averiguaciones. Grande fue su sorpresa cuando el presidente municipal y sus acompañantes lo abrazaron con grandes muestras de júbilo, felicitándolo calurosamente. Resultó, según lo enteraron, que había dado muerte a un temible bandolero que tenía asolada la región con sus asaltos, y que por maña o por fuerza había logrado evadir hasta entonces la acción de la justicia.

Esa y muchas aventuras corrió el general Roque González Garza, saltillense, antes de ser lo que fue, presidente de México.

Un Macbeth neoleonés

Culpamos a las circunstancias de males de los que son culpables los hombres. He aquí este relato sacado de una carta muy poco conocida.

Los hombres demasiado buenos suelen cometer un grave error: piensan que los demás hombres son tan buenos como ellos.

El general Bernardo Reyes goza de mucho favor en Nuevo León. Una calle muy importante de Monterrey lleva su nombre. Y con razón: los regiomontanos atribuyen a don Bernardo ser el artífice del progreso industrial de esa laboriosa ciudad que es la capital neoleonesa.

En verdad el autor de ese progreso no fue el gobernador de Nuevo León, sino el de Coahuila, José María Garza Galán. Como ya hemos contado en "Rey de Reyes", importantes inversionistas extranjeros querían establecer sus empresas en Saltillo, pero Garza Galán se negó a darles las facilidades que pedían. Don Bernardo, gobernador de Nuevo León, se apresuró a ofrecerles todo lo que solicitaban, y más, y los empresarios se fueron a Monterrey.

Yo me conmuevo mucho con el precioso poema que don Alfonso Reyes, uno de los dos grandes Alfonsos de Monterrey —el otro es don Alfonso Junco— le hizo a su papá don Bernardo. En esos sentidos versos aparece el general Reyes como una especie de héroe de *La Iliada*. Su desastrada muerte es descrita con acentos de trágica epopeya. Lo cierto es que la muerte de Reyes no tuvo nada de heroica y sí mucho de absurda. No murió el general por una causa justa; antes bien perdió la vida en una acción aleve.

Se levantó contra Madero don Bernardo. Seguía abrigando la ambición de ser presidente de la República, pues siempre tuvo la certidumbre de que le correspondía por derecho ser sucesor de Díaz. Desde ese punto de vista Reyes puede ser comparado, al menos desde ciertos ángulos, con Macbeth, que también fue víctima de su ambición de poder y que por ella incurrió en grave culpa de deslealtad.

Don Panchito Madero era demasiado bueno. Tal es la única falta en aquel que fue casi un santo. El 1° de julio de 1911, cuando Madero ya era con seguridad el próximo presidente de México, respondió a una carta que le enviaron los miembros de un llamado Club Antirreyista, formado por enemigos políticos del general Reyes. Estos señores se indignaron al enterarse de que Madero había ofrecido la Secretaría de Guerra a don Bernardo. Le pedían que se cuidara de él y le proponían otros nombres para aquella secretaría. Les contestó el Apóstol: "Ya invité al general Reyes, y él ha aceptado, así es que no podré variar mi resolución sin cometer una deslealtad [...] No puedo menos que manifestarles mi extrañeza por haberse organizado bajo la designación de antirreyistas, pues no existe ningún partido reyista, ya que desde el momento en que el general Reyes se ha adherido a mi partido, deja de formar una entidad independiente, y menos aun hostil".

¡Pobre don Panchito! ¡Qué leal fue con aquel que luego lo trató con la mayor deslealtad!

Pavorreal a la carta

Mil libros, más, podrían escribirse con las anécdotas surgidas en el curso de eso que llamamos la Revolución. Yo he recogido muchas relacionadas con mi ciudad, Saltillo. He aquí algunas.

Año de 1914. Después del asesinato de Madero, consumado con el visto bueno de Henry Lane Wilson, tortuoso embajador americano, don Venustiano Carranza, gobernador de Coahuila, se levantó en armas contra el gobierno espurio de Victoriano Huerta. No es lícito especular en las cosas de Clío, pero algunos indicios hacen pensar que quizá don Venustiano habría acabado por levantarse él mismo contra Madero.

La bella ciudad de Saltillo había sido ocupada por fuerzas del gobierno al mando de Joaquín Mass, sobrino de Victoriano Huerta. Una violenta acometida de los partidarios de Carranza obligó a esas tropas a salir de la ciudad. Fue entonces —ya lo relaté— cuando los huertistas prendieron fuego al casino y luego abandonaron la ciudad no en retirada, sino en franca fuga para salvar la vida.

Tomada la ciudad, las fuerzas Constitucionalistas que ocupaban Monterrey avanzaron hacia Saltillo para fortalecer esa importante posición. En las cercanías de la Hacienda de Santa María, un pequeño grupo de soldados que fueron enviados por delante a hacer un reconocimiento, se topó de manos a boca con un centenar de huertistas, de los que habían salido de Saltillo. Se disponía la gente de Carranza a retroceder, considerando la superioridad numérica del enemigo, cuando para su sorpresa los huertistas pusieron sus armas en el suelo, levantaron las manos y se les rindieron. Iban cansados, hambrientos y desmoralizados después de la toma de Saltillo.

El regimiento Antonio Reyes, procedente de Monterrey, ocupó pacíficamente una rica hacienda en las cercanías de la capital coahuilense, llamada Los Bosques. El cocinero del regimiento les preparó a los jefes un espléndido agasajo: como no había gallinas que guisar, les torció el pescuezo a una docena de fastuosos pavorreales que con los colores de sus plumas adornaban los jardines de la casa. De un banquete así, con pavorreal a la carta, no he sabido antes o después. Ni los príncipes de Oriente se han sentado a un banquete tan lujoso como ese en que comieron pavorreal aquellos rudos hombres que combatían a veces sin saber por qué.

Días después, tropas Constitucionalistas pertenecientes al ejército que mandaba el general Pablo González Garza, atacaron el puerto de Tampico. El jefe huertista había echado una bravata:

—Si me quitan la plaza hasta las cabras dejarán de dar leche.

Tomaron Tampico los Constitucionalistas, y surgió un corrido popular:

Fuimos a tomar Tampico,
fíjense bien en lo que hablo,
y las cabras dieron leche
ordeñadas por don Pablo.

Un discurso muy raro

El 12 de julio de 1917, el ministro de Comercio de Carranza, ingeniero Alberto Pani, pronunció un discurso que hoy no sería posible escuchar. Helo aquí.

"El sólo acercamiento de estas dos entidades [el gobierno de la República y el comercio nacional] es prometedor del resurgimiento de una patria rehabilitada, sana y grande. Nada importa que las discusiones en el seno del Congreso Nacional de Comerciantes se hayan desviado del camino del orden para degenerar algunas veces en disputas; nada importan los desfallecimientos momentáneos de algunos, ni los desbordantes lirismos de otros; nada importa que se haya olvidado, en ocasiones, la parábola que abro en un paréntesis para repetir ahora, precediéndola con estas palabras de Jesús: 'El que tenga oídos para oír, que oiga', o con estas otras de la elocuente sabiduría popular: 'Al buen entendedor, pocas palabras bastan'. Satanás criticaba a Dios por haber creado los consejos, esos personajes impertinentes, indiscretos y necios que para nada sirven. 'No confundas —contestó el Espíritu del Bien—. Yo he creado los consejos que se piden, y tú los que se dan'".

Continuó su discurso el señor Pani después de este tirón de orejas a los comerciantes. Y lo continuó de manera que hoy sería inconcebible. Primero, porque el ministro usó lenguaje festivo y humorístico, que los políticos de ahora, en su mayor parte pomposos, campanudos y solemnes, rehúyen como si fuera léxico de anatema o blasfemia; luego, porque el secretario —¡nadie osaría jamás tal cosa en estos tiempos!— hizo una broma acerca de la persona del presidente de la República.

"Me complazco también en haber puesto a ustedes en contacto con el señor presidente de la República, cuya mano ha estrechado la de ustedes con la franqueza que le es característica. Creo que mucho ganaría el gobierno, dentro de la nación, si todos los habitantes de ésta conocieran al señor Carranza como ustedes lo han conocido. Recuerdo, a este respecto, una anécdota:

"Un americano en Nueva York inquiría informaciones sobre México de un extranjero, perjudicado, como muchos otros, por la Revolución. Al tratar de sus hombres, el americano preguntaba:

"—¿Quién es el general Zapata?

"—Un jefe de bandidos —contestó el extranjero.

"—¿Y el general Villa?

"—Otro jefe de bandidos.

"—¿Y el general fulano?

"—Otro jefe de bandidos.

"—¿Y el general Carranza?

"—Es el Primer Jefe.

"Sí, señores: durante la lucha fue el jefe de muchos patriotas y de muchos bandidos, porque las revoluciones armadas se hacen con ejércitos que matan y destruyen, y no con coros de ángeles. Y ahora, como presidente de la República, es el jefe de muchos funcionarios, empleados y servidores de la nación, honrados y patriotas, y quizá también de algunos bandidos porque la obra de moralización no puede hacerse, como por arte de magia, en un instante".

No se concibe, ciertamente, en nuestros tiempos, oír hablar así a un secretario de Estado.

Un buen arreglo

Los tiempos pasados fueron pródigos en personajes pintorescos. De uno de ellos se habla aquí.

Fue don Justo Pepi un ingenioso saltillense, dueño de ese carácter que da tono y estilo a las gentes de nuestra ciudad, fundador de una buena estirpe de laboriosos hombres y mujeres que en el trabajo digno han fincado su bienestar y que con reciedumbre y fortaleza han sabido siempre defender su derecho.

Cuenta el cuento que la dignísima esposa de don Justo dio a luz un niño, y que hubo necesidad de buscar una nodriza para que "a media leche" como se decía entonces, le diera el alimento al recién nacido.

Llegó con muchas ínfulas a la casa de don Justo la dicha ama de cría. Como se le necesitaba mucho quiso imponer gravosas condiciones, y empezó a fijar requisitos mil sobre la alimentación que se le debería dar. Pedía abundante desayuno, almuerzo copiosísimo, un tentempié a media mañana, comida que era banquete suculento, magnífica merienda, pantagruélica cena y todavía antes de dormir algún bocado más. Hablaba de solomillos y jamones, de caldos de pollo y de pichón, de leche, crema, mantequilla y quesos, de frutas no comunes ni corrientes, sino exquisitas traídas de otras partes, hablaba de chorizos igual que de pasteles, de toda una panadería con el chocolate igual que de bebidas cordiales "para engruesar la sangre". Todo, decía, en aras de dar una leche más sustanciosa y rica al hijo de sus patrones, que merecía lo mejor.

A la señora de don Justo un color se le iba y otro se le venía. Ella no había contado con las severas exigencias de la nodriza aquella. ¿Con qué pagar aquellas pretensiones? ¿Cómo cubrir gasto tan grande? Con muda mirada preguntaba a don Justo, ahí presente, con los ojos le transmitía su angustia.

Y no decía nada don Justo Pepi. Asentía nomás a lo que la nodriza decía, y serio serio la dejaba añadir a sus requerimientos otros más, y no la interrumpía en la prolija enumeración de las viandas y manjares que le pedía para su alimentación.

Acabó la nodriza la inacabable nómina de sus demandas, y entonces sí don Justo habló.

—Mire —le dijo—. Yo tengo una familia y gano 150 pesos al mes. Se los voy a dar todos, y usted nos da a todos de mamar.

Sabia manera de resolver de plano aquella delicadísima cuestión.

Don Luterito y las muchachas

Viejos tiempos de la Revolución, que dieron para mil anécdotas variadas. He aquí una más.

Don Luterito era un ranchero. Allá por San Juan de la Vaquería vivía don Luterito, y sólo una o dos veces venía a la ciudad, cuando otra cosa no podía hacer. Mucho le mortificaba tener que cambiar sus ropas de faena, sus zapatones rudos, campesinos, por el traje atildado de catrín, los inmisericordes botines charoleados que le ceñían los pies como instrumento de martirio.

Pero aquella vez tenía don Luterito (Eleuterio se llamaba él, pero don Luterito le decían todos) que venir a Saltillo. Se sometió a la tortura de vestirse y calzarse y en ruidoso carromato cuyos vaivenes fragorosos sacaban cualquier empacho o mal de ijares hizo el cansado viaje a la ciudad. Debía vender la cosecha de maíz don Luterito, de modo tal que el viaje no se podía evitar.

Caminando, caminando, llegó don Luterito al centro de Saltillo cuando ya pardeaba la tarde, después que el carromato lo dejara en las orillas de la ciudad. Fue a dar don Luterito a la plaza del Mercado, y ahí encontró a unos tratantes de granos, forasteros, con quienes él en otro tiempo había tenido relaciones. Gozosamente saludaron los comerciantes aquellos a don Luterito, lo invitaron a hospedarse, como ellos, en el Hotel Jardín, frente a la plaza.

No eran usos aquellos para don Luterito, que siempre se aposentaba en su mesón. Pero la invitación era sobremanera afable, y muy alegres y dicharacheros los tratantes, de modo que don Luterito fue al Hotel Jardín. Lo registraron ellos y luego lo llevaron a su habitación, diciéndole que se acomodara convenientemente, que ya lo aguardarían abajo para ir a cenar.

En aquella amigable compañía cenó don Luterito. Después, sus acompañantes se despidieron y le dijeron que regresara al hotel, ya que ellos antes de ir a dormir debían ver ciertos negocios.

No dejó de extrañar al buen ranchero que tuvieran sus flamantes amigos negocios a aquella hora, pero él también, antes de recogerse en su habitación, fue a caminar por la ciudad. Anduvo viendo los escaparates de las tiendas, se maravilló con los resplandores del alumbrado eléctrico, fue a la plaza de Armas y concertó su gran reloj de bolsillo con el de la catedral y se sentó en una banca a contemplar el paso de transeúntes y automóviles.

Cuando sintió que el sueño lo vencía, se dirigió a su hotel. Iba llegando cuando miró que los tratantes en compañía de damas muy pintadas, iban también entrando al hotel, juntos todos. Las damas quedaron esperando muy reidoras mientras ellos arreglaban quién sabe qué asunto con el administrador.

Al día siguiente los tratantes se despedían de don Luterito, y él les preguntó:

—¿Y a mí no me van a pagar nada?

Confusos y sin entender quedaron los comerciantes. ¿Qué era lo que le habían de pagar?

—Bueno —respondió el ingenuo ranchero—, ustedes me trajeron invitado al hotel, igual que a aquellas señoritas, para pasar la noche. Vi esta mañana que a ellas les daban un dinero, y pensé que a lo mejor me lo irían a dar a mí también.

Con grandes carcajadas celebraron los comerciantes la cándida solicitud de don Luterito. No le explicaron los tratos que habían tenido con las damas, muy diferentes de los que antes habían tenido con él, y le dijeron que ya habría ocasión propicia para darle dinero, pero únicamente a cambio de su buen maíz.

Teleles, patatuses y soponcios

¿Cómo eran los personajes en tiempos de la Revolución? El siguiente relato nos da un ejemplo.

No era brujo don Eduwiges, no, qué va. Tan buen católico él, tan devoto del san Juan Nepomuceno de los padres jesuitas. Era yerbero, o séase herbolario. Conocía las potencias ocultas que residen en las hojas de las plantas, en su raíz profunda y en sus frutos. Sabía cuál hierba sirve para quitar hoguíos, con cuál se curan los teleles, cuál otra es buena para prevenir patatuses y soponcios. Administraba sus hierbas don Eduwiges con parsimonia de sabio médico graduado, y ni siquiera se sonreía cuando en voz baja, para que no los oyera nadie, los señores de edad madura le pedían la *garañona*, potente hierba capaz de volver el ánimo al más desanimado. Había oído decir don Eduwiges que Xicoténcatl —patriarca de los tlaxcaltecas que con Urdiñola poblaron el norte de la Nueva España— había tenido, igual que el sabio Salomón, que por algo era tan sabio, 500 esposas y 500 concubinas. Preguntaba alguien qué les daría de comer. Don Eduwiges se preguntaba más bien, con sana envidia, qué comería él. Y tal era la virtud de la hierbita aquella *garañona*, que había acabado por pensar que tal era la dieta de Xicoténcatl mañana, tarde y noche.

Cierto día, se cuenta, llegó con don Eduwiges una muchacha llorosa y afligida. Le contó que era recién casada, y que sufría porque su matrimonio se iba a pique. Su marido le había salido discutidor, pleitista. Por quítame esas pajas, o por menos, la reñía, daba rienda suelta a recios dicterios maldicientes. Y ella no se quedaba atrás, ah no, señor. También ella le respondía, porque no era nada dejada, según decía con cierto orgullo fiero. Y así, se trababa el combate, y los dos se hacían —y se deshacían— de palabra, y aquello se volvía el campo de Agramante, una cena de negros, un nuevo rosario de Amozoc. Había, claro, reconciliaciones, que los recién casados tienen mucho con qué hacerlas, pero a poco surgía algún otro *casus belli*, y las hostilidades volvían a trabarse, y aquello era, como dicen, el cuento de nunca acabar. Pero ella quería a su marido, reconocía llorosa la muchacha, y por eso había ido con don Eduwiges, para saber si no tenía por casualidad alguna hierbita milagrosa que sirviera para evitar los pleitos entre esposos. Sí la tenía don Eduwiges, y no por casualidad, sino porque la había buscado primero en páginas de libros, y luego por la ladera de los montes, igual que las buscara fray Lorenzo de *Romeo y Julieta*. Abrió don Eduwiges con misterio un pequeño cajón y sacó de él un cucurucho con hojitas. Lo dio a la muchacha, y le dijo que debería hervirlas. Ya frío el cocimiento, lo dejaría reposar en un jarrito. Y cuando su marido le dijera una palabra fuerte, le bastaría dar un trago a aquella benéfica poción para evitar el pleito.

—¿Grande el trago? —preguntó ansiosa la muchacha.

—Grande o chico, es igual —le respondió don Eduwiges—. Lo importante es que no te los pases. Déjatelo en la boca. Con eso se acabarán los pleitos.

Y se acabaron, claro. Para pelear se necesitan dos, y a las voces de furia del marido la muchacha no respondía ya. Estaba ocupada en retener en la boca el trago de la mágica hierba prodigiosa. Viendo el manso silencio de su mujer, el marido se avergonzaba de los excesos de su cólera, y correspondía aquella suave mansedumbre con palabras igualmente sosegadas. Así, la conyugal tormenta se disipaba en una dulce lluvia de amorosos conceptos y caricias.

No se cansaba después la muchacha de dar las gracias a don Eduwiges por la eficaz virtud de la hierbita que le había recetado. Don Eduwiges nomás se sonreía, con aquella sonrisa suya de entre dientes, y no decía nada.

Tengo que consultar

Don Francisco I. Madero quiso dar a sus contemporáneos el don preciado de la libertad. Ellos no estaban preparados para usarla, pues arrastraban una herencia de vasallaje que había durado muchos años.

Muy animada transcurría aquella reunión estudiantil. Los alumnos de las escuelas superiores de la ciudad de México estaban organizando un desfile patriótico. Se acercaba el mes de septiembre de 1908, se acercaba también el Centenario de la Independencia, que el gobierno de don Porfirio Díaz deseaba celebrar con fasto extraordinario, y los estudiantes querían contribuir al fervor cívico realizando una magna celebración.

Surgieron proposiciones, y al final se llegó a un acuerdo unánime: se haría un desfile de antorchas. Todos los alumnos —eran más de 2000— marcharían la noche del 15 de septiembre llevando cada uno una antorcha encendida. ¡Aquél sería un espectáculo imponente! Partiría el cortejo del Jardín de la Corregidora. Ahí un orador haría el elogio de los precursores del movimiento independentista. Llegaría al Zócalo, donde se rendiría homenaje a la figura mayor del padre Hidalgo. Seguiría el desfile hacia el Jardín Morelos, donde otro orador hablaría del héroe epónimo, y acabaría la manifestación en la placita de San Fernando con otro discurso laudatorio a Vicente Guerrero.

¡Qué buena idea! Faltaba tan sólo conseguir el permiso de las autoridades. En aquellos remotos años todavía los estudiantes pedían permiso a las autoridades. Pero esto que cuento sucedía en 1908. Hay que recordar lo que 60 años después les sucedió a los muchachos por no pedir el permiso de la autoridad.

Así pues, los representantes de cada escuela fueron a hablar con su director.

—No creo que haya problema para que hagan su desfile —contestaron los directores—. Pero tengo que consultar.

Fueron los directores con el jefe del Departamento de Educación Superior de la Secretaría de Instrucción Pública.

—No creo que haya problema —respondió el funcionario—. Pero tengo que consultar.

Fue el jefe de Departamento con el subsecretario, don Ezequiel Chávez.

—No creo que haya problema —dijo don Ezequiel—. Pero tengo que consultar.

Fue el señor Chávez con don Justo Sierra, quien era el secretario, y le habló del propósito que tenían los estudiantes de hacer aquel desfile.

—No creo que haya problema —le indicó don Justo—. Pero tengo que consultar.

Y fue don Justo Sierra a pedir el permiso del presidente de la República, don Porfirio Díaz, para que se pudiera realizar aquel desfile de muchachos. Todo había que consultarlo con don Porfirio.

Sesenta mil alacranes

La bondad de Madero lo hizo confiar en el ejército porfirista, y lo dejó intacto. En ese ejército figuraban generales que odiaban al Apóstol. Fueron ellos quienes al final lo traicionaron y le quitaron la vida.

Juárez licenció al ejército que le dio el triunfo sobre Maximiliano. Don Francisco I. Madero no sólo no licenció al ejército que lo había combatido, sino que lo hizo ser su propio ejército. Concedió ascensos a los generales, jefes y oficiales que lucharon contra él; aumentó en más de un veinte por ciento sus haberes; hizo crecer el número de hombres sobre las armas hasta llegar a 60 000. Aparte de todo eso no desperdiciaba ocasión don Francisco para hablar en sus discursos de la lealtad del ejército.

Quienes conocían a quienes mandaban en la milicia sabían bien que de muy pocos podía esperarse lealtad. Ningún respeto mostraban por Madero; lo consideraban un loco. Peor todavía: un tonto. Se reían de él casi en su cara, igual que habían hecho los señoritos del Jockey Club. Le ponían apodos, hablaban mal de él ante sus subordinados. Poco a poco se fue sembrando en el ejército la semilla de la traición.

En diciembre de 1911, a los pocos meses de haber ganado la Revolución el triunfo sobre el viejo régimen, surgió la primera rebelión contra Madero. La encabezaba un hombre llamado Emiliano Zapata. Exigía la promulgación de una ley agraria que dotara de tierras a los campesinos. Pedía también la salida del gobernador interino de Morelos, el indulto de todos los rebeldes y el retiro de las tropas federales que se hallaban en el estado.

Madero respondió oficialmente que sólo aceptaba dialogar con Zapata si éste deponía las armas, pero al mismo tiempo se dirigió a hablar con el caudillo para llegar a un término de conciliación. Enterados los militares de aquella gestión de Madero, hicieron avanzar las tropas a los puntos ocupados por Zapata. Éste supuso que la entrevista que le había propuesto don Francisco era una celada para hacerlo caer en manos del ejército. Madero, sin embargo, no conoció, ni menos autorizó, el movimiento de las tropas. La orden partió de un extraño hombre cuyo nombre era Victoriano Huerta. Por puro milagro, dijo alguien, Madero salió vivo de territorio zapatista.

Mientras tanto arreciaba la campaña de calumnias, burlas y difamaciones contra Madero. Un vasto sector de la prensa que apenas unas semanas antes adulaba al coahuilense, empezó a atacarlo despiadadamente. Esas campañas eran patrocinadas lo mismo por los ministros de León de la Barra que por algunos generales del ejército y por los políticos del antiguo régimen.

La rebelión zapatista empezó a crecer. Fue secundada por Pascual Orozco, aquel que pretendió asesinar a Madero y a quien éste después salvó la vida. Don Francisco, idealista de la democracia, empezaba a darse cuenta de que las palabras de don Porfirio Díaz estaban resultando proféticas: era peligroso alborotar a la caballada.

¿A quién se debe este parto?

Aún no tomaba posesión Madero de la presidencia de la República y ya era objeto de toda suerte de ataques. La prensa que, oprimida, se había ocupado sólo en adular a don Porfirio, ahora se empeñaba en denostar a aquel que estaba buscando para los mexicanos la verdadera libertad.

—Se les acusa a ustedes de estar armando a los obreros para enfrentarlos al ejército regular.

—No es cierto.

—Se les acusa de estar en tratos secretos con los Estados Unidos.

—No es cierto.

—Se les acusa de conspirar para poner en prisión a los más destacados porfiristas.

—No es cierto.

El licenciado José Vasconcelos, maderista destacado, hacía frente a los insidiosos reporteros de los periódicos que realizaban una feroz campaña en contra de Madero.

—Se les acusa —insistió otro— de estar haciendo negocios a la sombra de la Revolución.

—No es cierto —estalló Vasconcelos—. Y un consejo les doy: vayan ustedes más despacio, pues terminarán acusándonos de los partos que tengan sus mujeres.

El gobierno de León de la Barra tenía a su disposición varios periódicos; el ejército manejaba otros; los porfiristas subvencionaban a alguno más. En cambio, Madero no tenía ningún periódico. La intriga iba creciendo. Había señales ominosas: en Puebla tropas federales mandadas por Aureliano Blanquet ametrallaron a maderistas que participaban en un mitin pacífico. No castigó el gobierno aquel abuso. Algunos alumnos del Colegio Militar se pusieron de acuerdo para cometer una descortesía contra Madero en un banquete que se le iba a ofrecer. El desafuero pudo evitarse a tiempo, pero en el mismo acto los cadetes demostraron su adhesión a De la Barra, continuador del porfirismo. Uno de los ministros del presidente interino dijo en una reunión social estas palabras:

—La bala que mate a Madero salvará a México.

La afirmación del imprudente personaje causó gran conmoción en la capital. La declaración de aquel ministro se consideró reflejo de la opinión oficial. Los maderistas convocaron a una manifestación en apoyo de don Francisco: 15 000 personas asistieron. En una de las glorietas del paseo de la Reforma, el notable orador Jesús Urueta, movido por el fervor de la muchedumbre, improvisó en defensa del Apóstol uno de los discursos más bellos de su vida.

La Iglesia católica se unió a la campaña de desprestigio contra Madero. Los jerarcas religiosos habían llegado a un buen entendimiento con Díaz; algunos de los más altos dignatarios, como Gillow, tuvieron cercanía y hasta amistad con él. Y he aquí que don Porfirio, aquel presidente conciliador y tolerante, que dejó sin efecto las perversas Leyes de Reforma prohijadas por Juárez, había sido derrocado por Madero, un librepensador, espiritista y francmasón. El periódico católico *El País* empezó también a atacar a Madero.

Alguien preguntó a Vasconcelos:

—¿Ya se enteró usted de lo que Fulano dice de Madero en el libro que acaba de publicar?

Vasconcelos le mostró un ejemplar de *La vida nueva*, de Dante, que tenía sobre su escritorio.

—Mire usted —respondió al preguntón—. No he tenido tiempo para leer esta maravilla. ¿Voy a tenerlo para ocuparme en idioteces?

Errores de la sotana

Yo soy católico. Creyente, no practicante. (Y soy casado. Practicante, no creyente.) Pienso que para ser un buen cristiano hay que ser un poco anticlerical. O un mucho, en ocasiones. Me confirma en esa opinión el estudio, aunque sea superficial, de la historia de México: eso me ha enseñado que cuantas veces mi Iglesia, la católica, se ha metido en cosas de política, ha desbarrado con torpeza megalítica.

Muchos dignatarios de la Iglesia han destacado en nuestro país por su cultura y su sabiduría, y han brillado sobre todo en el terreno de las artes. Recuerdo ahora a don Joaquín Arcadio Pagaza, escritor eminentísimo que llegó a formar parte de la Arcadia de Roma, cónclave de poetas bucólicos. Figuraba en ella con muy feo nombre, pues sus colegas lo bautizaron como Clearco Meonio, que francamente se oye muy mal. Por cierto, de don Joaquín Arcadio decían sus feligreses veracruzanos que cuando oficiaba en el templo asumía un continente lleno de piedad y de modestia, pero que en el siglo tenía vanidades mundanales. A propósito de eso le hicieron un travieso epigrama:

¿Quién en la iglesia es torcaza,
y en la calle es avestruz?
Joaquín Arcadio Pagaza,
Obispo de Veracruz.

Lo de avestruz se lo decían por las plumas que estas aves gustan de lucir igual que luce su plumaje el pavorreal.

Tengo la impresión de que —con excepciones muy relevantes, como el caso que cité— generalmente los eclesiásticos no tienen los conocimientos que se necesitan para tratar los asuntos de este mundo, y cuando algunos de ellos quieren hacerlo, pierden a veces el vuelo de albatros del espíritu y andan por los asuntos de tejas abajo con el paso torpe y cansino que esa ave, sublime en el cielo, tiene cuando se posa en tierra.

Madero quiso continuar la política de conciliación con la Iglesia católica que el presidente Díaz tuvo el acierto de iniciar, y que le ganó la antipatía de los yanquis. Pero la Iglesia católica no entendió a Madero. Le había puesto etiquetas de espiritista y francmasón: nada bueno, por tanto, podía venir de él. En esa absurda intolerancia se fincó el mayúsculo error que cometieron los jerarcas: atacar con virulencia a aquel de quien podían haber derivado los mayores bienes para México.

Cuando Madero llegó al poder, los antiguos jacobinos comecuras le exigieron lo que no habían sido capaces de pedirle a don Porfirio: que clausurara los conventos que durante todo el porfiriato siguieron funcionado en flagrante contravención de las Leyes de Reforma, las cuales estaban sin efecto, pero vigentes aún.

Los radicales fueron fácilmente vencidos por la representación maderista. Y fueron vencidos con el arma menos cruenta, pero más contundente de todas: la risa. Cuando los partidarios del liberalismo rabioso hablaban en las asambleas, los revolucionarios se reían de ellos a mandíbula batiente. Los veían como a dinosaurios ridículos que hacían ondear banderas apolilladas ya. Eso explica, entre otras cosas, por qué Madero no es muy bien visto ahora por los juaristas. Éstos se inclinan más bien hacia la figura de Carranza, quien —al igual que el Benemérito— persiguió también a la Iglesia católica.

Por su parte, ésta se equivocó torpemente con Madero. Los católicos no querían al Apóstol: soñaban con que don Francisco León de la Barra siguiera al frente de la presidencia, como otro don Porfirio. León de la Barra estaba nutrido en las ideas positivistas; Madero, por el contrario, era un hombre espiritual, cristiano. La Iglesia favoreció al que parecía muy católico y se convirtió en enemiga del que era muy cristiano.

El día que lloró Madero

Los mexicanos estaban acostumbrados a la adustez de don Porfirio, quien ni siquiera entre sus íntimos solía mostrar sus sentimientos. Con Madero el pueblo pudo ver que el presidente era un hombre, no un dios.

Don Justo Sierra murió el año de 1912. Murió en Madrid: había sido uno de los más conspicuos personajes del porfirismo, pero Madero, con esa magnanimidad que siempre tuvo, lo hizo parte de su gobierno y lo nombró ministro plenipotenciario de México en España.

Fueron traídos los restos del ilustre prócer, y se efectuó en el paraninfo de la universidad una solemnísima ceremonia luctuosa en su honor. Al acto asistió el presidente de la República, don Francisco I. Madero, quien ocupó el sitial de rector. El féretro con los despojos del gran campechano estaba en el lugar de honor.

Tomó la palabra Chucho Urueta, el orador de más nombre en el México de entonces. Grandilocuente y sonoroso era don Jesús: seguía la moda que don Emilio Castelar impuso en todo el mundo de habla hispana. Las imágenes que usó en su elogio fúnebre de Sierra quizá nos harían sonreír hoy. Comparó al maestro con los elefantes de la India, que a pesar de su corpulencia suelen cuidar a los niños y tomarlos con la trompa para apartarlos de algún peligro.

Al terminar Urueta su discurso, todos lloraban. Lloraban las mujeres, lloraban los hombres, lloraba el orador… y lloraba también el presidente, que sin avergonzarse de sus emociones sacó un pañuelo para secarse las lágrimas que, desbordadas, le corrían por las mejillas. El llanto presidencial fue desfavorablemente comentado al día siguiente por los periódicos. No había ningún respeto para la emoción del presidente: sus lágrimas fueron vistas como una nueva muestra de debilidad. La gente seguía acostumbrada al hieratismo de don Porfirio Díaz, quien "en público de la gente" no sonreía ni se entristecía jamás.

Faltaron las ceremonias religiosas en el sepelio de don Justo Sierra. No podía haberlas tanto por la raíz liberal del desaparecido como por el carácter laico del gobierno. Sin embargo, los católicos también lamentaron la desaparición del maestro, pues conocían una de las últimas páginas escritas por aquel hombre magnífico que a más de eminente educador fue también gran poeta. En aquel texto don Justo relataba una visita que había hecho al santuario de la Virgen de Lourdes. Ahí, emocionado por el fervor de la imponente multitud, tuvo una especie de visión mística, fue tocado por la fe y cayó de rodillas ante la imagen de la Virgen. La narración de ese hecho fue conocida en todos los círculos intelectuales y religiosos, y así tanto los políticos como los pensadores y los hombres de religión tuvieron una ocasión para coincidir. Parecía que la generosidad de Madero al rendir honras solemnes a quien no había sido su partidario anunciaba una era de concordia entre los mexicanos.

El padre Metralla

Gran error de mi Iglesia, la católica, fue no haberse percatado de la enorme carga de bien y de verdad que llevaba consigo ese apóstol que fue don Francisco I. Madero. Muy cara habrían de pagar los jerarcas esa equivocación.

El 4 de marzo de 1923 lucía suntuoso el hermoso teatro del Colegio Pío Latino Americano, seminario de Roma en el que cursaban sus estudios superiores los aspirantes a sacerdote provenientes de las diversas naciones americanas de habla hispana.

Se iba a llevar a cabo una solemne ceremonia: los seminaristas mexicanos habían pedido desagraviar a monseñor Filippi, expulsado de México por el gobierno de Álvaro Obregón. Se veían ya muy grandes nubarrones en el cielo mexicano; pronto iba a estallar el tremendo conflicto entre la Iglesia y el Estado.

Ocupó la tribuna un joven seminarista. Era nacido en Durango, hijo de militar, y se llamaba David G. Ramírez. Cuando empezó a hablar, el aburrido semblante de los dignatarios se transformó, y todos los oyentes se enderezaron en su asiento. Porque he aquí que aquel muchacho no predicaba la cristiana resignación ante los atropellos que sufría la fe católica: convocaba nada menos que a la guerra, a una guerra santa en que con la fuerza de las armas los católicos defenderían su religión.

"Hemos predicado el Evangelio de la paz —decía con voz tonante el joven— y hemos olvidado por completo el Evangelio de la guerra. Saboreamos el *Cantar de los Cantares*, pero no pasamos los ojos por el *Libro de los Macabeos*. Imprimimos muchísimas novenas a la Señora de Guadalupe, pero no hemos equipado ni un solo soldado [...] *esto vir fortes, et pugnemus pro populo nostro et pro civitate Dei nostro.* Seamos hombres fuertes y combatamos por nuestro pueblo y por la ciudad de nuestro Dios. ¡También por Jesucristo deben tronar los cañones! [...] Los templos me parecen campamentos, mi propia sotana se me antoja cuajada de entorchados y galones [...] Por eso nosotros, hijos de ese México que siempre os amará, os pedimos, Excelentísimo Señor, bendigáis las espadas con que vamos a abrir paso a la justicia y a la libertad".

Aquel pugnaz muchacho, aquel seminarista belicoso, llegaría a desempeñar papel muy importante en la lucha que en México enfrentó a los hombres de religión con los hombres de gobierno. Fue presidente de la famosa Liga Nacional Defensora de la Libertad Religiosa, brazo civil del Ejército Cristero. Escribió uno de los mejores textos de la Cristíada, la novela llamada *Héctor*, que firmó con el seudónimo Jorge Gram, pues en el tiempo en que la publicó todavía era muy peligroso hacer la defensa de los cristeros frente a la política oficial.

Pues bien: el padre Ramírez fue gran admirador de Madero. "Nunca persiguió al sacerdote", decía de él. Y decía bien: a pesar de que Madero se había alejado de la práctica del catolicismo, miró con respeto a los católicos. Sin embargo, los católicos lo atacaron a él. Tal es uno de los graves errores en que la Iglesia ha incurrido en México a lo largo de la historia.

Pino no

En aquellos tiempos, 1911, había vicepresidente en México. Era necesario, pues, buscar un candidato a la vicepresidencia a fin de acompañar a Madero en la fórmula electoral.

Graves desacuerdos surgieron entre los hermanos Vázquez Gómez y don Francisco I. Madero. Aquéllos estaban decididos a toda costa a ganar la vicepresidencia de la República para sí, y le exigían a Madero que usara su enorme autoridad moral para imponer al futuro vicepresidente. El coahuilense, sin embargo, deseaba ejercitar su ideal democrático en el seno de su propio partido. Si los maderistas no eran demócratas, argumentaba, difícilmente lograrían que todo el país lo fuera.

—¿No nos apoyará entonces? —le decía retador el doctor Vázquez Gómez.

—Los apoyaré con todas mis fuerzas si la asamblea los apoya —respondía Madero.

Se llegó el día en que la asamblea debía escoger vicepresidente. Había surgido una candidatura que era grata a los maderistas puros. La proponían los más idealistas entre los seguidores de Madero, gente como Vasconcelos y Roque González Garza. Su precandidato era don José María Pino Suárez. Venía de Mérida, Yucatán, aunque era de origen tabasqueño. Se le conocía como periodista, y más aún como poeta: había dado a la estampa dos libros de versos —*Melancolías* y *Procelarias*— que fueron muy bien recibidos por la exigente crítica de la capital.

Aquel poeta era maderista de corazón. Tan pronto surgió la llama encendida en Coahuila por Madero, el soñador Pino Suárez se apresuró a afiliarse al Partido Antirreeleccionista. Publicó en la prensa meridana vibrantes artículos de apoyo a don Francisco. Cuando el partido hizo a Madero candidato, participó activamente en la campaña. Fue él quien preparó los actos para recibir al candidato demócrata en Tabasco y Yucatán. Por esa simpatía sufrió persecución y hostigamientos.

A la caída del régimen porfirista, don José María Pino Suárez ocupó el gobierno de Yucatán. Ese cargo tenía cuando, espontánea, surgió su precandidatura a la vicepresidencia de la República. Pidió licencia y fue a la capital a fin de ponerse a disposición de los asambleístas.

Se llegó el día en que debía elegirse candidato a la vicepresidencia. Los gomistas llevaron una agresiva porra que cuando don José María entró al recinto empezó a repetir una burlona cantaleta:

—¡Pino no; Pino no; Pino no!

Subieron a la tribuna varios oradores, tanto a favor de Pino como de Vázquez Gómez. Se llevó a cabo la votación. Muy pareja estaba cuando le tocó el turno de votar a Vasconcelos. Puesto en pie dijo con voz alta y firme:

—Mi voto es por don José María Pino Suárez.

El voto de Vasconcelos era casi decisivo. Seguramente inclinaría el resto de la votación en favor del yucateco. Una injuria salió de la porra gomista:

—¡Ya te ganaste el ministerio!

Furioso, Vasconcelos se volvió hacia la dirección de donde había surgido el insulto.

—¡Imbécil! —le gritó al anónimo ofensor—. ¡En mi despacho de abogado gano en un mes lo que un ministro en un año!

El sobrino de su tío

Don Francisco I. Madero era demasiado bueno para durar. Muy pronto la intriga y la calumnia se cebaron contra él. Aun hombres decentes creyeron lo que se decía del Apóstol, y lo denostaron. La rebelión de Félix Díaz fue una de las manifestaciones de odio a quien había dado libertad a los mexicanos.

Su único título: ser sobrino de don Porfirio Díaz. Se llamaba Félix, y era hijo del Chato, el hermano del viejo dictador caído. Es figura de nuestro tiempo Félix Díaz, aunque parezca muy de ayer. Murió apenas en 1945. Hizo toda su carrera a la sombra del poderoso hermano de su padre, quien quería pagar en él la deuda de gratitud que siempre tuvo con Félix padre.

Fue un eterno conspirador este tal Félix. Cuando cayó su tío y subió al poder Madero, el hijo del Chato pidió su retiro del ejército y se fue a Veracruz. Ahí encabezó una conjura y se apoderó del puerto por la honrosa vía de comprar con dinero la lealtad de quienes lo guardaban. Las fuerzas leales recuperaron la plaza sin disparar casi una bala. Félix Díaz cayó prisionero y fue llevado a México. Todo mundo —incluso él mismo— daba por seguro que se le fusilaría.

Un joven coronel de pura raigambre maderista se preocupó. Pensó que si Díaz era fusilado se convertiría en una especie de mártir del antiguo régimen, y bajo su nombre se reunirían todas las fuerzas hostiles a Madero. Se adelantó al tren en que el prisionero era conducido a la capital y fue a hablar con Vasconcelos, persona de todas las confianzas del presidente.

—Vaya usted con el señor Madero —le rogó—. Pídale que me encargue a mí el traslado del prisionero. En el camino lo bajo del tren y le aplico la ley fuga. Esto es lo que más conviene a la Revolución.

—La Revolución no procede así —le contestó Vasconcelos.

Fue, de cualquier manera, a hablar con el presidente, y compartió con él la inquietud del joven militar.

—Dígale que ya tengo lista mi venganza —le indicó Madero.

Y su venganza fue perdonar a Díaz.

—No me voy a manchar matando a un hombre que ya se suicidó moralmente —dijo a quienes le reclamaban una mayor dureza—. Por lo demás, si el país acepta nuevas militaradas de este tipo yo salgo sobrando. Prefiero irme antes que caer en lo mismo que hemos censurado en quienes nos antecedieron.

Bien dice el señor Porrúa cuando en su *Diccionario* habla de Félix Díaz: "Preso, y condenado a muerte, le salva la generosidad del presidente Madero".

Generosidad... Ya nadie conocía ese percal en México. La venganza, la muerte del adversario, la ley del Talión eran las prácticas comunes. Juárez se manchó de sangre al ordenar los fusilamientos de Maximiliano, Miramón y Mejía. Don Porfirio no dudó jamás en aplicar a sus enemigos el "mátalos en caliente". Ahora Madero llegaba con un nuevo evangelio de reconciliación y de perdón. En vez de un asesino, los mexicanos tenían ahora en el poder a un político. Más todavía, a un apóstol. Y, como a Cristo, los hombres de su tiempo no lo reconocieron.

Contrabando y traición

Triste verdad: los mexicanos se habían acostumbrado a sus cadenas, y la libertad que les dio Madero parecía molestarlos. El Apóstol campeó muy por encima de su tiempo. Tuvo todo el apoyo del pueblo y de algunos espíritus selectos —Vasconcelos sería el mejor ejemplo— que entendieron los valores de que Madero era portador, pero muchos hombres, envilecidos por el largo tiempo de dominación del porfiriato, conspiraron contra él.

Sus amigos le advertían al señor Madero que sus enemigos se estaban preparando para hacerlo caer. Había rumores en el sentido de que por la frontera norte entraban armas que luego eran llevadas a la capital y puestas en casas de militares a quienes se señalaba como conspiradores.

Todos los días un vasto sector de la prensa llenaba a Madero de injurias, denuestos y procaces chocarrerías. Se puso de moda entre ciertos intelectuales hacer epigramas al coahuilense en los que se burlaban de su pequeña estatura, de sus aficiones a la homeopatía y al espiritismo, del apego que mostraba a su familia. Ernesto García Cabral, extraordinario caricaturista que luego tendría fama nacional, hizo sus primeras armas en el periodismo: publicó muchas sangrientas caricaturas en las que don Francisco aparecía como un loco de atar.

A los militares herederos del viejo régimen les disgustaba mucho que fuera un civil quien los mandara. Acostumbrados a los espadones, habían sido felices bajo la férula de don Porfirio. Las prédicas pacifistas y de conciliación de Madero les parecían afeminadas y blandengues. Se sabía que en los cuarteles, sin recato alguno, oficialillos de baja graduación hacían chistes groseros a costa del presidente, que luego corrían con éxito en tertulias y cotilleos. Nadie se cuidaba de ofender a Madero como todo mundo se había cuidado de molestar en lo más mínimo al general Díaz.

Preocupados, los allegados al presidente le informaban de tal estado de cosas. En la ciudad de México se respiraban aires de conspiración. Don Francisco no desmentía las versiones, pero les restaba importancia. Pensaba que a fuerza de bondad, trato respetuoso y trabajo incesante acabaría de hacer que sus adversarios se convirtieran en partidarios suyos. En eso erraba el Apóstol: sólo por un milagro los malvados renuncian al ejercicio de su maldad.

Entre los enemigos de Madero estuvo Emiliano Zapata. No se puede exaltar a este personaje sin lastimar la sensibilidad de quienes saben que uno de los mayores problemas que afrontó el Mártir de la Democracia fue el de aquel hombre que quiso lograr con fuerza de violencia armada lo que Madero quiso conseguir imponiendo la fuerza mayor de la ley. No estaban acostumbrados a la ley los mexicanos; sólo creían en la violencia. Por escogerla, México fue lanzado a más de dos décadas de muerte y destrucción.

La leyenda negra

A pesar de su limpieza Madero ha sido atacado con violencia, los enemigos de su sueño democrático son por eso enemigos también de su memoria.

Existe una leyenda negra de Madero. Y poco han hecho los historiadores para disiparla, pese a contar con tantos y tan bien ordenados datos. Agustín Yáñez puso prólogo al epistolario de Madero, al sacarse a la luz, apenas en 1963, el archivo del coahuilense: "Son pocos los casos de una campaña de diatribas tan implacable como la sostenida contra el iniciador de la Revolución mexicana; mas al propio tiempo son pocos los casos en que pueda contarse con un ARCHIVO tan abundante y ordenado, que sirve para desmentir calumnias, precisar hechos y situaciones, restaurar las dimensiones exactas de la realidad; lo que sorprende es que haya tardado tanto la hora de usársele para confutar la leyenda negra". El propio Yáñez se refería al tal archivo como a "una gran cantera de la cual sucesivos trabajadores extraerán bloques que agranden el memorial cívico por Madero. Las vetas parecen inagotables". Al parecer, tal expectativa no se ha cumplimentado. Subsiste en mucho la torcida imagen del "enajenado e indeciso" y las insidias que se refieren a "la sumisión inerte al régimen patriarcal de una familia que sólo ve a través de la conservación e incremento de sus intereses; la confusión mental determinada por la obsesión espiritista; lo estrambótico de actitudes políticas fundadas en comunicaciones de ultratumba, en prácticas homeopáticas y vegetarianas; el pseudointelectualismo adocenado, carente de base alguna; el ranchero con pujos de estadista; el demagogo con cola que le pisen".

Nada de eso era Madero. Miembro de una clase cuyos privilegios y venturas pudo haber gozado sin reservas, cambió la vida placentera del señor rural de la provincia por los azares tan riesgosos que afrontan los reformadores; rico, se preocupó siempre por la condición de los desposeídos; hombre de pensamiento, se arrojó a todas las peripecias de la acción. Si fue espiritista, lo fue como reacción contra "el fanatismo religioso que da más importancia a la práctica de ciertas formas y sacramentos o dogmas que a la práctica de la caridad", y porque el espiritismo venía de Europa amparado con pretensiones de cientificismo modernista. Obviamente, su confianza en la homeopatía y su eventual condición de vegetariano, cosas muy apartadas de su actitud política y que pertenecen a la pura órbita de su vida personal, son actitudes explicables en su tiempo, por muy excéntricas que puedan parecer al observador de hoy, tan nutrido en ciencias y tecnologías. Ni demagogo ni pretenso estadista fue Madero. Pocos personajes de la historia mexicana han tenido sus dotes carismáticas y su tremendo poder de atracción. El pueblo lo seguía, y en torno a él confluyeron las inquietudes nacionales. Más que el de estadista, su trabajo fue el de hacer una conciencia: pocas veces, creo, en la historia de México, un solo hombre ha arrastrado tantas voluntades y desencadenado una serie tan vasta de acontecimientos plenos de significación para las generaciones posteriores.

Premio y castigo

A don Francisco I. Madero se le ha tachado de haber sido extremado en la bondad. Sin embargo en su generosidad no había mentecatez: el señor Madero era hombre inteligente. Hubo, sí, en esa bondad exceso de confianza, y esa confianza lo perdió.

Edith O'Shaughnessy tuvo ocasión de observar de cerca al gobierno de Madero, pues era esposa de un diplomático, y a más de eso cultivó amistad con algunos miembros de la familia de don Francisco. Sus observaciones, agudas y llenas de buen juicio, ayudan mucho a entender la personalidad del Apóstol.

"De la sinceridad de Madero nadie ha dudado nunca —escribe esa señora—. Pero su falta de preparación para gobernar se dio a conocer tan pronto como subió al gobierno. Era fatalmente un amateur. Vivía entre nubes. Corría a estrellarse contra los escollos de dura peña de la política a la mexicana, y no le ayudaba a salvar esos escollos ni una brizna de instinto".

El doctor Vázquez Gómez, gran partidario de Madero que acabó siendo su adversario, hizo una vez un juego de palabras:

—Don Francisco gobierna con el corazón —dijo—, pero el que es cabeza de un Estado debe gobernar con la cabeza.

Empezaban a surgir rumores de que Madero sería derrocado. El levantamiento de Zapata y la sublevación de Félix Díaz en Veracruz sirvieron para fortalecer esos rumores. Se supo a ciencia cierta que don Bernardo Reyes volvía a México, seguramente para encabezar una nueva revolución, ahora contra Madero. En el norte se decía que el gobernador de Coahuila, don Venustiano Carranza, estaba velando sus armas, y que no sería remoto que desconociera al presidente. Don Alfonso Junco demostró con pruebas fehacientes que el Varón de Cuatrociénegas tenía el plan de rebelarse. El historiador Schlarman afirma que "Carranza sólo esperaba la caída de Madero para tomar su lugar, y si la caída no ocurría, a tomarlo de cualquier manera", y cita para fundar esa aseveración la obra *Historia del Ejército y de la Revolución Constitucionalista*, de Juan Barragán.

Los periódicos seguían atacando con crueldad al señor Madero. Con el general Díaz, que les mantuvo siempre la bota en el pescuezo, los escribidores fueron sumisos, obsequiosos y adulones. Ahora que don Francisco les daba libertad, volvían contra él sus plumas y lo befaban un día sí y otro también. La misma señora O'Shaughnessy recortó y puso entre las páginas del diario en que escribía cada noche una caricatura en que aparecía Madero como Jesús en *La Última Cena*. Lo rodeaban 11 miembros de su familia, y su hermano Gustavo ocupaba el lugar de Judas Iscariote.

Es mi hombre

Mientras Madero trataba de ordenar las cosas del gobierno, se movían contra él los hilos de la conspiración. En la trama urdida contra el presidente iba a aparecer *el hilo negro*, como he llamado a la constante intervención de los Estados Unidos en los asuntos mexicanos.

Eran los primeros días del trágico mes de febrero de 1913. Poco tiempo de vida le quedaba a don Francisco I. Madero, pero nadie podía imaginar aún el curso terrible que tomarían los acontecimientos.

Pascual Orozco, a quien don Panchito le había perdonado la vida, se levantó contra él. Quería poder y no lo recibió. Madero envió a combatirlo a un hombre extraño de quien muchos decían que era el mejor militar en el país.

Singular personaje era ese general. Ingeniero graduado, poseía un talento asombroso para las matemáticas. Mentalmente hacía en minutos operaciones que cualquier otro habría tardado horas en realizar usando lápiz y papel. Complicadas operaciones de trigonometría y cálculo infinitesimal eran para él juego de chiquillos.

Pero al mismo tiempo aquel hombre era un dipsómano irredento, un alcohólico que no podía vivir sin licor. Corría el rumor de que cada día se acababa dos botellas de coñac, y a veces tres. Todas las noches se embriagaba, quedaba borracho perdido, y sus asistentes debían llevarlo en vilo hasta su cama. Y sin embargo al amanecer el nuevo día aquel hombre estaba ya listo para la jornada, y la emprendía fresco y despabilado, con mente clara y ágil, como si jamás en su vida hubiese probado una gota de alcohol.

En su campaña contra Orozco aquel general demostró que estaba a la altura de su fama. Venció con facilidad al insurrecto. Madero, entusiasmado y agradecido, recibió con honores de héroe a su soldado y le ofreció un banquete en el Castillo de Chapultepec. Llevando del brazo al vencedor iba y venía entre los invitados, y presentaba al hombre diciendo con una gran sonrisa:

—He aquí a mi héroe.

No permaneció mucho tiempo el héroe en la recepción que el presidente había organizado para homenajearlo. Se sentía incómodo ahí donde no podía empinar el codo a su sabor, lanzar escupitajos a diestra y siniestra y expresarse con el sonoro vocabulario del cuartel. Así, se despidió tan pronto pudo. El propio presidente lo acompañó hasta dejarlo en el automóvil que lo llevaría de regreso a la ciudad.

Quienes vieron todas las atenciones que Madero ofrecía al general compadecieron al presidente. Aquel militar era uno de los que se mencionaban como conspiradores. Entre los diplomáticos presentes uno comentó en voz baja con tono de piedad:

—¡Pobre señor Madero! Acaricia al tigre que lo va a matar.

No se equivocaba. El general victorioso, aquel a quien Madero llamaba “mi héroe”, era un individuo de aspecto siniestro que se llamaba Victoriano Huerta.

En el mar la vida es más hermosa

Empezaba el trágico mes de febrero de 1913. Oscuras parcas terminaban de cortar los hilos de la nueva vida que con Madero había conocido México.

El joven abogado José Vasconcelos, gran partidario de Madero, estaba en la cumbre de su felicidad. El gobierno iba tomando ya su rumbo, y con la prisión de Bernardo Reyes y Félix Díaz parecían disipados los nubarrones de tormenta que se habían cernido sobre la nación. No tardaría mucho en terminar el gobierno del presidente norteamericano Taft, que seguramente no sería reelegido. Con su salida, el tortuoso Henry Lane Wilson, embajador de los Estados Unidos en México, tendría que dejar la representación, y no amenazaría ya con sus burdos empeños intervencionistas la paz de la República.

Pero ése no era el principal cimiento para la felicidad de Vasconcelos. Acababa de conocer a Adriana —con ese nombre designa en sus páginas autobiográficas a la mujer amada— y de sus labios bebía el ardiente vino del más intenso amor. Tan apasionado estaba con ella que aunque tenía esposa e hijos, por más que su actividad de próspero abogado lo reclamaba continuamente, no vacilaba en hacer todo a un lado con tal de pasar algunos momentos en la compañía de aquella hermosa mujer cuyas caricias lo transportaban a otro mundo.

Hubo de ir a Tampico el licenciado Vasconcelos para tratar lo relativo a una franquicia petrolera. Consigo llevó a su amante. Soñaba en pasar con ella el resto de la vida: su presencia, una pequeña hacienda en la Huasteca, la proximidad del mar... No necesitaba otra cosa para ser feliz.

Por la mañana Vasconcelos despachaba sus trámites en un par de horas y corría a unirse con Adriana en el pequeño hotelito de la playa. Disfrutaban la sustanciosa comida al estilo de los pescadores, y pasaban la tarde entregados a los goces del amor. Cuando el crepúsculo llegaba, veían la puesta del sol desde la playa. Luego, entre esplendores de cocuyos y a la luz de la luna marinera, hacían otra vez el amor sobre la arena fina. Rendidos se iban a dormir cuando empezaban a rielar sobre las olas los primeros rayos del sol.

Una madrugada sonó el teléfono. Era un amigo de Vasconcelos. Había problemas en la capital, le dijo. Su presencia era requerida con urgencia.

—¿Qué sucede? No sé si pueda ir.

—Estalló un levantamiento contra el señor Madero. Tienes que regresar inmediatamente. La situación es grave.

Esa misma mañana Vasconcelos tomó el tren hacia la capital. En el camino se enteró de los detalles de la rebelión. Al parecer todo estaba ya bajo control. Se tranquilizó Vasconcelos. El gobierno de Madero, pensó, tenía el apoyo de toda la nación. No era posible que unos cuantos soldados levantiscos echaran abajo un gobierno que era el primero en ser elegido por el pueblo. Tomó entre las suyas las manos de Adriana y, adormecido por el monótono rodar del tren, volvió a soñar sus sueños de una idílica paz en el campo, cerca del mar y oyendo latir el corazón de la mujer que amaba.

Un manojo de ratas

Nunca el honor del Ejército Nacional ha sido tan manchado como en los días que precedieron al asesinato de Madero. Malos militares faltaron a su deber e hicieron traición a aquel hombre, el primer presidente que los mexicanos habían verdaderamente elegido con su voto.

Si el secretario de Guerra hubiese tenido dignidad habría abofeteado a Vasconcelos.

—Dígame, general —le echó en cara el combativo oaxaqueño—. ¿Por qué no puede acabar usted con ese manojo de ratas que se han metido en el cuartel de La Ciudadela? Es una vergüenza que 400 infelices tengan en jaque a toda la nación.

—Eso no me compete —respondió turbado el ministro—. La situación está en manos del general Huerta.

Del general Huerta... Y el general Huerta era el mayor traidor.

"El ministro de Guerra —acota Vasconcelos en sus memorias— no tenía cara de traidor, sino de bembo".

Huerta iba todas las noches a la embajada norteamericana. Ahí recibía instrucciones directas del embajador Wilson. A éste le iba llegando ya la lumbre a los aparejos. Su deseo era quitar a Madero del gobierno, pero le quedaban ya muy pocos días para cumplir aquel intento: mediaba febrero, y su representación debía terminar el 4 de marzo. Debía apresurar las cosas, pues la rebelión no tendría ningún sentido si el nuevo gobierno nacido de la insurrección no era reconocido por el presidente Taft. Y la administración de Taft estaba ya acabando.

Huerta, presionado por las maderistas, se vio obligado a simular un ataque a La Ciudadela. Lo hizo de la manera más villana que es dable imaginar. Envió una columna de maderistas leales por una calle que desembocaba directamente en el sitio donde los insurrectos habían emplazado sus ametralladoras, y todo indica que antes avisó a los rebeldes el día y hora del ataque. Cuando los maderistas entraron en la trampa, las fuerzas desleales echaron a funcionar sus ametralladoras como sobre un blanco inmóvil. En unos minutos el ataque acabó. La calle quedó cubierta de cadáveres.

Vasconcelos corrió al Palacio Nacional.

—¡Señor! —dijo a Madero con angustia—. ¡Está usted en manos de sus enemigos! ¡Toda la gente dice que es usted un virtual prisionero de Huerta!

En ese momento el general entraba en el despacho del presidente. Madero se alegró al verlo y le echó un brazo sobre el hombro.

—¡General! —lo saludó con afecto—. ¿Oyó usted lo que el licenciado Vasconcelos me acaba de decir? ¡Que es usted un traidor! No, señor licenciado. Aquí tiene usted a mi general Huerta, todo lealtad conmigo.

Y reía el Apóstol, feliz al ver a su lado al hombre que lo iba a asesinar.

"A Madero —escribe con bellas palabras Vasconcelos— lo envolvió la sombra. La maldición que pesa sobre nuestra patria oscureció la mente del más despejado de sus hijos. ¿Qué gran destino se salva de esos eclipses? De la penumbra saldría Madero limpio y glorioso, cometa rutilante de la historia patria. Pero la nación caería en abismos que todavía no sobrepasa".

Es cierto. Que todavía no sobrepasa.

En la confianza está el peligro

La extrema confianza que depositó Madero en quienes lo rodeaban fue en gran parte la causa de su perdición. Pocos fueron quienes salieron a defenderlo en la hora crucial en que la traición fue consumada.

Me gustaría confirmar un dato que he obtenido, porque me parece inverosímil. De acuerdo con ese dato ¿cuántos creen mis lectores que fueron los elementos de origen revolucionario que después del triunfo de la revolución maderista ingresaron en el ejército regular? ¡Uno! Un solo revolucionario entró a formar parte del ejército federal en el gobierno del señor Madero. Fue Francisco L. Urquizo, quien llegó con el modesto grado de subteniente a la Guardia Presidencial de Madero.

Todos los demás integrantes de ese cuerpo, selectísimo, eran exactamente los mismos que habían tenido a su cargo la custodia de don Porfirio Díaz. Lo acompañaron hasta Veracruz, y estuvieron con él a bordo del *Ypiranga* hasta que el capitán del vapor dio orden de que bajaran los que no serían pasajeros en la travesía. Lloraron algunos de esos recios militares al ver partir a aquel a quien con tanta lealtad habían servido.

Madero se enteró de esa lealtad, de esa gran devoción personal, y en un gesto de confianza al ejército encomendó el cuidado de su propia persona a aquellos hombres. Hay que decir que su confianza en ningún momento fue defraudada. Todos guardaban la respetuosa memoria del general Díaz, pero su deber era cuidar la persona del presidente de la República, fuera éste quien fuera, y en forma institucional siguieron cumpliendo su misión.

Además obraron circunstancias muy favorables a ese trato. Los miembros de la guardia presidencial eran todos consumados jinetes, pues a eso los obligaba su función. Resulta que el general Díaz, por sus años, ya no solía montar a caballo. Madero, en cambio, lo hacía diariamente, y lo hacía estupendamente. Era ranchero, no lo debemos olvidar, acostumbrado a cabalgar todos los días. Además, en Europa y los Estados Unidos tuvo ocasión de conocer los más modernos estilos de la equitación, y aprendió a usar el moderno albardón y a llevar su caballo al trote inglés. Eso sedujo a los jinetes de su guardia, del mismo modo que les agradó muchísimo el trato afable y cordial del nuevo presidente, que contrastaba con la solemnidad del anterior.

Ni uno solo de aquellos militares que tuvieron cercanía personal con Madero incurrió en acto de traición. Mientras la guarnición de la ciudad de México, a cargo de Victoriano Huerta, se volvió toda en contra del presidente, los integrantes de su guardia le fueron fieles hasta el fin. En los pocos meses que trataron a don Francisco aprendieron a quererlo con sincero afecto. Cuando poco después de la muerte del Apóstol alguien le preguntó a uno de esos hombres su opinión sobre el presidente caído, aquel soldado dijo con voz llena de tristeza:

—Era un hombre bueno.

Pacto de sangre

Pocas traiciones tan inmundas se han consumado en la historia universal como la gran traición que se le hizo a don Francisco I. Madero. Primera víctima de esa alevosía fue el hermano del Apóstol, Gustavo.

Le decían Ojo Parado, pues había perdido un ojo y llevaba en su lugar uno de vidrio. No era muy apreciado: se murmuraba acerca de la gran influencia que ejercía sobre el presidente de la República, de quien era consejero y permanente asesor. Algunos decían que Madero no daba un paso sin consultarlo antes con su hermano Gustavo.

En La Ciudadela, guarnición militar de la ciudad de México, se había suscrito un oscuro convenio que se conocería luego como Pacto de la Ciudadela. En la tarea de urdirlo actuó en primera línea el nefasto embajador Henry Lane Wilson. La caída de Madero favorecería el interés de los Estados Unidos: les convenía a los norteamericanos que hubiera en México un presidente pelele en vez de uno elegido por el pueblo y con anhelos de plena soberanía para la nación. En los términos del Plan de la Ciudadela, el sobrino de don Porfirio, Félix Díaz, aceptaría que la presidencia de la República quedara en manos de Victoriano Huerta, quien era el candidato de los americanos. A cambio, su gente recibiría diversos cargos en el gabinete, y el propio Félix sería considerado posible sucesor de Huerta.

—Pero necesito garantías —demandó Félix—. No puedo renunciar a mis aspiraciones ni poner mis hombres a disposición de este movimiento sin la seguridad de que lo que hemos pactado se llevará a cabo.

—¿Qué seguridades quieres? —le preguntó Huerta.

—Si es cierto que verdaderamente estás contra Madero —respondió Díaz— entrégame al Ojo Parado. Sólo así tendré la certeza de que no me estás tendiendo una trampa mandado por el Chaparro.

Huerta aceptó el trato. No sería cosa fácil cumplirlo: Gustavo Madero era hombre bragado que bien sabría defenderse. Cuando estalló la rebelión contra su hermano, él solo fue pistola en mano y sometió a un grupo de oficiales que se andaban insubordinando en el Palacio Nacional. La noticia del hecho causó asombro, pues nadie había creído capaz de tal hombrada a un curro como aquel, tan dado a cosas de política y administración. Los traidores empezaron a temer a Gustavo y a verlo como obstáculo para el cumplimiento de sus fines.

Aquel día Huerta llamó por teléfono a don Gustavo Madero.

—Hoy mismo tomaré La Ciudadela —le anunció—. Para celebrarlo tengo preparada una comida en el Gambrinus. Me gustaría mucho que usted nos acompañara. Estaremos nada más mis oficiales, algunos amigos, usted y yo. Si acepta mi invitación dos jefes pasarán por usted para traerlo.

Gustavo vaciló: ya era voz general que Huerta era un traidor, que estaba jugando sus cartas con engaños. Pero pensó que rechazar la invitación era dar muestra de cobardía. Así, aceptó.

Un crimen abominable

Asesinato horrible fue el que se cometió en la persona de don Gustavo Madero, hermano del Apóstol. Crimen proditorio, pues se cometió con alevosía y con traición. Malos mexicanos se preparaban a matar a don Francisco. Antes tuvieron que aniquilar a quien más cerca estaba de él.

Cuando estalló la sublevación encabezada por Bernardo Reyes y Félix Díaz, lo primero que hizo Gustavo Madero fue irse a vivir al Palacio Nacional. Quería estar lo más cerca posible de Francisco, su hermano, pues sabía que habían llegado días difíciles. Ni él ni nadie, sin embargo, habrían podido imaginar entonces el terrible desenlace que tendrían los acontecimientos.

Desde el comienzo de las hostilidades entre el gobierno y los rebeldes, todo el comercio del centro de la ciudad de México había cerrado. Parecía la capital una gran urbe abandonada. Por eso le sorprendió mucho al propietario del restaurante Gambrinus, el de más moda entonces, que el comandante de la guarnición militar del Distrito Federal le ordenara, por medio de una comisión de dos oficiales, abrir su restaurante al día siguiente. Ahí se efectuaría una comida muy importante, le dijeron. El comandante de la plaza, lo sabemos, se llamaba Victoriano Huerta.

Recordamos también que Huerta le había prometido a Félix Díaz entregarle a Gustavo Madero como prueba de que lo acompañaba en la traición. Invitó, pues, a comer en el Gambrinus al hermano del presidente. Éste, pundonoroso, no quiso mostrar que tenía miedo. Con valor, aunque con imprudencia supina, aceptó la invitación.

Pasaron por él dos miembros del Estado Mayor de Huerta. Cuando llegaron al restaurante, Madero se sorprendió al ver el lugar vacío. Estaba el personal, sí, pero no había ningún cliente. Don Gustavo fue conducido a un salón reservado. Ahí se habían dispuesto mesa y cubiertos para 10 personas. Se hallaban ya presentes todos los comensales, menos Huerta. Llegó a poco. Abrazó a Madero con fingido afecto y le agradeció haber aceptado su invitación. Empezó a beber el chacal. Lo hacía como cosaco, pero sabía beber: si el coñac le soltó la lengua fue sólo para hacerle a Madero juramentos de fidelidad y para anunciarle que ese mismo día obligaría a los rebeldes de La Ciudadela a deponer las armas.

Después de los postres se sirvió el café. En ese momento Huerta se levantó de su silla.

—Vuelvo en un momento —farfulló.

Y salió apresuradamente del salón. Ésa era la señal que sus esbirros esperaban. Todos a una se lanzaron contra Madero y lo sujetaron. Intentó él sacar su pistola, pero no pudo hacerlo. Los militares lo golpearon y, tras amordazarlo, lo sacaron del restaurante y lo subieron en un automóvil. En el camino a La Ciudadela lo golpearon en la cabeza con las pistolas para hacerlo perder el sentido y que no pidiera auxilio.

Félix Díaz, impaciente, esperaba a su víctima.

La náusea

A duras penas podrá hallarse en la historia el relato de un crimen tan asqueroso como el que privó de la vida, en circunstancias que horrorizan, a Gustavo A. Madero, hermano de don Francisco. La narración de su asesinato no puede hacerse sin un estremecimiento causado por la consideración de hasta dónde puede llegar la maldad y la insania de los hombres.

Cuando el automóvil que llevaba a Gustavo Madero llegó a La Ciudadela, ya Félix Díaz estaba esperando. Infame individuo era éste. Emparentado con don Porfirio, de él se decía que no tenía más mérito que el de ser el sobrino de su tío. Se había sublevado contra Madero en Veracruz, pero fue fácilmente sometido al orden. Muchas voces se dirigieron a Madero para aconsejarle que hiciera fusilar a Díaz. Eso era lo indicado por la ley y por la justicia militar, y eso era también lo que mandaban las conveniencias de política.

Si Madero hubiese hecho fusilar al torpe Díaz, con él hubiesen acabado los vientos de la sedición. Pero don Francisco era un pacifista, un hombre que apreciaba en su más hondo sentido el valor de la vida humana. Sin dar oído a lo que todos le decían, dio su perdón a Díaz. Cuando éste recibió la noticia, se desplomó en el catre de su celda y lloró sacudido por violentas convulsiones.

Pues bien: este hombre ruin a quien Madero había salvado fue uno de los principales artífices de la caída y muerte del Apóstol. Huerta aprehendió a traición a don Gustavo e hizo que sus hombres lo llevaran a La Ciudadela, donde se habían hecho fuertes los insurrectos. Maltrecho, lleno de golpes, ya casi sin sentido, Madero fue bajado del automóvil. Díaz lo recibió con un escupitajo y lo llenó de maldiciones. Hizo una señal a los soldados que tenía tras de sí y éstos se lanzaron sobre el prisionero y le traspasaron vientre y tórax con sus bayonetas. Herido de muerte cayó Madero. Un oficial ebrio le sacó con su navaja el ojo de vidrio y lo lanzó en macabro juego a sus compañeros. Los asesinos desnudaron a Madero, que todavía estaba vivo, y le cortaron el pene, que luego le metieron en la boca. Fue pateado y arrastrado en la plazoleta que está frente al cuartel. Luego le dispararon tantas balas que su rostro quedó irreconocible y su cuerpo destrozado. Alguien le dio por fin el tiro de gracia. Convertido en un guiñapo sanguinolento, el cadáver fue enredado en costales y llevado a enterrar en un lugar secreto.

Los ayudantes de Félix Díaz le tenían preparado un festín. Comió con buen apetito y bebió hasta embriagarse. En su cuarto tenía una ramera. Casi sin esperar a que salieran sus asistentes, la desnudó y le hizo el amor con torpeza de simio. Luego pidió que le prepararan el baño. Se bañó, se acicaló, se echó encima medio frasco de loción barata y salió de la habitación a recibir el aplauso de la soldadesca.

—Quiero que en adelante me llamen *el Caudillo de La Ciudadela* —les ordenó.

Todos lo aclamaron. Jinete en su mejor caballo salió a la calle.

Reyes y hienas

Es poco sabido que Victoriano Huerta vivió durante algunos meses en Monterrey. En cierta forma fue protegido de don Bernardo Reyes.

Los regiomontanos quisieron bien a don Francisco I. Madero. Su familia era —y sigue siendo— sumamente apreciada en Monterrey. Cuando en octubre de 1911 visitó la ciudad, se le tributó una recepción de apoteosis. Su esposa Sarita fue agasajada por damas muy prominentes de la más alta sociedad: doña Laura Hickman, esposa de don Patricio Milmo; doña Mercedes García de Sada; doña Margarita Zambrano de Canseco; la señorita María Aurora Sepúlveda, que luego casaría con don Isaac Garza.

Ansiosamente era aguardada en Monterrey la visita del señor Madero, tanto, que una comisión de distinguidos vecinos fue por él hasta la hermosa ciudad de Saltillo, tan conocida por sus bellezas y por la cultura de sus moradores, los de entonces y los de ahora. En tren hicieron el viaje el Apóstol y su comitiva. El convoy hubo de detenerse en diversos puntos que antes eran poblados y ahora son parte de ese gran conjunto metropolitano que forma la industriosa capital de Nuevo León: Santa Catarina, La Leona, San Jerónimo.

Cuando el tren llegó a la estación de Monterrey abordó Madero un precioso —y enorme— automóvil Fiat de último modelo, que fue puesto a su disposición por don Antonio Elosúa. Don Francisco y su esposa Sarita fueron aposentados en la casa de doña Victoriana Madero viuda de Villarreal, en la esquina de las calles de Washington y Villagrán, frente a la alameda. En el jardín de la preciosa residencia se sirvió un banquete, y ahí un conjunto de cuerdas interpretó el bonito vals intitulado *Bella revolucionaria*, compuesto en honor de Sarita Pérez, esposa de Madero.

En Monterrey, que tan bien recibió a don Francisco, había vivido por algún tiempo un hombre torvo de nombre Victoriano Huerta. Andaba en apuros económicos y fue a pedirle un trabajo al gobernador de Nuevo León, que era el general Bernardo Reyes. Don Bernardo acogió bien a su paisano Huerta, y como era ingeniero le dio una chamba en las obras para introducir el agua y el drenaje, aunque más cerca del drenaje que del agua andaba siempre Huerta. Dejó de sí memoria de borracho en Monterrey. No salía de una cantina de la peor ralea, a la cual la gente había dado en nombrar El Cuartel de

Kuroki, pues era propiedad de un japonés. Ese Kuroki fue un famoso general de la guerra entre el Imperio del Sol Naciente y Rusia.

Vivía en casa de asistencias Victoriano. La dueña del establecimiento les contaba a sus vecinas que su huésped siempre llegaba después de medianoche, y tan borracho que a duras penas podía caminar hasta su habitación. Dormía vestido y roncaba peor que olla de calabaza. Pero a las siete de la mañana —hora en que se empezaba a servir el desayuno— aparecía muy bien vestido, limpio y perfumado, listo para irse a trabajar, como si jamás en su vida hubiese probado una gota de licor. Extraño personaje era en verdad aquel sujeto apellidado Huerta.

El embajador negro

Henry Lane Wilson, embajador de los Estados Unidos en México, fue el gran promotor de los terribles sucesos que culminaron con el asesinato de Madero. A él debe culparse también en buena parte de la muerte del héroe y de don José María Pino Suárez: no actuó como hubiese debido para salvarles la vida.

¿Qué oscuro dios quería perder a don Francisco I. Madero? Lo digo porque, según viejo apotegma, los dioses ciegan a quienes quieren perder.

Todas las señas estaban claras: Victoriano Huerta era un gran traidor. Y sin embargo el presidente Madero seguía creyendo en aquel siniestro bribón. El embajador de Cuba, señor Márquez Sterling, le fue a comunicar a don Francisco que un mozo de la embajada le había dicho que al ir a su casa por la noche observó que en vehículos del ejército llegaban víveres y municiones a La Ciudadela, donde estaban fortificados los rebeldes.

—¿Cómo puede ser eso, señor presidente? —preguntó lleno de preocupación el cubano—. Se supone que el ejército debe estar combatiendo a los insurrectos, y en vez de eso los está avituallando.

Madero tranquilizó al embajador amigo. Ya hablaría él, le dijo, con el general Huerta. Y habló con él, en efecto.

—General: he recibido informaciones en el sentido de que elementos del ejército están llevando alimentos a la gente de La Ciudadela. Dígame usted: ¿es eso cierto?

Huerta, con inaudito cinismo, no negó el hecho. Astuto como dicen que son las serpientes, pensó que de seguro el presidente disponía ya de información certera.

—Es cierto, señor presidente, contestó. He ordenado eso como una medida táctica, para tener concentrados a los rebeldes en el mismo lugar y luego poder acabar con ellos más fácilmente.

Una mueca sarcástica afeó aún más el feo rostro del traidor.

—Es más, señor presidente —continuó haciendo algo que parecía sonrisa—. Hasta he pensado mandarles también vino y viejas.

Madero no sonrió ante aquel que pretendía ser un chiste.

—Sé que igualmente están metiendo municiones —dijo.

A eso no respondió Huerta.

—No se preocupe usted, señor —dijo levantándose para despedirse—. Está usted en manos del general Victoriano Huerta.

En efecto: el desdichado presidente estaba en manos de Huerta.

El embajador Wilson era un ebrio consuetudinario. No podía vivir sin el alcohol, y generalmente despachaba sus asuntos más movido por el espíritu del whisky que por el de buena voluntad.

El señor Bernardo Cólogan, ministro de España, lo visitó una mañana para conocer su opinión sobre los sucesos que se desarrollaban. Lo encontró más borracho que una cuba, y frenético en contra de Madero.

—¡El presidente es un loco! —empezó a gritar—. La situación se ha vuelto intolerable, y siento que debo intervenir para poner orden en este país. Vaya a hablar con Madero; tiene usted vínculos de raza con él. Dígale que renuncie o me veré obligado a solicitar de mi gobierno una intervención armada para salvaguardar las personas y las propiedades de mis conciudadanos.

Cólogan se consternó. Ningún americano había sufrido daño considerable a efecto de la revuelta en la ciudad. Algo se traía el torvo Wilson. Decidió, no obstante, hablar con el señor Madero.

El señor embajador

Don Manuel Márquez Sterling era embajador de Cuba en México al momento de presentarse la traidora insurrección de Félix Díaz y sus paniaguados contra el señor Madero. Su relato de los trágicos sucesos de esos días es documento inapreciable para comprenderlos.

Un mes antes de estallar la revuelta encabezada por Bernardo Reyes y Félix Díaz, don Manuel Márquez Sterling entregó al presidente Madero las credenciales que lo acreditaban como Enviado Extraordinario y Ministro Plenipotenciario de la República de Cuba en México.

La conversación que con ese motivo sostuvieron en el Palacio Nacional, fue cordialísima. Don Manuel, que jamás había tratado a Madero, que ni siquiera lo había visto antes, recibió una muy grata impresión de él. Cuando después de la muerte de Madero escribió el cubano acerca de esa entrevista, se refirió al coahuilense llamándolo "el Apóstol de la democracia mexicana". Creo por tanto que a Márquez Sterling debe atribuirse la expresión por la cual Madero es llamado el Apóstol de la Democracia.

Al empezar la rebelión, el ministro de los Estados Unidos, Henry Lane Wilson, se atribuyó a sí mismo el papel de convocador del cuerpo diplomático. Márquez tenía una pésima idea acerca de él.

—Es el hombre más indiscreto que he conocido —decía del norteamericano.

Y con discreción de diplomático aludía a la causa de esas indiscreciones:

—Es más indiscreto de tarde que de mañana —decía con sutileza—, y todavía más indiscreto de noche que de tarde.

Sin decirlo con todas sus letras, daba a entender con claridad que las torpezas de Wilson se debían a sus libaciones de whisky, que empezaban por la mañana, se acentuaban por la tarde y arreciaban por la noche.

Márquez Sterling supo a su llegada a México que el embajador norteamericano era enemigo de Madero. El yanqui no se recataba nada para decir que el presidente de México estaba loco, que su sitio no era el Palacio Nacional, sino un manicomio. Celebró mucho Wilson la noticia de que alguien había dicho:

—La bala que mate a Madero salvará a México.

Sostenía el embajador norteamericano que este país era un desastre, cuando lo cierto es que el presidente estaba dictando las primeras medidas para darle un rumbo de verdadera legalidad. Afirmaba el nefasto ministro que todo en la administración de Madero era corrupción, cuando lo que estaba haciendo el mandatario —el primero que fue realmente elegido por la voluntad de la nación— era acabar con todas las corruptelas que habían convertido el gobierno de Díaz en un centro de enriquecimiento para unos cuantos.

Márquez Sterling era un hábil conocedor de la naturaleza humana. Cuando Félix Díaz, "el sobrino de su tío", se encerró en La Ciudadela, dijo:

—Este hombre no es un león. Es, a lo más, un zorro. Y un zorro asustado.

Pero cuando en la escena pública apareció Victoriano Huerta, dictaminó el embajador cubano:

—Éste es un lobo. Y, ténganlo ustedes por seguro, el lobo acabará devorando al zorro, que cree que el lobo es su amigo.

El embajador del mal

Henry Lane Wilson, perverso embajador de los Estados Unidos, fue responsable directo de la gran traición que condujo a la caída de don Francisco I. Madero y a su trágica muerte. Otra vez un yanqui movía el nefasto *hilo negro*, esa oscura corriente de injerencias del país del norte en los asuntos —y en el destino— de nuestro país.

Ha dicho alguien que hacer historia no consiste en regañar a los muertos. Tendría toda la razón si no fuera porque en gran parte somos resultado de lo que hicieron los muertos, y a veces no nos faltan motivos para ir a reprenderlos a sus tumbas, siquiera sea eso como medio para desahogar el encono y nuestra frustración.

Cuando se habla de Wilson se tiene que hablar mal de él, aunque ya esté muerto. En todo caso se puede usar la piadosa frase que emplea nuestra gente cuando dice algo malo de quien ya está en el otro mundo: "Hablo de su vida, no de su muerte". Pues yo hablo de la vida de Wilson, que fue execrable vida al menos durante el tiempo que en México vivió.

Borracho, y con mal vino, era ese Wilson. En estado de ebriedad perpetró seguramente la tortuosa conjura por la cual algunos militares —Bernardo Reyes, Félix Díaz, Mondragón, Blanquet— faltaron a su honor y esgrimiendo especiosos argumentos traicionaron la lealtad —y aun la gratitud, como fue el caso de Reyes y de Díaz— y se volvieron contra Madero. Borracho también debe de haber asistido el yanqui a la firma de aquel nefando Pacto de La Ciudadela, por el cual cayó el primer presidente que los mexicanos se habían dado en elecciones libres.

Durante los días de la Decena Trágica corrió el rumor de que un batallón comandado por el general Aureliano Blanquet venía en auxilio de Madero para acabar por fin con los rebeldes de La Ciudadela. De ese Blanquet se decía que era quien había dado el tiro de gracia a Maximiliano. Cuando llegó a la capital, el tal Blanquet declaró a los periódicos que "venía a contribuir a la pacificación del país". No habló, sin embargo, en contra de los levantados. Al día siguiente fue a unirse a los rebeldes y apuntó sus piezas de artillería hacia el Palacio Nacional.

José Vasconcelos ideó un plan desesperado: había que recurrir al pueblo. Con la ciudad en manos de los traidores, la única esperanza era que el pueblo saliera a defender al gobierno que él mismo había elegido. Soñaba Vasconcelos con un pueblo a manera del de París, que saldría a las calles, levantaría barricadas y se opondría, aun a costa de la vida, a los traidores que aniquilaban sus sueños de libertad.

Pero se equivocaba el oaxaqueño. Fue en su automóvil por los barrios, por las colonias, incitando a la gente a levantarse.

—Es inútil —le decían todos—. La ciudad ya la tienen "ellos".

Otros, con realismo contundente, le contestaban:

—Sí vamos. Pero dénos armas.

Y el gobierno no tenía armas para entregar al pueblo. Todas estaban ya en manos de los enemigos.

La marcha de la lealtad

El cerco tendido por Victoriano Huerta se iba cerrando sobre don Francisco I. Madero. La oscura intriga urdida por el embajador Wilson iba rindiendo ya sus frutos de tragedia.

El 8 de febrero de 1913, el joven Eugenio Aguilar, alumno del Heroico Colegio Militar, recibió en el Castillo de Chapultepec la visita de su hermano Jesús.

—Estoy preocupado —le dijo éste—. Corren por toda la ciudad rumores de que se va a rebelar la guarnición. Vengo a ver si puedo hablar con el señor presidente para ponerlo al tanto de la situación, aunque son tan fuertes ya los rumores que de seguro no ha de ignorarlos.

Por más que en ese momento el señor Madero estaba cenando, Eugenio consiguió que la guardia presidencial le permitiera el paso a Jesús. Sin dejar de cenar, Madero escuchó aquellas versiones alarmantes.

—No se preocupe —respondió—. Todos deben estar tan tranquilos como yo. Tengo una confianza ilimitada en el pueblo, que sabrá defender sus instituciones. Como quiera que sea, le ruego que si mañana nota algo malo, venga de inmediato a avisarme.

Seguramente en el curso de esa misma noche recibió Madero la confirmación de los rumores que corrían por la capital. Eugenio fue despertado en la madrugada del día siguiente. Debía formar su compañía a las siete de la mañana en el patio principal del colegio, cada elemento dotado con 150 cartuchos.

Cuando todo el personal estuvo dispuesto, se presentó en el patio el presidente de la República. Montaba un precioso caballo tordillo; se veía sereno, y hasta sonriente.

—Señores —les dijo—, hay rumores de un levantamiento, y se dice que en él participará la guarnición militar de la ciudad. He venido a ponerme en manos de ustedes, los cadetes del Heroico Colegio Militar. Los invito a acompañarme en mi marcha hacia el Palacio Nacional.

Se organizó la columna. En eso llegó, pálido y demudado, el general Ángel García de la Peña, ministro de Guerra. Acababa de estallar la rebelión, y había salido herido en la escaramuza que se trabó frente al Palacio Nacional. Traía todo el rostro ensangrentado. Dirigió una arenga a los cadetes; los exhortó a la lealtad y a defender hasta con su vida la persona del presidente.

Se inició la marcha, y fue la columna por el paseo de la Reforma y luego por la calle de San Francisco. Iba pasando frente a la Fotografía Daguerre, ya en las inmediaciones del palacio, cuando la comitiva fue tiroteada. Madero, que en ningún momento perdió la tranquilidad, se refugió en el establecimiento. Hasta ahí llegó Huerta, haciendo vivas protestas de fidelidad al presidente. Sin embargo, dio una orden que a los cadetes irritó: debían regresar al Palacio Nacional y permanecer acuartelados. Eran demasiado jóvenes, les dijo, para arriesgar la vida. Los soldados de línea tendrían a su cargo la defensa de la persona del señor Madero. El Palacio Nacional sería custodiado por las fuerzas del 29º Batallón, mandado por el general Blanquet. Desde el balcón de la Fotografía, el presidente vio alejarse a aquellos valerosos muchachos que habían estado dispuestos a morir por él.

Presidente prisionero

Es dramático el relato de la forma en que fue aprisionado don Francisco I. Madero por los traidores que se conjuraron en el Pacto de La Ciudadela, urdido por el embajador norteamericano Henry Lane Wilson, para tumbar al primer gobierno que los mexicanos habían elegido con su voto. Al hacer caer a Madero, y luego al permitir su asesinato, el nefasto embajador logró evitar que México entrara en el camino de la democracia, y consiguió que nuestro país girara en torno de la órbita de los Estados Unidos. En ésas seguimos hasta ahora.

En el Salón de Ministros del Palacio Nacional estaba reunido el presidente Madero con algunos de sus más cercanos colaboradores: Ernesto Madero, don Pedro Lascuráin, el licenciado Vázquez Tagle, Serapio Rendón. Se hallaban también miembros del Estado Mayor Presidencial, entre ellos Gustavo Garmendia.

Don Francisco se había retirado un momento a su privado, donde lo esperaba el vicepresidente Pino Suárez. De pronto se oyeron fuertes pasos en el corredor. La puerta del salón se abrió con estrépito y apareció el teniente coronel Jiménez Riveroll.

—¿Dónde está el presidente? —preguntó con voz imperativa.

Madero salió de su despacho.

—Aquí estoy —respondió sereno—. ¿Qué sucede?

Jiménez avanzó hacia él.

—Señor —le dijo—. El general Bravo se ha levantado contra su gobierno y viene hacia acá con 2000 hombres. Tengo instrucciones de poner la persona de usted bajo la protección del general Blanquet.

Y diciendo así procedió a tomar al presidente por un brazo. A esa hora se sabía ya en el Palacio Nacional que Blanquet era un traidor. Madero reaccionó con cólera.

—¡Suélteme usted! —ordenó airadamente a Jiménez Riveroll—. ¡No se atreva a tocarme!

Con el violento movimiento que hizo para soltarse, se le desabrochó a Madero una de las mancuernillas que le sujetaban las mangas de la camisa. El presidente comenzó a abrocharla, pero Jiménez lo asió de nuevo.

—Tengo mis órdenes —repitió—. Sígame usted o lo hago que me siga.

Madero le dio un violento empellón. Garmendia y su gente se lanzaron sobre Jiménez. Éste volvió el rostro hacia los soldados que lo acompañaban.

—¡Fuego! —les ordenó.

Los hombres levantaron los rifles y le apuntaron a Madero.

—¡Traidor! —le gritó Garmendia a Jiménez Riveroll.

Y así diciendo lo mató de un balazo en la cabeza. Marcos Hernández cubrió con su cuerpo el de Madero. Sonaron algunos disparos y Hernández cayó al suelo herido mortalmente. Garmendia se interpuso entre los soldados y el presidente. Sin soltar la pistola les gritó con firme voz de mando.

—¡Media vuelta! ¡Marchen!

Y sucedió lo increíble. Los soldados, acostumbrados a obedecer, dieron media vuelta y empezaron a retirarse. Los detuvo Izquierdo, otro de los traidores. Se disponía a ordenarles que volvieran sobre sus pasos, cuando el capitán Montes, de la guardia del presidente, le disparó y lo dejó muerto.

Sálvese quien pueda

Luego de que el capitán Montes disparó y mató de un tiro en la cabeza a Izquierdo, Gustavo Garmendia se dirigió a Madero.

—¡Señor! —le dijo a don Francisco—. ¡Escape usted! ¡No hay tiempo que perder!

Los ministros y acompañantes de Madero le hicieron la misma súplica. Seguramente, le dijeron, más enemigos estarían ya en el Palacio Nacional. Había que escapar mientras fuera posible.

Madero se negó a huir. Idealista como era, dijo que en el pueblo encontraría la mejor defensa. Salió al balcón central del Palacio Nacional, pensando que el Zócalo se hallaría lleno de gente, y que ésta defendería la vida de su presidente. Pero la plaza mayor se hallaba totalmente vacía. Desde que empezaron los acontecimientos de la Decena Trágica nadie salía de su casa por miedo a recibir una bala de las muchas que se disparaban entre La Ciudadela y el Palacio Nacional.

Sin embargo, en las aceras se encontraban algunos soldados del Regimiento de Caballería, que siempre se habían mostrado fieles a Madero.

—¡Soldados! —les gritó el presidente—. ¡Se ha cometido una traición! ¡El Ejército Federal se ha sublevado! ¿Con quién están ustedes? ¿Con la Revolución o con sus enemigos?

La respuesta fue unánime:

—¡Viva Madero!

Otra vez se escuchó el grito que había unido a México en un ansia común de libertad.

—¡Luchen contra los traidores! —los arengó Madero—. ¡Ahora bajo a unirme a ustedes!

Madero se dirigió hacia su elevador privado. Lo siguieron en apresurada marcha don José María Pino Suárez, don Pedro Lascuráin, don Ernesto Madero y otros. Tras ellos quedó Garmendia, el apasionado defensor del presidente. Cuando llegó al elevador éste ya se había llenado.

—Ya no hay sitio, Gustavo —le dijo Madero—. En un momento vuelve el elevador.

Quizá esa sencilla circunstancia —la falta de cupo en un elevador— fue lo que le costó la vida a Madero. Con él quedaron puros civiles desarmados. Gustavo Garmendia, que minutos antes había salvado al presidente, pudo quizá salvarlo otra vez. Sin sus custodios quedó Madero a merced de sus enemigos.

Mientras ansiosamente esperaban los que se quedaron, se oyeron gritos y disparos en el patio del palacio. Alguien subió a grandes trancos la escalera y dijo a Garmendia y sus acompañantes:

—¡Blanquet ha cogido prisionero al señor presidente! ¡Todo está perdido!

Garmendia y sus acompañantes se dirigieron a las oficinas de la Secretaría de Guerra. Por las escaleras posteriores bajaron apresuradamente y llegaron a la puerta que daba a la esquina de la calle de la Moneda. Con ellos iba el oficial mayor de la secretaría, general Rodrigo Valdés.

—¡Paso franco! —ordenó a la guardia.

Abrieron paso los soldados. Los fugitivos salieron a la calle y se dispersaron apresuradamente.

¡Abajo esas armas!

La prisión de Madero fue el primer paso del doloroso vía crucis que tendría que recorrer el infortunado Apóstol de la Democracia. Cayó en manos de sus enemigos, que eran los enemigos de México, y éstos lo llevaron a la muerte.

—¡Soy el presidente de la República! ¡Abajo esas armas!

Apenas salió del elevador, Madero se topó de manos a boca con un piquete de soldados. A las claras se veía que los hombres iban borrachos. Vacilaron los sayones y algunos bajaron sus fusiles.

Pero Blanquet, tembloroso, llegó hasta Madero pistola en mano. Con voz que apenas pudo oírse, farfulló:

—Ríndase.

Cuatro o cinco oficiales se abalanzaron sobre Madero y lo sujetaron. Uno lo registró en busca de algún arma. El presidente no traía ninguna. Fue conducido el prisionero a un cuarto de intendencia y ahí se le dejó encerrado y con centinelas en la puerta.

En eso llegó al Palacio Nacional el traidor general Huerta. Por dictado del embajador yanqui iba a ser él quien se hiciera cargo de la presidencia de la República. Los americanos necesitaban tener a un pelele como presidente de México, y aquel títere ebrio estaba que ni mandado hacer para el encargo. Salió Huerta al balcón central del palacio. Iba, como de costumbre, más borracho que una cuba. Llamó a grandes voces a los escasos transeúntes que iban pasando y les dirigió un discurso.

—¡Me he hecho cargo del poder! —gritó—. ¡La patria se ha salvado! ¡Voy a bajar el precio del pan y la cebolla!

Así dijo aquel grandísimo bribón. No quito ni pongo palabra a su discurso. Prometió el mentecato que bajaría el precio del pan y la cebolla. Me explico lo del pan, pero a eso de la cebolla no le encuentro más explicación que la borrachera del chacal.

Enseguida Huerta se dirigió al cuartucho donde Madero estaba recluido.

—Señor… —balbuceó.

Y le tendió la mano. Madero lo dejó con la mano tendida:

—Es usted un traidor.

Huerta fue a hablar con los ministros. A uno por uno les tendió la mano: todos menos uno la rechazaron igual que hizo Madero.

Empezaron a repicar las campanas de la catedral. Esas campanas han sonado lo mismo en alabanza de héroes que en loa de traidores. Por las calles iban llegando los que estuvieron como ratas metidos en La Ciudadela y que ahora desfilaban convertidos en gallardos triunfadores por obra y desgracia de la traición.

Sarita, la esposa de Madero, se había refugiado en la embajada del Japón. De inmediato Vasconcelos fue a ponerse a sus órdenes.

—Le suplico, licenciado —rogó Sarita entre lágrimas— que intervenga ante el embajador americano. La vida de mi esposo está en manos de Wilson. No quiero que le suceda a Pancho lo mismo que le pasó a Gustavo.

Vasconcelos fue a su despacho, tomó el teléfono y llamó a la embajada americana.

—*Don't worry, my friend* —le dijo Wilson—. Ya les he dicho a *these fellows* que no sigan matando gente. He acordado con ellos que Madero y su familia sean enviados por tren a Veracruz para que ahí se embarquen al destierro. Usted, mientras tanto, permanezca al margen de todo esto.

En camino hacia la embajada del Japón para comunicar a la señora Madero el resultado de su gestión, Vasconcelos tuvo un pensamiento aterrador: si Madero salvaba la vida, salvarían también su honor los vencedores. Pero si Madero era asesinado, sus asesinos quedarían manchados para siempre. Era horrible pensarlo, pero lo peor que le podía pasar al Apóstol era que los canallas lo dejaran vivo.

No hay tiempo que perder

Cuando la gente supo que Madero había caído en manos de sus enemigos, pensó sin lugar a dudas que éstos lo asesinarían. La terrible muerte de don Gustavo Madero no hacía abrigar ninguna esperanza sobre la suerte que correría el presidente caído.

—¿Ya sabe usted lo que está sucediendo? Fusilaron a Ojo Parado, y hoy mismo fusilarán al Chaparro.

Don Guillermo Márquez Sterling, embajador de Cuba en México, oyó con asco la cínica conversación de uno de los partidarios de Félix Díaz. Se despidió del individuo sin darle la mano y se dirigió a su embajada. Ahí lo esperaban otros miembros del cuerpo diplomático.

—Señor embajador —le dijo uno con voz llena de angustia—. Por todas partes se oyen rumores de que van a fusilar a don Pancho. Tiene usted que intervenir. No hay tiempo que perder.

Respondió el cubano:

—La iniciativa, por desgracia, le corresponde a Wilson. Es nuestro decano.

—Actúe usted, señor Márquez. La vida de Madero está en peligro.

El embajador de Cuba escribió entonces una nota privada que envió inmediatamente a Wilson: "Circulan rumores alarmantes respecto del peligro que corre la vida del señor Francisco I. Madero, presidente de la República Mexicana, derrocado por la revolución y prisionero del señor general Huerta.

"Inspirado por un sentimiento de humanidad me permito sugerir a Vuestra Excelencia la idea de que el Cuerpo Diplomático, del que Vuestra Excelencia es dignísimo Decano, tomara la honrosa iniciativa de solicitar de los jefes de la revolución medidas rápidas y eficaces tendientes a evitar el sacrificio inútil de la existencia del señor Madero.

"Me permito rogar a Vuestra Excelencia que disponga del crucero *Cuba*, anclado en el puerto de Veracruz, por si la mejor medida fuese sacar del país al señor Madero, y asimismo que cuente con mis humildes servicios para todo lo relativo a dar asilo al infortunado Presidente preso.

"Seguro de que participa Vuestra Excelencia del mismo anhelo que yo, propio de hombres nacidos en el suelo de América, reitero a Vuestra Excelencia mi más alta consideración".

Luego, el señor Márquez Sterling fue a la sede de la legación japonesa, donde se había refugiado toda la familia de Madero. Lo recibió, consternado, el padre del Apóstol.

—¿Qué le parece, señor ministro? ¡Yo nunca tuve confianza en Huerta! Por favor, sea usted el conducto para hacer llegar al señor Wilson esta carta en que mi esposa y yo pedimos al cuerpo diplomático que intervenga para salvar la vida de nuestro hijo y del señor Pino Suárez.

Sin perder tiempo llevó Márquez Sterling la carta a Wilson. Éste la leyó y respondió con tono indiferente:

—Lo que se me pide es imposible. Yo me opongo a que el cuerpo diplomático intervenga en este asunto.

La fría respuesta del embajador yanqui equivalía a una sentencia de muerte contra Madero y Pino Suárez.

Séptima parte

El martirio

Ahora soy de Coahuila

Todos los maderistas empezaron a ser perseguidos tan pronto cayó el presidente mártir en manos de sus enemigos. Uno de los más fervientes partidarios del señor Madero fue José Vasconcelos. Sobre él se abatió también la saña oficialista.

Salía de su casa Vasconcelos cuando lo detuvo aquel policía Chávez, al que dos veces antes se le había escapado cuando lo persiguió por ser propagandista de Madero.

—La tercera es la vencida, licenciado —dijo a Vasconcelos—. Ahora sí es usted mi prisionero.

—Si hubiera yo querido —le contestó el abogado— jamás me habría hallado usted. Pero no tengo por qué esconderme.

—Vamos a las Comisiones de Seguridad —ordenó el polizonte.

Y en el tranvía, como pasajeros comunes y corrientes, fueron esbirro y prisionero.

En el trayecto le dijo Chávez a Vasconcelos:

—Si lo desea, licenciado, podemos llegar a su despacho. Le doy media hora para que arregle sus asuntos y se despida de sus familiares.

Supuso Vasconcelos que se le iría a fusilar, por lo que aceptó el ofrecimiento del jenízaro. De dos mujeres se despidió, no más: su esposa y su amante. A las dos les pidió lo mismo:

—No intercedas por mí; a nadie le supliques. No quiero que andes pidiendo favores a esta gente.

Vasconcelos fue puesto en uno de los sombríos separos de las Comisiones de Seguridad. En otro, vecino, estaba el saltillense Miguel Alessio Robles, maderista también de pura cepa. A los pocos días se presentó Chávez e hizo llevar a la dirección a Alessio y Vasconcelos.

—Por órdenes superiores debo trasladarlos a la penitenciaría.

Los dos prisioneros, el coahuilense y el oaxaqueño, se miraron. Por los dos había pasado el mismo pensamiento: cerca de la penitenciaría habían sido asesinados Madero y Pino Suárez.

En silencio fueron en un automóvil. Llegaron a la penitenciaría, y el alcaide les pidió sus generales para registrarlos como presos.

—Miguel Alessio Robles, de Coahuila.

—Yo, José Vasconcelos.

—De Oaxaca, ¿verdad?

—No, señor. Ahora soy también de Coahuila.

Vasconcelos cambió su lugar de origen porque Félix Díaz, el traidor, el culpable en buena parte de la caída y muerte de Madero, era oaxaqueño.

Es la muerte que llega

La suerte del presidente Madero estaba ya sellada: en la embajada de los Estados Unidos, a más de la caída del gobierno, se había pactado también, tácitamente, que no podía seguir viviendo el hombre que representaba la única esperanza de democracia para los mexicanos.

Entró en la intendencia del Palacio Nacional el embajador de Cuba, don Guillermo Márquez Sterling. Ahí estaba, en calidad de prisionero, don Francisco I. Madero, presidente de la República.

Antes de entrevistarse con él, habló el ministro con el caballeroso general Felipe Ángeles. Hombre leal al presidente, el general Ángeles no abrigaba esperanza alguna sobre la salvación del Apóstol. El embajador le dio seguridades de que los sacaría —a Madero y a su familia, al vicepresidente Pino Suárez y al propio general Ángeles— y los llevaría sanos y salvos a Cuba.

—No, señor ministro —le respondió con voz cansada y triste el general—. A don Pancho lo truenan.

El embajador Márquez Sterling recuerda la traza que tenía Madero cuando lo vio aquel día, en vísperas de su muerte: "Pequeño de estatura, de complexión robusta, ni gordo ni delgado, el presidente rebosaba juventud. Se movía con ligereza, sacudido por los nervios; sus ojos redondos y pardos brillaban con simpático fulgor. Redonda la cara, gruesas las facciones, tupida y negra la barba cortada en ángulo, sonreía con indulgencia y con dignidad. Sonríe siempre Madero, invariablemente sonríe. Pero su sonrisa es buena, honda, franca, generosa".

En el momento en que Márquez entró, Madero se colocaba en el bolsillo del chaleco el reloj con su cadenilla de oro.

—Fíjese usted bien, ministro —le dijo—. A la leontina le falta una piedra. No vayan a decir después que me la robaron.

No entendió Márquez Sterling la petición que le hacía el presidente. Después la interpretaría como un oscuro y vago presentimiento de su muerte.

Iniciaron una breve conversación. De pronto Madero quedó pensativo y dijo:

—Un presidente electo por cinco años y derrocado a los quince meses. La Historia dirá que no supe sostenerme. Cometí grandes errores, no cabe duda. Si alguna vez volviera a gobernar, me rodearía de hombres resueltos, no de medias tintas. Pero quizá ya es demasiado tarde.

Poco después preguntó:

—¿Sabe usted dónde tienen a Gustavo?

El pobre don Francisco no estaba enterado aún de la terrible muerte de su hermano. Nadie había querido darle el dolor de comunicarle la noticia.

—No lo sé, señor presidente —respondió el embajador de Cuba procurando ocultar el temblor en su voz.

—Lo habrán llevado a la penitenciaría —siguió Madero pensando en voz alta—. Pero si no lo encuentro en la estación, no me embarcaré en Veracruz.

—Señor —dijo el ministro—. Eso comprometería mucho la situación. La vida de usted está antes que todo.

—¿Y Gustavo? —se inquietó el presidente.

—Ya veremos —dijo Márquez—. Y cambió la conversación.

Es la noche que viene...

En una oficina de la Intendencia del Palacio Nacional, llena de trebejos, los traidores tenían preso a don Francisco I. Madero. Le quedaban tan sólo unos cuantas horas de vida, pero él no lo sabía aún.

—El crucero *Cuba* ¿es grande, es rápido?

Madero seguía en la confianza de que sus enemigos le permitirían salir del país. Así lo creía también el embajador cubano, señor Márquez Sterling.

—Sí, señor presidente —respondió—. Usted y su familia, lo mismo que el señor Pino y el general Ángeles, viajarán con toda comodidad.

En eso llegó Ernesto Madero.

—Pancho —dijo—, el señor Lascuráin va en este momento al Congreso a presentar tu renuncia.

El presidente saltó de su asiento como impulsado por un resorte. Exclamó lleno de inquietud:

—¿Cómo es posible? Debió haber esperado hasta que saliéramos del país. Vayan en seguida a alcanzarlo. Tráelo, Ernesto. Vaya usted con él, señor Márquez. Impidan que presente la renuncia.

Aunque al principio se había negado a renunciar a la presidencia, finalmente Madero accedió a firmar el documento como única forma de salvar la vida de los suyos. Sin embargo, se acordó que el papel sería entregado a Huerta y Félix Díaz cuando los prisioneros estuvieran ya al amparo de cualquier nueva traición. El ministro de Relaciones Exteriores se adelantaba al hacer llegar al Congreso la renuncia presidencial.

—Ésta es otra trampa de Huerta —expresó Madero—. Firmada y presentada mi renuncia, no cumplirá su palabra.

Un sombrío presentimiento de muerte pareció caer sobre todos los presentes. Pero inmediatamente Madero recobró su presencia de ánimo. No quería afligir a quienes le daban compañía.

Poco después llegó don Ernesto. Demasiado tarde: no había podido alcanzar al ministro. La renuncia fue presentada al Congreso y aceptada prácticamente por todos los diputados. Huerta estaba ya en el Palacio Nacional como presidente. Quiso hablar con él, pero so pretexto de estar muy fatigado por los acontecimientos, el general se había retirado a las habitaciones presidenciales.

—¿Y el tren en que saldremos a Veracruz?

—No sé —contestó Ernesto, que no podía ocultar su angustia—. Quizá Huerta ordenó la salida para las cinco de la mañana. A esa hora salió el tren que llevó a don Porfirio.

Todos callaron ante aquella recordación inoportuna. Madero estaba corriendo la misma suerte que la de aquel caudillo a quien con su revolución hizo caer.

—Señor ministro —se dirigió Madero al embajador cubano—. Váyase usted a descansar.

—¡No! —lo interrumpió vivamente Ernesto—. Si el señor embajador se queda esta noche con ustedes, apartaremos cualquier peligro.

—No puedo inferirle tal molestia al señor Márquez —replicó Madero—. Ni siquiera hay aquí una cama donde se pudiera acostar.

Escribiría después Márquez Sterling: "¿Irme? ¿Tomar el sombrero tranquilamente y despedirme con un 'hasta la vista' abandonándolos a las bayonetas? Eso hubiera sido impropio de mi calidad de ministro y de mi nombre de cubano. Nuestra raza caballeresca me demandaba amparar con la bandera de mi patria al presidente".

Las hienas de la muerte

Madero empezaba a vivir sus últimas horas. El cerco que habían tendido los traidores se iba cerrando en torno a él.

—¿El señor ministro de Cuba?

—Servidor de usted.

—Vengo de parte del señor presidente de la República, general Victoriano Huerta. No es posible ya esta noche que salga el tren que llevará al señor Madero a Veracruz. El señor presidente de la República lo comunica al Excelentísimo señor ministro, por si desea irse a su casa a descansar.

Don Francisco I. Madero escuchó desolado la noticia que un oficial del ejército daba al señor Márquez Sterling, embajador de Cuba en México.

—¿Cree usted —preguntó el ministro al enviado— que podrá efectuarse el viaje por la mañana.

—No sé nada, señor embajador.

Cuando se retiró el oficial, dijo Madero al ministro cubano:

—Ese tren no saldrá a ninguna hora. Ni mañana ni nunca.

Pareció abismarse en un sombrío pensamiento. Luego tomó de pronto un retrato suyo que estaba en la mesa y después de escribir una dedicatoria lo puso en manos de Márquez Sterling.

—Guárdelo usted, amigo mío, en memoria de esta noche desolada.

Corría la noche del 19 de febrero de 1913. Era la una de la mañana. Huerta estaba con sus hombres en una cantina del centro de la ciudad. Se bebió una botella y media de tequila antes de ser llevado casi a rastras a las habitaciones presidenciales en el Palacio Nacional.

En las oficinas de la Intendencia, el señor Madero y el embajador de Cuba alargaban en vano una conversación cada vez más preñada de silencios.

Por fin Madero se levantó de su asiento y dispuso tres sillas a manera de cama para que en ellas se recostara Márquez. Trajo un veliz que tenía las iniciales de su hermano Gustavo y de él sacó algunas cobijas que les servirían tanto para taparse como de almohadas.

—Hagamos de cuenta —dijo al embajador con una sonrisa— que estamos pasando las incomodidades de una cacería.

En otra habitación estaban el vicepresidente Pino Suárez y el general Felipe Ángeles. Entraron a dar las buenas noches. Don José María vio las sillas en que tendría que dormir el embajador y comentó riendo:

—Jamás la diplomacia, arte tan suave, había tenido un lecho tan duro.

—El tiempo lo ablandará en la memoria —dijo Madero.

Luego de que se despidieron Pino y Ángeles, el embajador se quitó el saco, el cuello desprendible, la corbata y los tirantes, y los puso al desgaire sobre una mesilla que estaba en un rincón.

—¡Vaya que es descuidado este cubano! —exclamó con tono ligero don Francisco.

Y procedió a acomodar cuidadosamente las prendas, una al lado de la otra.

El propósito del embajador era mantenerse despierto, pues temía por la seguridad de Madero. Éste se envolvió en una frazada blanca, sacada también del equipaje de su hermano, y se tendió en su camastro. Pero de inmediato, como si el contacto con la cobija le hubiese recordado a Gustavo, se enderezó de pronto y dijo angustiado:

—¡Ministro! ¡Yo quiero saber dónde está Gustavo!

En capilla

La muerte se cernía sobre la persona de don Francisco I. Madero. El embajador de Cuba en México, don Guillermo Márquez Sterling, hacía ímprobos esfuerzos para salvar a aquel hombre tan bueno de las garras de sus enemigos.

Incluso en medio de la terrible tormenta por la que atravesaba, don Francisco I. Madero conservaba aquella serenidad interior propia de los grandes hombres, o aun de los santos. Apagada por los guardias la luz de la habitación, el señor Márquez Sterling, que no quería dormirse por temor a alguna acción violenta ordenada por Huerta, pudo contemplar a su sabor al presidente caído.

Una luz clara venía de la calle, donde había un farol encendido. Madero, envuelto en la sábana que tomó de la maleta de su hermano, no le pareció al ministro cubano un cadáver amortajado sino una extraña figura de morisco. Todavía conservaba el señor Márquez la esperanza de salvar la vida de su protegido.

"Madero dormía un sueño dulce. Respiraba con la fuerza de unos pulmones hechos para la vida sana y larga. Acaso soñaba en sus hazañas de héroe. Escuchaba quizá el vocerío de las triunfadoras huestes de Ciudad Juárez. En su sueño Madero parecía vivir otra vez sus días de gloria, y sonreía bajo el sudario de Gustavo."

Entró en la habitación el señor Pino. Hablando quedo, para no despertar a don Francisco, preguntó a Márquez Sterling:

—¿No ha dormido usted?

—No, señor Pino Suárez —respondió el embajador—. He preferido estar despierto, por lo que pudiera ofrecerse.

—Entonces ha oído los ruidos allá afuera —le dijo Pino Suárez—. Cada 15 minutos han estado cambiando los centinelas, por miedo a que alguno nos tenga simpatía y nos ayude a fugarnos.

Un día antes Márquez Sterling había sostenido una larga conversación con don José María. Al poeta de Yucatán no le dolía perder la vida: le angustiaba sólo pensar en la suerte de su esposa y en la orfandad de sus pequeños hijos.

—Parece que estamos en capilla, ¿verdad? —siguió hablando Pino Suárez—. Pero no creo que corra peligro nuestra vida. A lo más nos llevarán a la cárcel. Matarnos sería provocar otra revolución.

No contestaba Márquez Sterling. Dejaba que don José María siguiera hablando, y no lo interrumpía. En eso se incorporó Madero en su camastro.

—¿Qué horas son? —preguntó.

Pino consultó su reloj.

—Las cinco y media.

Madero se volvió al embajador cubano:

—¿Lo ve usted, señor ministro? No había tal tren preparado para las cinco de la mañana.

Entró un soldado llevando una charola con café, leche y panecillos. Márquez, sediento, extendió la mano para tomar un vaso con leche. Madero le detuvo el brazo:

—No pruebe nada. La leche podría estar envenenada.

Luego se sacó Madero una moneda de la bolsa y dijo al soldado:

—Con este peso cómprame los periódicos. Quiero saber qué es lo que está pasando.

El sueño de la muerte

El general Felipe Ángeles cambió una mirada con el embajador de Cuba y se levantó con viveza de su asiento:

—¡No, don Francisco! No pida usted tal cosa a este soldado. Podría hacerse sospechoso de estar llevando recados de usted al exterior, y eso le costaría la vida.

—Tiene usted razón, general —aceptó Madero.

Y volviéndose hacia el soldado se disculpó:

—Perdóname, amigo.

Lo que en verdad había hecho Ángeles era evitar que el infortunado presidente caído se enterara de la terrible muerte de su hermano Gustavo. Todos los diarios traían la noticia en la primera plana.

—Ya que no puedo leer los periódicos —dijo entonces Madero—, permítanme ustedes dormir la media horita que me faltó para completar mi cuota usual de sueño.

¡Ni aun ante la amenaza de una muerte inminente dejaba de cumplir don Francisco su rutina cotidiana!

A las 10 de la mañana, tranquilo con las seguridades que Huerta le había dado de respetar la vida de sus prisioneros, el señor Márquez Sterling pidió el coche de la legación cubana. Quería ir a su embajada y llamar desde ahí a los integrantes del cuerpo diplomático: la protección de los representantes extranjeros, pensaba, era la única salvaguarda de Madero y sus amigos.

Al pasar por el patio del Palacio Nacional, advirtió Márquez un gran desorden: soldados y soldaderas comían tacos, bebían pulque, gritaban y reían a carcajadas. Tal parecía que la soldadesca de La Ciudadela seguía celebrando su triunfo sobre el Chaparro. Luego, mientras su coche iba por la calle de San Francisco, el ministro pudo ver un desfile de lujosísimos carruajes. De uno a otro se cruzaban saludos alegres y felicitaciones: era la aristocracia porfirista, feliz por la caída de aquel chiflado que les había quitado a su héroe y caudillo.

Poco después, Márquez Sterling recibió una invitación: sería agradecida su presencia a las nueve de la noche en la sede de la embajada de los Estados Unidos. El señor Henry Lane Wilson, decano del Cuerpo Diplomático, convocaba a los excelentísimos embajadores a una reunión urgente. El cubano se alegró: de seguro ahí se trataría lo relativo a la seguridad de Madero, Pino Suárez y Ángeles.

—Queridos colegas —empezó a hablar el tortuoso norteamericano al iniciar la reunión—. Les he pedido venir para tratar un importante asunto: he recibido una invitación del señor general Huerta, presidente de la República, para una recepción que dará mañana en el Palacio Nacional. Ahí debo pronunciar un discurso. Los he llamado para que me ayuden a redactarlo.

La sonrisa del chacal

En la embajada de los Estados Unidos se urdió la conjura que llevó a la caída de Madero. El Pacto de la Ciudadela debe llamarse más bien Pacto de la Embajada. Muchas razones hay para pensar que también ahí se tramó el golpe final: el asesinato de Madero y Pino Suárez.

—Se ha conducido usted noblemente, señor ministro —dijo Wilson al señor Márquez Sterling, embajador de Cuba en México—. Al general Huerta no le disgustó que haya usted permanecido anoche al lado del señor Madero. Es usted ahora el mejor testigo de que ese pobre hombre no está siendo maltratado.

—Señor Wilson —contestó Márquez Sterling—, igual que muchos, yo también abrigo grandes temores por la seguridad de los señores Madero, Pino Suárez y Ángeles. Pienso que los militares pueden atentar contra su vida.

—No, señor ministro —le respondió con una fría sonrisa el embajador norteamericano—. Créame si le digo que la vida de usted y la mía corren más peligro que la de Madero. Lo único que podría matarlo sería que hubiese un temblor y que el techo del Palacio Nacional se le cayera encima.

—Pero…

—Tranquilícese usted, señor Márquez Sterling. Huerta, jefe de un ejército sublevado, pudo haber fusilado a Madero. Pero el general es ahora presidente de la República. Tiene, ante los Estados Unidos y ante todo el mundo, la responsabilidad por la vida de esos señores.

Márquez iba a oponer sus argumentos a los de Wilson, pero éste lo detuvo con un ademán.

—El señor Madero no necesita ya la protección de usted.

—Sin embargo —replicó el cubano—, Huerta no dispuso anoche el tren que había ofrecido para trasladar a Veracruz a sus prisioneros.

—En efecto —reconoció el norteamericano—. Pero hizo tal cosa porque, según le comunicaron, el señor Madero daba muestras de locura. Entiendo que eso fue lo que hizo que usted se decidiera a pasar la noche al lado del prisionero.

Márquez Sterling respondió con gran enojo:

—Quien eso le dijo al general Huerta lo engañó. Jamás he visto al señor Madero tan sereno y tan lúcido como lo vi anoche.

—¿De veras? —preguntó Wilson endureciendo su expresión.

—Sí, señor embajador. Madero estaba anoche más tranquilo y sereno que como estamos usted y yo en este momento. Y quiero que sepa, además, que durante todas las conversaciones que sostuve con el señor Madero, jamás tuvo él una sola palabra de reproche para sus peores enemigos; no habló mal de Huerta, de Félix Díaz, de Mondragón...

Iba a añadir "ni de usted", pero se contuvo. Esa expresión habría dañado gravemente a Madero. Wilson, en efecto, era el peor enemigo que Madero podía tener. Por eso se indignó Márquez Sterling cuando oyó decir al embajador yanqui aquello de que durante la noche anterior Madero había dado señales de locura. El embajador de Cuba sabía que Wilson presentó una propuesta a los traidores según la cual la mejor solución para el problema de qué hacer con Madero sería encerrarlo, pero no en una prisión, sino en un manicomio.

Las santas mujeres

Se acercaba, inexorable, la hora de la muerte de Madero. La esperanza de salvarlo se extinguía: la torva astucia del embajador norteamericano Wilson y la insania de los traidores victoriosos levantaban ya el patíbulo en que correría la sangre de un apóstol y la de un poeta: don Francisco I. Madero y don José María Pino Suárez.

En doloroso vía crucis iban la madre de Madero, su esposa y sus hermanas. A todos rogaban por la salvación del hijo, esposo y hermano. Ocultos tenían que estar don Francisco y don Ernesto, padre y tío del presidente caído. Bien sabían que si la dictadura los hallaban, irían a la cárcel o, muy posiblemente, al paredón.

Terrible dolor había sufrido la familia por la muerte espantosa de Gustavo. Pero aquellas santas mujeres hacían a un lado su dolor y luchaban ahora por salvar la vida de Panchito y las de sus amigos don José María Pino Suárez y el general Felipe Ángeles.

En su peregrinar se veían solas aquellas dolientes peregrinas. Las damas católicas que con vivas instancias y súplicas le rogaron a Madero preservar la vida del infame Félix Díaz, ahora cerraban sus puertas y no recibían a aquéllas a quienes apenas unos días antes habían adulado.

La esposa de Madero solicita una entrevista con Wilson. El tortuoso diplomático acepta de mala gana recibirla.

—Señor embajador: vengo a pedirle su intervención. Usted puede salvar la vida de mi esposo.

—Señora, no creo que su marido vaya a ser degollado (esa palabra usó Wilson: *degollado*). A lo más, el que podría perder la vida sería Pino Suárez.

—¡Oh, no! —exclama Sarita temblorosa—. ¡Eso no puede ser! ¡Estoy segura de que Pancho pediría morir junto con él antes que salvarse solo!

—Mire, señora —replica imperturbable Wilson—. Su esposo no supo gobernar. Nunca me pidió consejo ni hizo caso de los que por propia iniciativa yo le di. Sin embargo pienso que no merece morir. Pino Suárez sí. Causó mucho daño, y además es hombre que no vale nada. Con su muerte nada se perdería.

—Señor embajador —responde la esposa de Madero irguiéndose sobre su dolor y sobre su indignación—. El señor Pino Suárez no solamente es un patriota ejemplar: es además un esposo amantísimo y un padre tierno. Posee un bello corazón.

—No sé si pueda hacer algo por él. Ni siquiera sé si puedo ayudar al señor Madero.

—Otros ministros se esfuerzan por evitar una tragedia, señor Wilson: el de Chile, el de Cuba, el de Brasil.

El infame embajador esboza una sonrisa de burla.

—No tienen ninguna influencia —dice con acento sarcástico.

Sarita sale llorando de la entrevista. Sacudida por los sollozos se abraza a su cuñada Mercedes, que la esperaba afuera.

El embajador de Cuba insiste en sus gestiones para salvar a Madero. Wilson, obligado por el trato diplomático, tiene que recibirlo otra vez.

—Señor Wilson, ¿por qué no dispone Huerta el tren que debe llevar a Madero y sus amigos a Veracruz?

Wilson se turba; no encuentra una respuesta. Márquez Sterling piensa entonces lo que luego sabrá como verdad: Wilson no hará absolutamente nada para salvar la vida de Madero. Está en el interés de los Estados Unidos que el Apóstol muera.

El vuelo del zopilote

Juárez pudo salvar la vida de Maximiliano y no lo hizo. Henry Lane Wilson pudo salvar la vida de Madero y no lo hizo. En los dos casos mediaron iguales circunstancias: a los Estados Unidos no les convenía que viviera ninguno de los dos. Tanto Juárez como el nefasto embajador actuaron —o dejaron de actuar— mirando más bien al interés político que a lo que reclamaban el sentimiento humanitario y el honor.

Día 22 de febrero de 1913. Aniversario del natalicio de George Washington. El embajador de los Estados Unidos en México, míster Henry Lane Wilson, abre las puertas de la legación y ofrece una rumbosa fiesta.

Está nervioso el señor embajador: el presidente Huerta le ha prometido que estará en la recepción, pero ha pasado ya media hora después de la hora y el general no llega. En la sala los miembros del cuerpo diplomático conversan en voz baja.

—Parece que Madero y sus amigos han sido llevados a la penitenciaría.

—Antes de venir oí un rumor: el señor Madero está herido.

—No puede ser. Muerto, quizá; herido, no.

—Insisto: debemos gestionar activamente la expatriación de los prisioneros. En caso contrario sobrevendrá la tragedia.

—¿Y si el gobierno de Huerta nos declara personas non gratas?

—Peor para él. No estamos actuando en contra suya, sino en bien del prestigio de México.

—Con divinidades salvajes como ésta nunca se sabe.

En eso hace su aparición Victoriano Huerta. Wilson se adelanta, sonriente y obsequioso, a recibirlo. Cuando le estrecha la mano no puede evitar un imperceptible gesto de disgusto: el presidente viene más borracho que un mozo de cuerda. Wilson le presenta a su esposa. Huerta, desmañadamente, choca los talones al estilo militar, se cuadra y farfulla unas palabras que apenas se entienden:

—Servidor... Mucho gusto... Beso a usted los pies...

La señora Wilson deja que el general la tome por el brazo, según ordena el protocolo, y la conduzca a la sala donde se hará el brindis. Los meseros distribuyen copas de champagne entre los invitados. Levanta el embajador Wilson su copa.

—Brindo por Washington —dice— y por la amistad entre nuestros pueblos.

Las copas se vacían. Pronto la conversación se anima. Pero a las ocho en punto "de seis a ocho de la tarde" decía la invitación— el embajador va hacia la puerta, señal para que los invitados se despidan. Salen al último los embajadores de Chile y Cuba. Se detienen en la puerta a conversar. Cuando vuelven la vista observan que Huerta está todavía adentro. Sentado en un sillón escucha atentamente las palabras que el embajador Wilson le está diciendo. A los embajadores la actitud del embajador de los Estados Unidos y la del presidente de México les recuerdan a las del señor que ordena y el criado que escucha para obedecer.

Dice quedo el embajador de Chile:

—¡Quién pudiera adivinar lo que están hablando!

—Señor ministro —responde Márquez Sterling—. De seguro el tema son Madero y Pino Suárez.

Nadie lo sabía en esos momentos, pero al Apóstol y al poeta les quedaban menos de tres horas de vida.

Muerte en la noche

Los asesinos procuran no dejar huella de su crimen, claro, pero todo indica que en la embajada de los Estados Unidos se tramó la muerte de don Francisco I. Madero y don José María Pino Suárez.

A las 10 de la noche del 22 de febrero de 1913, el señor Madero se recostó en su catre y se cubrió hasta la cabeza con la frazada. Pino Suárez y el general Felipe Ángeles pudieron darse cuenta de que Madero lloraba: poco antes se había enterado de la muerte de su hermano Gustavo.

De pronto se encendieron las luces de la habitación, y un oficial apellidado Chicarro, seguido de un mayor de apellido Cárdenas, irrumpieron violentamente en la habitación.

—¡Señores, levántense! —ordenó Chicarro con voz ronca.

El general Ángeles preguntó con semblante descompuesto por el enojo.

—¿Qué es esto? ¿A dónde nos llevan?

Ninguno de los dos sicarios respondió.

—¡Vamos! —repitió Ángeles con voz imperativa de general que se dirige a inferiores—. Digan ustedes qué es esto.

—Los vamos a llevar afuera, a la penitenciaría —farfulló Chicarro—. A ellos, mi general. A usted no.

—¿Quiere eso decir que allá van a dormir estos señores? —insistió Ángeles.

—Sí, mi general.

—Si es así ¿por qué no mandaron antes por sus camas y su ropa?

—No sabemos —balbuceó el mayor—. Después mandaremos por ellas.

El propio general Ángeles haría después el relato de esos momentos terribles. Leamos: "La frazada había revuelto los cabellos y la negra barba de don Pancho, y su fisonomía me pareció alterada. Observé huellas de lágrimas en su rostro. Pero en el acto recobró su aspecto habitual. Resignado a la suerte que le tocara, volvió a mostrar su valor y entereza insuperables".

Madero dio un abrazo de despedida al general Ángeles. Mientras tanto, don José María Pino Suárez había sido llevado al cuarto vecino. Ahí unos guardias procedieron a revisarlo para ver si traía armas. Terminada la revisión, el señor Pino quiso regresar a donde estaban Madero y Ángeles, pero uno de los soldados se lo impidió con un violento empellón:

—¡Atrás! —le dijo.

Pino Suárez, que no se había despedido de Ángeles, le dijo tranquilo haciendo un gesto de despedida con la mano.

—Adiós, mi general.

Lo que sucedió después ocurrió sin más presencias que las víctimas y los victimarios. Ese mayor Cárdenas, que recibió el encargo de matar a Madero y Pino Suárez, tenía ya experiencia en tales trabajos: durante el porfiriato se hizo famoso por ser quien más veces aplicó la ley fuga. La orden de matar al presidente y al vicepresidente se la dio primero Aureliano

Blanquet. Para mayor seguridad habló el tal Cárdenas con Mondragón, y luego con Victoriano Huerta, y ambos le confirmaron la orden que Blanquet le había dado. Honrosa orden: hasta entonces sólo había matado a salteadores de caminos, violadores y asesinos. Ahora iba a asesinar un presidente y un vicepresidente.

No se conocen a la segura, por supuesto, los detalles del horrendo crimen. Se sabe que en dos automóviles los prisioneros fueron conducidos por calles extraviadas. En la penitenciaría algunos reclusos que no dormían aún escucharon 12 o 14 balazos, disparados uno tras otro, lentamente... El crimen se había consumado.

La mentira

La noche del 22 de febrero de 1913, don Francisco I. Madero y don José María Pino Suárez fueron arteramente asesinados. No convenía al interés de los traidores que vivieran aquellos grandes hombres, y manos de asesinos acabaron con sus vidas.

Será difícil hallar alguna esposa que se haya enterado de la muerte de su marido en forma tan dramática como doña Sara Pérez de Madero se enteró de la muerte del compañero de su vida.

A las siete de la mañana del 23 de febrero de 1913, sonó el teléfono en la embajada de Cuba. Un ujier fue a despertar al embajador, señor Márquez Sterling, quien dormía un intranquilo sueño después de una noche llena de agitaciones y trabajo.

—¿Qué pasa? —preguntó el cubano aún adormilado.

—Señor embajador, está en el teléfono la señora Madero —respondió el criado—. Llama de la legación japonesa, pide hablar urgentemente con usted.

La esposa de Márquez Sterling se ha puesto en el teléfono y habla con la esposa del presidente caído.

—¡Por Dios, señora! —le ruega doña Sara—. ¡Pídale usted a su esposo que averigüe si es cierto que a mi marido lo hirieron anoche! ¡Tengo que saber la verdad!

La dama cubana intenta tranquilizar a la señora. De seguro, le dice, esa versión es una de las muchas que han corrido desde que don Francisco fue hecho prisionero. Pero en ese momento entra una de las sirvientas de la embajada y le muestra a su ama la primera plana de un periódico: la señora lee, escrita en grandes letras rojas, la noticia de las muertes de Madero y Pino Suárez. En ese preciso momento el repartidor de *El Imparcial*, como hacía todas las mañanas, avienta el periódico por una de las ventanas de la legación japonesa. El periódico, abierto, cae a los pies de la señora Madero. De ese modo se enteró doña Sara de que su marido había sido asesinado.

Una hora después llega la viuda, vestida ya de luto, a la embajada de Cuba. La acompaña Mercedes, hermana de don Francisco. Las dos mujeres son la imagen viva del dolor y la desolación.

—Quiero ver a mi marido, señor embajador —dice llorando la desdichada esposa antes de que Márquez Sterling pueda expresarle su condolencia—. Haga usted que me entreguen su cadáver. Quiero llevarlo a su tierra de San Pedro, donde nadie lo traicionó jamás; quiero darle sepultura con mis propias manos; quiero vivir sola, junto a su tumba...

Mercedes solloza con desesperación.

—Fuimos a la penitenciaría —relata entre sus lágrimas— y la guardia nos prohibió la entrada. Luego estuvimos en el despacho de Blanquet. Nos dio una orden por escrito, pero seguramente llamó por teléfono a la penitenciaría, porque cuando llegamos, los guardias rompieron el papel y nos rechazaron otra vez. Yo les grité: ¡Traidores! ¡Asesinos!

—Señor embajador —repetía doña Sara—. Necesito ver el cadáver de mi esposo. Ese cadáver es mío, me pertenece sólo a mí, nadie puede atreverse a negármelo.

¡Qué doloroso vía crucis hubo de recorrer la viuda de Madero para conseguir que le entregaran el cadáver de su esposo! Los asesinos del héroe, como si su crimen no los hubiera dejado totalmente satisfechos, parecían cebarse ahora en el dolor de la viuda del martirizado.

—¡Señor ministro, pida usted ahora mismo que me devuelvan el cuerpo de mi esposo!

Márquez Sterling, atribulado, no sabía qué decir.

—Señora —balbuceó—. En estos momentos el único que tiene influencia sobre Huerta es el embajador de los Estados Unidos.

—¡No! —replicó vivamente doña Sara—. ¡De ese hombre no quiero nada! ¡No me lo nombre! ¡También él es culpable de la muerte de mi esposo, lo mismo que los otros!

Márquez Sterling razona; quiere hacerle ver la situación. A nadie atenderá Huerta más que al embajador norteamericano.

—Está bien —cede al fin doña Sara—. Que intervenga Wilson. Pero pídaselo usted, señor Márquez Sterling. Yo no; yo no…

Apresuradamente el embajador dicta a su secretario una nota que de inmediato envía a Wilson. Una hora después llega la respuesta: "Atendiendo a mi súplica el señor De la Barra salió a ver personalmente al Presidente de la República para procurar la orden necesaria. Ruego a su Excelencia me haga favor de expresar a la señora Madero mi profunda simpatía y la de mi señora esposa por ella y su familia, y decirle que en estos momentos difíciles deseo ayudarla en todo cuanto me sea posible, y que puede dirigirse a mí para todo cuanto guste. HENRY LANE WILSON".

Movido por la influencia del norteamericano, se avino Huerta finalmente a dar su permiso para que la viuda de Madero pudiera ver su cadáver. A los dos de la tarde podría pasar a la penitenciaría, a condición de que fuera absolutamente sola. Un hermano de Sarita se opuso a que hiciera la visita en tales circunstancias y, aunque llena de dolor, la viuda de Madero no se presentó en la penitenciaría a la hora señalada. Media hora después aparecía la edición extra de uno de los periódicos gobiernistas: en un arranque de locura producido por el dolor que le causó ver el cadáver de su esposo, la señora Sara P. de Madero se había suicidado. Se supo así que los asesinos de Madero habían planeado también asesinar a su esposa.

Empezó a circular la versión oficial sobre las muertes de Madero y Pino Suárez. Una declaración firmada por don Francisco León de la Barra aseguraba que en el camino a la penitenciaría los automóviles en que eran conducidos los presos habían sido asaltados por partidarios de Madero. En el combate a tiros que se trabó entre asaltantes y policías, murieron los dos prisioneros.

Vasconcelos dice en su *Ulises criollo* al hablar de los días en que se decidió el asesinato de Madero y Pino Suárez: "Que al proponerse el crimen, De la Barra, el beato, dijo: Hágase la voluntad de Dios".

Un anónimo inquietante

Dolor y cólera produjo en muchos la noticia de los asesinatos cometidos en las personas de Madero y Pino Suárez. Sin embargo, en la capital de la República, la gente recibió el hecho con tranquilidad, y algunos hasta con complacencia: no le habían perdonado a Madero el derrocamiento del viejo caudillo, don Porfirio Díaz.

Otras veces he dicho que mi Iglesia, la católica, se remonta con airoso vuelo cuando se ocupa de las cosas celestes, pero se arrastra con torpe paso —y cae a cada paso— cuando desciende a las mundanas políticas del mundo. Referido ese aserto a la historia de México, es dable ver cómo casi siempre la Iglesia católica se ha equivocado al juzgar los asuntos que tienen que ver con el poder terrenal, y más al intervenir en ellos.

La Iglesia, hay que decirlo, fue antimaderista. Más de una evidencia nos lo muestra. Yo no lo podía creer cuando me lo dijeron, pero luego lo confirmé con testimonios de personas de la época: Victoriano Huerta recibió un cable en que el Papa lo felicitaba por haber restablecido la paz en México, y le enviaba su paternal bendición. ¿Habrá alguien, entonces, que se extrañe de la persecución que luego los carrancistas hicieron caer sobre el clero católico, y de la resurrección de la fobia contra la Iglesia según se vio en el curso de la Revolución constitucionalista?

El clero católico vio siempre con ojos de sospecha al Chaparro. Así designaba la mochería al Apóstol de la Democracia. Don Porfirio Díaz había llegado a un acuerdo con la Iglesia. Quedaron atrás los tiempos de Gómez Farías, Juárez, Lerdo de Tejada y todos los demás furiosos comecuras. Don Porfirio permitió que los liberales hicieran de Juárez el mito que es todavía hoy, pero dejó nulas y sin efectos en la realidad todas las Leyes de Reforma. Algunos de los más cercanos consejeros, y aun amigos, del general Díaz fueron obispos. Baste citar como un ejemplo a monseñor Gillow, quien llegó a representar al presidente de México en reuniones internacionales.

Llega Madero; hace caer a Díaz, y desde luego, el elemento católico se vuelve contra él. Los jerarcas desconfiaban de él porque era espiritista, y en vez de ese santo laico que fue Madero prefirieron al terrible criminal, ebrio consuetudinario y bribón por todos los costados que fue Victoriano Huerta. El nuevo presidente era asesino, es cierto, pero muy católico, bendito sea Dios.

Las palabras que siguen las escribió Vasconcelos, a quien nadie podrá tildar de anticatólico: "La Iglesia mexicana también se mostró alborozada [con la muerte de Madero y Pino Suárez y la llegada de Huerta a la presidencia...] Señalo este hecho inaudito sin ánimo de agravar los cargos sobre la Iglesia y sólo para que se vea uno de los pretextos, no la justificación, de las persecuciones religiosas que se han consumado con posterioridad. Por lo pronto, quienes por convicción nos inclinábamos a un acercamiento del Estado mexicano con la Iglesia experimentamos ira y desconsuelo".

El gobierno de Huerta, la embajada norteamericana y los viejos porfiristas hicieron correr la falsa versión de que Madero y Pino Suárez cayeron muertos en el combate a tiros que se produjo entre la policía y los maderistas que trataron de rescatar a aquéllos. Aunque no hubo testigos de los asesinatos todo mundo pensó que a las infortunadas víctimas se les había aplicado la ley fuga.

Estaba el señor Márquez Sterling leyendo en su despacho los periódicos de la mañana, cuando un papel cayó a sus pies. Alguien lo echó por la ventana abierta. Se asomó el embajador de Cuba en México pero no vio a nadie: el que arrojó el papel había dado vuelta a la esquina y seguramente se habría perdido ya entre los transeúntes.

Leyó el ministro aquel mensaje escrito con pésima letra y lleno de faltas de ortografía, que parecía haber sido redactado por un hombre del pueblo:

"Sr. Ministro: Todo un pueblo *rechasa* indignado la mancha que se le quiere arrojar de asesino. Para que las *nasiones* extranjeras *conoscan* como fue el asesinato del Sr. Presidente Madero, y para que la historia no quede ignorante, voy a consignar los siguientes datos del asesino, que fue el mismo Gobierno.

"Pues bien: el Sr. Madero fue sacado de Palacio y llevado a la Escuela de Tiro, y de allí fue arrastrado en compañía del señor Pino Suárez y enseguida pasados a balloneta, y después se les hicieron disparos para simular el atentado de asalto. Todo esto pasó tras de la Penitenciaría, donde el público puede con*bencerse* de los acontecimientos. 'Los Hijos de México'".

Márquez Sterling se preguntó quién sería el autor del tal mensaje. Supuso que sería alguien que por casualidad presenció los asesinatos oculto en las sombras de la noche; algún gendarme, un obrero que regresaba de su trabajo, algún vendedor ambulante que iba ya a su casa. Llegó a pensar que el papel lo mandaba alguno de los soldados participantes en los asesinatos, que de ese modo descargaba su conciencia del peso del horrible crimen.

Tuvo razones después Márquez Sterling para creer que lo relatado en aquel anónimo tenía visos de verdad. A los familiares de Madero sólo se les permitió ver su cadáver cubierto por una mortaja que únicamente dejaba afuera el rostro del Apóstol. Por su parte, quienes pudieron ver los despojos mortales de Pino Suárez, contaron después que el cuerpo del infeliz poeta estaba "horriblemente desfigurado". Los disparos que oyeron los presos de la penitenciaría habrían servido entonces para simular el asalto que Huerta, Wilson y los demás copartícipes en los sucesos de La Ciudadela señalaron después como causa de la muerte de sus víctimas.

Nunca sabremos la verdad completa sobre la forma en que murieron Madero y Pino Suárez. Lo que sí sabemos es que al matarlos aquellos infames asesinos, mataron también una esperanza cierta de democracia para México.

Señores y asesinos

Madero nunca mató a nadie. Antes bien salvó de morir a quienes fueron sus enemigos. Él mismo sacó al general Navarro de la celda en que ya se le tenía en capilla para fusilarlo, y en su propio automóvil lo condujo a la frontera con los Estados Unidos para que pudiera escapar. Luego, en vez de fusilar a los generales Bernardo Reyes y Félix Díaz, que se habían levantado contra el gobierno electo por el pueblo, les perdonó la vida, y les cambió la segura sentencia de muerte por la de prisión. No sabía matar Madero. Sus enemigos sí.

Cuando Madero, obligado por las circunstancias, presentó su renuncia a la presidencia de la República, se hizo cargo de ella por ministerio de ley don Pedro Lascuráin, quien ocupaba la cartera de Relaciones Exteriores. Este señor, un hombre bueno, es el presidente que menos tiempo ha ocupado el cargo: duró en él exactamente 45 minutos —de las 17.15 a las 18 horas del 19 de febrero de 1913—, el tiempo necesario para que Victoriano Huerta pudiera rendir la protesta mediante la cual quedaba investido como presidente.

Un día después, Huerta nombró su gabinete. De él formaron parte ilustres señores del porfiriato, como don Francisco León de la Barra, quien ya había figurado como presidente tras la renuncia del general Díaz. León de la Barra fue aquel que cuando se discutió sobre la conveniencia de asesinar a Madero y Pino Suárez se opuso en principio a tal idea, pero luego, presionado por los militares traidores, exhaló un piadoso suspiro y exclamó lleno de pesadumbre:

—¡Bueno, pues hágase la voluntad de Dios!

No sólo Madero y Pino Suárez fueron asesinados. En las siguientes semanas murieron también, por su maderismo, hombres como don Abraham González, gobernador de Chihuahua, con quien se contaba para iniciar la sublevación contra Huerta. Fue hecho prisionero y fusilado en la estación de Mápula.

Tres diputados que se mostraron contrarios al nuevo régimen fueron vilmente asesinados: Serapio Rendón, Néstor Monroy y Adolfo Gurrión. El senador Belisario Domínguez iba a decir un discurso contra Huerta. Los agentes del gobierno tuvieron noticia de ello, apresaron al senador y lo mataron en el panteón de Coyoacán después de torturarlo horriblemente: le cortaron la lengua antes de asesinarlo. Un periodista de nacionalidad nicaragüense, Solón Argüello, hizo crítica pública del gobierno usurpador. También fue asesinado, en la estación Lechería.

Había en muchos sectores profundo descontento contra el nuevo estado de cosas. Huerta, entonces, endureció aún más su gobierno. La administración federal fue militarizada: los ministros de Estado, sus funcionarios y empleados, recibieron grados del ejército conforme a su jerarquía, y debieron llevar el uniforme. Hay fotografías muy curiosas que muestran a aquellos señores, que en su vida habían llevado otra cosa que levita o frac, luciendo arreos de militar.

Se pretendió militarizar también a los alumnos de la universidad, pero éstos se negaron a admitir semejante desatino y únicamente los adolescentes de la preparatoria quedaron encuadrados en él.

Cosas del general Mass

Recordar los tiempos revolucionarios es evocar un período apasionante de nuestra historia.

—¡Atraviese usted la calle, si es tan hombre!

Las balas silbaban a todo lo largo y lo ancho de la calle, cubierta de cadáveres. Desde La Ciudadela, los sublevados contra el gobierno legítimo del señor Madero barrían con sus ametralladoras a los soldados del ejército, que avanzaban hacia la muerte segura. En una esquina, el general traidor Manuel Mondragón no se decidía a travesar. Ésa era acción suicida. Pero del otro lado de la calle lo esperaba Félix Díaz, y junto a él otro militar le gritaba aquel reto desafiante:

—¡Atraviese usted la calle, si es tan hombre!

La indecisión de Mondragón cobró la forma de la cobardía. Se le esperaba al otro lado para recibir órdenes muy importantes. No tuvo valor para atravesar, y entonces gritó a su vez, a aquel que lo retaba:

—¡Pues si es tan hombre, atraviese usted!

No había acabado aún de hablar, cuando el hombre del otro lado comenzó a atravesar. Y lo hizo impávido, como si en vez de estar cruzando un campo de batalla realizara un paseo dominical. Sin daño llegó hasta el otro lado, en donde Mondragón lo esperaba lívido, casi fundiéndose con la pared para escapar de las balas. Ahí le entregó las órdenes escritas que llevaba, firmadas por Victoriano Huerta, en que éste, nombrado apenas unas horas antes comandante militar de la ciudad de México por el señor Madero, establecía trato con los conjurados de La Ciudadela y les daba carta blanca para que tomaran la ciudad.

Aquel hombre sin miedo, aquel mensajero de Victoriano Huerta, era sobrino del Usurpador. Se llamaba Joaquín A. Mass. Lo conocieron bien los saltillenses de los primeros años del siglo pasado. Fue comandante del Ejército Federal que combatió a Carranza en el norte, y vivió por algún tiempo en la ciudad.

Triste memoria dejó en Saltillo Joaquín A. Mass. Irritado por su derrota ante las fuerzas de Carranza, y obligado a huir apresuradamente, lo último que hizo antes de abandonar la plaza fue incendiar el hermoso Casino de Saltillo. No perdonó a la ciudad su fidelísimo apego a don Venustiano, y cobró su venganza con ese acto de barbarie, indigno de un militar y de cualquier hombre de honor.

Una frase de Carranza

Cuando se tuvo conocimiento en Saltillo del proditorio asesinato de don Francisco I. Madero, el gobernador de Coahuila, don Venustiano Carranza, inició una lucha tendiente a restablecer la constitucionalidad en México, burdamente quebrantada por la usurpación de Victoriano Huerta.

La legislatura coahuilense negó su reconocimiento al gobierno espurio, y el señor Carranza convocó al país a levantarse en contra del ilegítimo poder. Antes, sin embargo, recibió en el Palacio de Gobierno de Saltillo a diversas comisiones que acudieron a informarse acerca del estado de cosas que privaba en el país, y a conocer cuál sería la actitud del gobierno de Coahuila y del pueblo al que había pertenecido el señor Madero ante su asesinato.

Al saber la decisión de los diputados coahuilenses de no reconocer a Huerta, y la determinación del señor Carranza de levantarse en armas contra la ilegitimidad, alguien hacía notar el enorme poder del gobierno de Huerta, la fuerza del Ejército Federal, el apoyo que los huertistas tenían por parte de los norteamericanos, cuya embajada había participado en los hechos que llevaron a la muerte a Madero y Pino Suárez.

—Nosotros, por el contrario —señalaba esa persona—, no disponemos de armas, ni de dinero, casi no tenemos elementos. Será muy peligroso luchar en esas condiciones.

La respuesta que al ignorado pesimista dio el señor Carranza, lo retrata de cuerpo muy entero, y más aún de espíritu. Con serenidad le respondió:

—No importa. Nuestros enemigos están manchados de sangre y llevarán la peor suerte.

Y así, en efecto, sucedió. Convocado por el Plan de Guadalupe, el pueblo mexicano, que tanto amó a Madero, se levantó contra la usurpación. Ningún poder fue bastante para frenar el ímpetu de aquel varón que en ese tiempo difícil para México llevó en sus manos la dignidad de nuestro país, y que al castigar el crimen de Huerta y sus secuaces puso a México de nuevo en el camino de la legalidad. La lucha, ciertamente, fue penosa y costó miles de vidas. Pero se restableció el imperio de la ley y se pusieron bases que luego permitirían esa gran obra de Carranza: la promulgación de la Carta Magna que nos rige ahora. Buena lección fue la que con su frase nos dejó Carranza: "Nunca el mal es cimiento perdurable, y lo que se construya sobre él tarde o temprano acaba por caer".

El epitafio

Los asesinatos de Madero y Pino Suárez abrieron el telón a una siniestra sucesión de luchas que causarían la muerte de más de un millón de mexicanos. Desatadas las ambiciones políticas, una jauría de políticos, los más de ellos asesinos, se disputarían el poder con ferocidad de hienas que se pelean la carroña.

La señora Edith O'Shaughnessy, esposa de un diplomático extranjero residente en México, escribió estas palabras que suenan a epitafio:

"El crucero *Cuba*, que debía haber transportado a Madero y Pino Suárez a La Habana, cuando por fin salió de Veracruz, el 25 de febrero de 1913, llevaba a bordo a los padres, a la viuda y a las hermanas del redentor. Éste reposa en el Panteón Francés, y Pino Suárez descansa en el Panteón Español, ambos en espera de juicios más benignos que los humanos. Un buen hombre desapareció, pero las palabras de Porfirio Díaz a Madero en su única entrevista quedaban escritas con llameantes letras en los cielos de México: 'Hay que ser algo más que un hombre honrado para gobernar a México'".

Madero fue el primer presidente que llegó al poder por voluntad de los mexicanos. Todos los demás llegaron bien por medios de violencia, bien por circunstancias de pura política, violando la ley o recurriendo a oscuras trapacerías. La elección de Madero fue fruto de la democracia, no de la fuerza o de la corrupción.

¿Por qué, entonces, no defendió el pueblo aquel gobierno que legítimamente se había dado? Varias circunstancias obraron, a mi parecer, que condujeron a eso. En primer término la extrema bondad del Apóstol lo llevó a mantener el viejo andamiaje porfirista: no hizo los cambios que debió haber hecho. Muchos se sintieron defraudados por lo que, pensaron, era la continuación del antiguo régimen.

Luego, los restos que quedaban del porfiriato enderezaron una ruda campaña de desprestigio contra el Chaparro. En pocos meses, el prestigio de Madero quedó sumamente dañado por las continuas andanadas que le dirigían los periódicos opositores.

Parte primordial tuvo en la caída de Madero la actitud de la Iglesia católica hacia él. La vemos reflejada en las versiones de su caída, según las entregaron algunos historiadores católicos. Schlarman, por ejemplo, dice que Madero cayó porque era "tonto, inepto", y favorece la figura de Huerta por encima de la del coahuilense. "Aunque es probable —añade— que si Huerta no hubiera derrotado a Madero eso lo hubiera hecho Carranza, y el fin habría sido el mismo. Huerta consideraba legítimo el liquidar a sus adversarios, como Díaz lo había hecho antes y como después lo hicieron Carranza, Obregón y Calles". En efecto, en aquella danza de ambiciones sólo se salva Madero, aquel hombre que "nunca se manchó las manos ni con oro ni con sangre".

Pero todos los hilos de aquella turbia trama fueron movidos por el embajador Henry Lane Wilson, quien quiso deshacerse de Madero porque éste no aceptó nunca depender de sus consignas.

Huevos con chorizo

Se habla siempre de la Revolución mexicana, en singular, pero la verdad es que hubo varias revoluciones. Ninguna relación tuvo la que hizo Madero con el movimiento que inició Carranza. A partir de él, la llamada Revolución será una lucha por el poder entre caudillos: Carranza, Villa, Zapata, Obregón y todos los demás que participaron en un juego macabro de poder.

La fecha: mes de abril de 1913. La ciudad: Piedras Negras, en la frontera norte de Coahuila. Amanece; el sol apenas empieza a hacer brillar sus primeros rayos. Un hombre adusto, Secundino Reyes, entra en una sala del cuartel de la ciudad y va despertando, uno a uno, a los hombres que ahí duermen. Luego les lleva sendas tazas de café negro, muy cargado, muy caliente, que los hombres beben con fruición todavía recostados en sus catres.

Se levantan después, hacen sus abluciones mañaneras y salen al patio. Ahí los espera ya un señor de elevada estatura y barba entrecana. Con él van a la cuadra donde están los caballos. Cada uno ensilla el suyo, montan todos y van a hacer un recorrido por los alrededores de la ciudad aún dormida.

Cuando regresan de aquel paseo matutino, ya luce claro el sol. Desmontan y van a la cocina. Se les sirve el sustancioso almuerzo de los hombres del norte: huevos con chorizo, chile con queso, cabrito asado o en fritada, todo con el obligado acompañamiento del café negro y las sabrosas tortillas de harina. De maíz no se comen por allá.

Terminado el almuerzo salen otra vez los hombres, presididos siempre por aquel señor de aire severo y pocas palabras. Unos van a la calle a entretenerse en cualquier cosa. El señor se dirige a una oficina que tiene en el edificio de la aduana. Ahí escribe cartas, dicta telegramas, emite proclamas, firma nombramientos, recibe a los escasos visitantes que van a tratar algo con él.

Llega el mediodía. Juntos otra vez el señor y sus acompañantes encaminan sus pasos hacia la fonda que en el centro de la ciudad tiene doña María, una señora española, viuda ella y madre de cinco hijas pequeñas. El señor charla con la dueña del establecimiento; se sienta en el regazo a una u otra de sus niñas; las acaricia, les hace pequeños regalos. Come luego el señor con sus cinco compañeros. Al final pide la cuenta. Saca la cartera, extrae un billete que trae ahí muy bien dobladito, recibe el cambio, *la feria*, se dice en el norte, y luego apunta el gasto en una libretita que saca de la bolsa de su camisa. Ahí lleva todas sus cuentas; anota en esa libreta hasta el último centavo que sale de sus bolsillos.

Vuelve el grave señor a su oficina de la aduana y sigue despachando asuntos. A las seis en punto de la tarde suspende su trabajo. Regresa al cuartel y ahí consume una merienda ligerísima: café con leche y un poco de pan "de azúcar". Cumple la sabia máxima que aconseja almorzar como rey, comer como príncipe y cenar como mendigo.

Hombre de mucho orden es aquel señor. Su vida es toda método. Se llama don Venustiano Carranza.

Muerte en la calle

El magnicidio, es decir, el asesinato cometido en la persona de un personaje de importancia, suele quedar lleno de misterios. Las circunstancias que rodearon esa muerte permanecen casi siempre ocultas, y rara vez se toca el fondo de la oscura conspiración que llevó a quitarle la vida a un hombre eminente. El caso de Madero no escapa a esa regla general.

Estoy seguro de que mis lectores habrán oído alguna vez la hermosa canción mexicana cuya letra dice: "China, dulce amor del alma mía...". El autor de la letra de esa canción de Mario Talavera es el señor licenciado Manuel Múzquiz Blanco.

Muy buen poeta fue ese señor. Los versos de *La marimba* salieron de su pluma. Nació Múzquiz Blanco en Ciudad Lerdo, Durango, el año de 1883. Fue abogado y periodista; desempeñó a lo largo de su vida numerosos puestos públicos, entre ellos el de secretario de la Penitenciaría de la Ciudad de México. En ese cargo tuvo ocasión de hablar con algunos reclusos que desde hacía muchos años purgaban sentencia en aquel triste lugar. Con sus experiencias escribió un interesante libro, ahora muy difícil de conseguir, que lleva el sonoroso título de *La casa del dolor, del silencio y de la justicia*. Se publicó ese libro en 1930, en los Talleres Gráficos del Diario Oficial. Yo lo encontré por pura casualidad en una de las librerías de viejo que gusto de visitar.

En su obra recuerda Múzquiz Blanco que todavía muchos años después de las muertes de Madero y Pino Suárez, asesinados en una de las calles vecinas a la penitenciaría, la gente iba a depositar ofrendas en el sitio en que cayeron aquellos dos apóstoles. "Es el sencillo homenaje —dice— del mismo pueblo que hace casi dos décadas fuera tras el iluminado de

Coahuila; son los mismos que al día siguiente del holocausto deambulaban por el arenal hosco y mudo de la penitenciaría, encendiendo pequeñas velas anémicas en los lugares en donde rodaran sin vida el Presidente y el Vice Presidente de la República. Cubren de flores y de banderas las estatuas, cantan himnos y dicen pocas palabras de luto y de anhelo, de condenación y de esperanza; y luego se encaminan a la parte posterior del gran edificio penitenciario, donde un arbolito raquítico, rodeado de un barandal de hierro —homenaje de un grupo de obreros— señala el sitio preciso de la muerte".

Habla el escritor de las versiones que corrieron en los días siguientes a los asesinatos. Primero la versión del gobierno, según la cual los automóviles que conducían a los prisioneros para ser internados en la penitenciaría fueron asaltados por partidarios de Madero. En el curso del tiroteo que siguió, habrían perecido el presidente y Pino Suárez.

Después, relata Múzquiz Blanco, surgió otra versión: los dos presos habían sido asesinados en el Palacio Nacional, y sus cuerpos llevados después a la penitenciaría. Esa versión circuló mucho en las embajadas.

La verdad, sin embargo, se sabría muchos años después, gracias a que Múzquiz Blanco [en la peninteciaría de la ciudad de México] tuvo ocasión de oír el relato de "un antiguo y honorable empleado que aquí prestaba entonces y sigue prestando sus servicios".

Según esa relación, a las 10.30 de la noche del sábado 22 de febrero de 1913, dos automóviles llegaron a toda velocidad por las calles de Lecumberri y se detuvieron frente a la puerta principal de la penitenciaría. De uno de los autos bajó el coronel Francisco Cárdenas, quien pidió hablar inmediatamente con el director de la prisión, el coronel Luis Ballesteros.

Es muy importante hacer notar que el coronel Ballesteros tenía apenas dos horas de haberse hecho cargo de la dirección del penal. A las ocho de la noche se había hecho el cambio. Eso, obviamente, da idea de la conjura que se había organizado para cometer sin problemas los asesinatos del presidente y el vicepresidente.

Cuando Ballesteros llegó a donde estaba Cárdenas, éste le preguntó de buenas a primeras, sin ningún saludo previo:

—¿Dónde está la entrada de automóviles al fondo de la penitenciaría?

Ballesteros no respondió. Simplemente hizo una inclinación de cabeza y se retiró. Y es que aquella pregunta no era tal pregunta, sino una señal convenida previamente, por la cual sabría Ballesteros que los prisioneros habían sido llevados ya a la penitenciaría. Ni siquiera había una entrada de automóviles en la prisión.

Fue Ballesteros a dar una orden: todos los celadores que estaban en lo alto de los muros deberían bajar. No se quería que hubiera testigos de los asesinatos. Despejadas las murallas, sin guardias ya en ellas, Cárdenas ordenó a los choferes que dieran la vuelta por la izquierda y se dirigieran a la parte posterior del edificio. Al llegar a la mitad de la extensión del muro trasero, Cárdenas dio otra orden y los automóviles se detuvieron.

—¿Por qué nos detenemos? —preguntó Madero al coronel.

—Hay una zanja —respondió Cárdenas con sequedad—. Tendremos que entrar a pie.

El asesino había dicho a sus prisioneros que los llevaba a la penitenciaría para garantizarles mayor seguridad. Uno de los hombres de Cárdenas abrió la puerta del vehículo. Madero puso un pie en el estribo para bajar. Cárdenas estaba atrás de él. En el momento en que Madero empezaba a descender, Cárdenas le disparó por la espalda. Bastó un solo tiro para que el Apóstol se desplomara, herido de muerte. Quedó tendido junto a la salpicadera delantera del automóvil.

En ese momento, Pino Suárez bajaba ya del otro coche y alcanzó a ver la forma en que Madero caía asesinado. Lanzó un grito, el comienzo de una palabra que no pudo terminar porque el hombre que iba con él le disparó, por la espalda también. Cuando cayó Pino Suárez, su asesino le siguió disparando hasta agotar la carga de su pistola.

Tan pronto se extinguió el eco de los disparos que segaron la vida de los mártires, un grupo de celadores de la penitenciaría llegó apresuradamente al sitio de los asesinatos. Todo se había preparado con diligencia; se cumplió hasta el último detalle. Llevaban los guardias sendas cobijas para envolver los cadáveres. Envueltos en ellas fueron llevados los sangrantes cuerpos de Madero y Pino Suárez a un terreno adjunto a la enfermería del reclusorio, donde los presos cultivaban hortalizas. Al parecer había el propósito de enterrar ahí los cadáveres. A última hora se consideró que eso era una estupidez. ¿Qué explicación se iba a dar por la desaparición de los prisioneros?

Así pues, cerca de la medianoche, el nuevo director de la penitenciaría —había tomado posesión del cargo a las ocho de aquella noche terrible; estaba en la conjura— hizo venir al médico de la institución y le ordenó practicar la autopsia de los dos cadáveres. El doctor se negó: esa tarea, dijo, correspondía a un médico legista. El coronel Ballesteros, director del penal, llamó entonces por teléfono al Palacio Nacional. Después de un minuto de espera recibió la contestación: ya iban a la penitenciaría dos médicos a fin de practicar las autopsias.

Éstas se hicieron en la madrugada. Procedieron los doctores a descubrir los cuerpos, envueltos en aquellas cobijas que a esa hora estaban ya empapadas en la sangre de las víctimas. Los cadáveres fueron despojados de las ropas que los cubrían, las cuales fueron depositadas en la enfermería del reclusorio. Ahí estuvieron durante mucho tiempo; después desaparecieron y nadie supo más de ellas.

El cuerpo de Madero presentaba una sola perforación de bala; el de Pino Suárez estaba acribillado. A las 10 de la mañana del lunes 24 de febrero de 1913, los cadáveres fueron sacados de la enfermería y llevados en sendas camillas al primer patio de la penitenciaría. Ahí fueron recogidos por dos carrozas que los llevaron a sus respectivos funerales.

Por qué lo mataron

¿Qué fue lo que hizo que los militares traicioneros, unidos al malvado embajador norteamericano Henry Lane Wilson, terminaran por asesinar al presidente Madero? La respuesta nos la dará la siguiente serie de consideraciones.

Una idea falsa que acerca de Madero han propalado quienes no lo conocen, es la que afirma que al gran coahuilense sólo le preocupó el aspecto político de la Revolución, mas no el social. En especial los partidarios de Carranza han difundido esa versión. Don Venustiano, es bien sabido, no quiso mucho a su paisano.

En un informe a su gobierno, Wilson decía que en los medios financieros y comerciales, entre los extranjeros y la opinión pública en general, crecía la desconfianza hacia Madero por "los trompetazos inautorizados del nuevo Evangelio de la libertad, y por la tendencia a exagerar los crímenes de los ricos y las privaciones y durezas que las gentes sufren [...] En estos momentos el gobierno estudia la realización de varias medidas que se asemejan mucho a lo que llamaríamos socialismo de Estado, y que son enteramente inauditas para este pueblo que, por falta de educación y por sus tradiciones hereditarias no entiende nada de las cosas del gobierno, a no ser el poder central y la fuerza".

Para el embajador norteamericano, pues, Madero era peligroso e indigno de confianza porque estaba del lado de los pobres y porque había establecido un régimen de libertad en un país que sólo podía gobernarse por un poder absoluto y desde el centro.

Doña Sara Pérez de Madero siempre culpó a Wilson por la muerte de su esposo. En cierta ocasión, el tortuoso embajador le dijo:

—Seré franco con usted. La caída de su esposo se debe a que nunca consultó conmigo. Nunca pidió mi consejo.

Es decir, Wilson quería que el presidente mexicano recibiera órdenes de los Estados Unidos.

—Además —añadió Wilson—, bien sabe usted que su esposo tenía ideas muy peculiares.

—No son ideas peculiares, señor embajador —respondió indignada doña Sarita—. Son altos ideales.

"Otra cosa que recuerdo de nuestra entrevista —sigue diciendo doña Sarita a propósito de aquella ocasión— es que Wilson me dijo que sabía lo que iba a suceder, y que por eso había sugerido que renunciara el presidente Madero".

—Si ya lo sabía usted, ¿por qué no se lo dijo?

—No. Decírselo no era buena regla de política, y si se lo hubiera dicho él hubiera tomado sus precauciones para defenderse.

¡Qué Cándido! ¡Y qué Aguilar!

Don Venustiano Carranza, gobernador de Coahuila, se levantó contra el gobierno de asesinos encabezado por Victoriano Huerta. Muchas razones hay para creer, lo he dicho antes, que don Venustiano se estaba preparando a fin de rebelarse contra Madero, a quien nunca quiso bien. Claro que hablar de una posible rebelión de Carranza contra el gobierno emanado de la revolución maderista es pura especulación, pero yo soy como aquella viejita que decía muy pesarosa al confesarse: "Me acuso, padre, de que levanto falsos que luego salen ciertos".

No tardó en empezar a tener éxito el movimiento que en todo el país iba cundiendo contra Huerta. A este malvado se le moteja con el calificativo de *Chacal*, y está muy bien puesto el infamante remoquete. Junto con Félix Díaz fue Huerta un matón perverso, un vil traidor. Los dos deshonraron el uniforme que llevaban; los dos faltaron a la confianza que en ellos depositó el señor Madero; los dos merecen estar en el terrible infierno que Dante reservaba a quienes faltan a la lealtad.

Hubo levantamientos en diversas partes de la República. En Veracruz se puso al frente de la rebelión Cándido Aguilar. Este señor llegaría a ser yerno de Carranza y uno de sus hombres fuertes, jefe de la Primera División de Oriente del Ejército Constitucionalista. Fue también gobernador de Veracruz, diputado de los que hicieron la Constitución de 1917, primer vicepresidente de don Venustiano cuando éste llegó a la presidencia y secretario de Relaciones Exteriores.

Se dice del general Cándido Aguilar que cuando cortejaba a la hija de Carranza, alguien le dijo a un amigo:

—¿Ya sabes que se nos casa Cándido Aguilar?

—¡*Pos* qué Cándido!

—¿Y sabes que se casa con la hija de don Venustiano?

—¡*Pos* qué Aguilar!

También se cuenta que en sus tiempos de ministro de Relaciones Exteriores, había cierto embajador que a don Cándido le caía como patada de mula en salva sea la parte. Un día, ese molesto embajador fue a visitarlo a la sede de la Cancillería. El general no sólo no deseaba verlo, sino además quería ofenderlo de tal modo que no se volviera a presentar por ahí.

Había en la Secretaría un ujier viejecito que toda la vida se la había pasado en tratos con cancilleres y embajadores, de modo que estaba muy hecho a los usos diplomáticos. A dicho anciano empleado le ordenó don Cándido:

—Dígale a ese tal por cual que no lo recibiré, y que vaya mil veces a tiznar a su madre. Pero dígaselo, pues si no lo hace lo despediré.

El viejecito, puesto entre la espada de perder su empleo y la pared de faltar al buen trato que se debía al representante de una nación extranjera, fue hacia el embajador, le hizo una profunda reverencia y le informó:

—El señor secretario me pidió decir a Su Excelencia que le es imposible recibirlo, y se lamentó muchísimo.

En torno de una mesa de cantina...

Nunca en mi asistencia al catecismo, ni en las lecciones de Moral de mi viejo colegio lasallista, el Zaragoza, entendí a las claras el sentido del segundo mandamiento del Decálogo: "No tomar el nombre de Dios en vano". Al paso del tiempo, sin embargo, algo he podido aprender de ese precepto.

En una cantina de la ciudad de México, varios intelectuales bebían su cerveza del mediodía y comentaban los últimos sucesos, en especial los asesinatos de Madero y Pino Suárez y la rebelión que había surgido contra Huerta, encabezada en Coahuila por Venustiano Carranza y en Sonora por don José María Maytorena.

—Esa nueva revolución —sentenció el abogado José Vasconcelos— será la mejor venganza por los crímenes.

—Deseo su triunfo —declaró don Carlos González Peña, excelente maestro, preciosista escritor—. Por desgracia la victoria de los rebeldes se me aparece muy dudosa. Huerta y los militares están demasiado fuertes.

—Los asesinatos que cometieron son terribles —terció don Isidro Fabela, quien empezaba a brillar en cuestiones diplomáticas—. En fin, que Dios los perdone...

La invocación del santo nombre de Dios, hecha en esa forma, sacó de sus casillas bruscamente al licenciado Vasconcelos.

—¡Cómo que Dios los perdone! ¡No, Isidro! ¡Que Dios los recontrafastidie! ¡Esa resignación es la que nos tiene como estamos!

Unos días antes, Vasconcelos había escuchado de labios de un infame el relato de un suceso acaecido días atrás de los asesinatos del presidente y el vicepresidente:

"Figúrate, manito, que en el Consejo de mi general Huerta, cuando se habló de despachar al Chaparro, Mondragón, que es muy hombre, apoyó a Blanquet, que ya tenía dispuesto todo para despacharlo, y cuando le llegó al santurrón de De la Barra el turno de opinar, dijo bajando la mirada: 'Pues que se haga la voluntad de Dios'".

—El campo es maderista —siguió diciendo Vasconcelos—. La rebelión de seguro va a cundir.

El panorama, entretanto, era sombrío. Como decía Fabela, Huerta y sus generales daban impresión de mucha fuerza. La prensa se dedicaba a deturpar la memoria de Madero para restarle importancia al artero crimen que le quitó la vida, y exaltaba las figuras de los asesinos. A Huerta lo presentaban los periódicos como salvador de la República; a Mondragón como inventor genial e hijo preferido del Colegio Militar; a Blanquet como el gran mexicano que dio el tiro de gracia a Maximiliano. Pero el tiempo y los acontecimientos darían finalmente la razón a Vasconcelos, que tantas veces tuvo boca de profeta. Los ideales del maderismo habían arraigado fuertemente en el campo mexicano. El grito "¡Viva Madero!" es la consigna política que con más fuerza ha sonado en la historia del país. Si la gente siguió a don Venustiano en su rebeldía contra el gobierno usurpador fue porque todos pensaron que Carranza era maderista. Se equivocaban. No me canso de decir que Carranza fue siempre —y solamente— carrancista.

Carranza, el carrancista

El menos maderista de quienes participaron en la revolución de Madero fue precisamente don Francisco I. Madero. Hasta el final se resistió a ser él quien encabezara el movimiento contra Díaz, y cuando triunfó la rebelión, aunque bien pudo ocupar de inmediato la presidencia de la República, no lo hizo, sino actuó para que se convocara a elecciones: nadie —dijo— debía ocupar la máxima magistratura sin contar con la voluntad nacional manifestada en elecciones auténticas y libres.

En cierta ocasión, el señor Manuel Anaya, uno de los hombres más cercanos a Carranza y su consejero principal cuando el Varón de Cuatrociénegas llegó a la presidencia, mostró a alguien un retrato de don Venustiano que por encargo de éste le había hecho un pintor. Aparecía Carranza luciendo la banda presidencial. A sus pies tenía a dos pequeños hombres, tan pequeños que parecían enanos. Uno era Juárez, que le tendía a Carranza las Leyes de Reforma; otra era Madero: con mirada de admiración le ofrecía al presidente el Plan de San Luis.

Madero hizo a un lado la burda tradición de adulaciones que acompañaba a los presidentes de la República. Acostumbrados al caudillismo, veneradores del poderoso en turno por herencia común de indios y españoles, los mexicanos veían en el presidente a una especie de dios al que se debe culto de adoración. Cuando Madero desechó el tributo, los que antes lamían, lo mordieron; convirtieron su lambisconería en resquemor y fustigaron al Apóstol con toda suerte de viles ataques y arterías.

Carranza resucitó el culto presidencialista. Siempre exigió la más total entrega de aquellos que querían estar a su lado. Hasta hombres muy selectos se le sometieron, como don Luis Cabrera, quien llegó a decir: "Siempre he sido independiente, pero ante el caso extraordinario de Carranza me declaro incondicional". Esas palabras suenan muy parecidas a aquellas de "Con usted hasta la ignominia, señor presidente".

Por ese tiempo fungía como director de la Escuela Nacional Preparatoria el abogado José Vasconcelos. Nadie mejor que él para dirigir la institución: espíritu elevado, era al mismo tiempo hábil administrador. Un periodista, incondicional como todos de Carranza, lo buscó y pidióle una opinión favorable de don Venustiano y una declaración en contra de Francisco Villa. No quiso Vasconcelos unirse al coro de adulones. Para salir del paso, dijo al reportero:

—Perdone usted. No haré ninguna declaración porque no quiero contribuir a la discordia que hay en el país.

—¿Entonces no se define usted, licenciado? —pregunto con insidia el cagatintas.

—Si así lo quiere interpretar usted, hágalo.

No publicó nada la prensa, pero a los pocos días Vasconcelos recibió un despacho de la presidencia: estaba cesado como director de la preparatoria. Al abandonar su oficina dejó un recado sobre el escritorio: "Les regalo el sueldo de los días que aquí he trabajado".

El cinismo en el poder

La llama de idealismo que puso Madero en la vida mexicana se apagó con su muerte. Otra luz como ésa no ha vuelto ya a brillar.

Los revolucionarios maderistas jamás vieron en Carranza al heredero de los ideales del Apóstol. Antes bien, los más acendrados seguidores del presidente mártir miraron siempre con ojos de sospecha a don Venustiano, y cuando se trató de tomar partido muchos de ellos se afiliaron en el bando de Villa. Éste, con todos sus colosales defectos, fue siempre fiel a Madero, quien una vez le salvó la vida. El temible hombre le pagó ese favor con la más absoluta fidelidad, con una perruna lealtad a toda prueba. Lloró como un chiquillo, cuentan los que eso vieron, cuando se enteró de la muerte de aquel a quien había llegado a ver como a un ídolo.

Para los maderistas, el sucesor de don Francisco I. Madero era el chihuahuense Abraham González. Sin embargo, a la caída de Madero, los militares emisarios del huertismo apresaron a don Abraham en el mismo Palacio de Gobierno en que despachaba como gobernador de Chihuahua, y luego de fingir su traslado a la ciudad de México, lo fusilaron.

El ejército se había convertido en una manada de asesinos. Restos del porfirismo autoritario, los generales volvieron a la furia de los pasados tiempos, cuando los caudillos se erigían sobre un túmulo de cadáveres. Se estableció un régimen de terror en que la menor muestra de disidencia era castigada con prisión o muerte. Se iniciaba el baño de sangre que ahogaría a la nación durante casi dos décadas.

Los maderistas, otra vez en el campo de la rebelión, odiaban ferozmente a esa cáfila de militares delincuentes que se enriquecían con la corrupción implantada por Huerta en el gobierno.

—Cuando triunfemos habrá que fusilar de *tiniente parriba* —decía un rebelde.

Hubo gestos de dignidad: Miguel Díaz Lombardo, embajador de México en Francia, envió a la Cancillería un telegrama con su renuncia, que redactó un minuto después de haberse enterado de la prisión y muerte de Madero. Formó en París un grupo que se dedicó a desprestigiar en la prensa europea al gobierno espurio de Huerta. Sus compañeros y él fueron a hablar con el ministro de Hacienda de Francia. Le narraron las muertes de Madero y Pino Suárez y le dijeron que el gobierno de Huerta había nacido del asesinato.

—*Messieurs* —dijo el ministro al terminar de hablar los mexicanos—. Yo me sentiría deshonrado si entrara en relación con un gobierno tan vil como el que ustedes me describen. Huerta nos ha solicitado un empréstito. Los bonos respectivos no figurarán en la lista oficial de la Bolsa.

Los mexicanos se alegraron. ¡La Francia libre daba la espalda al México esclavizado! Cuando se despidieron del ministro, se abrazaron en el corredor y gritaron a una voz:

—¡Viva Francia!

Memorias de niño

En 1913, año del asesinato de Madero, el niño Alejandro Gómez Arias tenía siete años de edad. Desde luego no se daba cuenta de los graves sucesos políticos de la época. Sin embargo, participaría después en los acontecimientos de su propio tiempo y hallaría en el recuerdo —todavía muy vivo— del Mártir de la Democracia, inspiración para sus propios actos.

Alejandro Gómez Arias nació en Oaxaca. Como Benito Juárez. Como Porfirio Díaz. Como José Vasconcelos. Su padre, médico y maestro, tenía amistad con Juan Sánchez, vehemente partidario de Madero. Cuando llegó a Oaxaca don Francisco, quien hacía su campaña presidencial, el doctor Gómez lo oyó hablar y quedó arrebatado por los ideales del caudillo coahuilense. Al punto se afilió al partido maderista.

Su decisión no fue bien vista por la sociedad oaxaqueña. Madero se había levantado contra don Porfirio, el héroe máximo del Estado junto con Juárez. La malquerencia contra el doctor Gómez aumentó cuando el general Díaz fue derrocado por la Revolución, se disimuló un poco cuando Madero llegó al poder y arreció con violencia tremenda luego de que don Francisco cayó asesinado.

El hombre que gobernaba Oaxaca, Miguel Bolaños Cacho, era porfirista, pero se hizo huertista cuando el Chacal asesinó a Madero. Compadre del doctor Gómez, a pesar de eso lo persiguió con saña, y varias veces lo hizo poner en prisión a causa de sus simpatías revolucionarias. Tan acérrima fue la persecución que Bolaños desató sobre su compadre, que éste se vio obligado a salir de Oaxaca. Con su familia se estableció en la ciudad de México.

Los Gómez ocuparon una casa en la Villa de Guadalupe. El pequeño Alejandro, que iba al primer año de la escuela, pasaba todos los días por una casa de triste aspecto y altos muros. Ahí se habían firmado los Tratados de Guadalupe, por los cuales México perdió más de la mitad de su territorio.

En ocasiones, el niño Gómez Arias era llevado por su padre a las visitas que hacía a sus enfermos. En la mente del muchachillo se grabaron las veces que fue a una linda residencia de la Villa, cuyas paredes estaban cubiertas por hermosos cuadros. Eran obra de don José María Velasco, el dueño de la finca, muerto poco tiempo antes.

Pronto los agentes de Huerta supieron que un elemento maderista, considerado peligroso, había llegado a la capital procedente de Oaxaca. Y un buen día el doctor Gómez fue a dar otra vez con sus huesos a la cárcel. Tan pronto pudo salir de la prisión, se unió a los revolucionarios que merodeaban por Zacatecas, a quienes ofreció sus servicios médicos.

En 1916 llegó a Sonora, y le gustó Hermosillo para quedarse. Llevó a su familia a vivir en aquella ciudad norteña. En la casa de la esquina vivía un señor que cantaba con voz excelente de tenor. Todas las noches se le oía entonar arias de ópera, romanzas y canciones de modo, pues su casa, igual que todas las demás, tenía siempre las ventanas abiertas por el calor que hacía. Aquel señor que cantaba, que cantaba siempre, era don Adolfo de la Huerta, gobernador del estado, quien años después llegaría a ser presidente de la República.

Con las barbas de Carranza

En sombras de sospecha están envueltas muchas acciones de Carranza. No hay en ellas la meridiana claridad que hay en todos los actos de Madero. Éste era un idealista; Carranza fue simple y sencillamente un político pragmático.

Don Venustiano Carranza tenía muy buen porte. Sin ser un gigante era proceroso, elegante y distinguido. Cuando las señoritas saltilleras lo conocieron, se prendaron de sus buenas prendas. Igual que hacían con los poetas, le tendieron su álbum a aquel guapo señor para que les pusiera algún pensamiento romántico. En vez de endechas que no sentía ni sabía hacer, don Venustiano escribía cosas como ésta: "Para la estimable y fina señorita Fulanita de Tal, digna representante del sexo femenino, el cual alguna vez ocupará en la sociedad el puesto que merece". Aquellas lánguidas Margaritas leían esos manifiestos políticos y se quedaban algo decepcionadas, si no es que turulatas.

Mayor esmero ponía Carranza en el cuidado de su barba patricia, que llenaba de mimos y solicitudes y por la cual pasaba la mano de continuo. Llegó a ser esa barba la nota más peculiar de su persona. Sus enemigos llamaban a Carranza *el Barbón*, y las tropas villistas cantaban en el vivac, a los acordes de *La cucaracha*, aquello de:

Con las barbas de Carranza
voy a hacer una toquilla,
pa ponérsela al sombrero
del general Pancho Villa.

Los biógrafos no oficiales de Carranza, sobre todo Alfonso Junco, han puesto de manifiesto sus muchas veleidades. Se mostró sucesivamente porfirista, reyista y maderista. He dicho antes que no fue nada de eso: Carranza fue siempre y únicamente carrancista. Su pasión era el poder. Nadie podrá acusarlo nunca de ladrón. Durante sus campañas y su gobierno muchos *carrancearon*, pero él no. (Ya sabemos que el verbo *carrancear* es sinónimo de robar. Indebidamente no lo registra la Academia como mexicanismo, pues el vocablo es muy usual.) Mi maestro de Procesal Civil en la antigua Escuela de Leyes de Saltillo, el licenciado don Antonio Guerra y Castellanos, conoció el testamento de Carranza y se sorprendió por lo exiguo de su patrimonio. Fue de seguro don Venustiano uno de los muy pocos, poquísimos presidentes de México que no han aprovechado su paso por la presidencia para hacer su fortuna y la de sus hijos, nietos, bisnietos, tataranietos, choznos y demás descendientes hasta la enésima generación.

Junco recogió evidencias suficientes para pensar que Carranza se había distanciado ya de Madero, que lo veía como a enemigo y que estaba más que dispuesto a rebelársele, y hasta se había preparado para hacerlo. "A Carranza —dice llanamente otro historiador, Schalrman— Huerta se le adelantó en la Decena Trágica".

Yo no lo dudo. Carranza, gobernador de Coahuila, ponía reparos a la autoridad de Madero, presidente de la República. A los ojos de los maderistas, don Venustiano Carranza fue siempre alguien al que había que ver con desconfianza. Cuando cayó Madero, el mayor número de sus seguidores se fueron con Villa, no con Carranza.

Más terco que Carranza

Jamás fue don Venustiano proclive a los idealismos ni a la generosidad política. Muy otras —como la honradez— fueron sus virtudes. Tuvo la vocación del poder, y tratar de ejercerlo más allá de lo que aconsejaban las circunstancias fue al final lo que le costó la vida.

Don Jesús Carranza Neira era arriero. Ojo con la interpretación de este dato. En aquel tiempo un arriero no era lo que ahora. Actualmente escuchamos la palabra *arriero* y pensamos en un humilde campesino que a lomos de dos o tres burritos trae una carga de leña o tierra para las macetas. Mi maestra de la primaria nos decía: "Morelos era muy pobrecito. Era arriero". No. En el siglo XIX, y antes, en tiempos de la mal llamada Colonia, un arriero era lo que hoy sería el dueño de una línea de tráilers o de camiones de carga o pasajeros. Era un sujeto más o menos acomodado que poseía una recua a veces formada por varios centenares de mulas, a lomos de las cuales, por sí o por sus empleados, transportaba no sólo efectos —metales preciosos, géneros de comercio— sino personas que viajaban de una a otra de las principales ciudades del país.

Aquel señor de Cuatrociénegas (así, todo junto, escriben sus pobladores el nombre de ese hermoso sitio de Coahuila) era arriero. Fue padre de 15 hijos, dato que nos induce a suponer que no todo el tiempo se la pasaba en los caminos. Pero más allá de la alcoba conyugal, era también muy emprendedor el señor Carranza Neira: se le ocurrió la idea de que el camello sería buena bestia para cruzar los desiertos del norte de Coahuila, y se las arregló para conseguirse dos. Los animales se adaptaron bien a las áridas extensiones, pero los arrieros no se adaptaron bien a ellos. Tampoco los camellos se llevaron bien con la gente, y a poco los blancos esqueletos de aquellos arábigos animales ponían una nota de blancura en las ocres arenas comarcanas. Dicen que bien entrado ya el siglo pasado todavía podían verse sus osamentas, único resto que dejó aquel peregrino sueño de arriería.

Don Jesús Carranza fue vehemente partidario de don Benito Juárez. De su bolsillo pagó soldados y armas para luchar en Coahuila contra el Imperio del infortunado Habsburgo. Más aún: cuando el empecinado don Benito andaba peregrinando por el norte con la República a cuestas, don Jesús Carranza le hizo un préstamo personal a fin de que el señor Juárez pudiera enviar algo de dinero a doña Margarita, quien pasaba apremios para subvenir a las muchas necesidades de su prole.

En 1859, la esposa de don Jesús dio a luz a su undécimo hijo, de nombre Venustiano. Desde su más temprana edad este niño oyó el nombre de Juárez como se escucha el de algún dios. En eso quizá se encuentra el germen de uno de los rasgos más característicos de don Venustiano: la tozudez. El profesor don José de la Luz Valdés, memorioso historiador y fino poeta de Arteaga —pequeño paraíso cercano al otro más grande que es Saltillo—, recordaba a don Venustiano, pues lo trató de cerca, y decía de él que era muy terco. "No le entraba ni el hacha", repetía.

¿El vengador de Madero?

Luces y sombras tiene la figura de Carranza. Hay que despojarlo de las ropas de mito con que se le ha vestido. En México se han hecho demasiadas estatuas a los hombres. Nos corresponde ahora hacer hombres de las estatuas.

En su libro *Carranza y los orígenes de la Revolución*, don Alfonso Junco afirma que Carranza llegó a gobernador de

Coahuila bajo la égida del movimiento maderista, pero que luego se distanció de Madero hasta el punto de estar dispuesto a pronunciarse contra él. Añade que Huerta, con la Decena Trágica, se le adelantó a Carranza.

En los términos de las opiniones de aquel ilustre historiador y polemista regiomontano, Huerta bien podría haber atraído a Carranza a su partido, pero cometió el error de no hacerlo. Sostiene Junco que don Venustiano se mostró indeciso en los primeros días del movimiento de Reyes, Díaz y Huerta contra Madero, y que se mantuvo expectante para ver qué curso tomarían los acontecimientos. Afirma que el 22 de febrero de 1913 entró Carranza en arreglos con Huerta, y dice que en su correspondencia el gobernador de Coahuila daba al usurpador el tratamiento de "Señor Victoriano Huerta, Presidente de la República".

Más adelante, sigue opinando Junco, don Venustiano se erigió en vengador de Madero, pero lo cierto es que, aun antes del cuartelazo de Huerta, ya Carranza se negaba a reconocer la autoridad como presidente de Madero y hacía movimientos claramente desafiantes del gobierno establecido.

No fue hasta el 4 de marzo de aquel 1913, cuando Carranza adoptó una clara actitud de oposición a Huerta. Y aún tardaría varias semanas para promulgar, el 26 de marzo, su Plan de Guadalupe. De ese documento opina así don José Vasconcelos: "[es] una declaratoria insulsa por la cual se autonombraba Carranza 'primer jefe del Ejército Constitucionalista, encargado del Poder Ejecutivo', todo por la autoridad derivada de proclamarlo él mismo con la firma de media docena de ignorados e ignorantes".

Luis Lara Pardo acota que el carranciscmo no ofrecía en ese plan ninguna idea nueva de carácter político o social. Todo se reducía a derrocar a Huerta para poner a Carranza en su lugar. La revolución de Madero había tenido un fuerte basamento ideológico. Ninguna ideología o propuesta de reforma es posible encontrar, al menos al principio, en el movimiento iniciado por Carranza. Algunos historiadores tachan a la "Revolución constitucionalista" de ser simplemente un nuevo cuartelazo igual al que consumó Huerta, de esos de "quítate tú *pa* ponerme yo". Parece muy radical el punto de vista de uno de ellos, Joseph Schlarman, pero lo transcribo para que se advierta la visión que un historiador extranjero tuvo del movimiento carrancista:

"Carranza no sintió escrúpulo de envolver al pueblo mexicano en la más sangrienta guerra social del Hemisferio Occidental simplemente por satisfacer su honda ambición personal".

Por desgracia empezaba un cruento drama; comparado con él, el derrocamiento de don Porfirio Díaz por Madero, y aun la muerte de éste, no fueron sino breves preludios a esa mortal tragedia, que por muchos años iba a ensangrentar el suelo mexicano.

El joven Venustiano

Igual que sucede con todos nosotros, en los primeros años de Venustiano Carranza está la semilla de todos los otros que vivió.

Don Venustiano Carranza fue alumno del Ateneo Fuente, preclara institución educativa de Coahuila. Correspondió a las enseñanzas de su Alma Mater enviándole —ya en tiempos de su presidencia— una lucida colección de valiosos cuadros de pintura que seguramente se carranceó Carranza tomándolos de iglesias y galerías diversas, con los que se formó la importante pinacoteca del plantel.

De ese glorioso colegio, el Ateneo saltillense, yo también fui estudiante, luego maestro durante muchos años y finalmente director. Recuerdo que una vez hice buscar en los archivos escolares las calificaciones del joven Venustiano. Quería darlas a conocer a toda la nación, pues seguramente en los altos promedios del estudiante se encontraría su futura grandeza. Vi aquellas calificaciones y discretamente pedí que las volvieran a poner en su lugar: el estudiante de Cuatrociénegas había mostrado apenas un aprovechamiento regular. Quizá se estaba reservando para hazañas mayores que las académicas.

En 1874 Carranza ingresó en la Escuela Nacional Preparatoria de la ciudad de México. Estaban en su apogeo ahí las enseñanzas positivistas de Comte, nacionalizadas por Gabino Barreda y luego por el doctor Porfirio Parra. El muchacho de Cuatrociénegas, lector devoto de libros de historia, vio históricos acontecimientos de su tiempo: la caída del presidente Lerdo y la entrada triunfal —vuelo del águila— del victorioso don Porfirio Díaz.

Se ha dicho que Carranza cortejó a una hermana de José Martí, que vivía en una casa sita frente a la Escuela de San Ildefonso. Al parecer hay una confusión, y el cortejante fue otro joven apellidado Ocaranza. De cualquier modo enfermó de la vista el joven Venustiano, y eso lo obligó a abandonar sus proyectos de llegar a ser un médico famoso.

Regresó a su pueblo, y a los 28 años fue designado presidente municipal de aquel lugar. Muy pronto conoció las tormentas de la política. Don Porfirio quería que José María Garza Galán se reeligiera en el gobierno de Coahuila. Este militar, antiguo comanchero —es decir, combatiente de indios— se había convertido en señor de horca y cuchillo. Su conducta moral era bastante inmoral; le daba por las mujeres, a las cuales rendía de grado o por fuerza. Cultivador del espíritu —del que está contenido en vinos y licores—, era buen comedor, muy dado a orgiásticos desenfrenos.

La familia Carranza se opuso a la reelección de Garza Galán, y se levantó en armas contra él. Don Porfirio pensó que aquella rebelión era contra su persona, y puso en la mira a los Carranza, a quienes juzgaba instrumentos de Evaristo Madero, su viejo adversario.

Díaz vio en Venustiano a un peligroso revolucionario. Se equivocaba. Carranza era solamente un político. Y como político actuó: fue a la capital recomendado por don Bernardo Reyes, habló con don Porfirio y lo convenció de retirar su apoyo a Garza Galán. A resultas de esa experiencia, Carranza se convirtió en seguidor de Reyes y en fiel partidario del presidente Díaz.

Eloyito

Se vivían los días primeros de la llamada Revolución constitucionalista. Carranza, convertido en vengador de Madero, se disponía a combatir a Huerta.

Todo el tiempo del mundo tuvo don Venustiano Carranza para preparar sus fuerzas e iniciar la lucha contra el huertismo. Con sus hombres vivía en Piedras Negras la vida tranquila de los lugareños: amenos paseos a caballo por la orilla del río; comidas bien disfrutadas; gratas conversaciones por las tardes, y hasta serenatas de vez en cuando por las noches.

No parecía que hubiese un levantamiento contra el gobierno. Los carrancistas, sin haber disparado un solo tiro, dominaban una extensa región que abarcaba casi todo el centro y el norte de Coahuila, y ya empezaban a incursionar con éxito, al mando de Lucio Blanco y Jesús Carranza, por tierras de Tamaulipas.

De nada carecían las fuerzas carrancistas. Estaban bien provistas de dinero, no sé si salido de las arcas públicas de Coahuila, pues de otro modo no me podría explicar cómo fue que pudieron comprar, "al otro lado", todo lo necesario para equiparse. El profesor Gabriel Calzada, miembro de la legislatura coahuilense, había acompañado a don Venustiano, y éste de inmediato le dio el grado de mayor y lo hizo jefe de las armas, administrador de la aduana y presidente municipal de Piedras Negras, todo al mismo tiempo. Con munífica generosidad, el profesor Calzada iba dando dinero a todos los que llegaban a unirse al movimiento; éstos iban a Eagle Pass y se compraban cada uno dos uniformes de caqui, un sombrero tejano, una pistola y un caballo con todos sus avíos.

Muy pronto pudo organizarse un batallón de zapadores, formado por los mineros de la zona carbonífera, ansiosos de unirse a un movimiento que los sacara de las profundidades de la mina y les ofreciera aventuras y, quizá, medro personal. Aquellos muchachos, todos pobres, recibieron no sólo el equipo que arriba dije, sino además una carabina; zapatos —pues muchos de ellos no traían—; una cantimplora de aluminio; una taza y un plato con cuchara, cuchillo y tenedor; una buena cobija de lana y una bolsa de lona para cargar sus cosas. Don Venustiano ordenó que como primera instrucción se les enseñara a hacer tortillas.

En los Estados Unidos fueron también compradas buenas mulas que se cargaron con picos, palas, talaches, escalas, rollos de alambre de púas y demás variado equipo para los zapadores. Se adquirieron igualmente tiendas de campaña y, como detalle final, tambores y cornetas para formar una banda de guerra, aunque la guerra todavía no empezaba. Ciertamente puede decirse que, a diferencia del ejército de Madero, el de Carranza no fue pobre.

—Hay que enseñar a esos muchachos a tirar —ordenó don Venustiano.

Y ahí tienen ustedes a los mineros, que en su vida habían conocido un rifle, disparando bala tras bala alegremente. El que más alegre se ponía con esos ejercicios era Eloy Carranza, señor de edad, primo de don Venustiano, que se había unido a la Revolución sin despojarse para ello de su atuendo usual: levita cruzada, pantalón negro de casimir, zapatos de charol, sombrero bombín y una flor blanca en la solapa.

Carranza porfirista

Don Venustiano, como buen político, sabía acomodarse bien a las circunstancias. Su nave tuvo muchas veces como rumbo seguro el del viento.

Buena carrera política hizo don Venustiano Carranza. Alcalde lugareño, logró destacar en el panorama político de su estado y luego en el de la nación. Aunque mostró rebeldía en las escaramuzas por el poder local, se presentaba como adicto al régimen de don Porfirio Díaz. El licenciado Miguel Cárdenas, gobernador de Coahuila, ansioso de contar con el apoyo de los Carranza en el norte del estado, recomendó a Venustiano ante el presidente de la República para que le diera el cargo de senador, y al hacerlo le dijo que las principales cualidades de Carranza era su amor al orden y la adhesión que mostraba a don Porfirio, de quien era "adicto y sincero partidario".

Cuando Madero inició su cruzada contra el régimen antidemocrático de Díaz, don Venustiano Carranza representante de Coahuila ante el Ministerio de Fomento, donde se trataba lo relativo al reparto de las aguas del río Nazas, hizo "grilla" con los propietarios de las tierras ribereñas y consiguió que Madero, quien fungía como procurador de esos propietarios, fuera destituido por ellos de su representación. "Espero —le escribió Carranza a don Porfirio— que esta labor será de la respetable aprobación de usted, a la vez que servirá de prueba de mi invariable adhesión a la buena marcha de su gobierno, hoy criticada por personas de ninguna significación política".

Lo de las críticas hechas por "personas de ninguna significación política" era una clara alusión a Madero, quien acababa de publicar *La sucesión presidencial*.

Don Porfirio no correspondió muy bien a la invariable adhesión de Carranza, pues los antecedentes que tenía de él no lo presentaban como invariable. Así pues, cuando se trató de designar nuevo gobernador de Coahuila, y aunque el saliente, Cárdenas, recomendaba a Carranza para que lo sucediera, el viejo zorro de don Porfirio hizo que el gobernador fuera don Jesús de Valle. El invariable Carranza hizo entonces dos cosas: fortaleció sus vínculos con el general Bernardo Reyes, y trató de amistarse con Madero, cuya campaña contra Díaz cobraba fuerza poco a poco.

Los acontecimientos se precipitaron. Madero, perseguido por don Porfirio, se refugió en San Antonio. Hasta allá fue a buscarlo Carranza. Los más cercanos partidarios de Madero le aconsejaban no recibirlo: aquel hombre era adicto a Bernardo Reyes, enemigo de la causa. Pero don Francisco hizo a un lado toda desconfianza: designó gobernador provisional de Coahuila al hombre de Cuatrociénegas y le encargó que promoviera la insurrección en el estado. Carranza no se apresuró a cumplir el encargo. Cuando triunfó la revolución de Madero y se firmaron los Tratados de Ciudad Juárez apareció Carranza, y casi sin más méritos que su presencia, recibió la cartera de Guerra.

Luces y sombras

Los defensores de Carranza dan argumentos para probar su lealtad. Sus atacantes esgrimen evidencias que lo hacen sospechoso. Será difícil comprobar uno u otro extremos. En todo caso puede afirmarse que algunos hechos de Carranza en los días que sucedieron al asesinato de Madero ciertamente resultan muy difíciles de explicar.

En telegrama que envió a Huerta le daba don Venustiano Carranza el título de presidente de la República. En otro telegrama que mandó a García Granados, se dirigía a él como secretario de Gobernación.

Esos actos y otros similares son explicados por algunos historiadores —así el respetable don Alfonso Taracena— como fruto de la astucia de Carranza, quien habría fingido reconocer a Huerta y a su gobierno a fin de ganar tiempo para estar en mejor disposición de levantarse contra él. Dice Taracena: "También se dispuso [Carranza] a obtener dinero, para lo cual simuló entrar en arreglos con el gobierno usurpador, actitud que aprovecharon sus enemigos más tarde para demostrar que pretendía entenderse con Victoriano Huerta". Y añade:

"Por obrar con astucia para ganar tiempo, don Venustiano Carranza dejó unas huellas que lo perjudicaron más tarde".

En el mejor de los casos, aun los más vehementes defensores de Carranza tendrán que reconocer que don Venustiano hizo cosas buenas que parecieron —y siguen pareciendo— muy malas. Yo no creo en la hipótesis de la astucia según la señala don Alfonso Taracena. Me inclino a pensar más bien que Carranza vaciló antes de tomar la decisión que lo llevó a combatir al gobierno usurpador.

Cuando Madero fue hecho prisionero por sus enemigos, algunos jóvenes militares al servicio de Carranza acudieron ante él para convencerlo de la necesidad de denunciar el atentado contra el presidente, y acudir en su defensa. Carranza se negó a proceder, y esgrimió toda suerte de argumentos para justificar su inactividad. Jacinto B. Treviño y Luis Garfias, entonces simples capitanes, se impacientaron al ver la extrema paciencia de Carranza, y aun a riesgo de aparecer como insubordinados, le dijeron que si su gobierno —el de don Venustiano— tardaba en actuar, ellos lo harían por su cuenta. Carranza entonces les asestó un sermón:

—Ustedes son muy jóvenes, y por eso quieren precipitar los acontecimientos. Yo tengo muchos asuntos que atender antes de salir de Saltillo. Debo reunir fuerzas. Pero a su debido tiempo ustedes verán que yo también sé cumplir con mi deber y con la palabra empeñada.

Envió Carranza a un emisario a la ciudad de México, el licenciado Eliseo Arredondo, con la misión de explicar al gobierno de Huerta los decretos del 18 y 19 de febrero emitidos por la legislatura coahuilense y contrarios al movimiento usurpador. También esta gestión es considerada por los defensores de Carranza como una hábil astucia del Varón para ganar tiempo y reunir sus fuerzas.

En esos días Carranza telegrafió a su hermano Jesús, que tenía fuerzas en la Laguna. En el telegrama le decía que estaba en tratos con el gobierno federal, motivo por el cual Jesús debía permanecer en espera hasta conocer lo que se resolvía. ¿Es ese telegrama otra de las astucias de Carranza?

Carranza, el desconocido

Acierta Enrique Krauze cuando dice que la biografía de Carranza es "sin disputa, la más compleja de la Revolución". Madero es transparente en su idealismo; Calles y Obregón son transparentes en su pasión desorbitada de poder. Carranza, en cambio, se nos presenta como un vidrio opaco a través del cual no podemos ver con claridad.

El problema empieza por dilucidar si Venustiano Carranza se consideraba a sí mismo civil o militar. Ni atendiendo a su ropa podemos contestar esa cuestión: se la inventó él mismo como una rara y originalísima mezcla de uniforme de mílite y atuendo de particular: no usaba kepí, sino sombrero; su chaqueta era entre saco de civil y camisa de militar; no lucía el águila del general, pero sí los botones que indicaban el generalato —por eso Villa le decía a Carranza "generalito de chocolate"—; e hizo que sus partidarios le dieran el título de Primer Jefe, que no es grado militar pero sí suena a milicia.

Don Venustiano era alto, muy alto. Y su apariencia era noble, muy noble. Contribuían a darle apariencia de patriarca su vellida barba y los espejuelos circulares y oscuros que usaba siempre, enfermo como estaba de la vista desde su juventud. Cuando Martín Luis Guzmán vio a Carranza por primera vez, de inmediato relacionó su figura con la de don Porfirio, o al menos con la de algún típico porfirista.

No tenía Carranza los líricos arrebatos de Madero, tan impetuoso, tan lleno de fervor. Don Venustiano siempre fue pausado, dado a largas reflexiones que acompañaba con un movimiento que de tan habitual ya casi era un tic en él: acariciarse la barba con la mano izquierda, de dentro hacia afuera, con la palma de la mano al frente y los dedos curvos y separados. Hacía eso levantando la cabeza y perdiendo la mirada en lo alto, lo cual le daba aspecto de profeta que meditaba.

Sin embargo, Carranza no tenía el carisma con que Madero logró sacar al pueblo de su marasmo y hacerlo ir tras de su ideal. Ningún líder —ni el fulgurante Vasconcelos de 1929— ha despertado en México los entusiasmos de aquel hombre pequeñito que apenas levantaba del suelo algunos palmos. Ni antes ni después de él ha resonado en México un grito de tanta intensidad como aquel clamoroso "¡Viva Madero!", a cuyo llamado se precipitó el país. Si la gente siguió a Carranza fue sólo porque éste se presentó como el vengador del presidente mártir. El mismo escritor que cité arriba, Martín Luis Guzmán, da testimonio de cómo, cuando en su campaña contra Huerta llegaba Carranza a algún poblado, la gente lo recibía con el mismo grito de antes: "¡Viva Madero!". Relata el autor de *El águila y la serpiente*: "El Primer Jefe, a pie o a caballo, se envolvía en el manto de su despecho, sonriente y frío, al confirmar que Carranza no descollaba ni en los retratos ni en los vítores".

Carranza no quiso a Madero cuando vivo. Tampoco debe de haberlo querido ya de muerto.

Un desafío singular

Tiempos muy interesantes los de la Revolución. Lo muestra este relato.

Se había hecho cargo del gobierno de Coahuila el muy joven Gustavo Espinoza Mireles, cuando el 10 de septiembre de 1915 recibió en sus oficinas del Palacio de Gobierno de Saltillo una carta.

Le enviaba la misiva el famoso general Salvador Alvarado, que poco tiempo antes había tomado posesión como gobernador de Yucatán. El texto de esa carta es sobremanera interesante, y dice mucho acerca de la calidad de aquellos hombres del ayer. Después de expresar a Espinoza Mireles sus parabienes por su ascenso a la gubernatura de Coahuila, el general Alvarado le decía: "Reto a usted, señor gobernador, amigo mío, a ver cuál de nosotros dos gobierna mejor, ganándose el cariño de su pueblo. Acepte usted mi guante retador; recójalo y procure vencerme, que yo me empeñaré en que no lo consiga, y conste que tiene usted sobre mí la inapreciable ventaja de haber recibido mucho tiempo, muy de cerca, las lecciones del maestro".

Al hablar del "maestro" se refería el general Alvarado a don Venustiano Carranza, a quien había acompañado muy de cerca y durante bastante tiempo el joven gobernador de Coahuila. Respondió éste al general: "Con verdadero entusiasmo recojo el guante que usted me ofrece, y procuraré vencerlo, aunque bien sé que tengo que luchar con uno de los campeones más denodados de nuestra Santa Causa".

Y ponía Espinoza Mireles "Santa Causa" con mayúscula, pues al hablar de esa causa santa se refería a la lucha que había emprendido el señor Carranza para la restauración de la legalidad en el país.

Tiempos muy otros son los nuestros, muy pacíficos, en que no se ven ya retos tan gallardos como el que lanzó el general Alvarado y que con tanto señorío aceptó Gustavo Espinoza Mireles. Si esos retos para ver quién trabaja más y quién se gana mejor la gratitud del pueblo se lanzaran en estos empecatados tiempos de hoy, otro gallo cantara a muchos estados de nuestra República, que sufren gobiernos muy distintos de aquéllos de antes, fincados en la auténtica voluntad del pueblo y que para el pueblo solían trabajar.

Por andar de patriota

La época revolucionaria fue pródiga en hechos. Aquí se narra uno.

El 8 de enero de 1915 tuvo lugar en Ramos Arizpe una batalla decisiva entre las fuerzas de Francisco Villa, comandadas por el famoso general Felipe Ángeles, y las tropas leales de don Venustiano Carranza, al frente de las cuales estaba don Maclovio Herrera.

Entre la niebla se libró gran parte de la lucha, de modo que los combatientes no se veían bien y hubieron de pelear cuerpo a cuerpo. El coronel Ávila, del ejército de Villa, se topó de repente con el mismísimo Maclovio Herrera, famoso por su arrojo temerario, y casi a boca de jarro le disparó la carga de su pistola sin acertarle un solo tiro. Herrera le disparó sólo uno y lo dejó tendido, herido de muerte.

Valeroso era don Maclovio, pero nadie superaba al general Felipe Ángeles como brillante táctico y hábil estratega. Ordenó al general Emilio Madero que realizara una maniobra envolvente, yendo de Saltillo hacia Ramos por el camino de la Fábrica de la Libertad, para atacar el flanco izquierdo del enemigo. Eso precipitó la derrota de los carrancistas, su fuga desordenada y la victoria de las tropas de Villa, que al caer la tarde quedaron dueñas del campo. Maclovio Herrera lloraba su vencimiento, y con lágrimas pedía a sus subordinados que dispararan sus rifles contra él, pues no quería sobrevivir a aquella pérdida en que se había perdido todo, menos el honor.

Los villistas hubieron de pagar caro precio por su triunfo. Muchos buenos y valientes soldados encontraron la muerte en Ramos Arizpe. Principal entre los que ahí vieron el final de su vida fue el general Martiniano Servín, que se batió con temeridad desde que la batalla comenzó al despuntar el alba. En la vanguardia siempre de las fuerzas villistas, penetró Servín profundamente en las líneas enemigas, hasta llegar a la estación del ferrocarril en Ramos. Ahí fue recibido junto con sus hombres por nutrida descarga de fusilería. Cayó del caballo el general, su cuerpo atravesado por varias balas de máuser. Sus hombres lo arrastraron para ponerlo al cubierto detrás de unas paredes de adobe, hasta donde llegó el médico de la oficialidad, llamado con urgencia para que lo atendiera. Ver sus heridas y saber que pocos instantes le quedaban ya de vida fue una y la misma cosa. También tenía conciencia de su inminente fin el general Martiniano Servín. Abrió con dificultad los ojos, miró al doctor y le dijo con apagada voz:

—Ya ve, doctorcito. Esto le pasa a uno por andar de patriota y de pendejo.

Y se murió.

¿Zapata o Villa?

A los mitos que hacen de nuestra historia un gran entramado de mentiras, debe añadirse el de Zapata. Simboliza, sí, el eterno anhelo de los pobres del campo por vivir en condiciones de justicia y libertad. Como símbolo es inatacable. Pero como personaje histórico presenta aspectos que ameritan mucha discusión.

Yo siento afecto por la figura de Francisco Villa. No se me escapan sus enormes defectos; sé de los grandes crímenes que cometió. Si me dicen que Villa fue un asesino callaré en señal de rendida aquiescencia. Pero al lado de sus indignidades y bajezas aquel hombre ignorante, rudo y bárbaro tuvo destellos que a mis ojos lo levantan por encima de todas sus miserias. El mejor de todos, pienso, fue el de su devoción casi perruna por Madero. Eso lo salva, en mi opinión, de un juicio definitivamente adverso, y es agua lustral que lava muchas de sus culpas.

Villa, que era hombre de intuiciones geniales, supo intuir el luminoso fondo de verdad y de bien que había en las predicaciones de Madero, y en sus actos. Fue el más devoto de sus partidarios, aunque una vez estuvo a punto de matarlo. Después Madero tuvo en sus manos la vida del temible bandolero, y se la perdonó: Madero siempre perdonaba. A partir de entonces, Villa fue su más encendido admirador, su seguidor más incondicional. Cuando se enteró de la muerte de Madero, aquel hombre que mataba hombres como moscas, lloró como si hubiese sufrido la muerte de su propio padre.

Por eso Villa, en otra de sus certeras intuiciones, jamás quiso a Carranza. Don Venustiano, vuelvo a decirlo, no fue nunca maderista. El fervoroso maderismo de Villa hizo que los dos terminaran por ser mortales enemigos. Cuando algunos de los participantes en la Convención de Aguascalientes afirmaron que el gran problema del país era la pugna entre Carranza y Villa, éste ofreció una sugerencia que de seguro nadie más ha hecho en la historia de las pugnas personales y nacionales. Propuso Villa:

—Si nosotros somos el problema, si nuestras diferencias están dañando a México, le propongo al señor Carranza que nos suicidemos los dos. Así se acabarán nuestras dificultades y las que le estamos causando al país.

Forma de patriotismo muy primitiva es ésta, ciertamente, pero es una forma de patriotismo.

Emiliano Zapata se levantó contra Madero. Lo hizo equivocadamente, movido por extremistas que consideraban a Madero, igual que hacían los *científicos*, un chiflado. Don Alfonso Taracena, que tantas bellas páginas ha dedicado a enaltecer la figura de Madero, ha dicho que Zapata mantuvo comunicación con Félix Díaz y Victoriano Huerta, y que aun los invitó a sumarse a su movimiento. Sin embargo, Zapata ha subsistido como mito.

El mito de Zapata

La palabra *mito*, según su raíz griega, vendría a significar "mentira". Pero el mito en sociología no es una mentira, sino un dato cultural profundamente arraigado en una sociedad hasta el punto de formar parte de su modo de ser. Desde ese punto de vista bien puede hablarse en México, sin desdoro de la creencia religiosa, del "mito guadalupano". Desde esa misma perspectiva, Zapata es un mito, igual que Juárez.

Quizá a un padre no le impresione mucho ver llorar a uno de sus hijos. ¡Lloran tanto los hijos! Pero a un hijo sí debe de impresionarle mucho ver llorar a su padre. ¡Lloran tan poco los padres! La raíz de Zapata fue regada una vez por el llanto paterno.

El año de 1887, el barrio de Olaque, donde vivía el padre de Emiliano, fue asaltado por individuos a quienes mandaba el hacendado Manuel Mendoza. Por la fuerza se apoderaron esos hombres de huertas y casas pertenecientes a los vecinos de aquel barrio.

Desesperados, impotentes, los despojados debieron ceder a los alegatos de aquel rico, cuyas pretensiones fueron luego confirmadas por un juez. Un día llegó Emiliano y encontró llorando a su papá.

—¿Por qué llora usted, padre? —le preguntó.

—Nos quitan las tierras, hijo —respondió—. Ya no tendremos dónde sembrar. Ya no tendremos qué comer.

—¿Quiénes nos quitan las tierras, padre?

—Los amos.

—Pues hay que pelear contra ellos, padre. ¿Por qué no peleamos, padre?

—Porque el amo es muy poderoso, hijo. Nada podemos contra él.

—No se apure usted, padre. Cuando yo sea grande haré que los amos nos devuelvan nuestras tierras.

En todas las biografías de Zapata, o en casi todas, aparece el relato de esa anécdota como una especie de prenuncio de lo que después sería aquel caudillo.

Una de las mentiras más difundidas en torno de Zapata es que era pobre. De ninguna manera. En realidad era uno de los hombres más acomodados de su comarca, al menos en comparación con sus pares. En 1911 —había estallado ya la revolución de Madero—, ya había caído don Porfirio— aquel "pobre" era un ranchero ricachón que gustaba de vestir buenos y caros trajes charros; tenía muy buenas tierras de labor, un establo de vacas lecheras, una recua de mulas que le dejaban buen dinero haciendo actividades de arriería y un capital —bastante considerable para el tiempo— estimado en más de 3000 pesos. Cada año obtenía muy buenas cosechas de maíz y frijol, igual que de sandía. Tenía peones a su servicio, y era famoso jinete que se presentaba en ferias, jaripeos y herraderos montando siempre el mejor caballo y luciendo espléndidas espuelas de plata, de las más caras de Amozoc.

Alto, bien plantado, guapo, gustaba de perseguir mujeres, las cuales generalmente se dejaban alcanzar por él para sentir la caricia de sus enormes bigotazos, que Zapata cultivaba con esmero —según cita alguno de sus biógrafos— "para no parecer torero, cura o maricón".

Zapata, el hombre

El mito de Zapata nos lo presenta como un desheredado. Por supuesto que no lo era. A más de ranchero de buen ganar era hombre que había leído y estaba al tanto de las principales ideas políticas y sociales de su tiempo. Puede haber sido caudillo de los pobres, pero pobre no fue.

Numerosos personajes de la historia de México han sido grandes bailadores. Don Miguel Hidalgo sabía bailar muy bien, a pesar de su condición sacerdotal. Ya hemos referido que cuando tomó Guadalajara, escandalizó a la pacata sociedad de la Perla de Occidente aceptando que en su honor se celebrara un baile, que inició con una hermosa tapatía a quien guió hábilmente en la interpretación de un movido rigodón.

Juárez fue también famoso bailador. Ponía en el baile toda la ancestral fortaleza de su raza. Don Porfirio Díaz bailaba con fuerza de pirámide, y con igual gracia y agilidad. Panchito Madero tenía en el baile una de sus principales aficiones: cuando en el casino de mi ciudad, Saltillo, se le ofreció un baile, cansó a todas las señoras con una sucesión inacabable de valses, chotis, polkas, mazurcas y redovas.

Pues bien: Zapata también era un excelente bailador. No sólo eso: le gustaba torear, cosa que hacía con mucha prestancia a pie y a caballo. Lazaba con primor, jineteaba toros bravos y yeguas brutas, jugaba albures, raptaba mujeres. Era, en suma, una especie de Juan Charrasqueado que más de una vez se vio en líos con la justicia por sus ires y venires de parrandero y jugador.

Un hombre influyó sensiblemente en la formación de Zapata. Hablo del profesor Otilio Montaño. Este señor era anarquista, aunque no lo parecía, pues poseía robusto corpachón con abultado vientre. Maestro de banquillo, era lector devoto de los grandes corifeos del anarquismo, y además tenía la suscripción del periódico *Regeneración*, publicado por los hermanos Flores Magón, que veían en el anarquismo la doctrina salvadora de la humanidad.

Zapata era amigo de Montaño —después sería su compadre— y escuchaba con gran atención sus prédicas políticas. Cuando surgió el movimiento maderista, Montaño vio en la Revolución una esperanza de que los burgueses se aniquilaran unos a otros de modo que luego pudieran los proletarios alzarse con el poder. El Plan de San Luis le gustó sólo por la promesa de Madero de hacer volver a las comunidades indígenas las tierras arrebatadas por los hacendados.

Bajo la égida de la revolución maderista empezó la suya propia Emiliano Zapata. Su lucha era por la tierra. Nada le importaban los asuntos políticos ni los entretelones del poder. Quería que se acabaran las haciendas y que volvieran a surgir los pueblos, es decir, las comunidades de vecinos con tierras para sembrar. Aspiraba a que todos los hombres que conocía pudieran tener lo mismo que él: un buen caballo; algunas vacas; una recua de mulas; buenas tierritas para sembrar maíz, y —para lucir en las ferias y los jaripeos— un lucidor traje de charro y unas espuelas plateadas de Amozoc.

(Des) lealtades del Caudillo del Sur

El mito de Juárez nació como una invención de don Porfirio Díaz para dar a los liberales jacobinos una compensación por el acercamiento que el régimen porfirista tuvo con la Iglesia católica. El mito de Zapata lo inventaron los asesinos de Carranza para justificar su crimen.

Zapata fue revolucionario sólo porque a ello lo llevó el movimiento iniciado por Madero. En efecto, el estado de Morelos no se sumó de inmediato —como otras entidades del país— a la Revolución. Llegó ahí a través de Pablo Torres, un enviado de Madero. Llevaba éste 18 hombres en armas, y Zapata aportó 11 más, fuerza con la cual los incipientes rebeldes se lanzaron a la lucha.

Pronto se vio obligado Torres a separarse de Zapata, por el carácter violento que mostraba éste, y por sus desafueros. Cuando en mayo de 1911 la ciudad de Cuautla cayó en poder de los maderistas, una de las primeras órdenes de Emiliano fue ordenar el fusilamiento de un tal Carmen García, secretario de Muñoz de Cote, el jefe político que condenó a Zapata a servir como soldado de línea, castigo que le impuso por el rapto de una muchacha.

Cuando el movimiento maderista triunfó, Zapata empezó a distanciarse de Madero movido por la influencia de algunos que no deseaban que el coahuilense llegara a la presidencia. Gustavo Madero, preocupado por ese distanciamiento, escribió una carta a Zapata, y éste le contestó dándole plenas seguridades de fidelidad.

Otra era la realidad. Zapata habría de sumarse a los enemigos de Madero. Grandes esfuerzos hizo el Apóstol por conseguir la lealtad de Zapata. Por desgracia, Huerta intervino traidoramente e hizo mayores las sospechas que de Madero tenía Zapata, hasta el punto en que aquél bien pudo caer prisionero de éste por las maquinaciones de Huerta, Félix Díaz y los demás traidores.

Otros dos enemigos encontró Madero en sus esfuerzos por amistarse con Zapata. Uno fue el presidente De la Barra, que no acabó con el movimiento rebelde de Zapata ni trabajó para conciliarlo con el gobierno que venía, el de Madero. El otro enemigo fue el doctor Vázquez Gómez, resentido por las simpatías que mostró Madero a don José María Pino Suárez. Desde la Secretaría de Gobernación, el doctor Vázquez Gómez alentó la revolución zapatista, que parecía enderezada contra el gobierno provisional pero que en verdad atentaba contra las posibilidades que tenía Madero de pacificar al país e iniciar su trabajo con un país en paz.

Por ignorancia e inconsciencia, por haber caído en manos de quienes lo supieron manipular, Emiliano Zapata no pudo entender la verdad que había en el movimiento de Madero y su sincerísimo propósito de atender las necesidades de los campesinos, a quienes conocía tan bien como Zapata, y cuyas justas reivindicaciones apoyaba frente a la prepotencia de los hacendados.

Zapata no fue un verdadero revolucionario, tal como lo han pintado sus artificiosos loadores. Fue en verdad el brazo armado de que se valió la reacción para combatir a Madero.

Soy soldado de levita...

El obregonismo triunfó sobre el carrancismo. A partir de Madero —quien "nunca se manchó las manos ni con oro ni con sangre"— la Revolución se convirtió en una serie de crímenes terribles. El asesinato fue método común de lucha política: a Carranza se le acusó de mandar matar a Zapata; a Obregón se le acusó de mandar matar a Carranza, y así. El mito de Zapata nació de esa orgía sangrienta en que los ambiciosos de poder sumieron a la vida mexicana.

Va un hombre de aspecto insignificante por el camino que lleva a Tetelilla, estado de Morelos. Es el 2 de abril de 1911. Va a caballo, pero luce ropa de catrín: traje de casimir oscuro, bombín de fieltro gris, y lleva un portafolios bajo el brazo.

Le caen de pronto, y lo rodean, seis hombres montados y armados. Visten blusa y calzón blanco; usan huaraches y lucen enormes sombreros de palma, rifle y carrilleras que les cruzan el pecho. Están borrachos. Son zapatistas.

—¿Qué anda haciendo por acá, roto infeliz? —pregunta uno de ellos al viajero.

—Soy estudiante de Medicina —responde nervioso éste—. Estoy de vacaciones.

—Qué estudiante ni qué *jijos* —habla el jefe de los alzados—. Ha de ser espía. Vamos a tronarlo, muchachos.

Los otros se lanzan contra el joven.

—¡No, señores, por favor! —suplica éste—. No soy espía, se los juro. ¡Llévenme con su jefe y lo verán!

Se queda pensando el que traía el mando y dice:

—Vamos a llevarlo con mi general, a ver qué determina. Jálele, valedor, a ver si como ronca duerme.

Custodiado por sus aprehensores, que cabalgan en silencio, el detenido hace el largo camino hasta el campamento de los revolucionarios surianos, en Tepexco, Puebla. Llegan ahí al pardear. El recién llegado se sorprende: más de 800 jinetes están sobre las armas. Es conducido ante un hombre alto, de buena presencia. Es el general en jefe de aquella tropa de rancheros. Se llama Emiliano Zapata y está rodeado de una especie de Estado Mayor formado por rancheros cuyos nombres se escucharían luego con acento temeroso en las campañas: Próculo Capistrán, Lorenzo Vázquez, Pancho Mendoza, Juan Jáuregui, Felipe Neri...

—Aquí le traemos a este espía, mi general —dice el que lo había apresado—. *Usté* dirá si nos lo echamos.

—No soy espía, general —contesta el prisionero—. Me envía el licenciado Emilio Vázquez Gómez. Vengo desde San Antonio, Tejas, a hablar con usted.

—Ah —responde Zapata—. ¿De modo que es usted embajador?

Ríen los que están alrededor.

—No, señor —contesta el joven—. Soy representante de la revolución del Norte ante la revolución del Sur.

La respuesta, dicha en tono firme y sereno, halaga a Emiliano.

—Y ¿cómo se llama usted, amigo?

Con igual tono contesta el prisionero:

—Me llamo Juan Andrew Almazán, para servir a usted y a su causa.

Las píldoras del doctor Andrew

Zapata daba en ocasiones órdenes muy raras.

—A ver —dijo a su asistente—, ponle un catre en mi cuarto a este muchacho. Dice que quiere hablar conmigo. Ya es de noche y estoy cansado. Ahí vamos a hablar.

Cosas extrañas de la vida, pensó Juan Andrew Almazán. Hacía unos minutos era prisionero de Zapata, a punto de ser fusilado por espía. Ahora era su huésped, y dormiría en el mismo cuarto que él.

A la incierta luz de un velón de sebo fue la plática. Duró casi toda la noche. Zapata quería saber qué hacía Madero; cómo iba su movimiento; qué clase de tipo era Gustavo, el hermano de don Francisco. Hablaron de Aquiles Serdán, de cómo dio la vida por luchar contra el régimen opresor de don Porfirio Díaz.

Poco a poco Andrew Almazán fue conduciendo a Zapata a donde quería. Y tan pronto amaneció, Emiliano mandó que al toque de un cuerno se reunieran sus 800 hombres.

—Aquí les va a hablar este señor —les dijo.

Juan Andrew Almazán, trepado en una escalera, pronunció su arenga. Madero, dijo, había traicionado los ideales de la Revolución. Aceptó las llamadas conferencias de paz, y con eso dejó trunco el anhelo de los mexicanos, que deseaban ver arrancada de raíz la mala hierba del despotismo porfiriano. Había, pues, que hacer a un lado a Madero y poner en su lugar al invicto Pascual Orozco como nuevo jefe de la Revolución.

Así, aun antes de asumir Madero la presidencia de la República ya tenía como enemigos a Zapata y Almazán. Vendrían después nuevas maniobras: la torpeza del presidente De la Barra; la tortuosa mala fe de Victoriano Huerta; las intrigas de los hermanos Vázquez Gómez, tan descontentos con Madero; todo se conjuró para que Zapata se distanciara de Madero hasta el punto de volverse su enemigo mortal.

La proclamación del Plan de Ayala marca el punto decisivo de la rebelión de Zapata contra el maderismo. En ese plan se injuriaba a Madero: se le tildaba de ambicioso, de solapado y ridículo; se le acusaba de faltar a las promesas hechas en el Plan de San Luis y de haber entrado en complicidad con los *científicos*, los hacendados y caciques. Se le declaraba inepto y se llamaba al pueblo a combatirlo; se le desconocía como presidente de la República; se ponía como jefe de la Revolución "al C. General Pascual Orozco, y en caso de que no acepte este delicado puesto se reconocerá al C. General Emiliano Zapata".

Firmaba el dicho plan una constelación de generales, coroneles, capitanes, tenientes y demás, todos hombres de Zapata.

Cuando Madero y Pino Suárez cayeron asesinados por Huerta y sus cómplices, Emiliano Zapata se comunicó con el Chacal para proponerle la fusión de "pueblo, ejército y partidos en la concordia universal". Tal es el inmaculado Caudillo del Sur, a quien Obregón hizo héroe para borrar un poco el asesinato de Carranza.

El hombre de la Revolución

A Zapata lo han hecho un mito popular. Sin embargo, el Caudillo del Sur no fue sino instrumento en manos de reaccionarios que no quisieron a Madero ni a Carranza. Otro héroe popular, mito también, tiene estatura mayor. Es Pancho Villa.

El gran salvador de la rebelión que inició don Venustiano Carranza en Coahuila fue Francisco Villa. Sus triunfos militares, resonantes, dieron base a un movimiento que de otra manera habría fracasado.

Sin embargo, don Venustiano se sentía el hombre del destino. Lector devoto de la Historia, pensaba que ésta lo seguía a todas partes. Cuando llegó a Sonora, encontró en las arcas públicas 5000 pesos. Los jefes locales le pidieron distribuir esa cantidad entre las tropas, formadas por soldados sin equipo y que combatían descalzos. Don Venustiano, con diversos pretextos, rehuyó la entrega de la suma. Luego se supo que la había usado para contratar fotógrafos e impresores que hicieron retratos de su persona, que se distribuyeron profusamente en toda la zona del conflicto.

Falto de experiencia militar, don Venustiano no libró por sí mismo ninguna batalla de consideración. Bien puede decirse que las grandes victorias de las fuerzas carrancistas fueron obtenidas por todos los jefes que participaban en la Revolución, menos por Carranza.

"Don Venustiano se encaprichó en que atacáramos Torreón, y casi acabaron con nosotros. No sabe nada de ejércitos y quiere dirigir combates. Si así seguimos nos van a destrozar". Quien esa crítica hacía era uno de los hombres más adictos a Carranza, Cándido Aguilar, que luego sería su yerno.

Otra opinión: "Don Venustiano es muy tonto. No sabe oír. Nunca llegará a la presidencia de la República, y si llega nos meterá en problemas. El gobierno de Sonora emitía papel moneda, pero respaldado con un depósito en metálico, muy fuerte. El señor Carranza se apoderó de ese depósito y ordenó que siguieran emitiéndose billetes sin límite ninguno. Yo le dije que debía haber un fondo que garantizara el valor de ese papel moneda, y él me llamó científico y reaccionario". Esas palabras pertenecen a don Luis Cabrera, quien se decepcionó tanto de Carranza que se fue a España, desterrado voluntariamente.

Entre los hombres cercanos a Carranza, que ni siquiera andaban en el campo de batalla, cundía la discordia, la intriga, la desbordada ambición. Al Varón le gustaba que lo adularan. Quedó muy satisfecho cuando Isidro Fabela, en un discurso ante la tropa, lo llamó "emperador de la barba florida". El mismo don Isidro le dijo:

—Bolívar es más grande que Juárez. Y usted, jefe, es más grande que Bolívar.

—A ver, a ver, a ver —preguntó don Venustiano—. ¿Cómo está eso? ¿No dicen que don Benito es el Benemérito de las Américas?

—Eso lo dijo no sé quién en Guatemala —respondió Fabela—. Pero Bolívar, en la América del Sur, fue como un emperador. Y usted es el emperador de la barba florida.

Con esos halagos hizo fortuna don Isidro. Cuando triunfó la Revolución —relata Vasconcelos—, Carranza lo nombró "Embajador del Primer Jefe en Europa, América, y demás Continentes".

Carabina 30-30...

Empezaba la rebelión de Carranza contra Huerta. México no conocería la paz durante muchos años.

Don Jesús María Aguilar González, comerciante en Monterrey, era primo de don Francisco I. Madero. Había hecho amistad con Venustiano Carranza desde que éste era gobernador de Coahuila, pues en una ocasión el señor Aguilar le vendió a don Venustiano nada menos que 300 carabinas

Winchester de calibre 30-30. Cuando alguien le preguntó la razón de esa cuantiosa compra de armas, don Venustiano explicó que las necesitaba para un cuerpo de policía que iba a formar. A muchos se les hicieron muchas esas carabinas para los gendarmes, y circuló el rumor de que don Venustiano se estaba preparando para rebelarse contra el presidente Madero.

Con base en esa amistad, don Jesús María se le presentó a Carranza en Piedras Negras unas semanas después de que el Varón había iniciado su rebeldía contra el gobierno usurpador de Huerta. *Ipso facto* Carranza lo hizo miembro de su Estado Mayor y le otorgó el título de capitán primero del Ejército Constitucionalista.

El señor Aguilar se dio cuenta inmediata de que en el campamento de Carranza había hostilidad a todo lo que oliera a Madero. Se hablaba mal del presidente mártir; se hacía objeto de burlas o de reconvenciones a quienes defendían su memoria. Sin embargo, no pasó mucho tiempo don Jesús en Piedras Negras, pues Carranza le dio la comisión de ir a Monterrey a conseguir fondos para el naciente movimiento. Por tal causa le tocó asistir al ataque lanzado por don Pablo González contra la capital de Nuevo León.

La penitenciaría servía de fortín a los federales, y los carrancistas atacaron el edificio. Frente a la prisión estaba la casa de la familia Aguilar, y los rebeldes se parapetaron tras el muro de sillar que rodeaba la finca. No pudieron las tropas de don Pablo tomar la ciudad. Cuando se retiraron, el jefe de los federales, un general Iberri, ordenó incendiar la casa de los Aguilar, como castigo por haber servido de trinchera a los rebeldes. Ardió la residencia con todo lo que estaba adentro: el hermoso piano de cola venido de Alemania; los biombos y jarrones de porcelana que cierto remoto antepasado trajo consigo de un viaje a China; la espléndida silla de montar, bordada con pita de maguey e hilos de oro y plata, que el padre de don Jesús María lució en su caballo cuando dirigió unas carreras organizadas en honor de don Porfirio Díaz. Todo, todo ardió y se convirtió en cenizas junto con los valiosos libros de la bien surtida biblioteca: la Biblia ilustrada por Doré; *Los tres mosqueteros*, de Dumas, con dibujos de Leloir; aquel grueso volumen titulado *Amores célebres*, donde se circunstanciaban los amores que trajeron cambios en la historia: el de Cleopatra y Marco Antonio; el de don Rodrigo por la Cava Florinda; el de Enrique VIII por Ana Bolena; el de Muley Hasem por Isabel de Solís, funesto amor que provocó la división de Cegríes y Abencerrajes y fue causa de la toma de Granada y luego de la expulsión de los moros. Todo se acabó en aquel incendio. Si el país se incendiaba, cuantimás una biblioteca.

Mefistófeles y Maquiavelo

Es interesante conocer las estampas de la Revolución que nos dejaron los hombres que anduvieron en "la bola". Cuenta don Jesús María Aguilar que a donde quiera que iba don Venustiano Carranza lo seguía Alfredo Breceda. Y dice: "Este señor, cuya fisonomía era muy parecida a la de Mefistófeles, portaba siempre consigo, como si fuera un catecismo, el libro de Maquiavelo *El príncipe*, y era íntimo del Primer Jefe, uno de sus principales ayudantes y consejeros. El señor Carranza seguía religiosamente sus consejos, basados en el principio que dice: 'Divide y reinarás'".

Cerca de Carranza, pero no demasiado pues había sido fervoroso maderista, estaba también el general Felipe Ángeles, pundonoroso militar que figura entre los más limpios personajes de la Revolución. También lo recuerda don Jesús: "Era un sincero demócrata y gran admirador de Madero. Hombre sumamente fino, gentil, valiente y distinguido, en sus modales denotaba esa cortesía que viene de muy adentro, y que lo mismo se tiene hacia un superior que hacia un inferior, y hasta con los animales".

Don Felipe Ángeles no fue nunca del agrado de Obregón, y éste lo hizo objeto de toda suerte de inquinas y mezquindades. Hombres más diferentes que aquellos dos será imposible hallar.

A don Venustiano, que era tan terco que no le entraba ni el hacha —según la opinión de un inolvidable arteaguense, don José de la Luz Valdés—, se le metió entre ceja y ceja que había que tomar Saltillo. Esta ciudad, con todo y ser tan hermosa y estar llena de encantos indecibles (ahora posee más), no tenía importancia alguna desde el punto de vista militar para la Revolución.

—No conviene ir sobre Saltillo, señor —le decía a Carranza el general Ángeles, gran estratega—. Si tomamos esa ciudad, en el mejor de los casos, los federales expulsados de ahí irán a reforzar plazas como San Luis o Aguascalientes, y eso estorbará nuestros avances hacia la capital. Deje usted ahí a los pelones, y vamos mejor sobre Zacatecas.

Pero se empecinó Carranza. Y cuando se le metía algo en la cabeza no había poder humano ni divino que se lo sacara de ahí. Fue entonces cuando dijo Villa:

—El viejo está como los chamacos cuando quieren un juguete. Si no se les da se enojan y chillan. Don Venus quiere que le tomemos su Saltillo, porque ahí fue gobernador. Quiere su juguetito el viejo. ¡*Pos* vamos dándole gusto! ¡Vamos tomando Saltillo!

Y lo tomaron los rebeldes. En esa toma lució su valentía y arrojo un entrañable personaje nuestro, Pancho Coss. Jinete en brioso corcel irrumpió en las líneas enemigas, lazó una ametralladora —o un cañón, según la leyenda— y se la llevó arrastrando a cabeza de silla. Así —con cañón— está representado Pancho Coss en una bella estatua que ordenó hacer don Óscar Flores Tapia para ponerla en un boulevard al cual dio el nombre de aquel hombre legendario.

Yo, de niño, alcancé a conocer todavía a Pancho Coss. Era por aquellos años un hermoso anciano, vestido pulcramente de caqui. Vivía modestamente, pues jamás medró con la Revolución, ni pasó nunca a la patria la factura por sus servicios valiosísimos.

Potrillos chicos...

Contaba la señora doña Sara Aguilar Belden de Garza que su padre, don Jesús María Aguilar, fue muy cercano colaborador de Carranza, y miembro de su Estado Mayor. Un día, sin embargo, estuvo a punto de perder esa confianza —y ese cargo— por haber cometido una indiscreción.

Sucedió que en el campamente de Carranza había gran regocijo, pues se acababa de recibir la noticia de la toma de Torreón por el general Francisco Villa. Se sirvió una comida para celebrar aquella importantísima victoria. Junto a Carranza estaban Alfredo Breceda, Jacinto B. Treviño, Gustavo Espinoza Mireles, Francisco L. Urquizo, y aquel ingeniero Ignacio Bonillas, a quien Carranza quiso imponer después como su sucesor, intento que le costó la vida.

Después de la comida se entabló una animada conversación. Todos estaban muy contentos, incluso don Venustiano, quien había abandonado aquella severa solemnidad que daba a su rostro un gesto adusto. Fue entonces cuando el joven Jesús María metió la pata. Había sido diputado por Nuevo León cuando Madero era presidente, y pensó que aquél era buen momento para refrendar su cargo.

—Perdone usted, señor Jefe —dijo de pronto dirigiéndose a don Venustiano—. ¿Es cierto que usted tiene el propósito de reinstaurar el orden constitucional?

La pregunta era absurda. Precisamente el movimiento iniciado por Carranza se llamaba *Constitucionalista*. Ese nombre, dicho sea entre paréntesis, dio lugar a que los enemigos de la rebelión llamaran a los carrancistas, en vez de *Constitucionalistas*, "con-sus-uñas-listas", pues tenían fama de llevarse como botín de guerra todo lo que caía al alcance de sus manos. He ahí el origen del mexicanísimo verbo *carrancear*.

Un pesado silencio siguió a la pregunta del joven capitán. Éste se dio cuenta de la torpeza en que había incurrido y quiso enmendarla, pero su desmañada aclaración agravó más el error.

—Quiero decir, señor Jefe —farfulló—, si restablecido el orden constitucional volveré yo a ser diputado.

"El Jefe —contaba luego don Jesús— se compuso las gafas y me lanzó una mirada que, de haber podido ver sus ojos, ocultos por unos vidrios muy opacos, yo creo que me habría fulminado con ella. No contestó, nada más seguía mirándome".

Intervino entonces en ayuda de su compañero otro muchacho, Lucio Dávila, quien gozaba de todas las confianzas de Carranza. Era un mocetón, ranchero de la sierra de Arteaga, y fue él quien salvó la situación y, de paso, a su amigo.

—¡Uy, Aguilar! —dijo en tono festivo dirigiéndose al imprudente—. ¡Cómo eres pendejo! ¡No les montes a los potrillos cuando todavía están chicos, porque los haces pandos!

Con eso quería decirle que aún faltaba mucho para el triunfo, de modo que era necedad ocuparse de cosas que no llegaban todavía.

Todos, hasta Carranza, soltaron la carcajada, y con eso Aguilar se vio libre del enojo de don Venustiano.

Parió a veinticinco

Conmovedor relato es éste de días de Revolución.

Una muy importante victoria militar acababa de conseguir el general Pablo González. Fatigado, llegó con sus hombres a un pequeño pueblo de Nuevo León. Quería descansar unos minutos, dar agua a los caballos y seguir luego con rumbo a Estación Leal, donde se hallaba un fuerte destacamento federal.

Iba por la calle principal cuando una mujer morena, de mediana edad y gordezuela, comenzó a gritarle desde la acera mientras seguía el paso de la cabalgadura que montaba el general:

—¡Don Pablo! ¡Don Pablo!

No la escuchaba él, de modo que llegó la mujer al edificio de la Presidencia Municipal, donde estaba ya Pablo González:

—¡Señor! —le dijo poniendo ansias y angustias en su voz—. Sus hombres hicieron prisioneros a 25 inditos yaquis. Ahí los tienen, general, en el paredón, y ya los van a fusilar. Pobrecitos, general, los federales los cogieron en la leva. No hablan español, y las botas las traen colgadas del pescuezo porque ni las saben usar. ¡Sálvelos, señor, que no los vayan a matar!

El general ordenó que trajeran a su presencia a aquellos hombres. Tan pronto los vio supo que no eran indios yaquis, y mejor lo supo cuando oyó a la mujer que les decía en baja voz:

—Háganse chaparros, tarugos, y no hablen nada, para que el general crea que son yaquis.

Se sonrió el general. Aquéllos no eran yaquis, naturalmente. Pero eran pobres todos, infelices que fueron arrancados de sus parcelas por los federales y obligados a combatir por algo que ignoraban. Así, el general González ordenó:

—No fusilen a estos hombres. Mándenlos a la retaguardia y que ahí los traigan cortando leña y cuidando a los caballos hasta que sepamos a qué atenernos con ellos.

Cuando el general Pablo González salió del pueblo una hora después, la mujer lo seguía cogida del estribo al tiempo que le decía jubilosa:

—¡Dios lo bendiga, general! ¡Es usted muy bueno!

—Dios te bendiga a ti —le respondió el general a la mujer—. Acabas de parir a 25 mexicanos.

Y se alejó al frente de sus hombres el general Pablo González. En las últimas casas del pueblo quedaba la mujer, haciendo la señal de la cruz con la mano extendida en una fervorosa bendición.

La pólvora y sus infiernitos

Pundonoroso militar y hombre de mucha cultura fue el general Felipe Ángeles, una de las figuras más limpias de la gesta revolucionaria. Afirmaba don Jesús María Aguilar que, después de don Francisco I. Madero el general Felipe Ángeles debía ser considerado el personaje más insigne de la Revolución.

Hidalguense, nacido en Zacualtipán, por sus venas corría sangre india, de otomí. Alessio Robles escribió una afectuosa semblanza de don Felipe Ángeles: "El cuerpo alto, erguido y esbelto, era el verdadero tipo del mestizo, con la tez bronceada y nariz aquilina que recordaba la testa de los caballeros águilas". Pasó su niñez en Huejutla y cursó luego estudios en el Instituto Literario de Pachuca. Cuando tenía 14 años de edad ingresó en el Colegio Militar. Poseía un gran talento para las Matemáticas, y sus mismos maestros quedaban asombrados por la facilidad que mostraba para resolver los más complicados ejercicios. Solía proponer varias formas de solucionar un mismo problema. En cierta ocasión uno de sus profesores, maestro también de Mecánica Analítica en un curso superior, se vio obligado a dejar esa asignatura.

—¿A quién sugiere usted para que imparta esa clase en su lugar? —le preguntó el director del colegio.

—Al alumno Ángeles —respondió sin vacilar el profesor—. Sabe más que yo.

No sólo para los números era bueno el cadete Ángeles. También lo era para decir verdades. En una festividad en la que estaba presente don Porfirio Díaz, presidente de la República, tomó Felipe la palabra y dijo que el ejército ya no debía estar en manos de "macheteros", sino de militares de carrera. Algunos soldadotes pusieron el grito en el cielo y pidieron airadamente a don Porfirio que hiciera castigar al mozalbete.

—¿Por qué se le va a castigar? —contestó el general Díaz—. Lo que dijo es la verdad.

Siempre la decía el general Ángeles. En otra ocasión, el gobierno mexicano recibió una propuesta comercial: un inventor norteamericano, Hiram Maxim —el creador de la ametralladora que llevó su nombre— ofrecía un nuevo tipo de pólvora que no producía humo. Don Porfirio comisionó a un hombre de sus confianzas, el licenciado Rosendo Pineda, y al joven oficial Felipe Ángeles para que determinaran la conveniencia de dotar al ejército de esa novedosa pólvora.

Viajaron los dos comisionados a los Estados Unidos, y Maxim les hizo una demostración de su invento. Pineda se mostró entusiasmado, e iba ya a hacer un pedido de importancia cuando Ángeles lo detuvo, y frente a Maxim expuso los inconvenientes de esa pólvora que, dijo, era muy rompiente: no producía humo, ciertamente, y eso era una ventaja, pero por su naturaleza haría muy difícil dirigir con tino los proyectiles. El tiempo confirmó la impresión de Ángeles, hasta el punto en que después Maxim mismo retiró su pólvora de la circulación. Desde entonces solía decir el norteamericano:

—Donde está el general Ángeles ahí está la razón.

¡A mí tampoco se me sube naiden*!*

Los mexicanos tenemos un magnífico sinónimo del verbo robar: *carrancear.* Paradógicamente no era Carranza quien carranceaba, sino los carrancistas, a quienes se atribuía la costumbre de llevarse todo lo que quedara al alcance de sus manos… no fuera a suceder que alguien se lo robara.

Pocos días después de que Carranza entró triunfante en la ciudad de México, el jefe de policía que nombró, un general Cossío, ordenó a sus hombres que se carrancearan la valiosísima cuadra de caballos del señor Landa y Escandón, uno de los potentados porfiristas.

Más de 20 animales de pura sangre formaban esa cuadra. Los carrancistas se los llevaron al cuartel. Landa, consternado, buscó medios para rescatar sus caballos, y consiguió la intervención de un colaborador cercano de Carranza, el señor Jesús Aguilar González.

Fue éste con don Venustiano y le dio cuenta del latrocinio cometido. Se molestó el ilustre coahuilense, y mandó al propio señor Aguilar que recogiera los caballos y los devolviera a su legítimo dueño. Escandón, agradecido con Aguilar por su eficaz intervención, le regaló dos caballos, y a su vez Aguilar se los obsequió al general Felipe Ángeles, por quien sentía gran aprecio. El general bautizó a uno de los animales con el nombre de *Pancho Villa* y al otro le puso *Woodrow Wilson*.

Llegó a los oídos de Villa que Ángeles había bautizado a un caballo con su nombre, y tomó aquello a ofensa. Fue a reclamarle en términos descomedidos y violentos. Felipe Ángeles no se inmutó. Con tono sereno le dijo a Villa:

—Hágame el favor de venir conmigo, mi general.

Lo llevó a la caballeriza y le mostró un hermoso caballo de gran alzada.

—¿Qué le parece este caballo, general? —le preguntó.

—Muy bonito —contestó mohíno Villa.

—Pues se llama *Alejandro Magno* —le informó Ángeles—. Lleva el nombre del más grande conquistador del mundo.

Sacó Ángeles otro caballo.

—Y éste ¿qué le parece?

—Bonito, también —respondió Villa.

—Se llama *Turena*. Tal es el nombre del mejor mariscal que ha tenido Francia.

Un tercer caballo hizo traer Felipe Ángeles.

—Éste es el *Woodrow Wilson* —dijo a Villa—. Lleva el nombre del magnífico presidente de los Estados Unidos.

Trajo otro caballo el general.

—¿Le gusta éste? —preguntó al airado Villa.

—¡Oiga! —exclamó el tremendo revolucionario—. ¡*Pos* es el más bonito de todos!

—Pues éste es el *Pancho Villa* —le dijo Ángeles.

—¡Ah, qué mi general! —dijo muy complacido Villa abrazando estrechamente a Ángeles—. A ver, que le pongan mi silla a ese caballo, *pa* montarlo.

Así se hizo. Pero el precioso alazán "hormiga", acostumbrado como estaba al albardón inglés, no toleró la pesada silla ranchera, y cuando Villa intentó montarlo se encabritó de tal modo que el norteño no pudo subir a él.

—¡Qué lindo caballito! —exclamó Villa con satisfecho orgullo—. ¡Hasta en eso se parece a mí! ¡Yo tampoco dejo que se me suba *naiden*!

Las Liebres Blancas

Se ha dicho que Zapata era una especie de genio de la guerra. Es falso. Los jefes de las tropas que se le enfrentaron solían decir que jamás supieron que Emiliano hubiese dirigido algún combate, y más bien sus fuerzas eran mandadas por antiguos jefes federales como Juan Andrew Almazán, Benjamín Argumendo, Pablo Livas y otros.

¿Genio de la guerra? Difícilmente puede serlo quien con una fuerza de más de 6000 hombres fue vencido por alguien que contaba con menos de 2000. Esa ocasión se dio el 30 de julio de 1915. El general Francisco Coss, un coahuilense, había ocupado las goteras de la ciudad de México por el sur: Contreras, Tlalpan, Xochimilco, el cerro del Ajusco. En La Magdalena, camino de México a Texcoco, las fuerzas de Coss fueron atacadas por Zapata, quien al parecer esa vez, se avino a dirigir las acciones confiado en la superioridad numérica de sus fuerzas.

Hábilmente, el astuto Pancho Coss maniobró de tal modo que sus líneas quedaron en terreno escabroso, y eso dificultó las maniobras de la caballería zapatista al mando de Almazán, fuerza en que el suriano tenía mayores posibilidades de victoria. Atacados por la artillería de Coss, los jinetes zapatistas se vieron obligados a dispersarse, y quedaron prácticamente al margen de la batalla.

Regino González, quien mandaba el batallón Ramos Arizpe, logró colocarse al flanco del cuerpo principal del ejército zapatista y comenzó a disparar sobre las tropas del suriano. Los inexpertos combatientes, casi todos producto de la leva, empezaron a huir en desorden. La premura con que los zapatistas —que vestían camisa y calzón de manta— solían escapar cuando se veían en situaciones apuradas, les ganó el mote de las Liebres Blancas.

En ese momento, el teniente coronel Jesús Guajardo se acercó a Coss y le pidió permiso de ir a tomar la artillería enemiga. Con 75 hombres de a caballo —los únicos jinetes con que contaba Coss—, Guajardo hizo una carga sobre las baterías zapatistas. La acción fue tan fulminante que los artilleros pasaron de la sorpresa a la muerte.

Perdidos sus cañones, con la caballería dispersa y los hombres de a pie en plena fuga, los jefes zapatistas ordenaron la retirada. Subieron los soldados a los trenes que los estaban esperando para huir. Guajardo, quien se caracterizaba por su arrojo, llegó a galope hasta la máquina y con su pistola dio muerte a la tripulación. Detenido el tren, cayeron los Constitucionalistas sobre los hombres de Zapata, y aquello fue una carnicería.

Con fuerzas inferiores en número se había enfrentado aquel humilde ranchero coahuilense, Pancho Coss, al mitológico Zapata, y lo venció en toda la línea. Así derrotados los zapatistas, la ciudad de México quedó definitivamente en poder del Ejército de Oriente que mandaba el general Pablo González.

Ambiciones que matan

Carranza fue víctima de una ambición que no conoció Madero: el poder. Don Venustiano era un político; Madero, más que un estadista, fue un apóstol lleno de idealismo.

Zapata, como buen indio y como buen ranchero, sabía leer las intenciones de los hombres. En cierta ocasión le dijo a Gerardo Murillo, que luego llegaría a ser el Doctor Atl, famosísimo pintor:

—Veo en Carranza aspiraciones peligrosas.

Las tenía ciertamente el Varón de Cuatrociénegas, como lo prueba el acto final de su dominación: la intentona que hizo para dejar en su lugar al ingeniero Ignacio Bonillas, en quien contaba como incondicional.

Zapata no tuvo esas ambiciones. Se recuerda mucho la famosa escena en que Villa y el caudillo suriano se vieron frente a la silla presidencial. Villa, con una carcajada de burla, se sentó en ella, y con una sonrisa de oreja a oreja dejó que los fotógrafos se dieran gusto retratándolo. Luego se puso en pie y dijo a Emiliano:

—Ora te toca a ti.

Zapata no se sentó en la silla.

—Yo no *pelié* para esto —dijo—. A mí no me importa nada la política. Deberíamos quemar esta mugre, para acabar de una vez por todas con las ambiciones.

En esas palabras se traslucía algo de las enseñanzas anarquistas que Zapata había aprendido en *Regeneración*, y de labios de sus primeros maestros revolucionarios.

Varias veces tuvo ocasión Zapata de erigirse en una especie de sangriento dictador. Nunca lo hizo. Las hordas zapatistas hicieron temblar a los habitantes de la ciudad de México. El poder absoluto estuvo en la mano de Zapata. Pero él quería la tierra, no el poder político, y jamás ambicionó la presidencia. Llegó a amenazar alguna vez:

—Al que me diga que yo puedo ser presidente me lo *quebro*.

Tampoco Francisco Villa ambicionó el poder.

En el gobierno de Carranza empezaron muchos de los males que luego afligirían la vida mexicana. Las luchas de los caudillos por el poder —Carranza, Obregón, Calles— habrían de terminar al formarse el partido oficial concebido por Plutarco

Elías Calles, partido que ciertamente devolvió la paz a México, pero enfermó de plano la vida pública nacional, a la cual convirtió en un tejido inacabable de corrupciones que llega hasta nuestros días.

Por eso la figura de Madero no es exaltada por la propaganda oficialista: porque el coahuilense predicó la democracia.

Octava parte

Carranza: el hombre y el destino

El gran dictador

Carranza era gran admirador de Juárez. En algunos aspectos de su acción imitó la conducta del hombre de Guelatao, por ejemplo, en su clerofobia, que lo llevó a perseguir a los curas a veces con gran saña. Otro rasgo juarista tuvo el coahuilense: su tendencia a lo dictatorial.

Cuando estalló la pugna entre Carranza y Villa, aquél había empezado a exigir de quienes lo rodeaban una especie de juramento de fidelidad. Carranza se iba debilitando, y crecía la fuerza de Francisco Villa. La enemistad entre los dos ya era irreconciliable.

Así Carranza exigió a todos los revolucionarios que se "definieran", es decir, que declararan públicamente su simpatía en favor del carrancismo. El término llegó a ser objeto de irrisión.

—¿Tú ya te "definiste"? —se preguntaban unos a otros los jefes con tono chocarrero.

Los antiguos maderistas no tuvieron problema alguno para definirse. Jamás se les quitó la idea de que tarde o temprano Carranza habría conspirado contra el Apóstol, de modo que muchos se hicieron gente de Villa. Raúl Madero, hermano del presidente mártir, fue uno de los hombres más destacados en el poderoso ejército villista.

En Nueva York, agentes de Carranza trataban inútilmente de conseguir un préstamo norteamericano, el cual ofrecían garantizar con *bilimbiques*, que los banqueros yanquis consideraban aún menos valiosos que el mal papel en que estaban impresos. También a Nueva York llegó la demanda de definición que hacía Carranza. Alguien redactó un telegrama de adhesión. Vasconcelos se negó a firmarlo. En la fórmula de definición los firmantes ofrecían a Carranza "adhesión incondicional". A Vasconcelos, tan individualista, tan celoso de su libertad, aquella expresión le pareció indigna, y hasta abyecta. La equiparó a la frase del porfirismo: "Con usted hasta la ignominia", y dijo que no firmaría el telegrama si se mantenía esa expresión. Todos le reprocharon sus escrúpulos, y alguno, veladamente, lo acusó de ser partidario de Francisco Villa.

—Ésa es una calumnia a la que ni siquiera responderé —dijo Vasconcelos a la acalorada asamblea—. Estoy con Carranza, a pesar de todo, y ni ustedes ni nadie lograrán echarme a las filas villistas.

Luis Cabrera sí firmó el telegrama. Vasconcelos le preguntó cómo había podido firmar aquella adhesión indigna. Cabrera le mostró un giro que le había enviado Carranza, por una buena cantidad.

—Mire —le dijo—, con Villa no tengo ningún porvenir, y con el viejo sí. ¿Qué quiere usted? Ya he sufrido mucho, y México no agradece nada. De ahora en adelante Luis Cabrera trabajará para Luis Cabrera.

"Querido Quetzalcóatl..."

Somos savia de dos raíces: la indígena y la española. Tan torpe es negar una como la otra. Indigenistas e hispanistas deberían ser, por igual, mexicanistas.

Allá por 1930, el secretario de Educación, Carlos Trejo Lerdo de Tejada tuvo una idea peregrina. Como se vivían tiempos revolucionarios, de marcada clerofobia, pensó que el Niño Dios era reaccionario, contrarrevolucionario el Santa Clós y enemigos del proletariado los tres Reyes Magos. Había que poner a otra figura en su lugar para que los niños mexicanos no siguieran siendo víctimas de las fantasías inventadas tanto por los curas como por el imperialismo norteamericano.

Puesto en ese camino, el tal ministro dijo que en la Navidad el que debía traer los regalos era Quetzalcóatl. Se hizo que los niños de las escuelas oficiales escribieran sus cartitas pidiéndole a Quetzalcóatl dulces y juguetes. Y el 25 de diciembre, un individuo disfrazado de serpiente emplumada anduvo repartiendo pelotas, carritos y golosinas a los niños de los barrios más pobres de la capital. Los chiquillos recibían los regalos y luego se iban riéndose a carcajadas de aquel plumífero espantajo.

Poco después vino a México un señor de nombre Marc Chadourne. Lo invitó otro secretario de Educación, Narciso Bassols, quien era comunista, y le dio dinero para que viajara por distintas regiones del país. Al final de su periplo, el señor Chadourne escribió un libro que se llama *Anáhuac*. En él puso estas grandílocuas palabras dirigidas a los mexicanos: "Esta tierra en que habéis nacido no es tierra latina, América Latina, sino tierra india, patria mexicana, cuna de dioses y de hombres indios, de sueños y de cuentos indios, de árboles, de plantas y de animales indios. Sobre esta tierra han florecido una cultura y una civilización, artes indias cuya savia no se ha secado. Vosotros no sois [...] unos occidentales, nietos de españoles o gachupines, sino que tenéis en vuestras venas sangre de aquellos indios, ayer todavía esclavizados y torturados por vuestros antepasados blancos. Debéis creer en la preeminencia de esta sangre, en el genio del suelo y de la raza, y acordaros que millones de vuestros hermanos, explotados en las minas y en las haciendas, han sido libertados por la Revolución".

El texto ilustra la ideología de quienes no querían ver en México nada del precioso legado traído por España a tierras americanas. Con el conquistador sediento de riquezas llegaron bienes que ahora son parte esencial de nuestra vida: lengua, cultura, religión. La demagogia por la cual se quería exaltar lo indio en mengua de lo español era eso: demagogia, mentira insana, falsedad. A esa demagogia se debe la persistencia de mitos como el de Benito Juárez, que pretenden considerar a México un "país indio". No lo es. Quitar las raíces españolas a lo mexicano fue parte del intento de los Estados Unidos para extender sin estorbos su influencia hacia nosotros y hacia los demás países del sur.

La ola

¿Tenía Carranza altura suficiente para convertirse en héroe? Algunos dirán que sólo las circunstancias lo llevaron al pedestal que ahora ocupa.

Los asesinatos de Madero y Pino Suárez habían interrumpido el imperio de la legalidad en México. La forma en que Victoriano Huerta llegó al poder fue sólo una farsa para encubrir el crimen. Así, desde el punto de vista de la teoría política, el pueblo retomaba la soberanía y la ejercía para restablecer el orden constitucional.

Por un acuerdo no escrito, ni siquiera hablado, sino tácito, la bandera de la lucha recayó en don Venustiano Carranza. Varias circunstancias contribuyeron a eso, pero la principal fue que de los elementos adversos al régimen pretoriano el que contaba con más efectivos era don Venustiano. La paradoja es que quizá se había allegado esos efectivos para levantarse contra Madero. Al menos tal es la opinión de algunos historiadores muy autorizados, quienes esgrimen evidencias para probar su aserto.

Sea como fuere, el caso es que los nuevos revolucionarios reconocieron a Carranza como jefe. Su figura era la de mayor prestancia; su autoridad la más evidente; su fuerza la mayor.

Y sin embargo fue Carranza un jefe muy derrotado. En Coahuila, los huertistas batieron a los rebeldes, los dispersaron y vencieron de tal modo que Carranza se vio obligado a atravesar el país para unirse a los levantados de Sonora.

Ahí sus errores y pugnas personales menoscabaron el movimiento de tal modo que Huerta tuvo tiempo de organizar sus fuerzas.

Pero la rebelión iba cundiendo. Tres grandes cuerpos de ejército se formaron: el de Occidente al mando de Obregón; el del Centro con Villa como jefe; en Nuevo León y Tamaulipas el de Oriente, dirigido por el pundonoroso general Pablo González. La diplomacia ayudó también a la Revolución constitucionalista. Llegó a la presidencia de los Estados Unidos un nuevo mandatario, Woodrow Wilson, quien nunca estuvo de acuerdo con los manejos que se hacían en México. Una de sus primeras providencias fue quitar de la representación al tortuoso Henry Lane Wilson, quien tan abiertamente conspiró para derrocar a Madero. En febrero de 1914, el gobierno americano decretó una medida de franca ayuda a la Revolución: autorizó el libre comercio de armas. Con eso los rebeldes pudieron equiparse. Los huertistas, que debían a un yanqui su acceso al poder, se proclamaron nacionalistas y denunciaron la revolución de Carranza como un intento de intervención norteamericana. Cinismo tan grande sólo causó la risa general.

Los acontecimientos empezaron a precipitarse. Una escuadra americana ocupó el puerto de Veracruz como represalia por el arresto de unos marineros que habían escandalizado ahí. El pretexto para la invasión fue confiscar un cargamento de parque venido de Alemania. Los cadetes de la Escuela Naval hicieron frente al atentado y Carranza protestó por aquel burdo ataque a la soberanía de México. El fin de Huerta se aproximaba.

"Les cuadre o no les cuadre..."

En abril de 1914, la guarnición militar de Veracruz llevó a la cárcel a varios marinos norteamericanos tripulantes del ballenero *Dolphin*. Esos rudos hombres de mar habían hecho un escándalo en el puerto. Mandaba aquella guarnición un general de sonoroso nombre: Ignacio Morelos Zaragoza.

El contralmirante Henry Thomas Mayo ancló seis barcos frente al puerto y exigió una disculpa por la aprehensión de los sujetos. Demandó también que se izara la bandera de los Estados Unidos en la capitanía del puerto y que los mexicanos la saludaran con una salva de 21 cañonazos.

El general Ignacio Morelos Zaragoza consultó con el gobierno, que era el de Huerta, y recibió instrucciones de no plegarse a las peticiones del yanqui. El asunto, de carácter diplomático, no militar, sería atendido por los caminos de la diplomacia. Entonces, sin previa declaración de guerra, una fuerza naval americana al mando del almirante Frank Friday Fletcher atacó Veracruz. Eso sucedió el 21 y 22 de abril de 1914. La población se defendió heroicamente, pero el artero ataque costó 500 bajas entre muertos y heridos.

Para combatir al gobierno de Huerta, el presidente norteamericano Wilson entró en comunicación con Carranza. Le ofrecía facilitarle la adquisición de armas en los Estados Unidos a cambio de que se allanara a participar en elecciones que de alguna manera serían supervisadas por el gobierno americano. Carranza rechazó de plano la proposición.

En febrero de ese 1914, un inglés de nombre William Benton había sido fusilado por órdenes de Villa. Ese acto fue causa de un conflicto internacional. La Gran Bretaña encargó a su aliado, los Estados Unidos, la atención del problema. Wilson intentó un arreglo con Carranza, pero otra vez el empecinado señor de Cuatrociénegas rechazó la intervención de los americanos: el asunto correspondía a la Gran Bretaña, y sólo con ese país lo trataría. Además, los Estados Unidos debían desocupar de inmediato Veracruz. "El pueblo mexicano —dijo en un mensaje dirigido a la opinión pública norteamericana— tiene derecho de arreglar sus problemas internos del modo que más le cuadre".

Mientras tanto, Huerta se negó a ordenar el famoso saludo a la bandera americana, y se negó también a renunciar, como querían los americanos. Wilson, amenazado de ridículo, ideó una salida decorosa, y solicitó la mediación de Argentina, Brasil y Chile para arreglar los problemas entre México y los Estados Unidos. A esa comisión se le llamó "ABC".

De nueva cuenta Carranza se negó a participar en los arreglos. A Huerta le exigió la rendición incondicional y a los Estados Unidos la inmediata salida de México. Al final se salió con la suya en ambos asuntos. Era terco don Venustiano. Patrióticamente terco.

¡Vamos al zumbido!

Los carrancistas hacían su campaña en tierras de Coahuila. Cada día se les presentaba un acontecimiento nuevo.

Sabinas era una hermosa población. El río de ese nombre le brindaba sus fecundantes aguas, y los nogales que crecían a su vera ofrecían al viandante lo mismo la grata sombra de sus ramas que el rico fruto de su nuez. En aquellos años —1914 y 1915—, Sabinas tenía planta de luz, cervecería y no uno, sino dos congales, es decir, casas de lenocinio o mancebía.

Eran dos los dichos establecimientos a causa de los muchos mineros que trabajaban en la comarca. Lejos de sus casas, aquellos hombres recurrían los fines de semana a las mujeres que contrataban su cuerpo, y así desahogaban los ímpetus de su juventud, contenidos a lo largo de seis días de arduo trabajo buscando en las entrañas de la tierra la negra riqueza del carbón.

Cuando la gente de Carranza llegó a Sabinas, el presidente municipal, que simpatizaba con la lucha constitucionalista, tenía dispuesta una gran comelitona de carne asada, tasajo guisado con huevo, frijoles, tortillas de harina a pasto y grandes ollas de café. Los jefes y oficiales fueron agasajados en un café de chinos. Todos pudieron reparar las fuerzas después de las largas jornadas que habían hecho para llegar allá.

Al día siguiente, cada soldado recibió un jabón y un estropajo, con orden de ir a bañarse al río. En sus orillas tenía preparados el previsor alcalde enormes cajones de madera donde se helaban invitadoras botellas de cerveza. En julio, y con los calores de Sabinas, no podía habérsele ocurrido idea mejor.

El mejor de los dos burdeles de Sabinas era el de Juana, madrota de gran prestigio y fama, administradora magnífica del giro al que se dedicaba. En su negocio privaba el mismo orden que en un colegio para señoritas. Las 20 muchachas que ahí tenía eran como sus hijas. De todas cuidaba y a todas exigía magnífica conducta y seriedad. La misma exigencia se extendía a los clientes: jamás se supo de un escándalo o riña en el establecimiento de doña Juana. Ahí reinaba siempre una gran formalidad.

Formalidad, sí, pero no estiramiento. En aquella casa se bebía, se cantaba, se bailaba y se reía. En "el otro lado" había comprado la dueña un fonógrafo, invención novedosísima. Señoreaba el salón de baile aquel gran aparato, con su enorme corneta y sus adornos de bronce reluciente. En el artilugio se tocaban las danzas de más moda. Un *joto* se encargaba de seleccionar las piezas y accionar el aparato.

Todo el dinero que doña Juana ganaba en su comercio lo invertía en cabras. Más de 600 tenía ya, y hacía buenos dineros con la venta de su leche y los cabritos.

A don Venustiano Carranza no le gustaba que sus hombres tuvieran trato con pirujas. Eran frecuentes entonces las enfermedades venéreas, si bien ni siquiera la más peligrosa que entonces se conocía, la sífilis, entrañaba el riesgo con que ahora nos amenaza el SIDA. Pero hasta una simple gonorrea era suficiente para inutilizar a un hombre por algún tiempo, y don Venustiano necesitaba que todos sus hombres estuvieran sanos y aptos para el combate.

Así pues, cuando en Sabinas las tropas carrancistas tuvieron un descanso los jefes y oficiales dispusieron que en lo posible los soldados se abstuvieran de concurrir a los congales del pueblo: el muy famoso de doña Juana Gudiño, y, el de Esteban, un hombre vivaracho y cordial, amigo de todos, que si bien no tenía las mejores muchachas, como Juana, era el que se había allegado la mejor clientela.

Los dos tratantes fueron convocados a una solemne reunión en la sala de Cabildos del ayuntamiento, junta que fue presidida por el mismísimo alcalde de Sabinas, don Indalecio Riojas. Como alto comisionado del carrancismo fungió Francisco L. Urquizo, gente de todas las confianzas de don Venustiano.

Llegaron los dos del citatorio, doña Juana y Esteban, muy atemorizados, pues no alcanzaban a imaginar para qué era solicitada su presencia. Temían que se les obligara a hacer uno de aquellos préstamos forzosos a que recurrían los bandos revolucionarios para el sostenimiento de las tropas, y que los desdichados a quienes se imponían debían hacer, so riesgo de perder la vida.

Quizá era conocido ya en Sabinas el desastrado hecho que le ocurrió a un rico usurero del sur, a quien el jefe de una facción aprisionó para sacarle fondos. El avaro los tenía, pero muy bien escondidos en una caja tesorera que nadie sabía dónde guardaba. Por más amenazas que el soldadote hizo caer sobre el avaro, éste negó tener dinero. Se le atormentó para sacarle aquel secreto, pero el hombre amaba tanto su dinero que selló su boca, y de ella no salió el dato para localizar su oculta fortuna. Finalmente el jefe de los facciosos le puso un ultimátum draconiano: si no les decía dónde estaba el tesoro, lo iban a capar. Es decir, le cortarían los dos preciados adminículos en que su varonía se fincaba.

Ni por ésas. El avaro guardó tenaz silencio. Entonces, el bandolero llamó a uno de sus hombres, que por haber sido antes caporal de ganado sabía capar con gran destreza. Vino éste, extrajo de su funda de cuero el filosísimo cuchillo que usaba para tales menesteres, y con torvo gesto empezó a darle más filo en una piedra de amolar que para el efecto tenía disponible. El avaro tembló, pero siguió guardando su secreto.

Por lo tanto el rudo bandido dio la orden de que el matarife castrador procediera *in continenti* a practicar su cirugía amputadora. Y dicen que en el momento en que el hombre tomó la parte en que iba a operar y esgrimió el filosísimo cuchillo, alzó el avaro los ojos al cielo, y dijo con piadoso gesto:

—¡San Antonio Bendito! ¡Dale buena mano!

Y es que esa pía jaculatoria se decía cuando el capador iba a castrar a un animal. San Antonio de Padua es el patrono celestial de los animalitos, y a él le era encomendado el acto de la castración. Se le pedía que el capador tuviera buena mano a fin de que el animalito victimado no fuera a sufrir después complicaciones postoperatorias. Por eso clamó así el tenaz avaro.

Con miedo igual, si no tan grande, llegaron a la sala de Cabildos doña Juana Gudiño y aquel Esteban N. Grande fue su sorpresa, y agradable, cuando se enteraron de que su presencia era requerida para tratar un asunto favorable a sus negocios. Habló Urquizo y dijo que aunque la tropa había sido exhortada a no gastar dineros y energía en tratos con las daifas de los congales, seguramente aquella noche muchos soldados, y aun oficiales, y hasta jefes, irían a buscar en esas casas de mala nota el desfogo de sus contenidos ímpetus. Aquello era inevitable, pues ya se sabe que *semen retentum venenum est.*

Así pues, a efecto de preservar la salud de los integrantes del ejército, se pedía muy atentamente a doña Juana y a don Esteban que aquella misma tarde sometieran a todas sus mujeres a una revisión extraordinaria que les practicaría el médico municipal. Las que fueran reportadas enfermas por ningún motivo deberían presentarse a cumplir sus cotidianas obligaciones esa noche. A más de esa obligación, también se hacía responsables a los dueños de los prostíbulos del orden y buena conducta tanto de los visitantes como de las visitadas.

Cualquier escándalo que hubiera en sus locales sería severamente castigado.

Doña Juana y Esteban cambiaron una mirada. En ella se dijeron todo. Eran diestros los dos en su comercio, y sin hablar supieron lo que tenían que hacer. Con tanto hombre en el pueblo serían unos imbéciles si no hacían su agosto en aquel caluroso julio de 1913.

—Está muy bien —dijo mansurronamente doña Juana Gudiño—. Traeremos a nuestras muchachas a que las revise el señor doctor municipal. Pero para eso será necesario que vengan bien bañadas.

—Desde luego —confirmó nerviosamente el médico.

—Y sucede que no tenemos en nuestras casas agua suficiente para que se bañen todas.

—He ahí un grave inconveniente —tosió el alcalde—. ¿Qué sugiere usted, señor Urquizo?

El carrancista lo pensó unos instantes y luego respondió:

—No sé... Quizá podrían bañarse en el río.

—Me parece una excelente idea —terció con prontitud Esteban—. Sólo que necesitaríamos medios de transporte para llevarlas a todas hasta allá.

—Eso no es problema —sentenció el alcalde—. Yo pediré a mi buen amigo el señor Trueba que nos facilite dos trocas de redilas, de las de su negocio, y en ellas serán llevadas las muchachas.

Efectivamente, una hora después los dos camiones —en el norte se les llaman *trocas*, del inglés *truck*— iban camino al río Sabinas llevando su gárrulo cargamento de vocingleras maturrangas que iban a aquel forzado baño como a una fiesta o alegre día de campo.

En sus mancebías doña Juana y Esteban se frotaban las manos, felicísimos. Conocían la naturaleza humana mejor que el alcalde y el comisionado carrancista. Cerca del río estaba el campamento de la tropa. Cuando los soldados se enteraron del baño de las perendecas, las dos orillas se llenaron con hombres que deleitaron su mirada, como hizo el rey Rodrigo con la Cava Florinda, en la contemplación de los desnudos cuerpos de las daifas. El espectáculo de sus morbideces excitó los naturales apetitos del personal, y aquella noche las dos casas de pecado hicieron el negocio más grande en todo lo que llevaban de existencia.

Qué razón tenía el travieso Arcipreste de Hita cuando dijo aquello de que todos los afanes de los hombres tienden de una manera u otra a cumplir el impulso inmortal —inmortal, pues sirve para perpetuar el milagro de la vida— que nos lleva a buscar "juntamiento con fembra placentera".

Un libertino heroico

¿De qué rara madera están hechos los héroes? No lo sabemos. Toda suerte de extrañas circunstancias, las más de ellas del momento, pueden conducir al heroísmo.

José Azueta tenía 21 años y llevaba una vida disipada. Su pasión eran las mujeres. Por más de una se había metido en grandes problemas que varias veces estuvieron a punto de costarle la vida. Le gustaba también la copa: era famoso bebedor de ron y coñac. Y le atraía el juego: en el libro de las 40 hojas —así se llama la baraja española—, en los huesos del Diablo —tal nombre dan los tahúres a los dados—, aquel muchacho Azueta había ido perdiendo los días de su juventud y el dinero que recibía de su familia.

"Su vida era borrascosa", dijo alguien que escribió sobre él. Así era, en efecto, aquella existencia desastrada. ¡Cuántas lágrimas derramó por él su mamá, y cuántas oraciones alzó al Cielo! ¡Cuántos enojos y amarguras padeció su padre, que veía cómo su hijo se iba precipitando sin freno en el abismo de la perdición!

Su padre… Un marino de mucho pundonor, Manuel Azueta. Cuando vio que ni regaños ni castigos podían sofrenar los desatados ímpetus de su hijo, lo obligó a entrar en la Escuela Naval y lo puso bajo el mando del jefe de artilleros, hombre que tenía fama de duro hasta el extremo.

No brilló como alumno José Azueta, y no dejó del todo sus calaveradas. Los días de asueto, que no eran muchos, solía volver a sus farras, a sus amigotes y a las daifas, su turbulenta compañía.

Sucedió que los americanos amenazaron Veracruz. Corría el año de 1914 y las relaciones entre México y los Estados Unidos se habían puesto tensas. Navíos de la escuadra yanqui anclaron frente al puerto. Gustavo Mass, general huertista encargado de la protección de la plaza, escapó y la dejó librada a su propia suerte, sin más defensa que la muy poca que le podía brindar la Escuela Naval.

Contra el plantel ordenó disparar el jefe de los americanos, Fletcher, el 23 de abril. Resistieron aquel ataque las autoridades de la escuela y sus cadetes. Ahí murió, niño héroe, el cadete Virgilio Uribe. Se ordenó la retirada, pues toda resistencia era imposible. Pero en ese momento, el teniente de artillería José Azueta, quien a pesar de estar franco había permanecido en su escuela, salió del edificio con una ametralladora y se plantó en una esquina de la calle por la cual avanzaban ya los marines americanos.

Empezó a accionar su arma y cayeron los primeros invasores. Dispararon los yanquis contra él y lo hirieron, pero siguió disparando. Desde un balcón su padre le pedía con gritos angustiosos que cesara la resistencia, que salvara la vida. El joven Azueta no escuchaba; seguía resistiendo. Una bala le destrozó la rodilla. Hincado hizo frente al enemigo. Otro disparo le cortó casi el brazo derecho. Finalmente, tendido ya en el suelo, los americanos cayeron sobre él y lo aprisionaron. Murió después de dolorosa agonía la tarde del 10 de mayo. Murió por la patria.

El otro don Benito

Benito Canales, guanajuatense, alcanzó la inmortalidad en la letra y la música de un corrido popular.

Andaba de tienda en tienda
buscando tinta y papel
para escribirle una carta
a su querida Isabel…

Vivía Isabel en Zurumuato, poblado que hoy se llama Pastor Ortiz. Benito Canales estaba enamorado de ella desde que la conoció en la feria de Puruándiro. Se prendó de sus negros ojazos, de sus luengas trenzas de ébano, de su modo de andar como gacela. Huérfana de padre y madre, la muchacha no tenía más arrimo que el de unos tíos que la recibieron en su casa por caridad. Benito, entonces de 24 años, era ya mozo de rumbo. Ganaba muy buenos pesos en su talabartería, y los gastaba sin ver cuántos le quedaban en la bolsa. Jinete famoso en la comarca, gran jugador de gallos, enamorado y cantador, era una buena prenda.

Pero estaba muy comprometido Benito. Dos años antes se había "arrejuntado" con una mujer de Guadalajara. Se llamaba Luciana, pero todos le decían *Lucha*. Cuando el joven talabartero vio a Isabel, en el punto la tapatía salió de su corazón, y lo ocupó la michoacana. Todo lo dejó Benito —trabajo, querida, parrandas con amigos— y fue tras Isabel como el milano tras la paloma. Pronto la muchacha cedió —se dio— a la embestida de aquel animal joven, y Benito hizo suya a la muchacha.

La sacó de casa de sus tíos y se la llevó con él. Pero antes echó de su casa a aquella Lucha, y la mandó con viento próspero a donde quisiera irse. La mujer, despechada y herida en su amor propio, se fue a vivir al poblado de Abasolo. Benito e Isabel ocuparon la casa de Zurumuato.

Después de que Canales mató al jefe político en aquel día de diciembre de 1910, juntó unos cuantos hombres y se proclamó alzado contra el gobierno. Al grito de "¡Viva Madero!" —el grito más limpio y más fuerte que ha sonado en este país—, se le fueron uniendo más rebeldes. Muy pronto Benito capitaneaba una fuerza regular con la cual empezó a asolar las poblaciones ocupadas por tropas federales. Caía sobre ellas por sorpresa y las saqueaba para hacerse de víveres y municiones. Lo mismo hacía en las haciendas, que atacaba con especial encono. Después de sus acometidas se metía en las fragosidades de la sierra, y sus perseguidores no lo podían hallar.

Así pasaron los meses. Cuando Madero llegó a la presidencia de la República, Benito Canales no dejó su lucha.

—Mi guerra es contra las haciendas —decía—. Aunque Madero ya sea gobierno, yo voy contra la Acordada y contra los hacendados.

Cayó Madero; fue asesinado, y subió al poder Victoriano Huerta. Las nuevas autoridades emprendieron una feroz persecución contra Canales.

Un día, cuando estaba remontado en las alturas de su refugio agreste, un arriero de Cuerámaro, amigo de todas sus confianzas, llegó hasta allá con un recado urgente: Isabel estaba enferma de mucha gravedad, y quería verlo para despedirse de él antes de morir.

Benito Canales, maderista, es personaje de corrido, no de historia. Por eso va a perdurar más en la memoria popular.

Salió Benito Canales
en su caballo retinto,
con sus armas en la mano
peleando con treinta y cinco…

Bajó de la sierra Benito Canales para ir a ver a su querida Isabel, y la halló en su casa de Zurumuato, muy buena de salud.

—Te mandé decir que estaba enferma porque de otra manera no habrías venido. Quise avisarte que te andan buscando los de Huanimoro para matarte.

Huanimoro era una de las haciendas que Benito había atacado en 1911, cuando se fue a "la bola" después de matar al jefe de la policía.

—Aunque sean 100 rurales —le respondió Benito—. No les tengo miedo; más bien me gustaría esperarlos, *pa* que sepan quién es Benito Canales.

Era cierto lo que decía Isabel. El hacendado había conseguido que le asignaran una fuerza de 30 federales para castigar a Canales. Esa fuerza le seguía los pasos ya de cerca. Fue su antigua amante la que los puso sobre la pista del rebelde, aquella tapatía Lucha, herida en el corazón y en el orgullo por el abandono de Benito.

Cuando Canales salía de Zurumuato se topó con los rurales, que venían de Abasolo. Se trabó la balacera. Benito, con seis de los suyos, se parapetó entre las casas. Pronto cayeron sus acompañantes, y él quedó solo contra los federales.

—¡Éntrenle, pelones desgraciados! —les gritaba—. ¡Acá está uno que no les tiene miedo!

Los vecinos estaban desolados, pues la balacera amenazaba a los niños que jugaban en la plaza y que no pudieron regresar a sus casas antes de que se trabara la refriega. Algunos lloraban entre los disparos que se cruzaban el rebelde y sus perseguidores. El cura párroco salió de la iglesia y habló con el jefe de los atacantes para pedirle que cesara el fuego. Le dijo que él se encargaría de obtener la rendición de Canales.

—Vaya usted —le dijo hosco el capitán federal—. Pero si ese bandido no se rinde, usted morirá junto con él.

El sacerdote se puso de rodillas y así, hincado, avanzó por medio de la calle empedrada hasta llegar a donde estaba Benito.

—¡Padrecito! —le dijo éste conmovido—. ¿Cómo es posible que venga de rodillas a encontrarme?

—A dos cosas vengo, hijo —le respondió el cura—. La primera, a pedirte que dejes las armas. No puedes tú solo contra tantos. La segunda, a confesarte.

—Está bien, padre. Ya basta de tanta mortandad. Confiéseme usted, que al fin y al cabo ya sé que ésos me van a matar.

—Deja las pistolas y quítate las carrilleras, hijo. Así armado no te puedo confesar.

Obedeció Benito y lavó sus culpas con el sacerdote, que le dio la absolución.

Cuando terminaron, Benito le dijo con una sonrisa al sacerdote:

—Ya estoy descansado, padre. Déjeme seguir peleando aunque sea otro ratito.

—Hijo —respondió serenamente el sacerdote—, tengo empeñada mi vida. Si disparas un solo tiro, moriré.

—Por mí no se ha de perder, padre. Usted ya cumplió su deber. Yo cumpliré el mío.

Decía Benito Canales
ya después de confesado:
—Quiero pelear otro rato,
ora que estoy descansado.
Pero el Padre capellán
no lo dejó más decir.
—Hijo, si sigues peleando
yo también voy a morir.
Le respondió don Benito:
—Por mí no se ha de perder.
Por rescatarle su vida
ya no haré yo mi deber.

Los rurales echaron mano a Benito. Con las manos atadas por atrás fue llevado Canales por las calles del pueblo. Un hosco silencio de la gente acompañó a los federales: nadie celebró la prisión del rebelde. En una esquina Isabel alcanzó el cortejo, se abrió paso entre los guardias y se abrazó llorando a las rodillas de su amante.

—¡Padre del Perdón! —invocaba gimiendo desesperadamente—. ¡Sálvamelo!

—No llores, Isabel —trataba de consolarla el prisionero—. Vete a la casa.

Algunas vecinas, piadosas, se acercaron y levantaron a la gemebunda muchacha. No la dejaron ya que fuera tras de su hombre. Bien sabían a dónde lo llevaban.

A fusilarlo llevaban los rurales a Benito. No hubo para él juicio ni formación de causa. Era un bandolero, y como tal iba a morir. El cura párroco lo acompañó hasta el final. Iba junto a él mostrándole un crucifijo mientras le recitaba las preces de los agonizantes.

Llegaron al sitio de la ejecución. Seis soldados formaron el cuadro. Benito fue colocado frente a ellos y uno de la tropa fue a vendarle los ojos. Con un movimiento de cabeza Canales rechazó la venda.

El sacerdote se acercó a él y le ofreció la cruz para que la besara. Luego, después de bendecirlo con el Cristo, se colocó a su lado derecho al tiempo que repetía en voz baja la fórmula de la absolución final. Se oyeron las voces de mando. A la de "¡Fuego!" sonaron los disparos, y Benito cayó pesadamente al suelo. El jefe del pelotón se dirigió hacia el cuerpo y le dio a Canales el tiro de gracia en la sien. Había acabado la vida de aquel hombre que sin haber conocido nunca a Madero luchó por su causa.

Hoy no se recuerda a Benito Canales como maderista, pero lo fue. Cuando oigo su corrido en labios de los cantores populares pienso que es mayor —y más auténtica— la inmortalidad que da el pueblo que la conferida por la historia oficial. Esa mentirosa historia, dijo don Mariano Azuela, es "una ramera cobarde que estrapuja siempre la verdad".

Carranza de hierro

El carácter de don Venustiano queda de manifiesto en esta anécdota, relato de un suceso doloroso.

Jesús Carranza, hermano del Varón de Cuatrociénegas, y su sobrino Abelardo cayeron en manos del duro general Alfonso Santibáñez, quien señoreaba Oaxaca. Éste los amenazó con fusilarlos si no se dirigían a don Venustiano para pedirle la suspensión del ataque que había ordenado contra la plaza.

Carranza rechazó la demanda del huertista. Recibió la carta de su hermano y el 1° de enero de 1915 le contestó con otra: "No puedo prometer nada, ni dar mi palabra para ningún arreglo. Hace tres días declaré públicamente que seguiré una política de absoluta intransigencia para los enemigos y traidores [...] Esta promesa tengo que cumplirla en el primer caso que se me presenta, que es precisamente el tuyo. Por lo tanto no pasaré por ningún arreglo que hagas con Santibáñez, a quien haré responsable de las consecuencias de su conducta".

Don Jesús, que veía en inminente riesgo su vida y la de su hijo, le puso un telegrama urgente a su hermano: Santibáñez los iba a fusilar si el ataque sobre Oaxaca no se suspendía. La respuesta de Carranza, el mismo día, no admitía ya más comunicación: "Me despido de ti y de las personas que están presas contigo, deseando que salgan con felicidad del trance en que se encuentran. Tu hermano".

Santibáñez se convenció: al viejo era imposible reducirlo. Unos días después Jesús Carranza, su hijo y su secretario fueron fusilados en la sierra oaxaqueña.

Otras cosas tenía don Venustiano en qué pensar que en su familia. Juarista devoto, en aquella circunstancia actuó como lo habría hecho don Benito. También empezó a hacer lo mismo que él. Asumió una actitud anticlerical; muy pronto la Iglesia católica lo tuvo como su nuevo perseguidor. El meritito día de la Navidad, año de 1914, Carranza expidió una ley de divorcio que para la Iglesia era anatema. Luego cedería a la

Casa del Obrero Mundial, organización de claro corte socialista y anticatólico, los edificios del convento de Santa Brígida y del famoso Colegio Josefino. Después, don Pablo González entregó al Obrero Mundial la preciosa Casa de los Azulejos, sede del odiado Jockey Club porfiriano. A cambio, Carranza obtuvo de los sindicalistas una promesa que claramente amenazaba a los disgustados jerarcas: combatir a "la reacción", con las armas si era necesario.

Sin embargo, no duró mucho la luna de miel entre los obreros y don Venustiano. El coahuilense era reformador, pero no tanto. En 1915 y 1916, cuando el poder de los obreros empezó a manifestarse en huelgas que amenazaban al Estado, Carranza fue el de "la reacción". En efecto, reaccionó violentamente contra el ejercicio del derecho de huelga y reprimió con dureza a los trabajadores. Llegó al extremo de ordenar la militarización de los ferrocarrileros a efecto de someterlos a la disciplina del Ejército —la insubordinación era castigada con la pena de muerte— como represalia por el espíritu de clase que los trenistas demostraron al apoyar en sus paros a los trabajadores de la industria textil.

El obispo vs. *el gobernador*

Hechos muy interesantes de la época revolucionaria son casi inéditos. Aquí se habla de uno de ellos.

Buenas, bonísimas, eran las relaciones del señor gobernador de Coahuila, licenciado Gustavo Espinosa Mireles, con el señor obispo de Saltillo, don Jesús María Echeverría. Y era natural que lo fuesen: pese a su juventud, el gobernador era hombre de mucha cultura, dueño de una exquisita educación y de trato afable y cordial. Por su parte, el señor obispo unía a su muy alta investidura una amabilidad que lo hacía ser querido por todos, aun por quienes no eran parte de su grey.

Un día aquellas buenas relaciones se ensombrecieron por un asunto temporal. En los ires y venires de la Revolución constitucionalista, los carrancistas se habían carranceado unos bienes que, por considerarlos en manos de la Iglesia, supusieron debían quedar en poder del gobierno federal. El señor Echeverría quiso reclamar esos bienes, y acudió para ello ante el gobernador.

Iba el señor obispo acompañado del padre José Concepción Robles, inolvidable sacerdote que fue cura párroco de la catedral durante 27 años. Con ellos iba también don Conrado Medrano, organista de la catedral y músico de muchos méritos. Fue él quien contó la anécdota a don Melchor Lobo, que la pasó a nosotros con su sabroso estilo de muy excelente narrador.

Se saludaron el señor obispo y el gobernador con mucha cortesía, guardándose las deferencias y consideraciones que recíprocamente se debían. Después de que el licenciado Espinosa Mireles invitó a sus visitantes a tomar asiento en los amplios sillones de su despacho, y sin sentarse él hasta que lo hubo hecho el señor Echeverría, le pidió que fuera bien servido de informarle a qué debía el honor de su presencia en palacio. Con muy buenas palabras el obispo se lo dijo, y le expresó su solicitud de que los bienes que habían sido ocupados por las fuerzas del señor Carranza le fueran devueltos a la brevedad posible.

Habló entonces el gobernador, y con palabras igualmente corteses hizo saber al señor Echeverría que no le era dable obsequiar su deseo, toda vez que de acuerdo con la ley, los bienes de la Iglesia debían estar en poder de la nación. Suponiendo, sin conceder, que así sea, respondió el obispo, esa ley discutible no era aplicable en el presente caso, pues los tales bienes los había comprado él de su peculio personal, y su propiedad le pertenecía en calidad de simple particular. Respondió el gobernador que era difícil, siendo el señor Echeverría obispo, determinar cuáles eran en verdad bienes suyos, y cuáles correspondían a la Iglesia. Aquello molestó a don Jesús María, que respondió con voces desabridas. Más agrias fueron entonces las del gobernador, con lo que la discusión comenzó a tener mucho calor y muy poca luz. En un momento de la disputa, el señor Echeverría se irritó tanto que dijo algo que al gobernador pareció fuera de tono:

—Recuerde Su Señoría —dijo al obispo— que está hablando con el gobernador.

—Y yo me permito recordarle, señor gobernador —respondió de inmediato el obispo—, que está usted hablando con un príncipe de la Iglesia.

Tras esa mutua identificación, ambas partes se moderaron y llevaron el asunto a un satisfactorio fin. Pero al contar este episodio decía don Melchor Lobo:

—Dudo mucho que una escena semejante pudiera repetirse ahora sin consecuencias graves para el obispo.

La traición de Guajardo

El capitán Salomé Salgado, carrancista, estaba en Tlayecac, villorrio del estado de Morelos, a cargo de la guarnición del pueblo. Ociosos sus soldados, se le ocurrió ponerlos a trabajar en obras de beneficio comunitario: empedrar las calles del pueblo; pintar la escuela; levantar las bardas de los corrales.

El presidente municipal, agradecido, amistó con el capitán, y al paso de los meses lo invitó a bautizarle un hijo. Era aquel funcionario compadre de Zapata, y en la fiesta del bautizo Salgado le manifestó su deseo de conocer al legendario caudillo suriano.

No respondió nada el munícipe. Aunque estaba animado por las copiosas libaciones de pulque, sabía bien que en aquellas cuestiones lo mejor era mantener el pico cerrado. Pero unos días después, con el pretexto de un viaje de arriería, se remontó a la sierra y buscó en su cuartel general a Emiliano, su compadre. Le dijo que un capitán carrancista quería conocerlo; le habló de los trabajos que había hecho en el pueblo y le sugirió que sería conveniente recibirlo.

Zapata accedió, y hasta se prestó a ir él mismo a un rancho cercano a Tlayecac para que ahí tuviera lugar el encuentro. Cuando llegó Salgado al punto de la cita, Zapata lo trató con amabilidad. Como en el curso de la plática se enteró de que el capitán tenía problemas para obtener forraje para su caballada, le dijo que podía llevar los animales a pastar a unos potreros que él tenía por ahí, y hasta le indicó que enviaría gente suya a cuidar las bestias.

Pero eso no fue todo: al final de la opípara comida que se sirvió para festejar el encuentro, Zapata invitó al carrancista a unirse a él. Salgado no pudo ocultar la molestia que le causó esa invitación. Tal parecía que Zapata lo tomaba por un traidor. Respondió que su intención al solicitar aquella entrevista no había sido defeccionar del ejército al que pertenecía. Tuvo interés en conocer al famoso caudillo y lo había conocido ya. Zapata no se molestó, y el banquete siguió con animación hasta el final.

Al día siguiente del encuentro, Salgado informó a su superior los detalles de aquella entrevista. Recibió una orden: aun a riesgo de ser tomado por traidor debía estrechar su trato con Zapata, pues eso podía ser de utilidad para la causa carrancista. Y lo fue, ciertamente. Poco después, Salgado tuvo una larga conversación con su compadre el alcalde, y éste lo instó vivamente a que se pasara al campo zapatista. Jefes muy importantes del carrancismo, le dijo, estaban ya en pláticas secretas con Emiliano para cambiar de bando.

—¿Como quién? —preguntó Salgado aparentando no dar importancia al asunto.

—Como el coronel Jesús Guajardo —le respondió el compadre.

A duras penas pudo Salgado contener su asombro. Guajardo era uno de los jefes más importantes de las fuerzas carrancistas.

He aquí algunos detalles muy poco conocidos, y muy interesantes, acerca del coronel Jesús Guajardo, el autor de la muerte de Emiliano Zapata, aquel famoso rebelde a quien llamaban los pobres *el Caudillo del Sur* y los ricos *el Atila* del mismo rumbo cardinal.

Jesús Guajardo era coahuilense. Nació el 29 de agosto de 1892 en Candela, bella población del norte de nuestro estado. Niño aún, fue llevado a vivir a Saltillo, donde quedó bajo la guarda de una de sus tías maternas, María del Pilar.

Después de cursar la primaria en la Escuela Oficial núm. 2, el joven Guajardo fue inscrito como alumno del Ateneo Fuente. Al parecer no tuvo mucha fortuna en sus estudios en esa gloriosa institución, pues pronto salió del Ateneo. En seguida pasó al Colegio Civil de Monterrey.

Coincidió su llegada a la capital neoleonesa con el despertar de los briosos instintos de la juventud. Carácter áspero tenía Jesús Guajardo; era altanero y reñidor. Cierto día fue a dar al hospital con una puñalada en la panza. Se la infirió un sujeto a quien el rijoso coahuilense le había robado la novia. Los gendarmes le pidieron al herido el nombre del heridor, pero Guajardo selló sus labios, pese a que conocía bien al puñalero.

Sólo por un milagro conservó la vida. Su tía Pilar, angustiada por las tremendas locuras del muchacho, se lo llevó a Saltillo otra vez, a una casa que tenía por la calle de Zaragoza. Una noche se le salió el sobrino, y durante dos semanas la pobre mujer no supo nada de él. Y es que Jesús tenía una pequeña cuenta que ajustar, y había ido a Monterrey a cobrarla. Buscó al sujeto que lo había apuñaleado traicioneramente, lo retó a un duelo a cuchilladas y lo mató, también de una puñalada en la panza. Para el sujeto no hubo hospital que valiera.

Muy bien parecido era Jesús Guajardo. Quienes lo conocieron lo describen como un hombre de aventajada estatura, fornido, de cabello rubio rizado y ojos verdes. Jinete famoso, era supereminente tirador de pistola, capaz de acertarle a una moneda a 15 pasos de distancia. Pues bien: el Sábado de Gloria de 1913, don Venustiano Carranza atacó Saltillo. No era muy atacante don Venustiano, pero anhelaba vivamente que la capital del estado que había gobernado quedara bajo el dominio de la Revolución. Guajardo decidió unirse a los rebeldes. Supo que Pancho Coss andaba por el rumbo de la calle de Los Baños, y fue a unirse a él. Se topó en una esquina con un grupo de "pelones", soldados federales, que le marcaron el alto. Guajardo mató a dos de ellos con otros tantos tiros de su pistola y galopó luego hasta llegar a donde estaba aquel legendario jefe, Pancho Coss, a cuyas fuerzas quedó incorporado.

Se distinguió Guajardo en varias acciones militares. En otras no se distinguió tanto. Una vez, por ejemplo, le encargaron asaltar un tren en el que se sospechaba iba el general huertista Emilio Campa. Asaltó el tren, en efecto, y lo detuvo. Pero no encontró al general de marras pese a que lo buscó en todos los vagones, hasta abajo de los asientos y en los escusados. Vio, sí, a una señora de atractiva presencia que viajaba con boleto de primera. Le presentó sus respetos y la ayudó a bajar del tren, pues la señora le dijo que le era urgente continuar su viaje para encontrarse con su esposo en Monterrey. Caballeroso y educado, el coahuilense le consiguió un automóvil para que la llevara a la estación de ferrocarril más cercana. Después se enteró Guajardo, mohíno y consternado, de que la bella dama a la que ayudó con tan buena voluntad era el general Campa disfrazado de mujer. ¡Ésos eran hombres!

De cómo murió Zapata

Las circunstancias de la muerte de Zapata, misteriosas, pueden conocerse mejor por medio de este relato en que se recogen versiones dictadas personalmente por algunos de los participantes en aquel cruento suceso.

El coronel Jesús Guajardo era hombre de violencias. Mandaba el 50º Regimiento, acuartelado en un pequeño lugar de Morelos llamado Chinameca. Tenía un citatorio pendiente en la Secretaría de Guerra, pues se le había llamado a fin de que respondiera de una grave acusación por líos de mujeres. Guajardo no acudió al requerimiento y estaba amenazado con un proceso por insubordinación.

Inquieto por ese problema, el coronel Guajardo se dirigió al jefe de administración del Ejército de Oriente y le pidió que le mencionara su caso al general Pablo González, a fin de que éste intercediera en su favor ante la secretaría. El funcionario habló con el general González y éste accedió a interponer sus buenos oficios, pero eran tantos los asuntos que debía atender que dejó pasar varios días sin tratar el caso de Guajardo, y éste recibió otro citatorio.

Furioso por no haber encontrado apoyo en don Pablo, Guajardo empezó a desobedecer sus órdenes. Un día, el general se hallaba en Cuautla cuando fue avisado de que aquél, en estado de ebriedad, estaba escandalizando en el Hotel Providencia. González ordenó a uno de sus ayudantes que fuera a donde estaba Guajardo y lo trajera ante él.

Cuando llegó, el enviado halló al coronel montado a caballo adentro del hotel y disparando su 45. Guardó la pistola el rijoso al ver al comisionado, y lo escuchó. Pero el enviado, quizá temeroso de que Guajardo le faltara al respeto al general González por el estado de ebriedad en que se hallaba, cometió la imprudencia de aconsejarle que no se presentara ante el general, sino que se fuera directamente a su cuartel.

Así iba a hacerlo Guajardo cuando llegó el general González, a quien le había extrañado la tardanza del escandaloso. En ese momento ya iba por la calle Guajardo al trote de su caballo. Con un grito, don Pablo le ordenó detenerse. Pero ya sea porque no lo oyó, o porque seguía el consejo que le dio el mensajero, Guajardo no se detuvo y desapareció a la vuelta de una esquina.

El general, furioso, ordenó que Guajardo fuera detenido a fin de someterlo a proceso por insubordinación. Su representante lo calmó, le hizo ver que el coronel era pieza importante en la lucha contra Zapata. Cambió de propósito González, pero ordenó que se mantuviera en estrecha vigilancia al coronel.

Pronto rindió frutos esa vigilancia. En manos de los agentes de don Pablo cayó una carta que Emiliano Zapata dirigía al coronel carrancista. "Ha llegado a mi conocimiento —le decía el caudillo suriano a Jesús Guajardo— que ha tenido usted con Pablo González algunas dificultades en las que ha sido usted amenazado sin tener causa justa. Eso, y la convicción que tengo del triunfo de las armas revolucionarias, me alientan a hacerle una formal invitación para que se una a nuestras tropas".

El coronel Jesús Guajardo se presentó en la casa del general Pablo González para disculparse por el escándalo que provocó en el Hotel Providencia. Don Pablo aguardaba aquella entrevista con impaciencia. Cuando tuvo frente a sí al coronel, le entregó la carta que sus espías le habían hecho llegar.

—¿Por qué no me había informado usted que está en correspondencia con Zapata? —le preguntó con aspereza.

Guajardo pareció sorprenderse.

—Mi general —le dijo con vehemencia—, le aseguro a usted que...

—Lea —lo interrumpió González.

Guajardo leyó la carta en que Zapata lo invitaba a incorporarse a sus fuerzas.

—Es la primera vez, señor —aseguró al acabar la lectura— que veo este papel.

—Perfectamente —respondió el general—. Siendo así vamos a aprovechar la carta. Contéstele a Zapata; hágale creer que está usted dispuesto a traicionarnos. A lo mejor así podremos conocer sus intenciones. Téngame al tanto de lo que vaya sucediendo.

Al día siguiente, Guajardo dio respuesta a la carta del caudillo suriano en estos términos. "Quedo enterado de la invitación que se ha servido hacerme. En vista de las grandes dificultades que tenemos Pablo González y yo estoy dispuesto a colaborar a su lado siempre que se me den garantías suficientes para mí y mis compañeros, y a la vez mejorando mis condiciones de revolucionario. Cuento con elementos de guerra, municiones, armas y caballada, y otro regimiento a mis órdenes que sólo espera mi resolución para contribuir al movimiento. En espera de sus letras, y suplicándole una reserva absoluta sobre este asunto tan delicado, quedo su seguro servidor".

El 1° de abril de 1919 Zapata se dirigió a Guajardo: "Con mucha satisfacción me he enterado de su atento escrito en que me dice que está dispuesto a unirse a la causa revolucionaria. Tanto a usted como a los jefes, oficiales y soldados que lo acompañen se les recibirá con los brazos abiertos [...] Tengo confianza en que cumplirá al pie de la letra el asunto de que se trata; por mi parte sólo sé decirle que siempre cumplo mi palabra... Deseo que haga su movimiento el jueves. Como Victoriano Bárcena es un mal elemento es necesario que empiece usted con él. Desármelo y remítamelo al rancho de Tepehuaje; ya después acordaremos los trabajos que debemos seguir haciendo".

El 3 de abril de 1919 el coahuilense respondió a la carta del caudillo suriano: "Muy estimado Jefe: Respecto a Bárcenas no es posible dar cumplimiento [a su solicitud de aprehenderlo y entregárselo] por encontrarse éste en Cuautla. Otro motivo es que traerá de dicha ciudad 40 000 pesos. Por mi parte he pedido 20 000 cartuchos que me entregarán del 6 al 10 del presente. Una vez reunidos en nuestro poder esos elementos daremos el golpe a Bárcenas. Mientras tanto me permito ofrecer a usted víveres u otros artículos que pudieran hacerle falta".

Al parecer, Zapata se dio por satisfecho con la explicación de Guajardo, pues el mismo día le dio esta respuesta: "Su carta ha sido para mí la confirmación de las referencias que sobre usted me han sido proporcionadas, y no dudo que, como usted me indica, sean sostenidas con hechos. Respecto a los víveres de que me habla, efectivamente estamos escasos. Le agradezco mucho su buena disposición para proporcionármelos. Esté seguro de que recibiré con gusto todo aquello que sea su voluntad mandarme. Ya ordeno a mi gente que no entorpezca el paso de sus arrieros".

Pocos días después Zapata envió a uno de sus secretarios, el licenciado Feliciano Palacios, a entrevistarse con Guajardo. Éste le mandó a Zapata como regalo, por intermedio de Palacios, un precioso caballo que el general recibió lleno de satisfacción.

Una extraña advertencia

El 8 de abril, el licenciado Aguilar, hombre de todas las confianzas del general Pablo González, dormía profundamente en su casa cuando un tremendo ruido lo sacó de su sueño. Encendió la luz de la habitación, y lo que vio lo dejó estupefacto: ahí, en su recámara, estaba el coronel Jesús Guajardo montado en su caballo.

—No se me asuste, licenciado —le dijo Guajardo al sorprendido señor—. Nomás vine a decirle que en este momento salgo para Chinameca a realizar el trabajo que se me encomendó.

—Le deseo mucho éxito, mi coronel —acertó a farfullar el abogado.

—No vine a que me desee éxito —respondió Guajardo con tono de amenaza—. No necesito su aliento. Sólo vine a decirle que usted me responde de mi familia. La comisión que llevo es de peligro. Si muero parecerá que traicioné al gobierno, y éste podrá incautar mis bienes, tomar represalias contra mis familiares. A usted le consta que no soy un rebelde, que lo que hago es cumplir órdenes, de modo que lo hago responsable de la suerte de los míos. Aunque yo muera alguien se encargará de vigilar que usted me cumpla.

—Vaya usted sin cuidado, coronel —contestó Aguilar—. De la seguridad de su familia y de su bienestar futuro yo me encargo.

Sin más palabras y sin despedirse salió Guajardo a cumplir su comisión. Aquella comisión no era otra que la de matar a Emiliano Zapata.

A las seis de la tarde, el coronel Jesús Guajardo le pidió al teniente Joaquín Lezama transmitir de su parte una orden al coronel Margarito Ocampo. Con 80 de sus hombres debía presentarse en el patio del cuartel a fin de recoger parque y vituallas que ahí les serían entregados.

Fue Lezama a cumplir el encargo, y a poco llegaba Ocampo con 80 soldados. De inmediato cayó sobre ellos un nutrido contingente del Segundo Escuadrón. El sorprendido coronel y sus hombres no sabían qué estaba sucediendo. Lo supieron muy pronto. Atados con las manos por la espalda fueron llevados a un rancho llamado Los Otates. Ahí los esperaban los zapatistas. Margarito Ocampo era segundo en el mando —y compadre— de Victoriano Bárcena, aquel general cuya entrega había sido exigida por Zapata a Jesús Guajardo como prueba de que éste iba a desertar del carrancismo. Guajardo no pudo —o no quiso— entregarle a Bárcena, pero para convencer a Emiliano de que sus intenciones eran verdaderas, le puso en las manos a Margarito Ocampo.

Apenas amanecido el día siguiente, Zapata se presentó en Los Otates. Lo que sigue está sacado de narraciones de diversos testigos. Cuando el guerrillero suriano vio a Ocampo y a Guillermo López, que era su segundo, les dijo lleno de ira:

—¡Conque aquí están, hijos de la chingada!

Desenfundó su machete y, lanzándose sobre ellos, les hizo pedazos la cabeza. Se volvió entonces hacia su escolta y gritó a los hombres:

—¿Por qué no acaban con esos tales en la misma forma?

Aquello fue una cruenta matanza. A machetazos, a puñaladas, los zapatistas asesinaron a todos aquellos desdichados, víctimas propiciatorias de la celada que a Zapata se le estaba preparando.

Emiliano ya no podía tener dudas de que Guajardo iba a traicionar a Carranza para unirse a él. Pero como sus hombres de más confianza le advertían que admitir al coronel enemigo podría ser peligroso, le mandó ese mismo día otra misiva con una nueva orden: debía atacar de inmediato la plaza de Jonacatepec.

Estaba custodiado ese punto por el teniente coronel Antonio Ríos Zertuche, quien no estaba al tanto de la estratagema urdida para capturar a Zapata. Guajardo tuvo tiempo de enviar un correo urgente, y Ríos recibió con asombro una orden de la superioridad: su posición sería atacada por el coronel Guajardo. Debía hacer poca resistencia y abandonar la plaza.

Así sucedió. Cuando atacó Guajardo se limitó Ríos Zertuche a disparar unos cuantos cartuchos y luego se retiró. No obstante, hubo muertos y heridos por ambos bandos, todo para dar visos de verosimilitud a aquel engaño.

No cayó Zapata en él. Presintió que todo aquello estaba sirviendo para preparar la trampa en que Guajardo lo iba a prender para matarlo, y se dispuso él también a tender su propia red.

Dos tigres al acecho

Jesús Guajardo iba tendiendo la red para apresar a Zapata y darle muerte. Pero Zapata, ladino y astuto como era, también tendía su red para hacer su presa del coronel carrancista y llevarlo al paredón. Aquello fue una lucha entre dos rivales que, fingiéndose amistad, buscaban matarse.

El 9 de abril de 1919, a la caída de la tarde, se encontraron por fin Emiliano Zapata y Jesús Guajardo. La entrevista fue muy tensa: se suponía que Guajardo estaba haciendo traición a su jefe, el general Pablo González, para pasarse al zapatismo.

Guajardo, tras reconocer a Zapata como jefe, le presentó a sus colaboradores. Emiliano, con gesto adusto, los fue saludando con una inclinación de cabeza, pero sin darles la mano en la presentación. Se cambiaron algunas fórmulas de seca cortesía y luego Guajardo le hizo una señal a uno de sus ayudantes. Zapata y sus hombres —todos iban armados— observaban con cuidado cada uno de los movimientos de Guajardo y sus acompañantes.

Salió el hombre de la habitación y regresó con una botella de tequila y dos copas. Guajardo sirvió la primera y la ofreció a Zapata.

—Para brindar por nuestra amistad, mi general —le dijo.

Zapata no tomó la copa. Con tono hosco pidió a su anfitrión:

—Beba *usté* primero.

Serio, sin mostrar disgusto por aquella evidente prueba de desconfianza, Guajardo apuró la copa de un solo trago. Entonces Zapata se sonrió y aceptó la otra, que bebió lentamente.

Con eso terminó la entrevista. Zapata dijo a Guajardo que al día siguiente recibiría instrucciones suyas. Montó en su caballo y se alejó en un trotecillo lento.

Lo que no sabía Guajardo es que Zapata ya sabía. Había organizado el guerrillero una eficiente red de espionaje compuesta principalmente por mujeres que, en su calidad de soldaderas, iban y venían por campamentos de cuarteles, y que todo lo oían y miraban. Una de esas agentes zapatistas, María Grajales, se enteró de que Guajardo había recibido la comisión de asesinar a Zapata. El mismo día que tuvo noticia de la conspiración fue al campamento de Emiliano y le dio todos los detalles de la trama.

"Emiliano empezó a temblar de coraje —narraría luego la mujer—. Daba vueltas y vueltas en el cuarto, como fiera enjaulada. Estaba algo tomado, pues él y sus ayudantes se habían acabado tres ayates llenos de botellas de cerveza."

Zapata llamó a sus más cercanos jefes y les comunicó la noticia que había recibido. Después de una rápida deliberación, se acordó matar esa misma noche a Jesús Guajardo. El coronel carrancista, a su vez, había señalado el día siguiente para asesinar a Zapata. Así, en ese duelo de hombres astutos vencería el que asestara el primer golpe.

El que pega primero...

La mujer llegó demudada, con el semblante descompuesto.

—¿Qué quieres? —le preguntó Guajardo.

—Mi coronel —respondió con temblorosa voz la soldadera—. Ya supe que Zapata lo invitó a cenar esta noche.

—Es cierto. ¿Y qué?

—Por Dios santito, no vaya *usté* a ir. Me dijeron que ese hombre lo va a envenenar.

—¿Quién te lo dijo?

—No me lo pregunte, mi coronel, por favor. No se lo puedo decir. Pero *créyame* lo que le estoy diciendo. Si quiere seguir viviendo no vaya a esa cena.

Guajardo le dio unas monedas a la mujer y la despidió. Se quedó pensando en lo que sucedía. Todo indicaba que Zapata ya estaba al tanto de la conjura para asesinarlo. De seguro trataría de matarlo a él. Tenía que ponerse águila.

Poco antes de la cita, Guajardo se metió en la cama e hizo llamar a un médico. Se quejó con él de un repentino cólico. El doctor lo examinó y le recetó algunas medicinas. Cuando llegaron por él los hombres de Zapata, el médico iba saliendo de la casa.

—Díganle a mi general Zapata que no puedo ir a la cena —les pidió Guajardo haciendo como que se retorcía por el dolor—. Dice el médico que tengo un cólico intestinal. Piensa que no es cosa grave, pero me mandó quedarme en la cama.

Se regresaron los zapatistas. Poco después sonaron grandes golpes en la puerta de la casa. Guajardo se incorporó en el lecho. Para su sorpresa vio entrar en su habitación a Emiliano Zapata.

—¿Qué le sucede, coronel? —le preguntó sin saludarlo antes.

—Tengo un cólico muy fuerte, mi jefe —le contestó Guajardo con doliente voz—. No me puedo ni mover.

—Hombre, qué lástima —dijo Zapata—. Mire, como me dijo mi gente que estaba *usté* muy malo, le traje este mezcal. Con un trago se va usté a componer.

Y así diciendo le extendió una cantimplora que había traído atada de unos cordeles a la silla de su caballo.

—No puedo tomar nada, mi general —respondió Guajardo rechazando el ofrecimiento—. El médico me dijo que no debo tomar ni agua. Además me dio unas medicinas; no me vayan a hacer daño con el mezcal.

Zapata, con gesto de disgusto, volvió a tapar la cantimplora.

—Bueno, amigo —dijo—. *Pos* que siga *usté* bien.

—Mi general —pidió Guajardo—. Le ruego que acepte como mi representante en la cena al mayor Manuel de la Garza. No quiero tener con usted ninguna desatención.

—Está bien —contestó Zapata—. Y salió sin más de la habitación.

Guajardo pensó entonces que la advertencia que le había hecho aquella mujer sin nombre era verdad: Zapata ya tenía todo dispuesto para asesinarlo. Durante algunas horas le dio vueltas en la cabeza a lo que debería hacer. Estaba en el cubil de una fiera. Había que quitarle la vida antes de perecer en sus manos. Eran las dos de la mañana cuando se levantó del lecho y fue a despertar a su asistente, que dormía en el suelo al pie de la puerta que daba paso a su habitación.

Tres dianas de muerte

El 10 de abril de 1919, el coronel Guajardo recibió la visita de Zapata. Se había trabado entre los dos un juego mortal: debían mostrarse respeto y consideraciones, pero ambos estaban prestos a dar el zarpazo a su rival.

Guajardo no podía llevar adelante por más tiempo el engaño de su malestar. Así, se vio en la precisión de manifestar a Zapata que estaba ya restablecido del cólico que sufrió el día anterior. Emiliano le dijo que tenía noticias de que el general Pablo González había enviado fuerzas en su contra —en contra de Guajardo—, y que por tanto era muy conveniente que éste saliera con su gente y se estableciera en la hacienda de San Juan de Chinameca.

Al salir de Tepalcingo, se sumaron al contingente de Guajardo cinco generales zapatistas. Le dijeron que tenían órdenes de su jefe de ayudarlo en caso de ser atacado por González, pero bien entendió Guajardo que aquellos hombres tenían el encargo de vigilarlo. Por otra parte, Zapata le había mandado situar todas sus tropas en Los Limones, a cuatro kilómetros de Chinameca, quedándose él en la casa de la hacienda con una guardia de sólo 10 hombres. Todos esos datos sirvieron para que Guajardo tuviera la convicción de que Zapata lo enviaba a Chinameca para asesinarlo ahí. Escribiría después el propio coronel Guajardo: "Como el jueguito que tanto el general Zapata como yo estábamos desarrollando era para que cualquiera de los dos cayera en él, determiné, como antes digo, jugarme el todo por el todo".

Aprovechó Guajardo la circunstancia de que los hombres de Zapata no conocían a sus hombres. Así, reunió a 10 de sus mejores oficiales, los más audaces, los más leales, y habló con ellos.

—Nos llevan a Chinameca para asesinarnos —les dijo—. Necesitamos resolver nuestra situación corriendo los peligros que el destino nos depare.

Los 10 estuvieron de acuerdo en "jugársela" con su jefe. Deliberaron lo que más convenía hacer. Cuando Guajardo salió rumbo a Chinameca custodiado por los cinco generales de Zapata, con él iba una escolta de 10 soldados rasos. Aquellos "soldados" eran los oficiales de Guajardo, disfrazados conforme al plan que habían trazado con su jefe.

Al filo de las 10 de la mañana llegó el grupo a la hacienda de San Juan de Chinameca. Los oficiales de Guajardo se quedaron en la puerta de la finca simulando hacer la guardia. Así, aunque Guajardo quedó a merced de los zapatistas, éstos no podrían salir vivos de la hacienda en caso de atentar contra el coronel.

—¿Qué les parece —preguntó éste a los hombres de Zapata— si mientras llegan las órdenes de mi general nos tomamos unas cervecitas?

El calor era fuerte; la tentación fue mucha. Aceptaron los zapatistas y fueron los seis a una de las habitaciones de la casa, la más fresca. Una tras otra iban apurando las cervezas que el propio Guajardo destapaba.

Tenía en riesgo la vida el coahuilense. Emiliano Zapata se había dado cuenta de la conjura que su enemigo había organizado para asesinarlo, y se proponía matar primero a su rival.

Al mediodía, un soldado de Zapata entró en la habitación donde bebían los seis hombres. Con un movimiento de cabeza llamó a uno de los generales y le dijo algunas palabras en voz baja. Guajardo, que simulaba estar borracho, aguzó el oído y alcanzó a oír la breve conversación entre los dos.

—Manda preguntar mi general Zapata si el señor que *usté* sabe está borracho ya.

—Dile que todavía no, pero que lo estará muy pronto. Yo le aviso.

Regresó el general a la mesa.

—Échese otra —le dijo a Guajardo casi en tono de orden.

Jesús era famoso bebedor. Unas cuantas cervezas no lo

iban a embriagar. Sin embargo fingió estar ya borracho. Hablando con tartajosa voz de ebrio se dirigió a los zapatistas en tono de enojado:

—Bueno ¿y por qué mi general Zapata no viene a acompañarnos? Tiene que echarse unas cervezas con nosotros. Debíamos mandar un propio a invitarlo.

Al decir eso daba grandes manotazos en la mesa. Parecía en verdad ebrio, pero jamás en su vida había estado más sobrio y más alerta.

Los zapatistas mostraron conformidad con la proposición. La sugerencia estaba de acuerdo con las instrucciones que ellos tenían de Zapata: quería venir a Chinameca.

—¡A ver! —ordenó Guajardo a uno de sus hombres—. Ve con mi general Zapata y dile que lo invitamos a venir acá, que venga a tomarse una cerveza.

Uno de los generales zapatistas ordenó a su asistente que acompañara al emisario.

—Y dile al jefe que el hombre ya está en punto —añadió en voz baja.

Salieron los dos hombres, y los otros continuaron bebiendo. A Guajardo no se le escapó un detalle: los cinco generales zapatistas habían quitado la correa que fijaba la pistola de cada uno a su respectiva funda. Parecía que estaban prestos a sacarla en cualquier momento.

La espera se iba haciendo cada vez más tensa. Aunque seguían bebiendo, los comensales ya casi no hablaban. Guajardo, para hacer más creíble su ebriedad, empezó a jactarse de que "mi jefe" el general Zapata le había otorgado el grado de general brigadier, y que con ese grado se dirigía a él cuando le enviaba una orden por escrito.

Para entonces había pasado ya una hora y media desde que salieron los mensajeros a invitar a Zapata. En eso se oyó estruendo de cascos de caballo. Se asomó Guajardo a la ventana. Un gran contingente como de 300 hombres avanzaba hacia la hacienda. Al frente, cabalgando en el hermoso alazán que

Guajardo le había obsequiado el día anterior, venía Emiliano Zapata...

La muerte del tigre

Con 300 hombres de a caballo llegó Zapata a la hacienda de San Juan de Chinameca. No sabemos qué iba pensando mientras cabalgaba a lomos del precioso caballo que Guajardo le había regalado. Lo que sí podemos conjeturar, según todos los indicios, es que Zapata sabía ya que el carrancista pretendía matarlo. Es muy posible que Zapata fuera a Chinameca a matarlo él. No de otra manera se explica que, habiéndole ordenado a Guajardo que se quedara con una escolta de sólo 10 soldados, llegara él al frente de 300.

En la puerta de la hacienda esperaban ya los 10 arrojados oficiales que tenía ahí Guajardo disfrazados de soldados. De ocho de ellos tengo yo los nombres. Quien mandaba la guardia era el teniente Enrique Fournier, perteneciente a las fuerzas del general Antonio Ríos Zertuche. Los otros "soldados" eran Carlos Castro, Roberto Sánchez Ramos, Manuel Salazar, Refugio Sánchez, José Jaramillo, Francisco Vera y otro de cuyo nombre no quedó registro.

Uno más me faltaba, que ya se me iba olvidando. Este oficial que participó en la muerte de Zapata era poblano. Maderista, después del asesinato del Apóstol se incorporó a las fuerzas de Fortunato Maycotte. Luego militó bajo el mando del coronel Jesús Guajardo. Al paso del tiempo llegó a ser general de División, y durante la gestión de Lázaro Cárdenas fue designado gobernador del territorio de Baja California Norte. Ocupó la presidencia del Partido Nacional Revolucionario, antecedente del PRI, y tuvo el cargo de secretario de Marina al comenzar el sexenio de Adolfo Ruiz Cortines. Murió en el desempeño de ese puesto en 1955. Se llamaba este personaje Rodolfo Sánchez Taboada.

Pero volvamos al hilo del relato. Cuando Zapata, al frente de sus hombres, se acercaba ya a la puerta de la hacienda, un centinela dio la voz de aviso: llegaba el general en jefe. Al escuchar aquella voz se formó la guardia en línea desplegada. Un clarín de órdenes se puso al frente de la fila. En el momento en que Zapata iba llegando, el corneta dio tres llamadas de honor. La última era la señal convenida por los hombres de Guajardo. Cuando sonó, los 10 oficiales disfrazados de soldados presentaron armas. Al pasar Zapata frente a ellos tendieron sus rifles e hicieron una descarga cerrada. Zapata cayó pesadamente al suelo. De 10 tiros que le dispararon, nueve le atravesaron el cuerpo.

El súbito ataque sorprendió a los zapatistas. La escolta del guerrillero huyó a carrera tendida, dejando abandonado el cuerpo de su jefe. La tropa retrocedió igualmente y se alejó del terreno pensando que el ataque había sido hecho por una fuerza superior.

Y ¿qué sucedió en el interior de la casa de la hacienda? Recordemos que ahí se encontraba el jefe de la conjura para dar muerte a Zapata, el coronel carrancista Jesús Guajardo, acompañado de cinco generales zapatistas.

¿Traición?

¿Por qué fue a Chinameca el general Zapata? Porque Guajardo lo atrajo con el cebo de entregarle 12 000 cartuchos, rifles y vituallas. Dicho de otra manera, Guajardo fue más astuto que él y pudo por tanto dar el primer golpe.

¿Guajardo un asesino? La verdad es que era un militar que cumplía órdenes de un superior. ¿Entonces el general Pablo González debe cargar con la cuenta del asesinato? Zapata era un rebelde, andaba levantado contra el gobierno. Desde ese punto de vista no puede hablarse de traición. Lo más que podrá reprocharse a los asesinos de Zapata es no haberse apegado a las caballerosas leyes de honor de la guerra, leyes que ciertamente en aquellos tiempos no tenían absolutamente ninguna aplicación, y menos aún en México. Además, todavía queda aquello de que "en la guerra y en el amor todo se vale".

Apenas unas horas después de la muerte de Zapata, nació en el pueblo su mito. Y nació en forma muy parecida a como nació el mito de Pedro Infante: la gente empezó a decir que Zapata en verdad no había muerto. Se dijo que el caído era un compadre suyo, y que Zapata, cansado ya de ver tantas muertes de mexicanos, se había escondido para siempre. Hubo quien juró haber visto a Zapata en un país de Arabia. Y muchos, tanto en Anenecuilco como en Chinameca, aseguraban que Emiliano cabalgaba todavía en su famoso caballo *As de Oros*, regalo del mismo que le quitó la vida.

Ésa es la leyenda popular sobre Zapata. Pero está la otra, el mito oficialista, el que muchos siguen cultivando todavía. Ése lo hicieron nacer Obregón y Calles para volver menos reprobable otro homicidio, el de Carranza. Si éste mandó asesinar al Caudillo del Sur no era tan malo haber ordenado que se le asesinara a él.

El mito oficial de Zapata es detestable. El mito popular de Zapata es entrañable. Representa la eterna lucha del campesino —del mexicano lo mismo que del ruso, irlandés o alemán— por la tierra y por el derecho a percibir sus frutos después de trabajarla. Más leyenda que realidad, Zapata encarna la realidad de un pueblo con vocación rural. En la carreta alegórica de paja que decía Ramón López Velarde irá por siempre, con su mirada dura al lado de la *Suave Patria*, la imagen hecha mural y mito de Zapata.

Novena parte

Cuentas y cuentos

Historia de sangre

A partir de los asesinatos de Madero y Pino Suárez, el relato de la historia de México se convierte en una sangrienta sucesión de crímenes.

Don Francisco I. Madero es héroe inmaculado. Su memoria no es exaltada porque el Apóstol predicó un evangelio que está prohibido en nuestro país hasta la fecha: la democracia. Más discursos reciben hombres míticos, como Zapata, o políticos que tuvieron menos ideas y menos ideales pero más éxito que el coahuilense: Plutarco Elías Calles o Álvaro Obregón.

Aunque don Venustiano Carranza es coahuilense, no tiene simpatías entre algunos coahuilenses. Hago a un lado sus antecedentes porfiristas: de un modo u otro casi todos los mexicanos de su tiempo tuvieron antecedentes porfiristas. Repruebo, sí, la forma en que regateó su participación en la cruzada maderista. Aquilato en toda su significación los hechos que muestran que Carranza no comulgaba del todo con su paisano de San Pedro, y coincido con quienes abrigan el convencimiento de que, de no haber mediado las circunstancias que al final obraron, Madero habría tenido en Carranza a un empecinado opositor, quizá a un feroz enemigo. Yo venero a Madero con el fervor con que se mira a un santo laico. No pongo a la misma altura la figura de Carranza.

En fin, lo que quiero decir es que con Madero murió una esperanza democrática de México.

Madero era un idealista sin mácula de culpa. Lo único que sus empecinados enemigos han podido reprocharle es su mejor virtud: la bondad. Obligado a ejercer lo que más le repugnaba, la violencia de las armas, atemperó ese extremo con los mayores de la compasión. La imagen casi desconocida de Madero llevando a la frontera en su automóvil al vencido general Navarro para librarlo de ser muerto por Orozco o Villa; esa imagen del hombre noble que salva la vida a su enemigo es para mí una visión más bella que la muy hermosa de don Francisco entrando vencedor en la ciudad de México, a caballo y con la bandera de México en la mano.

Después de Madero llegan los políticos. Se matarán los unos a los otros para quitarse el poder. Con Carranza muere Zapata; luego, con Obregón, Carranza perderá la vida. El sonorense morirá también víctima de una ambición nunca contenida. Décadas de sangre cubren el territorio nacional en esa disputa que sólo cesa cuando los buscadores de poder hacen un pacto tácito para repartirse a México como un botín sin estorbarse unos a otros y sin que los estorbara el pueblo.

En este pueblo sí hay ladrones

¿Cuándo comenzaron esas "comaladas sexenales de millonarios" que hacen de México un país corroído hasta la médula por todos los males que derivan de la corrupción?

De Madero podrán decirse muchas cosas: que era ingenuo; que jamás entendió nada de política; que sus bondades tuvieron el grave defecto de la inoportunidad. Sin embargo, nadie podrá decir jamás que fue un ladrón.

Muchas cosas también podrán decirse de Carranza: que era un hombre terco, un político ambicioso de poder, un empecinado que no escuchó jamás opiniones ajenas y se perdió a sí mismo por su empecinamiento. Pero tampoco nadie habrá que se atreva a acusarlo de haber robado dineros o bienes propiedad de la nación.

Madero fue miembro de una de las familias más opulentas del país. Pudo haber gozado la vida fácil del hacendado rico. Carranza, por su parte, fue hijo de un pudiente propietario norteño. Ni uno ni el otro, empero, mostraron apetito de fortuna.

Antes de lanzarse a la empresa de dar a los mexicanos libertad, Madero distribuía sus caudales con generosidad entre aquellos que lo necesitaban. Luego, ya en campaña, y después en la lucha revolucionaria, comprometió toda su fortuna para llevar adelante sus ideales.

Carranza fue hombre austero que aun siendo presidente de la República acostumbraba apuntar en una libretita los gastos que hacía cada día. Ya he dicho que mi maestro de Derecho Procesal Civil, el sapiente abogado don Antonio Guerra y Castellanos, tuvo intervención en la sucesión del Varón de Cuatrociénegas, y nos hablaba del escaso patrimonio que don Venustiano pudo dejar a su familia a pesar de haberse encumbrado en la política.

¿A quiénes, entonces, hemos de considerar fundadores de esa "familia revolucionaria" que se apoderó del país y lo convirtió en su propiedad particular? Los fundadores de esa corrupción son Álvaro Obregón y Plutarco Elías Calles.

Obregón perdía en la mesa de juego, sin pestañear, 50 000 pesos de los de entonces, suficientes para hacer estallar un cañonazo corruptor de muchos generales y políticos de la época. A esa suma, que Obregón apostaba tranquilamente a una carta, ascendió todo el valor de lo dejado a sus hijas por Carranza.

Calles hizo de los negocios políticos y del tráfico de influencias un método de conducta que heredaron quienes lo siguieron. Don Carlos Pereyra, eminentísimo historiador perseguido y menospreciado por sus ideas, escribió estas duras palabras: "Hombres así no conciben el Estado sino como una hacienda de producción ilimitada. Situados al margen de la economía, todo negocio es bueno para ellos, porque el Estado responde de sus quebrantos. Se ofrecen a sí mismos la fortuna, y actúan con el optimismo de quienes no tienen que hacer cuentas".

Ni rendirlas, me atrevo a añadir yo.

Ambiciones que matan

Carranza nunca vio con buenos ojos a Villa. No podía verlo porque el Centauro del Norte fue un acendrado maderista, y Carranza detestaba todo lo que oliera a Madero.

Hay que mencionar que don Venustiano mostró siempre una tremenda ineptitud en cosas de la guerra. No puede decirse que haya obtenido nunca una victoria importante. Sus generales y los ajenos le ganaron las batallas. Si al final fue él quien llegó a la presidencia, fue por su investidura moral y porque le tocó ser el que dio la primera clarinada contra Huerta. Pero con frecuencia hizo poco honor a aquella investidura, pues fue hombre dado a mezquinas intrigas de politiquería.

Los triunfos de Villa en Torreón y Zacatecas significaron el fin de la usurpación. Huerta se vio obligado a salir del país, y con eso acabó su espuria representación. Sucedió entonces una cosa muy triste: lo que debió ser el final de la guerra fue el principio de otra. De otras. Por eso he sostenido que la única revolución verdadera que hubo en México fue la que inició Madero. Las otras guerras fueron movimientos de "quítate tú *pa* ponerme yo".

De lo que sucedió fue responsable Carranza. No fue capaz de conciliar a las diversas facciones que contribuyeron a la caída del régimen usurpador. No hablemos de Zapata: el caudillo suriano, instrumento de intereses que nada tenían que ver con la reivindicación de la tierra para los campesinos, fue tan enemigo de Madero como Carranza, y tan reaccionario contra el movimiento democrático como el más empecinado ministro porfirista. Hablemos, sí, de Villa, autor de la victoria contra Huerta.

Carranza empezó a hostigar a Villa en cuantas formas le fue posible. El jefe de la División del Norte, así tratado, exigió que Carranza diera forma a un gobierno que eliminara la amenaza de un Primer Jefe absoluto. Por otra parte don Venustiano, siempre pachorrudo, no daba trazas de querer ir a la ciudad de México, y con eso el país seguía acéfalo.

La gente cercana a don Venustiano advertía señales de cambio en el Varón. Por ejemplo, le dio por cenar con champaña. Cuando Vasconcelos tuvo noticia de esa novísima costumbre, exclamó con sarcasmo:

—¡No sabía que los alcaldes de Cuatrociénegas tuvieran el vicio de la champaña!

También hubo inquietud por el hecho de que Carranza se mostraba poco revolucionario. En una comida en Monterrey, cuando alguien le pidió su opinión sobre el problema agrario, dijo:

—No existe tal problema. No procede hacer ningún reparto. El latifundio se acabará gravando con impuestos pesados la tenencia de la tierra.

Domingo Arrieta, que oyó aquello, le comentó a su vecino de asiento:

—En eso yo no estoy de acuerdo. Ya les di tierras a mis muchachos de Durango. Si el viejo quiere que las devolvamos, tendrá que pedírnoslo con la carabina en la mano.

Habló Carranza y dijo...

Correspondió a don Venustiano Carranza el honor de ser el primero que arrojó guante de desafío a Victoriano Huerta. Nada peligrosa parecía al principio la rebelión del gobernante de Coahuila, pero su ejemplo cundió y al final hubo de caer el gobierno del usurpador.

Conforme avanzaban los rebeldes se iba debilitando el gobierno de Huerta. Fue entonces cuando surgió una de las más conocidas canciones mexicanas, *La cucaracha*, que ya no quería caminar porque le faltaba mariguana que fumar. Hacía alusión a Huerta la letra de la popular tonadilla, pues se decía que en alguna importante ocasión el famoso general, ahora presidente de la República, no había tenido valor para entrar en combate porque le faltó su acostumbrada ración de "la maléfica hierba".

Por desgracia, el movimiento contra Huerta estaba dividido. Carranza por un lado; Villa y Zapata por el otro, combatían aparentemente por la misma causa, pero en verdad eran feroces rivales entre sí.

La llegada de los carrancistas a México, caído el gobierno de Victoriano Huerta, era promesa de paz. Pero falló esa promesa. La soldadesca, engallada con su triunfo, fue para la capital peor que los sicarios huertistas. Cayeron sobre la población como una plaga de langosta. Prácticamente quedaron suspendidas las garantías individuales. Cuando algunos señores de la sociedad se atrevieron a preguntar si acaso no estaba vigente ya la Constitución, don Luis Cabrera, el abogado de Carranza, esgrimió una tesis peregrina:

—La de 1857 ya no sirve. Nosotros vamos a hacer otra. Vivimos en un período preconstitucional.

Al amparo de ese "período preconstitucional" se cometieron tantos desmanes que los carrancistas pasaron a ser "los carranclanes", y nació el verbo *carrancear*, sinónimo de robar, cuyo uso perdura hasta nuestros días.

Las mujeres de mi general

Hombres de armas tomar fueron los revolucionarios. Y de mujeres tomar, también. Como una fuerza de la naturaleza fueron Emiliano Zapata y Pancho Villa. De éste, de Doroteo Arango, se dice que tuvo 17 "esposas". Me contaba don José de la Luz Valdés, arteaguense inolvidable, contemporáneo del Centauro:

"Villa conseguía sus mujeres por las buenas o por las malas.

Primero acostumbraba cortejarlas en toda forma: les hacía regalos; les decía palabras bonitas; les mandaba tocar serenatas [...] Si por ésas la muchacha no accedía a darle sus encantos, entonces Villa se encolerizaba, y se la llevaba por la fuerza.

"Una vez —me relató el querido historiador y hombre de letras—, una señorita de buenas familias, de Durango, lo rechazó con desprecio. Pancho hizo que tomaran preso al papá de la muchacha, y le mandó quemar los pies, como a Cuauhtémoc. Cuando ella supo lo que le estaban haciendo a su padre, llegó corriendo, se abrazó a Villa, lo besó, y le rogó que se la llevara a donde quisiera con tal de que no siguieran atormentando a su papá".

En los términos de los relatos que oí de labios de don José de la Luz Valdés, peor que Villa fue Zapata en cosas de mujeres. Si el norteño tuvo 17, me dijo don José, el suriano llegó a las 26. No lo dudo, pues una vez leí la declaración de una de las integrantes de aquel serrallo morelense. Gregoria Zúñiga se llamaba. He aquí su impresionante narración: "Un primo mío, Luis Zúñiga, le dijo a Emiliano: 'Jefe Zapata: yo tengo una prima retebonita que vive aquí cerca. ¿Quiere que se la traiga?' [...] Yo estaba en la barranca juntando leñitos muy contenta cuando de repente sentí un manotazo por detrás de mis trenzas. Era el difunto Pancho Acevedo, el de allá de San Juan. Me echó boca abajo sobre la silla de su caballo y me llevó a donde estaba el general Zapata. 'Ahora sí te vas a quedar conmigo esta noche' —me dijo él—. ¿Se imaginan lo que sentí? Creí morirme. Aquella noche Zapata me tomó".

Sigue contando Gregoria Zúñiga, quien siempre dijo ser el verdadero amor del legendario caudillo: "Después me llevó a donde tenía su tropa acuartelada, en una gruta de la montaña. Y ahí sucedió algo que me hizo empezar a quererlo. Había una bola de mujeres que yo no sabía si se las habían robado o estaban por su propia voluntad. El jefe reunió a los hombres y les gritó: '¡A ésta me la van a respetar!' Luego me dijo: '¿Ya ves? Nadie te va a molestar'".

Y es que, aseguraba don José de la Luz, Zapata tenía la costumbre de gozar a las mujeres y entregarlas al día siguiente a sus soldados para que también abusaran de ellas. Villa, en cambio, las conservaba para sí hasta cansarse de ellas, y luego las enviaba de regreso a su casa. Menos mal.

Parece ser que don Venustiano Carranza, tan serio él, tan solemne y circunspecto, tampoco curtía malas vaquetas en eso del mujerío. Por lo menos eso se deduce de un revelador texto de Vasconcelos, enemigo jurado del Varón de Cuatrociénegas: "Giras de ególatra exhibición ocupaban sus mejores días [de Carranza]. Se arruinaban las aldeas, empobrecidas a su paso, construyendo arcos triunfales, derrochando bebidas y cohetes. Una por una recorrió villas sonorenses en bailes y festejos, sin que faltara la bella dispuesta a poner calor en los huesos del viejo Emperador de la Barba Florida".

La muerte del matador

Qui gladio ferit, gladio perit. El que a hierro mata a hierro muere. La evangélica sentencia (San Mateo, cap. 26, vers. 52), bien puede aplicarse a Jesús Guajardo, quien preparó y llevó a cabo la muerte de Emiliano Zapata.

Un año después del asesinato del Caudillo del Sur, Jesús María Guajardo, que había sido ascendido a general después de lo acontecido en Chinameca, recibió la orden de presentarse en la Secretaría de Guerra. El general Plutarco Elías Calles deseaba hablar con él.

Se presentó Guajardo de inmediato, y sin ninguna dilación fue conducido a la presencia del destacado jefe. Iba el coahuilense vestido con elegancia suma, de civil. Bien se notaba que aquella mañana había dedicado particular esmero al arreglo de su enhiesto bigote, el cual solía usar "a la káiser".

Cuando Calles lo tuvo frente a sí, se levantó de su escritorio y fue hacia él. Guajardo se le cuadró, y Calles le puso una mano sobre el hombro. Sin decir palabra lo revisó de arriba a abajo, luego le clavó la mirada y le preguntó:

—¿De modo que es usted Guajardo, amigo?

Le faltó completar la frase: "¿el que mató a Zapata?".

—Yo soy, mi general —respondió Guajardo, quien pareció captar la intención implícita en la pregunta—. A sus órdenes.

—Siéntese usted —le ordenó Calles.

Se sentaron los dos, y el de Sonora empezó a hablar.

—Los zapatistas, por medio de Benjamín Hill, me están pidiendo que les entregue a usted para juzgarlo. De seguro lo quieren fusilar. Yo he tomado informes suyos, y no voy a darles a los zapatistas ese gusto. Para que no tenga problemas, quiero que se vaya de la ciudad de México. Mañana mismo saque su regimiento, diríjase a Chihuahua y póngase a las órdenes del general Amaro, quien anda en campaña contra Villa.

—Cumpliré sus órdenes, mi general —respondió Guajardo—. Sólo quiero que sepa que en el caso de Zapata lo único que hice fui cumplir el mandato de mis superiores. No me considero personalmente responsable de esa acción donde me jugué la vida contra la del general Zapata.

—Lo sé, lo sé —le contestó Calles al tiempo que lo encaminaba hacia la puerta.

Al día siguiente salió Guajardo en un tren militar con rumbo al norte. Apenas lo hizo a tiempo, pues esa misma tarde los zapatistas lo buscaron por toda la capital para apresarlo aun sin la autorización del gobierno. Cuando Benjamín Hill se enteró de su salida, montó en cólera. Había contraído con los zapatistas el compromiso de entregarles a Guajardo en correspondencia a que cuando él, Hill, se levantó contra Carranza, la gente de Zapata, especialmente Genovevo de la O, lo recibió como de los suyos.

Tuvo un destello de astucia el general Guajardo. El viaje a Chihuahua lo hizo por Coahuila. Quizá tenía la intención de aprovechar el viaje para ver a sus familiares en el norte.

Llegó Guajardo a Viesca, una pequeña villa cercana a Torreón. Fue a buscarlo un hombre en su vagón del tren.

—Mi general —le dijo lleno de nerviosidad—. Necesito hablar urgentemente con usted.

—Usted dirá —le respondió Guajardo.

—Aquí no —habló el hombre volviendo la vista con recelo a todas partes—. Estoy arriesgando la vida. Si alguien escucha lo que tengo que decirle, me matarán a mí.

Aquello de "me matarán a mí" le llamó la atención al general Guajardo. Parecióle que el hombre iba a decir: "en vez de a usted". Temía una traición; bien podía ser que aquel individuo quisiera sacarlo del tren y llevarlo a una celada donde lo matarían. Pero ya hemos visto que era hombre bragado aquel Guajardo. Se puso al cinto su pistola y, cuidando de que el hombre fuera siempre delante de él, se alejó algunos pasos del convoy.

El hombre se detuvo y se volvió hacia él.

—Mi general —le dijo—. Soy el telegrafista del ferrocarril. Ayer cursé un telegrama cifrado dirigido al general Amaro. Lo descifré, porque conozco el código. En ese telegrama se le ordena al general que tan pronto llegue usted a Chihuahua lo haga desaparecer.

—¿Por qué me dice usted eso? —le preguntó Guajardo—. ¿Por qué se arriesga para salvarme?

—Usted no se acuerda de mí, mi general, pero una vez mi padre le pidió una recomendación para mí, y usted se la dio con mucho gusto. Gracias a eso pude conseguir un trabajo, y no ser ya carga para mi familia. El destino me ha dado la oportunidad de corresponderle.

Guajardo, conmovido, abrazó al hombre. En silencio volvió al carro. Una hora después ordenó que el convoy siguiera el viaje. No se detuvo en Torreón, donde sabía que Calles tenía gente. Siguió hasta la próxima estación, la de Gómez Palacio, y ahí hizo que el tren se detuviera.

—Bajen la caballada para que los animales beban agua —mandó a sus oficiales.

Cuando los caballos —que iban ensillados— fueron bajados de los carros, Guajardo dio una orden repentina.

—¡A montar todos!

Sorprendidos, los hombres subieron a sus cabalgaduras.

—¡Vamos! —dijo Guajardo.

Y poniéndose al frente de la columna tomó el rumbo de San Pedro.

Llegó ahí la cabalgata después de algunas horas. Había caído la noche. Guajardo le pidió a uno de sus jefes, el coronel Antonio Cano, que se adelantara hacia Monterrey. Debía llevarse a su familia y a la esposa del propio general Guajardo, que con él había hecho el viaje desde la capital.

La noche del 15 de julio de 1920 llegó a Monterrey el general Jesús Guajardo. Iba disfrazado, pues prácticamente andaba en fuga; era un desertor. Antes había tenido un feroz enemigo, la gente de Zapata; ahora tenía un enemigo peor: la gente de Plutarco Elías Calles.

Había recibido noticias de que su enviado, el coronel Antonio Cano, había hospedado a su familia, y con ellos a su esposa —la de Guajardo— en una casa cercana a la Alameda. Cuando llegó ahí le llamó la atención no ver a Cano. La señora de éste le dijo que había ido a visitar a unos familiares. En toda la noche no llegó el coronel, ni tampoco al día siguiente, ni en la noche del 16.

—Mira, Jesús —le dijo la esposa de Guajardo en un momento que se quedaron solos—, Cano no me inspira confianza. Ten mucho cuidado con él.

El 17 por la mañana llegó Cano. Al ver a Guajardo se puso sumamente nervioso y dio la vuelta para salir de la casa. Su esposa temblaba como azogada. Parecía saber algo, y algo muy grave. El general se apresuró a detenerlo. Llevaba en la cintura su pistola.

—¡Mátalo, Jesús! —le gritó a Guajardo su esposa—. ¡No lo dejes salir! ¡Si no lo matas amárralo, pero que no se vaya! ¡Este hombre te va a traicionar!

Cano alzó los brazos, como entregándose a la muerte. Su esposa, demudada, se llevó las manos a la boca para contener un grito.

Guajardo apartó la mano de la pistola que iba ya a sacar.

—No me vayas a denunciar —le dijo con ronca voz a Cano—. Te mueres.

—No, mi general —acertó a farfullar el coronel—. Aquí está bien seguro; no pase usted cuidado.

La esposa lo abrazó; saludó él a sus hijos. Luego le preguntó a Guajardo si no se le ofrecía nada. Iba a salir él a fin de recabar discretamente informes acerca de la posición del gobierno sobre la conducta de Guajardo. Compraría los periódicos y vendría luego a dar cuenta a su jefe de la situación.

Pasó una hora. El general Guajardo, ya tranquilo, se iba a bañar cuando sonaron golpes en la puerta. La esposa de Cano, que estaba cerca como de propósito, la abrió inmediatamente e irrumpió en la casa un grupo de hombres armados. Guajardo intentó ir a la recámara por su pistola, pero antes de llegar cayeron sobre él los soldados y lo redujeron. El jefe del grupo, coronel Treviño Ayala, le preguntó:

—¿Es usted el general Guajardo?

—Lo soy —respondió él.

—Dése preso —le dijo Treviño.

—Ya lo estoy —respondió con sarcasmo el general señalando a los dos soldados que lo tenían por los brazos.

Lo sacaron de la casa en medio de una fuerte escolta mandada por Treviño y por el teniente coronel Rafael Salinas. Afuera, Guajardo vio a Antonio Cano y supo que él lo había entregado.

Lo insultó con fiereza, en términos violentos le reprochó su traición.

Día 17 de julio de 1920. El general Jesús Guajardo ha caído en manos del gobierno.

—¿Conoce usted al general Guajardo?

—No tengo el gusto.

—Pues aquí lo tiene. Lo dejo bajo su custodia. Guárdele todo tipo de consideraciones mientras llega el general Eugenio Martínez. Si alguien desea visitar al detenido permítale la entrada. Ahora venga usted conmigo.

El general Rodríguez salió acompañado por el teniente coronel Andrés B. Real, jefe del 33° Batallón.

—¿De cuántos hombres dispone usted para la guardia? —le preguntó.

—Los de costumbre, mi general —contestó Real—. Un oficial, un sargento segundo, dos cabos, un corneta y 12 hombres de tropa.

—Hay que reforzar el contingente —se preocupó Rodríguez—. Voy a mandarle 50 hombres. El prisionero es un hombre muy peligroso. Que nadie entre armado a donde está, porque Guajardo podría desarmarlo y escapar. No haga caso de lo que le dije en su presencia. No le den ni agua, y no dejen que nadie entre a verlo. Y usted no se preocupe: sólo estamos esperando que llegue el general Martínez para fusilar al detenido.

A las ocho de la noche llegó Martínez. Su presencia obedecía a la necesidad de simular un proceso militar contra Guajardo. De inmediato se formó el Consejo de Guerra con carácter de sumario. Guajardo fue sacado del cuarto en donde estaba y llevado a la presencia del tribunal. Se le veía tranquilo, y hasta indiferente.

—¿Por qué se levantó usted contra el gobierno? —le preguntó el que la hacía de fiscal.

—Yo no me levanté contra el gobierno —respondió con una sonrisa el coahuilense—. El gobierno se levantó contra mí.

Y relató lo del mensaje secreto de Calles a Amaro, en el que le daba orden de desaparecerlo tan pronto llegara a Chihuahua.

—¿Y cómo sabía usted que el general Amaro lo iba a fusilar?

—Yo no dije que me iba a fusilar. Dije que me iba a desaparecer. Los que me van a fusilar son ustedes.

—¿Tiene algo que alegar?

—Muchas cosas, pero no lo hago porque de cualquier modo me va a llevar la tiznada. Por lo tanto ya no me sigan haciendo preguntas tontas que no les voy a contestar. Hagan lo que tienen que hacer; levanten el acta como quieran. Yo ya sé lo que me va a pasar y estoy conforme con mi suerte.

A las tres de la mañana, los jueces le comunicaron al reo su sentencia: moriría fusilado por el delito de rebelión contra el gobierno. En ese momento llegó el general Paulino Navarro.

—Le traje un catre y unas frazadas, para que descanse —dijo al reo.

—No se moleste usted. Más a gusto descansaré en el suelo, sirve de que me voy acercando a la tierra, pues de ella voy a ser.

Amaneció el 18 de julio. Entró Real en la habitación y le dijo a Guajardo que había llegado la hora. ¿Tenía algún último deseo que le pudiera cumplir?

—Sí —respondió tranquilamente el general—. Quiero rasurarme.

Un barbero fue llamado. Como al afeitar al sentenciado empezó a temblarle la mano, le dijo Guajardo con ironía:

—No se apendeje, amigo. ¿Para qué quiere cortarme si ya me van a fusilar?

Al terminar la afeitada, Guajardo fue y se puso frente al pelotón de fusilamiento. El capitán Carlos Pinal dio las voces de ejecución, y Guajardo cayó. Pinal le dio el tiro de gracia con su máuser, y al rebotar la bala hirió levemente en el brazo al general Navarro. Dijo éste: "No saben ni matar a un hombre".

El doctor gordo

Toda suerte de figuras aparecen en la escenografía revolucionaria. Aquí una de ellas.

Va con las fuerzas de Zapata un hombrón alto, gordo y rubicundo. Monta una poderosa mula rucia en la que viene y va por todos lados. Viste traje de dril y sombrero de ala ancha. Lleva consigo un maletín de médico y unas cajas llenas de frasquitos. Dice que es homeópata, especialidad que en aquellos años estaba muy de moda. Los soldados lo llaman "doctorcito", y recurren a sus servicios cotidianamente.

Un 16 de septiembre hace su entrada el general Zapata a un pequeño pueblo de Morelos. Rápidamente se organiza la conmemoración de la Independencia, pero surge un problema inesperado: no hay quien diga el discurso oficial.

—Jefe —sugiere un hombre—, por aquí anda el doctor, el gordo ese de los chochos. ¿Por qué no le encarga que él sea el orador?

A Zapata no le parece mal la sugerencia. Hace que vaya el médico y le ordena que diga el discurso.

El doctor no se hace del rogar. Muy campante se trepa al kiosco de la plaza e improvisa con galanura una peroración en la que hace el cumplido elogio de la gesta de Hidalgo, Allende y los demás. Luego encomia con sonorosos adjetivos a Zapata, que se atusa el bigote satisfecho oyendo aquel loor. Enseguida el orador empieza a hablar de los deberes que cada mexicano tiene con su patria. Ya para rematar su discurso, dice: "Y yo los bendigo en el nombre de…". Se interrumpe, vacila, tose y concluye: "En el nombre de la causa".

Aquel orador improvisado no era revolucionario, ni era médico homeópata ni cosa que se le pareciera. Era monseñor Rafael Guízar y Valencia, obispo de Veracruz, disfrazado de doctor para escapar de la persecución que los carrancistas habían desatado contra el clero.

Para esconderse, el audaz gordo no halló mejor manera que meterse en el campo zapatista. Si tartamudeó al final de su discurso fue porque en el vuelo de la elocuencia pensó que se hallaba en su catedral, y a punto estuvo de dar su episcopal bendición a los rebeldes.

Después de la muerte de Zapata, el obispo se hizo "carrancista". Vestido ahora de barillero —o sea de comerciante que en una canasta lleva su mercadería, consistente en botones, peines, listones y quincalla diversa— se paseaba entre la tropa. Cosa rara, se aparecía mucho al final de las batallas, o en los hospitales de sangre. Dejaba su canasta por ahí e iba entre los heridos. Se les acercaba y les decía en voz baja:

—Oye: ¿no quieres confesarte?

—¿Con quién? —respondía el hombre, quizá en trance de entregar la vida—. Aquí se muere uno como un perro, sin quien te eche una bendición.

—Yo te la voy a echar, si me prometes no delatarme. Soy sacerdote, hijo; te puedo confesar y dar la absolución.

Monseñor Rafael Guízar y Valencia está en vías de ser un nuevo santo mexicano. Hombre de ejemplares virtudes, dejó de sí feliz memoria. A él le debemos el canto que todavía hace algunos años se oía mucho en las iglesias:

Oh Virgen Santa,
Madre de Dios,
sois la esperanza
del pecador.

El brazo de Obregón

Cerca del sitio donde murió asesinado Obregón en 1928, víctima de su ambición política y de las circunstancias que él mismo estableció, cerca de La Bombilla, digo, se levanta un monumento que un amigo mío francés, viajero incansable, definió como el más macabro que había visto en todas sus andanzas por el mundo.

Cuando lo llevé ahí se quedó estupefacto al entrar en lo que parecía un santuario y ver dentro de un frasco que supongo sería de formol la grotesca visión de una mano amputada. Más torpe culto no se podía rendir a un hombre que mostrar como reliquia su despojo.

Los historiadores del obregonismo —por fortuna no existe ya su mito como siguen existiendo los de Juárez y Zapata— contaban que en los combates de Celaya —abril de 1915—, la bala de un cañón villista le cercenó a Obregón el brazo derecho. Con ese mentiroso relato querían presentar al sonorense con la traza de un glorioso herido. En su caso, sin embargo, habría que decir algo como lo que le dijo don Jacinto Benavente a Valle Inclán cuando éste, jactancioso, se comparó con Cervantes por ser manco igual que él.

—Pero tú eres manco por otra causa, Ramón —acotó don Jacinto.

Y es que Valle perdió el brazo a consecuencia del bastonazo que le propinó un sujeto luego de una agria disputa en el café.

Pues bien: a Obregón no le cortó el brazo una bala de cañón, ni lo perdió en Celaya. La verdad es que una granada estalló cerca de él, y una esquirla lo hirió levemente en la mano. De inmediato, el ilustre herido fue conducido al carro de ferrocarril donde se había instalado el hospital de sangre. El médico de campaña, doctor Enrique Osornio, procedió a hacer la curación de emergencia. Por desgracia la herida se infectó, y al cabo de unos días hubo que hacer la amputación de la mano. Esa operación se hizo todavía en el campo de batalla, sin instrumental adecuado y sin las condiciones de asepsia necesarias, por lo cual la herida —ahora la de la operación— se infectó también. Para evitar que el paciente muriera por gangrena, el médico cortó por lo sano y le amputó el brazo. La manquedad del *Manco de Celaya*, por lo tanto, no fue tanto a consecuencia de heridas de guerra como a resultas de heridas de hospital. Y tampoco sucedió en Celaya.

El novelista español Vicente Blasco Ibáñez solía relatar que cuando entrevistó a Obregón, éste hizo un chiste a propósito de su perdido miembro. Le contó que al arrancarle el brazo una bala de cañón —ya sabemos que eso no es cierto—, el brazo quedó perdido entre un montón de miembros humanos arrancados a muchos infelices por los cañonazos.

—Todos mis soldados buscaron el brazo sin hallarlo —relataba Obregón—. Yo me saqué un peso de plata de la bolsa y lo eché al aire. De inmediato mi brazo salió de aquel montón, y la mano lo agarró al vuelo.

No andaba muy descaminado el chiste que con tanto desenfado se aplicaba a sí mismo Álvaro Obregón. En efecto, con él y con Calles empezó la corrupción revolucionaria que padecimos durante muchos años.

La pistola del general

Incontables son las anécdotas de la Revolución, pero algunas sí se pueden contar.

Año de 1920. La cuestión de la inminente sucesión presidencial ha provocado un enfrentamiento entre los nuevos dueños de la fuerza. Ahora la lucha ya no es de ideales, como la que emprendió Madero, sino de ambiciones: es una lucha por el poder político. Don Venustiano está empecinado en dejar como su sucesor al ingeniero Ignacio Bonillas, pero ha surgido en Sonora un clan que anhela convertirse en dueño del destino nacional. Álvaro Obregón promulga en Agua Prieta un plan en que se desconoce como presidente a Carranza y se designa en su lugar a Adolfo de la Huerta.

Muchos generales, aptos para saber de dónde soplaban los nuevos vientos, repudian a don Venustiano y corren a unirse a los centuriones. El general Cándido Aguilar, fiel a Carranza —tan fiel que fue su yerno—, se apresura a formar un tren para ir a la capital y unirse al presidente en apuros. Hasta su carro pullman le lleva el conductor un telegrama: el general Guadalupe Sánchez, uno de los más destacados revolucionarios, ha decidido unirse a los obregonistas. Se desespera el general. Estrujando el telegrama en la mano dice en un grito dirigiéndose a los jefes y oficiales que lo acompañaban:

—¡Desdichada Patria nuestra! ¡Está ahogada por el deshonor y la deslealtad! ¡Miren! ¡Nos abandonan los viejos compañeros de armas, los que ayer fueron nuestros amigos, nuestros hermanos! ¡Esto es para pegarse un tiro!

Y así diciendo sacó su pistola y se la dirigió a la sien, ante el espanto de sus compañeros.

—¡No, mi general! —clamó uno de ellos, el capitán García. Y le desvió el brazo, arrebatándole luego a la fuerza la pistola—. ¡No se angustie, mi general! ¡Que mueran los traidores! Nosotros lo seguiremos a usted aunque nos lleve la... ¡Aunque nos lleve Judas!

Esa misma noche, Cándido Aguilar, aún conmovido por los acontecimientos de la mañana, relató en círculo íntimo de amigos:

—Ustedes me dicen que García me salvó de suicidarme. Sé que es cierto, pero les juro que en ese instante yo vi al señor Madero junto a mí. Fue él quien me salvó. Después, cuando quedé solo, tuve otra experiencia extraña: se me representó en la mente don Venustiano, y pude sentir su mano sobre mi hombro.

En 1960 murió don Cándido Aguilar, a los 72 años. Fue gobernador de Veracruz y secretario de Relaciones Exteriores. Le tocó declarar la neutralidad de México en la Primera Guerra Mundial. Siempre se dijo que don Venustiano fue germanófilo. Ferviente partidario del agrarismo, a Cándido Aguilar se debe la fundación de la vieja Liga de Comunidades Agrarias. Cuando hablaba de la Revolución se ponía triste: recordaba seguramente cuando al día siguiente de la muerte de Carranza licenció a sus tropas.

—Todo se ha perdido —dijo a los soldados—. Quedan ustedes en libertad para obrar como lo estimen mejor. Cuentan ustedes con mi reconocimiento, afecto y gratitud. Que la patria los bendiga.

Carta íntima

Este texto no ha sido recogido por los historiadores. Yo lo registro ahora.

Muy contento estaba el general Alfredo Breceda, muy orgulloso. Acababa de regresar de un largo viaje por Oriente, y al llegar a México se enteró de una noticia para él muy grata: el presidente de la República, licenciado Adolfo López Mateos, había declarado Día Nacional el 26 de marzo, ordenando que en esa fecha se izara a toda asta la bandera en los edificios públicos.

Terminaba el año de 1962. El 25 de diciembre el general Breceda escribió una carta a sus compañeros revolucionarios, especialmente a los que con él firmaron el Plan de Guadalupe el 26 de marzo de 1913. He aquí algunos fragmentos de su carta, sobremanera interesante:

"Hoy nació, según la liturgia romana, un Niño de origen Divino, pero de carne y hueso como nosotros, que creció y fue hombre. Nació en un pesebre y escribió un Plan Revolucionario, y por su sacrificio triunfó su doctrina. En vida se llamó Jesús…

"En 1910 otro hombre llamado Francisco, bajito de cuerpo pero alto de corazón, escribió y proclamó otro Plan desde la cárcel de una provincia de México, San Luis Potosí. Madero fue sacrificado, como Jesús…

"Muerto Madero surgió otro hombre y dictó otro Plan, no en un pesebre, ni en una cárcel, pero sí en pleno desierto, bajo un cobertizo de una hacienda llamada Guadalupe. Ese hombre se llamaba Venustiano Carranza.

"Me dijo: 'No venimos a hacer una revolución. Es la misma, la del pueblo insatisfecho. Debemos elaborar un Plan sencillo, corto, sin promesas, sin engaños, sin halagos, sin dádivas que siempre resultan incumplidas. Cualquier plan es bueno siempre que se funde en la salvación del pueblo. Démosle libertad y él dictará y hará cumplir las leyes que demanden sus necesidades [...] Escriba usted, conforme hemos hablado, un contenido de lo esencial en cinco o seis artículos...

"...Así me dijo el señor Carranza, y desapareció, dejándome solo para que escribiera con más libertad.

"...Lo demás ustedes lo saben. Ahí está la Constitución llena de postulados hermosísimos. Pero ¿qué ha pasado? La Constitución y sus leyes ya no se reconocen. Ejércitos de burócratas y legisladores, toneladas de papel escrito, ¿para qué han servido? ¿Qué han hecho ciertas autoridades con las facultades sin límite que se les han otorgado?

"...¿Recuerdan ustedes el emporio de riqueza y bienestar que era nuestro inmenso Estado de Coahuila? ¿No se pagaban con oro los jornales? ¿No había abundancia en lo que llamamos La Laguna? Y ¿cómo está ahora nuestro Estado? Lo peor de todo es la educación a la obediencia ciega, a no ejercitar nuestros derechos cívicos. Un solo partido político, un solo candidato dizque popular [...] ¡Y que se cuide el pueblo de esos candidatos que el partido ha declarado populares, porque de antemano hay que obedecerlos, así arruinen al Estado o Municipio que se les dio para su administración!".

Hasta aquí esos fragmentos de la carta escrita por el general Breceda el día de Navidad de 1962. ¡Cuánta vigencia tienen todavía sus palabras!

¿Crimen o castigo?

Los relatos de los viejos revolucionarios nos dan a conocer episodios que la gran historia no registra. Escuchar esos relatos y apreciarlos enriquece el conocimiento de los pasados tiempos.

Eran dos capitanes jóvenes, de las fuerzas carrancistas. Combatieron valientemente en la batalla que terminó con la toma de Lampazos, el 28 de marzo de 1913, y luego regresaron a Monclova acompañando a su jefe, don Pablo González.

Uno se llamaba Juan Zuazua; el nombre del otro era Alfredo Valdés, alias *el Borrado*.

El 3 de abril los dos pidieron permiso de ir a Piedras Negras a pasar unos días de descanso. Con gusto les otorgó don Pablo la licencia, pues los dos muchachos se habían distinguido en los combates. Pero unos días después el gusto se le trocó en desazón, pues recibió un telegrama firmado por el jefe de las armas en aquella ciudad fronteriza, coronel Gabriel Calzada, en donde le informaba que los capitanes Zuazua y Valdés, ebrios, habían escandalizado. Intervino la policía y ellos dispararon sobre los gendarmes, hiriendo a varios de mucha gravedad. Temerosos de las consecuencias de su acción, Zuazua y Valdés huyeron hacia los Estados Unidos. Eran ahora desertores.

Se entristeció don Pablo. ¿Cómo era posible, se preguntaba atribulado, que dos jóvenes oficiales tan valientes hubiesen manchado su hoja de servicios por un escándalo de policía? Una semana después, el jefe carrancista se enteró de que los fugitivos habían entrado nuevamente a México, por Nuevo Laredo, y habían ido a ofrecer sus servicios al teniente coronel huertista José Alessio Robles.

Los muchos amigos de el Borrado sintieron enormemente su deserción, y más sintieron verlo ahora convertido en su enemigo. Valdés, joven apuesto, rubio y guapo, se había distinguido como soldado valeroso y sumamente diestro en las tácticas de la guerrilla. Ese valor y esa habilidad los llevaba en la sangre, pues pertenecía a la familia de los legendarios Wíncar, Nicanor y Pedro Advíncula Valdés, audaces combatientes coahuilenses que lucharon contra la Intervención francesa.

Muy pronto hubo de sentir la gente de Carranza que Zuazua y Valdés se hubieran sumado a sus enemigos. Contingentes revolucionarios fueron atacados por los dos antiguos carrancistas en las cercanías de Candela, y fueron ignominiosamente derrotados por ellos.

Pasaron los días, y una mañana don Pablo González recibió un comunicado que lo llenó de sorpresa. El capitán Alfredo

Valdés, llamado el Borrado, se había presentado con bandera blanca en Cuatrociénegas, plaza ocupada por la Revolución. Llevaba con él 150 hombres montados y armados, y pedía entrar en comunicación con don Pablo para sincerarse con él y explicarle lo de su deserción y unión al enemigo. Ansiaba volver a las filas carrancistas.

En el Hotel de los Chinos

No sólo acepta don Pablo que regrese el Borrado: de inmediato da órdenes para que un tren especial salga de Monclova a Cuatrociénegas a traer a su antiguo subordinado junto con los 150 hombres y sus caballos que quiere aportar a la Revolución.

El 1° de mayo de 1913, a las seis en punto de la tarde, el tren que trae al capitán llega a Monclova. Por la ventanilla del vagón González, iluminado el rostro juvenil por una gran sonrisa, ve a sus antiguos compañeros de armas que se han reunido en la estación para recibirlo.

Y lo reciben. Vaya si lo reciben. Desciende el Borrado, bajan sus 150 soldados llevando por la brida a sus caballos, y en ese mismo momento son rodeados por las fuerzas que aparentemente han ido a darles la bienvenida. Se aproxima al asombrado capitán uno de sus viejos amigos, el capitán Silva Villegas, y al tiempo que lo despoja de su pistola:

—Está usted preso.

Es conducido el Borrado al Hotel de los Chinos, uno de los más conocidos alojamientos de Monclova. Ahí lo espera don Pablo González.

—Mi coronel —habla atropelladamente el prisionero—. Yo me fui de las filas, es muy cierto. Lo hice porque tuve miedo de ser castigado después del escándalo que Juan Zuazua y yo hicimos en Piedras Negras. Me uní al huertismo, pero fue una trampa para quitarle gente al enemigo y traérmela para acá. Quería quedar bien con usted, y sincerarme. Le suplico que me crea; no dude de mis buenas intenciones.

Don Pablo lo escucha serenamente y luego le responde con voz pausada:

—Recibo sus explicaciones. Las pondré en conocimiento del Primer Jefe, señor Carranza, y atenderé las instrucciones que sobre el caso de usted tenga a bien darme.

El Borrado siente una penosa impresión al escuchar a don Pablo hablarle así, pues antes su superior se había dirigido siempre a él usando un tuteo cariñoso.

Llama entonces el coronel González a Silva Villegas:

—Mientras llega la respuesta de don Venustiano —le dice— el señor capitán queda prisionero en esta misma habitación. Hago a usted responsable de su persona.

No tarda en llegar la respuesta de Carranza: ha de formársele consejo de guerra al capitán González, dándosele todas las garantías y facilidades para su defensa.

La mañana del 6 de mayo se lleva a cabo el juicio en el cuartel de Monclova. La acusación que presenta el fiscal se reduce a la deserción de González, pero se agrava con la circunstancia de haber sido frente al enemigo. El Borrado tiene la esperanza de salir con bien de aquel proceso, pues el tribunal que se le ha formado está integrado con oficiales que han sido todos buenos amigos suyos: en la presidencia el capitán Bruno, y como vocales el capitán primero Nemesio Castillo y el teniente Plinio Villarreal.

Sentencia

A las cinco de la tarde termina el juicio. Por unanimidad el presidente del tribunal y los vocales condenan al acusado a la pena de muerte.

Esa misma noche el defensor del reo, capitán primero Federico Silva, dirige un telegrama urgente al Primer Jefe en el que le pide el indulto del sentenciado a muerte. Le hace saber su extrema juventud, la valentía con que peleó alguna vez por la causa constitucional. A vuelta de correos, como quien dice, don Venustiano responde en forma lacónica. Niega el indulto y ordena que la sentencia de muerte sea cumplida de inmediato.

La draconiana determinación se lleva a cabo sin demoras. A las siete de la mañana del 7 de mayo de 1913 se encamina el pelotón de fusilamiento hacia el panteón municipal. Entre las dos filas de soldados marcha el capitán Alfredo Valdés. Camina tranquilo, sereno, y hasta jovial. Su actitud contrasta con la de sus antiguos compañeros de armas, amigos y camaradas del que va a morir en plena juventud. Sin excepción todos van llorando.

—No se apuren, muchachos —los consuela el Borrado—. Al cabo nadie se muere sino una sola vez.

—¡Cómo quisiéramos poder salvarte! —exclama uno de los oficiales lleno de emoción.

—No se puede, viejo. Yo deserté y me uní al enemigo. Si mis intenciones fueron buenas o malas, eso lo sabemos Dios y yo. Según las leyes de la guerra, al que deserta lo truenan. Yo no estoy haciendo más que pagar mi falta.

Así hablaban el sentenciado y sus amigos mientras iban por el polvoso camino que llevaba del Hotel de los Chinos hasta el cementerio de Monclova. Llegada la triste comitiva a aquel panteón, se colocó el Borrado de espaldas al muro. Levantó la mano en gesto de despedida y dijo:

—Adiós, mis compañeros y amigos. O hasta luego, quién sabe.

Un instante después, cinco balas privaban de la vida a aquel muchacho valiente y esforzado, a quien una imprudencia condujo al paredón.

Tristes y apesadumbrados regresaron los jóvenes oficiales después de musitar una oración frente a la humilde tumba en que quedaron los sangrantes despojos de su amigo. Se iban preguntando: ¿qué había sucedido? ¿Por qué tan dura sentencia contra aquel que antes luchó denodadamente por la causa de la Revolución? ¿Por qué don Pablo González, quien con tanto afecto había visto al Borrado alguna vez, no hizo nada para librarlo de la muerte? ¿Por qué se mostró tan duro con él don Venustiano? No sólo negó el indulto al reo, sino pidió además que se apresurara su ejecución.

No podían saber los pesarosos amigos del difunto la respuesta a todos esos interrogantes. Yo sí la sé: Alfredo Valdés, el Borrado, fue pasado por las armas porque se supo sin lugar a dudas que su regreso a las filas constitucionalistas era parte de una conspiración para asesinar a don Venustiano Carranza.

En Estación Purga

La vida de don Venustiano Carranza fue salvada en cierta ocasión por un hombre ignorado cuyo nombre rescato hoy para perpetua memoria y agradecimiento.

Allá por la década de 1950, trabajaba en Altos Hornos de México, en Monclova, un modesto operario que tenía a su cargo trabajar el mantenimiento de las grúas. Por su sentido de responsabilidad y su eficiencia llegó a ser el encargado de esa sección, pero jamás perdió su modestia y su cordialidad.

Digo mal: la cordialidad sí la perdía a veces. Con cierta frecuencia llegaban comitivas oficiales a aquella empresa metalúrgica. Ora iba el gobernador del estado; ora el presidente de la República. Recorrían Altos Hornos los altos personajes con acompañamiento de funcionarios, políticos y achichinques, todos los cuales se decían "revolucionarios", pues pertenecían al partido oficial. Y entonces era cuando el encargado de las grúas se enojaba mucho. Veía aquel tropel de señorones que llegaban en sus coches de último modelo, con chofer, ni decía a sus camaradas:

—Ésos son los revolucionarios de hoy. Nosotros, los que anduvimos en la Revolución, somos nada más "los veteranos".

El nombre de aquel señor era don Faustino Palma. Tiene su historia este señor.

Año de 1914. Don Venustiano Carranza sale por tren de Veracruz a Puebla. Con él viajan los generales Francisco L. Urquizo, Benjamín Hill y Miguel Alemán, así como los licenciados Isidro Fabela, Luis Cabrera y Gustavo Espinoza Mireles. El famoso tren amarillo, donde viajaba el Primer Jefe, va custodiado por una escolta de indios yaquis. Es el día 21 de diciembre.

Llega el tren a Estación Purga y, explicablemente, a partir de ahí corre más de prisa. El despachador le ha dado vía libre hasta Estación Doblado. Pero apenas ha recorrido algunos kilómetros, cuando el maquinista advierte algo que lo llena de espanto: en dirección contraria, por la misma vía, viene otro tren. A lo lejos, contra el azul del cielo, se ve el penacho de humo de la máquina de vapor.

Con su fogonero revisa el maquinista las órdenes recibidas del despachador, entregadas por escrito. No había error: él llevaba vía libre. ¿Por qué entonces la presencia del otro tren, que se va acercando inexorablemente?

Hace sonar el maquinista un silbato largo seguido de una sucesión de nerviosos silbatazos cortos: ésa era la señal de peligro. Luego el fogonero se dirige a los vagones a fin de avisar a los pasajeros lo que está sucediendo.

Todos empiezan a opinar lo que debe hacerse. Alguien dice que la máquina debe ser desenganchada y enviada a chocar contra la que se aproxima. Los más proponen abandonar el tren y dejar que choque con el otro. Mientras los asustados pasajeros deliberan, el maquinista detiene su convoy, da al fogonero algunas breves órdenes y salta a tierra. Obedeciendo las instrucciones recibidas, el fogonero da marcha atrás, y el tren empieza a retroceder lentamente. A pesar de eso la catástrofe es inminente, pues el penacho de humo se aproxima más y más.

Un crimen a todo tren

Es inminente el choque de las dos máquinas: el tren que lleva a los viajeros retrocede a velocidad considerablemente menor que la velocidad a que se aproxima la máquina que va a chocar con ella.

Crece más y más el negro penacho de humo que despide la "máquina loca". Se escucha el fragor de sus ruedas en los rieles. Los aterrorizados pasajeros se disponen a saltar antes que perecer en el choque. A punto de hacerlo, ocurre un milagro. De súbito, como si un muro invisible se hubiera interpuesto entre las dos locomotoras, la "máquina loca" se detiene con humeante chirriar de hierros. La vida de todos está a salvo.

¿Qué sucedió? Los servicios de espionaje del huertismo habían averiguado que el Primer Jefe, don Venustiano Carranza, haría un viaje por tren, saliendo del puerto de Veracruz, para llegar a Apizaco, donde pasaría revista a las fuerzas del general Álvaro Obregón. Ese importante dato le fue comunicado al general Juan Andrew Almazán, quien seguía en pie de guerra contra la Revolución, ahora militando bajo las órdenes de Félix Díaz. Se trasladó Almazán a Soledad de Doblado, y desde esa estación hizo mandar una "máquina loca" contra el tren de Carranza.

¿Quién detuvo esa locomotora? El mismo maquinista del convoy que llevaba al Primer Jefe. Bajó de su tren, corriendo fue hacia la máquina que los amenazaba, subió a ella con grave peligro de su vida y alcanzó a aplicar todos los frenos antes de que se produjera la colisión. Al hacerlo resultó herido: un hierro se le clavó en una ingle y le produjo una herida de consideración. Varias semanas estuvo hospitalizado después de su acto heroico.

Aquel maquinista era Faustino Palma. Por su acción lo premió don Venustiano designándolo jefe de trenes de la Primera Jefatura. Pasaron los años. En los cincuenta encontramos a don Faustino como encargado de mantenimiento de las grúas de Altos Hornos de México, en Monclova. Era él quien decía que ahora los "revolucionarios" eran los políticos en el poder, y que los auténticos combatientes de la Revolución habían pasado a ser simples "veteranos".

¿Cómo se portó don Venustiano en aquel trance en el que estuvo a punto de perder la vida? Sorpresa: don Venustiano no se dio cuenta de nada. Estaba en su vagón, revisando una ringla de papeles. Sus colaboradores tenían orden de no molestarlo cuando estuviera trabajando, de modo que nadie se atrevió a informarle lo que estaba sucediendo. Sólo en el último instante, el licenciado Espinosa Mireles se dispuso a avisarle, pero en ese momento Faustino Palma resolvió la situación. Afortunado el Primer Jefe: no sólo salió libre del peligro en esa ocasión, sino que ni siquiera se percató de él.

El arete de mi general

El general Joaquín Amaro es el fundador del moderno Ejército Mexicano. Durante mucho tiempo usó un arete o arracada en una oreja. Es poco conocida la historia de ese arete. Aquí la cuento.

Usaba Joaquín Amaro una arracada. En las batallas contra los zapatistas entraba a combatir portando en la oreja derecha aquel arete de oro que le daba un aspecto singular.

Todos se hacían lenguas hablando de esa peculiaridad del general. Hombre arrojado, valiente hasta la temeridad, a nadie se le hubiera ocurrido pensar que tal adorno era un signo de afeminamiento. Aseguraban unos que el militar había hecho una manda religiosa. Habiéndose visto en gran peligro prometió llevar esa arracada si las potencias celestiales le conservaban la vida. La salvó, y cumplía su promesa. Otros pensaban que el uso del arete provenía del mucho trato que el general Amaro, aunque zacatecano, había tenido con los indios yaquis de Sonora. La arracada la usaba para inspirar temor al enemigo, que lo tomaría por uno de aquellos aguerridos combatientes.

Nada de eso correspondía a la verdad. Aquí se devela el misterio del arete de mi general.

Coyuca de Catalán, estado de Guerrero. Andaba Joaquín Amaro en una de las tantas campañas en que participó. Regresaba de un paseo a caballo por los alrededores de la ciudad cuando acertó a pasar frente a una modesta fonda. Sintió hambre y entró a comer ahí. La propietaria del establecimiento era una mujer cuya belleza extraordinaria —belleza de mujer tropical, exuberante— impresionó grandemente al militar.

Aquella hermosa hembra se llamaba María Zavaleta. Nadie, sin embargo, la conocía por ese nombre. Todos le decían *la Gata*, pues era dueña de unos hermosos ojos verdes y una mirada penetrante, de felino.

No quiero meterme en intimidades. Lo mío es la Revolución constitucionalista, no la sexual. Así, no diré que Amaro se prendó de aquella sinuosa mujer gata, ni hablaré de amores pasionales bajo un cielo tropical constelado de estrellas y cocuyos. Lo que sí diré es que hubo muy estrecho trato entre la fondera y el guerrero, tan estrecho que cuando Amaro, acabada su campaña, se disponía a salir del estado, María pensó en darle un recuerdo a fin de que nunca se olvidara de ella.

Una tarde, cuando Amaro, satisfecho de alma y cuerpo, dormía la siesta en una hamaca, se acercó cautelosamente la Gata con pasos sigilosos. Llevaba una aguja que previamente había esterilizado en la llama de una vela, y enhebrado en la aguja un sedoso hilo. Con certera habilidad perforó el lóbulo de la oreja derecha al militar dormido. Despertó éste, por supuesto, al sentir el dolor de la perforación, y se enderezó en la hamaca, sorprendido. Llevóse la mano a la oreja y sintió la hebra.

—Vas a llevar ahí, por siempre, una arracada mía —le dijo María Zavaleta—. Así voy a llevar yo siempre tu recuerdo.

Esto sucedió en 1912. Hasta 1915 conservó Amaro en su oreja aquel recuerdo, no sé si de amor o de amistad. De amor ha de haber sido: las amistades no ponen arracadas.

En lo general hubo muchos generales

Se ha dicho que en la Revolución hubo más generales que soldados. No anda muy descaminada esa versión.

José Rubén Romero vivió intensamente las luchas revolucionarias en su estado, Michoacán. El celebrado autor de *La vida inútil de Pito Pérez* nació en 1890 en Cotija, levítica ciudad que ha dado grandes curas y grandes comecuras —uno de ellos, quizá el mayor, José Rubén Romero—, pero todos una misma familia, pues, como dice la copla popular:

Vámonos para Cotija,
ahí son buenos cristianos:
para no perder la sangre
se casan primos hermanos.

Solía contar Romero cosas de mucha sabrosura acerca de los generales que le tocó tratar, o al menos conocer de oídas. Dice que los había de todas clases: con mil soldados, con 500, con 100, y hasta con 10. Recordaba incluso a uno de apellido Valladares, que pese a ostentar el grado de general no tenía más que un soldado, su asistente.

—Y soy general de las tres armas —se jactaba con irónico humor el dicho mílite—. De infantería, porque me voy a pie cuando como pollo o espinazo; de caballería, cuando monto a las viejas en la cama; y de artillería en la noche, después de haber cenado mucho.

A veces el general Valladares no era hombre de burlas. Le llamaban *el Héroe de los Gatos*, porque un día tomó él solo una plaza importante, Coalcomán. Envió por delante a su asistente —su único soldado— a intimar la rendición de la plaza.

—Que venga a quitárnosla si puede —respondió desafiante el comandante de la guarnición—, pero tendrá que hacerlo a sangre y fuego.

El soldado comunicó la respuesta al general.

—¿A sangre y fuego? —repitió éste—. ¿*Pa* qué sangre? La tomaremos a fuego nada más.

En un pueblo vecino se compró una buena provisión de cohetes. Luego, mediante una minuciosa labor de requisa, se apoderó de todos los gatos callejeros que él y su asistente pudieron pescar. En la noche se acercó cautelosamente a Coalcomán, y después de hacer tronadero de cohetería en las afueras lanzó a todos los gatos, a los que previamente ató en las colas estopa de coco encendida. Los aterrorizados animales fueron por los tejados de las casas, hechos de paja, y el pueblo empezó a incendiarse.

—Rinda usted el pueblo —rogó el cura al oficial— o todos pereceremos en las llamas.

Fue una comisión de vecinos a hablar con Valladares.

—Acepto la rendición por razones de humanidad —dijo solemnemente el general—. Pero pongo por condición que la guarnición venga aquí con todas sus armas y me las entregue.

Los soldados —eran más de 100— entregaron sus armas, y Valladares les permitió que se retiraran después de dar su palabra de que no volverían a combatir a la Revolución. Una hora después, el Héroe de los Gatos, sin más compañía que la de su asistente, hacía su entrada triunfal en la vencida población. Pero entró por un lado y se salió por el otro, para evitar problemas.

Demasiados generales

José Rubén Romero solía recordar en sus escritos y conversaciones a los generales que conoció en las luchas revolucionarias de su estado natal, Michoacán.

Por esas tierras anduvo Joaquín Amaro, jinete en su caballo güinduri. Amaro alcanzó fama legendaria. La gente aseguraba que tenía el don de la ubicuidad, pues se le veía por la noche en Quiroga y luego, a primera hora del día siguiente, en Puruándiro.

Los federales tenían más miedo de Amaro que del mismísimo demonio. Le atribuían crueldad de indio salvaje, cosa que no era cierta, pues el hombre siempre ejercitó cualidades de misericordia en las duras cuestiones de la guerra.

—¡*Ai* viene el de la arracada! —gritaban los pelones. Y ponían pies en polvorosa. Hacían bien: más vale que digan aquí corrió que aquí murió.

Gente de toda laya andaba en la Revolución con el grado máximo de general. Andaba un tal Mastache, valiente hasta los extremos del suicidio, que sonreía ante las balas y cañonazos del enemigo pero temblaba como hoja al viento en la presencia de su esposa, tremebunda mujer que casi le doblaba la estatura y decía sonoras maldiciones igual que áspero sargento de cuartel. Andaba un Cecilio García, que formó su reducida tropa con toda su parentela: hijos, yernos, cuñados, primos, tíos y sobrinos. En familia hizo la revolución ese Cecilio.

Figura singular debe de haber sido la de don José Inocente Lugo, también general. Tenía como libro de cabecera el *Código de Procedimientos Civiles del Estado de Michoacán*. En ese aburrido mamotreto hallaba lectura amena y deleitosa, vaya usted a saber por qué. Aunque anduviera en el monte, en plena campaña, asediado por el enemigo, tan pronto se hacía de noche don Pepe se iba a dormir tranquilamente, para cuyo efecto se ponía camisón y gorro, cual si estuviera en el plácido recogimiento de su alcoba y no en los barrancos y quebradas de la fragosa sierra michoacana.

Fama de gran bebedor tenía el general José Rentería Luviano: era capaz de apurar dos o tres botellas de coñac sin que se le enturbiara la vista o le temblara el pulso al disparar. Bebía su coñac con *chaser* de cerveza, es decir, trago de coñac y trago de cerveza. Extraña manera de tomar. Y de echar a perder dos cosas buenas.

Irineo Rauda, aquel pintoresco general, aseguraba que en dos o tres días acabaría con Huerta si le daban "un digerible y un azulmarino". (Quería decir un dirigible y un submarino.) Este general, don Irineo Rauda, lamentaba que la Revolución hubiera degenerado en gobierno. Eso lo dijo al celebrar la formación del Partido Nacional Revolucionario, creado por Plutarco Elías Calles, antecedente de lo que es ahora el PRI. En aquel PNR entraron igual antiguos zapatistas que villistas; lo mismo carrancistas que obregonistas. A todos les hizo justicia la Revolución, hasta que se cayó el arbolito donde dormía el pavorreal.

Las botas de Pancho Villa

Miles de anécdotas se han contado de Francisco Villa. La que hoy narro tiene un interés muy especial, pues muestra una faceta poco conocida de aquel hombre huracán.

Jesús Aguilar estaba muy orgulloso de sus botas. Se las había mandado hacer en Monterrey, y eran distintas a todas las que se veían entre la gente del general Felipe Ángeles. Y es que las botas de Aguilar eran de mosquetero: altas, holgadas y con amplio remate que cubría la rodilla en elegante cerco.

Las fuerzas del general Ángeles tomaron Ramos Arizpe, en Coahuila, plaza que había estado en poder de la gente de Carranza. Vencidos los carrancistas, dejaron en Ramos Arizpe 17 trenes. En el vagón pullman de uno de ellos encontró

Aguilar, por pura casualidad, el archivo que consigo habían llevado los fugitivos. Entre los papeles dispersos halló una serie de telegramas que se habían cursado los generales Antonio Villarreal, Pablo González y Eulalio Gutiérrez, todos tendientes a lograr una reconciliación entre este último y don Venustiano.

Aguilar puso en conocimiento del hallazgo al general Ángeles, quien juzgó que el asunto era de tanta trascendencia que lo debía conocer sin tardanza el general Villa.

—Salga usted por tren hacia Torreón —ordenó Ángeles a su subordinado—, y entere a mi general de lo que está pasando.

Dos días después, a las seis de la mañana, llegó Aguilar a la ciudad lagunera. Pancho Villa estaba ya en pie impartiendo órdenes a sus generales. Se enteró de la noticia que le llevaba el mensajero. Aguilar se dio cuenta de que mientras Villa lo escuchaba no le quitaba la vista de las botas.

—Oiga, amiguito —le dijo el Centauro al terminar—. Yo he visto esas botas en alguna parte.

Aguilar, desconcertado, no respondió.

—¡Ah sí, ya sé! —exclamó de repente Villa—. En la pasta de un libro de novelas. ¡En *Los tres mosqueteros*!

—Así es, mi general —respondió Aguilar—. Las botas son de ese estilo.

Se sentó Villa en su catre.

—*Pos* me gustan mucho. Quíteselas a ver si me quedan.

Se quitó las botas Aguilar, y Villa intentó calzarse una. Imposible, el pie no le entraba ni a la fuerza.

—¡Carajo, amigo! —dijo con disgusto—. ¡Tiene usted pies de señorita! ¿Dónde compró las botas?

—Me las hicieron en Monterrey, mi general.

—*Pos* me manda hacer unas igualitas, y me las entrega cuando yo ande por allá.

Muy asombrado se quedó Aguilar. ¿De modo que Villa, con tanta fama de salvaje, conocía al menos por los forros *Los tres mosqueteros* de Dumas? La explicación del misterio la recibiría de Felipe Ángeles algunos días después: cuando Villa estuvo preso en Santiago Tlatelolco, el general Ángeles le llevó aquel libro para que se entretuviera. No sabemos si el tremendo Doroteo Arango leyó la novela, pero por el relato de Aguilar podemos tener la certidumbre de que sabía al menos cómo eran las botas que calzaba D'Artagnan cuando andaba en aquel grupo de los tres mosqueteros que en verdad eran cuatro. Sólo las continuas mudanzas de la guerra impidieron que Villa cabalgara en *El Siete Leguas* luciendo botas de mosquetero francés.

Historia de un perro

Los hechos que narraré en este capítulo son rigurosamente históricos, aunque pase por el relato un hálito romancesco propio de leyenda apócrifa o de corrido popular.

Es el mes de mayo de 1915. Villistas y zapatistas han ocupado la capital de la República. Villa y Zapata entraron en el Palacio Nacional y su fotografía quedó para la historia, sentado aquél en la silla presidencial, mirando éste a la lente de la cámara con sus inmensos ojos tristes.

Carranza y Villa ya se habían enemistado y ferozmente luchaban entre sí. Zapata combatía por su lado. Por tierras de Hidalgo andaba la división Argumedo, mandada por el jefe de Estado Mayor de don Benjamín Argumedo, el coronel Pedro Rodríguez Triana. Había tomado esa fuerza la plaza de Tezontepec. Desde Pachuca, los carrancistas lanzaron un intenso ataque, y los de Argumedo se vieron obligados a abandonar la plaza. Dispersos huyeron hacia Tizayuca, perseguidos de cerca por la caballería de los vencedores.

El jefe derrotado, Rodríguez Triana, logró escapar con un pequeño contingente de 60 hombres y se refugió en un rancho llamado San Ignacio. Ahí se ocultó con sus soldados tras el bordo de un jagüey, dispuesto a entregar cara la vida.

Sin sospechar que el enemigo estaba a unos cuantos metros, acertó a pasar por ahí, casualmente, una fuerza de infantería carrancista. La componían bisoños soldados de los Batallones Rojos, integrados por obreros de la capital del país que no habían conocido jamás acción de guerra. Los avezados combatientes de Rodríguez Triana cayeron por la espalda sobre los infelices como un halcón sobre un conejo, e hicieron entre ellos gran matanza. Sesenta soldados vencieron a 450. Los atacantes les hicieron a los carrancistas 150 muertos y 300 prisioneros. Un desastre.

En carros de ferrocarril, hacinados como bestias, los vencidos fueron llevados a la ciudad de México. Confundidos entre los soldados iban sus jefes, quienes antes de caer en manos de sus vencedores tuvieron tiempo para quitarse sus uniformes de oficiales y disfrazarse con humildes ropas que quitaron a soldados muertos. Así, escondidos entre la tropa, pensaban pasar inadvertidos y obtener después la libertad, pues el fusilamiento no amenazaba a los soldados, sólo a los jefes y oficiales. Pero en el camino, en un punto llamado Mogotes, entre Tezontepec y Tizayuca, Rodríguez Triana hizo que el tren se detuviera y que bajaran todos los prisioneros.

Frente a ellos colocó a sus hombres, que cortaron cartucho y apuntaron al grupo con sus rifles.

—Aquí van a morirse todos, desgraciados —amenazó el coronel—, a menos que me digan quiénes son los que los mandan. Ellos deben morir, no ustedes.

De inmediato, los temblorosos novatos señalaron a quienes los habían llevado a la guerra igual que a un matadero. Cuatro eran los oficiales; el superior era un capitán segundo que daba a conocer en su habla su origen español.

—Échenmelos *pacá* —ordenó a sus hombres el coronel Rodríguez.

El coronel Pedro Rodríguez Triana era hombre duro. Subió a su caballo y fue al lugar en donde estaban los cuatro prisioneros, oficiales de los Batallones Rojos carrancistas. Sacó su pistola y, sin desmontar, uno a uno, los fue matando de sendos balazos en la cabeza.

Tres cayeron. Le tocaba el turno de morir al superior, el joven capitán segundo de origen español. El ejecutor amartilló su pistola y apuntó. En eso, salido quién sabe de dónde, un gran perro se lanzó contra el caballo del coronel y ladrando furiosamente se interpuso entre Rodríguez Triana y su amo. Con su cuerpo cubría al capitán; se alzaba sobre las patas traseras, apoyaba las delanteras en el fuste de la montura del coronel, y así le estorbaba disparar. Luego empezó a gañir, como si suplicara por la vida de su dueño.

Rodríguez Triana, feroz, se sacudió al perro dándole una fuerte patada. Enseguida disparó sobre el capitán, y su disparo le voló la tapa de los sesos. El perro fue hacia su caído señor y empezó a aullar desgarradoramente. En medio de un hosco silencio, el verdugo se retiró con sus acompañantes.

Subieron todos a los vagones y el tren emprendió la marcha. Horas después llegó el convoy a Tizayuca. Ahí se reunió Rodríguez Triana con tropas de refuerzo de Argumedo. Apoyado en ellas atacó Tezontepec y recuperó la plaza. Después avanzó con fuerzas de infantería y caballería.

Volvió a pasar la tropa por el lugar donde el coronel había dado muerte a los cuatro oficiales jóvenes. Tres cadáveres seguían en el sitio, tumefactos, hediondos, comidos en parte por las alimañas. Faltaba el cuerpo del capitán segundo.

De pronto alguien vio al perro. Ahí estaba, gruñendo amenazadoramente y mostrando los colmillos a los recién llegados. Curiosos, dos hombres se acercaron al sitio donde estaba el perro.

Era una tumba. El perro la había cavado y había sepultado ahí el cuerpo de su amo. Cuando los dos soldados se alejaron, el perro entendió que nadie ya lo iba a dañar, y siguió en su tarea de cubrir con tierra los pies del cadáver, que asomaban aún.

Aquel episodio, relataba el coronel José Montiel Rosete, de las fuerzas de Argumedo, sacudió de tal modo a Rodríguez Triana que jamás volvió a matar a nadie.

Pedro V. Rodríguez Triana (la V corresponde a De Verona) era coahuilense. Nació en San Pedro de las Colonias en 1890. Fue soldado de Pascual Orozco y después militó en las filas del constitucionalismo. Cuando Carranza y Villa se distanciaron, Rodríguez Triana se incorporó a la famosa División del Norte. Luego, como jefe del Estado Mayor de Benjamín Argumedo, combatió empecinadamente a los carrancistas. Años después se rebeló contra Obregón. Azares de la política lo llevaron a ser gobernador de Coahuila. Dejó de sí mala memoria, pues tuvo la peregrina idea de cerrar el glorioso Ateneo Fuente, fuente donde han abrevado algunas de las mejores inteligencias coahuilenses. Dijo que para qué servía aquel colegio: él, sin saber nada, había llegado a gobernador.

El otro zumbido

Las anécdotas de la Revolución no tienen fin, y son más interesantes las ciertas que las inventadas.

Febrero de 1915. La ciudad de Monterrey había sido tomada por fuerzas federales. El general Pablo González, que se disponía a lanzar un ataque contra esa importante plaza, envió a una persona como espía a fin de observar al enemigo, calcular sus efectivos y tomar nota de sus posiciones.

Después de afrontar toda suerte de dificultades, logró esa persona llegar a Apodaca. Ahí hizo contacto con el general Maclovio Herrera.

—Ten mucho cuidado —le dijo éste—. La situación es muy peligrosa en Monterrey. Los federales esperan un ataque, y para ellos todo recién llegado a la ciudad es un espía. No te arriesgues.

La persona enviada por don Pablo se las arregló para llegar a la ciudad. Se hospedó en el viejo Hotel Imperial, que se hallaba frente al actual Ancira. Durmió profundamente, quizá por el cansancio de los días anteriores, y a la mañana siguiente bajó a desayunar. Mientras lo hacía notó la mirada insistente de dos hombres. Uno de los camareros acudía de continuo a atender a esos parroquianos, de modo que podía escuchar lo que hablaban entre sí.

La persona enviada como espía notó luego que el mesero la buscaba con la mirada, como tratando de advertirle algún peligro, y con mayor intensidad cuando los hombres se levantaron y salieron. Terminó y pagó su cuenta. En la puerta del hotel se topó con dos soldados federales.

—Acompáñenos —le dijo uno.

—Con mucho gusto —respondió—. Tan sólo permítanme subir un momento a mi habitación a traer lo que necesito.

Los soldados, desconfiados, fueron también, pero no entraron en el cuarto. Apresuradamente la persona echó tras el ropero algunos papeles comprometedores. Luego se puso a disposición de los soldados, y con ellos fue a dar a la Estación del Nacional. El general Felipe Ángeles inició un detallado interrogatorio, pero nada pudo conseguir.

—Muy bien —ordenó—. Al paredón.

De inmediato, fue conducida la persona al panteón municipal, y ahí se vio frente al pelotón de fusilamiento.

—¡Preparen! —ordenó el cabo encargado de la ejecución—. ¡Apunten!

No dijo ¡Fuego! Con una mirada de burla desató las manos de la persona, que ese mismo día fue subida a un tren y llevada a Chihuahua con otros prisioneros de guerra. De ahí escapó dos meses después. Luego recordaría el momento de su simulada ejecución: "En ese instante se me acabó todo sentimiento de valor, de orgullo. Sentí un zumbido en los oídos, se me revolvió el estómago, y sólo se hizo presente un segundo de horror jamás sentido".

Ahora bien. A lo largo de este relato he usado machaconamente la palabra *persona*. Eso se debe a que el espía enviado por don Pablo González, la persona que vivió esta tremenda aventura, no era hombre, sino mujer. Se llamaba María de

Jesús G. Hinojosa y militaba en el Cuerpo de Ejército de Oriente con el grado de teniente de Caballería.

Como se ve, no toda la Revolución fue cosa de hombres.

Más terco que una mula

El rasgo más predominante en la personalidad de don Venustiano Carranza era su terquedad, que algunos comparan con la de las mulas. Parece ser, sin embargo, a juicio de algunos autorizados escritores, que era aún mayor.

Don Luis Cabrera describió así al Varón de Cuatrociénegas: "Su principal cualidad física era sin duda la resistencia. No he conocido hasta ahora un hombre con mayor capacidad de trabajo [...] No era analítico, pero tenía una comprensión clara —aunque lenta— de todo problema que se le sometía [...] Era ecuánime: los grandes vendavales, los grandes triunfos y derrotas, apenas balanceaban serenamente la ramazón del roble".

Le faltó a don Luis señalar que don Venustiano era más terco que un aragonés o que un coahuilense de Ramos Arizpe. Cuando daba en una idea no se la sacaban ni con yunta. A propósito de esa terquedad hay una anécdota que ahora relataré.

Julio de 1913. En marzo había lanzado Carranza su Plan de Guadalupe, y fuerzas huertistas lo perseguían tratando de liquidar su movimiento ahí mismo en Coahuila. El día 8, tropas de Carranza ocuparon Candela después de hacer que abandonara la plaza el 9º Regimiento Federal.

En Espinazo, Nuevo León —lugar que después haría famoso el Niño Fidencio—, el general huertista Joaquín Mass recibe la noticia de esa derrota y avanza hacia Monclova, también en posesión de Carranza. Mass lleva consigo más de 2000 hombres y una fuerte artillería. Ante su embate los carrancistas ceden.

En el lugar de las acciones estuvo don Venustiano, a quien acompañaba Jacinto B. Treviño. Junto con otros jefes veían las acciones cuando una granada enemiga pasó silbando sobre sus cabezas.

—Vamos a retirarnos de aquí, señor Carranza —le dijo Treviño al Primer Jefe—. Este tiro es el primero de tres que hace el cañón para tomar puntería. Los otros pegarán más cerca, pues los artilleros están haciendo lo que llaman "la horquilla": si el primer disparo resultó largo el segundo será corto, y el tercero dará en el blanco.

—Figuraciones suyas —contestó Carranza—. Pura teoría. Aquí estamos seguros.

Sonó un segundo disparo y la granada estalló en tierra a un centenar de metros adelante de donde estaba el grupo.

—¿Lo ve usted, señor? —insistió Treviño—. Vámonos ya. El tercer tiro va a pegar más cerca.

—Le digo que es su imaginación —repitió Carranza—. Ustedes los oficiales no saben hacer otra cosa que…

No terminó la frase. La tercera granada cayó a unos cuantos pasos y estalló con tremendo fragor. Sobre Carranza y sus acompañantes cayeron piedras y tierra. Unos cuantos milímetros que el artillero hubiese movido la pieza y habría muerto don Venustiano y con él su movimiento reivindicador. Sereno, sin turbarse pero sin moverse, dijo Carranza dirigiéndose a Treviño:

—Por esta vez parece que tenía usted razón.

"Don Venustiano —escribió alguna vez el general Treviño— era siempre seguro y firme en sus cosas, pero parsimonioso y lento para actuar".

Historia de una pistola

¿Qué sino trágico ocultan algunas cosas tras su materia inerte? Aquí se cuenta la historia de un arma… y de una muerte.

Cuando Álvaro Obregón se levantó contra Carranza, éste se vio obligado a abandonar la capital. Es bien sabido que la jornada terminó en tragedia: en Tlaxcalantongo fue muerto a tiros el Varón de Cuatrociénegas.

Uno de los jefes leales a él fue el coronel Constantino Chapital, quien fungía como jefe de la Policía Montada del Distrito Federal. Cuando los obregonistas volaron las vías de ferrocarril para impedir la fuga de don Venustiano, el coronel Chapital fue uno de los combatientes que resistió el ataque de los rebeldes. Aniquiladas las fuerzas leales, se vio obligado a rendirse al teniente coronel Sebastián Chévez. Extraña coincidencia fue ésa: rendido y rendidor eran de Oaxaca. Al consumarse el acto de la rendición, Chévez exigió a Chapital que le entregara su pistola como una especie de trofeo de guerra.

Unas semanas después Chapital, que había quedado libre después de hacer renuncia de su grado y de su militancia, se presentó en el cuartel general de Tehuacán, de cuya guarnición estaba encargado el general Luis T. Mireles, oaxaqueño también, y superior de Chévez. A Mireles le dio gusto ver a Chapital, pese a que habían luchado en bandos distintos. No solamente lo recibió con agrado, sino que lo invitó a presenciar una partida de *poker* que estaba jugando. Al terminar el juego, le ofreció una copa de coñac y se puso a su disposición.

—Mi general —le dijo Chapital—. Cuando me rendí en Los Aljibes, uno de sus hombres, el teniente coronel Chévez, me hizo que le entregara mi pistola. Para mí esa arma tiene un gran valor estimativo, pues me la regalaron los jefes y oficiales de la Policía Montada. Vengo a pedirle su intervención para que la pistola me sea devuelta. En su lugar ofrezco darle a Chévez otra mejor.

—Mire usted, coronel —le respondió Mireles—. El botín de guerra no se devuelve al enemigo. Eso usted lo sabe tan bien como yo. Sin embargo usted luchó con valor en aquel combate. Por eso, porque somos paisanos y lo estimo, y por el valor que tiene esa pistola para usted, se la voy a devolver.

Chapital dio las gracias en forma muy efusiva, y Mireles ordenó a su asistente que fuera por el teniente coronel. Poco después entró Chévez en la oficina. El general le explicó la situación y le pidió que devolviera su pistola a Chapital.

—Mi general —respondió Chévez visiblemente molesto—. Esa arma me pertenece. Yo se la quité al enemigo en campaña, y ningún derecho tiene este señor a pedirme que se la devuelva.

—Tiene usted razón, teniente —replicó el general Mireles—. Pero esa pistola tiene un gran valor afectivo para nuestro paisano. Además a usted le consta que se portó como los meros machos. Él le dará otra pistola a usted.

—Yo también me porté como los machos, general —se resistió Chévez—. Esa pistola es mía, y por mi voluntad no la devolveré. Sólo que usted me lo ordene.

—Pues eso es precisamente lo que voy a hacer —declaró molesto el general Mireles—. Traiga usted inmediatamente esa pistola y entréguesela al general Chapital.

Visiblemente alterado por la cólera, el teniente coronel hizo el saludo de ordenanza y se retiró. Regresó a poco, y sin decir palabra puso la pistola en manos de su antiguo vencido. Se cuadró nuevamente frente a su superior, y después de pedir permiso se retiró.

A raíz del incidente nació una buena amistad entre los generales Mireles y Chapital. Al triunfo de Obregón fue designado Mireles jefe de Operaciones en Tabasco. Solicitó y obtuvo que Chapital reingresara al Ejército, y lo nombró jefe de la Guarnición de la Plaza en Villahermosa. Por extrañas circunstancias quedó bajo sus órdenes aquel Sebastián Chévez, ahora ascendido a coronel.

No había olvidado éste el agravio que sintió cuando se vio obligado a devolver un arma que había ganado en el combate. Sin recatarse mostraba su malquerencia y odio a Chapital. Abiertamente hablaba mal de él, y en tono de burla narraba cómo lo había derrotado. Lo llamaba "barbero" de Mireles, y hasta se atrevía a desobedecer sus órdenes.

Y sucedió lo que tenía que suceder. Una de esas noches estaba Chévez, como jefe del Día, a cargo de la vigilancia de la plaza. Acompañado por dos oficiales salió a hacer una ronda por la ciudad. Había tomado algunas copas, y al pasar por el casino de la ciudad oyó ruido de voces y risas. Se enteró de que ahí estaba Chapital, y excitado por las libaciones entró y pretendió llamarle la atención por el supuesto escándalo. Chapital respondió con enojo y Chévez, descompuesto por la ira acumulada, propinó al general un tremendo bofetón que lo tiró por tierra. De ahí lo levantó por las solapas y lo estrelló contra la pared, arrojándolo otra vez al suelo.

Intervinieron los demás. Unos contuvieron a Chévez mientras otros ayudaban a Chapital a levantarse. Para calmar los ánimos, algunos de los presentes se llevaron al coronel a otro departamento del casino, y Chapital fue sacado del centro social por sus amigos. Al llegar al cuartel les dijo que se iba a dormir y, en efecto, entró en sus habitaciones.

Sin embargo, salió de ellas poco después, y regresó al casino. Cuando entró llevaba ya en la mano el arma que alguna vez le había quitado Chévez. Fue directamente a la mesa donde se hallaba éste, y vació la carga de la pistola sobre el cuerpo de su enemigo.

¿Hay un oscuro destino que liga algunas cosas con el incierto curso de la vida? Quién lo sabe. En este relato la pistola de Chapital fue rueca en que una oscura parca tejió la trama de la muerte.

La espada y el corazón

Era el 17 de febrero de 1913. Se vivían las dramáticas horas de la que después sería llamada la Decena Trágica, que culminarían con el asesinato de don Francisco I. Madero y de su vicepresidente, Pino Suárez.

El presidente había reunido en el comedor del Palacio Nacional a todos sus ministros y a los principales miembros del cuerpo diplomático. Deseaba cambiar con ellos impresiones acerca de la situación reinante. El comandante militar de la plaza había sido convocado también, pues sus puntos de vista serían muy importantes. Al empezar la comida advirtió el señor Madero que el militar estaba ausente. Ese comandante era el general Victoriano Huerta.

En ese momento se acercó al presidente un oficial. Llevaba consigo unos telegramas dirigidos a Madero. Sin verlos, el presidente pidió al mensajero:

—Baje usted a las oficinas de la Comandancia y ruéguele de mi parte al señor general Huerta que venga a comer con nosotros.

Así lo hizo el oficial, y poco después Huerta llegaba a ocupar una silla junto al presidente.

La comida transcurrió sin novedad. Madero y Huerta hablaron largamente entre sí acerca de la ocupación de La Ciudadela, tomada por los rebeldes. Al dirigirse a los comensales, Huerta aseguró que no habría ningún problema para sacarlos de ahí y poner fin a aquella insurrección. El gobierno estaba firme, declaró; el señor Madero podía estar tranquilo.

Terminó la reunión y todos se despidieron del presidente. Al último lo hizo Huerta. Ya se retiraba cuando el presidente Madero se dio cuenta de que el general olvidaba su espada, que se había quitado para comer, y que dejó sobre una silla.

—Mi general —le dijo con una sonrisa amistosa—. Olvida usted la insignia de su mando.

Volvió sobre sus pasos Huerta, señaló con un ademán la espada y respondió:

—Señor presidente: eso no vale nada. Lo que vale es esto.

Y así diciendo se puso la mano derecha sobre el corazón.

El presidente Madero, que era infinitamente bondadoso —y también infinitamente ingenuo—, pensó que aquélla era una muestra más de la lealtad de Huerta, lealtad que todos a su alrededor ponían en duda. Conmovido, le dio un abrazo y lo felicitó por sus hermosas palabras. Huerta agradeció la felicitación, tomó entre las suyas la mano del presidente y la estrechó calurosamente.

Poco después se consumó la traición. Madero cayó abatido por las balas de quienes lo traicionaron. El mayor traidor fue Victoriano Huerta, a cuyo nombre acompaña siempre el calificativo de *chacal*. Yo sé, sin embargo, que ese animal no es cruel ni alevoso. Entre ellos la regla general es la lealtad, y la traición es cosa excepcional. Incluso he oído decir que cuando uno de los animales de esa especie incurre en traición a los demás, los otros chacales lo llaman *Huerta*. No he podido por desgracia confirmar esa versión.

León contra León

Poco sabido es que don Francisco León de la Barra, llamado *el Presidente Blanco*, estuvo a punto de ser fusilado. Aquí se narra ese interesante sucedido.

En uno de los departamentos del Palacio Nacional, en el salón llamado Morisco, sostienen una acalorada discusión dos personajes. Uno es civil, caballero de estatura procerosa y magnífica presencia; el otro es militar, su grado es el de mayor. Aquél es don Francisco León de la Barra, quien se hizo cargo de la presidencia de la República a la renuncia de don Porfirio Díaz. El militar es Gustavo Garmendia. En esas horas cruciales desempeñaba el cargo de inspector General de Policía. Urgentemente lo designó el presidente Madero, pues su antecesor en el puesto, el general Emiliano López Figueroa, había sido detenido por los rebeldes de La Ciudadela y estaba preso en ese cuartel.

Garmendia, sumamente alterado, acusa de traidor al señor León de la Barra. Éste se defiende con calor de las imputaciones. Garmendia reitera su dicho: obran en su poder, afirma, informaciones que prueban que don Francisco ha sostenido reuniones secretas con Aureliano Blanquet y con algunos otros de los jefes que organizaron la conspiración de La Ciudadela para derrocar al gobierno de Madero. Es el 18 de febrero de 1913. Al día siguiente presentará su renuncia el presidente, y el 22 caerá asesinado por los matones de Victoriano Huerta y sus cómplices.

En ese momento pasa por ahí el oficial Rubén Álvarez Sáenz. Escucha las violentas voces de los que discutían y reconoce la de su jefe, el mayor Garmendia. Se asoma a fin de ver si su superior necesitaba su presencia. Éste lo ve y lo llama inmediatamente.

—Álvarez —le dice descompuesto por la cólera—. Baje a la Guardia, traiga aquí un pelotón de guardias presidenciales y aprehenda a este señor, pues tiene que ser ejecutado inmediatamente por su conducta desleal y su complicidad con los felicistas.

El oficial va a cumplir la orden. Por la escalera del Estado Mayor conduce al pelotón a la presencia de su superior.

—Proceda usted de acuerdo con mis órdenes —le indica Garmendia dando la vuelta para retirarse.

—Mi mayor —pide Álvarez Sáenz—, le ruego me dé por escrito la orden de ejecución.

Garmendia entiende bien la preocupación del joven oficial: no podía asumir personalmente la responsabilidad de fusilar al señor De la Barra, que no había sido condenado por una sentencia judicial. Se dirige el mayor al corredor y grita el nombre de uno de sus ayudantes.

—¡Felipe!

Acude el hombre y Garmendia le pide un pliego de papel sellado. Se lo trae el ayudante y el mayor procede a escribir la orden de fusilamiento, que firma y entrega a Álvarez. El señor De la Barra veía todo aquello como si se encontrara en medio de una pesadilla.

—Vamos, señor —se dirige a él con voz firme el oficial del pelotón.

—¡Esto es un atropello! —gritó al mismo tiempo asustado

y lleno de indignación el señor León de la Barra—. ¡Es un abuso militar!

—Ningún abuso —respondió Garmendia—. Usted ha traicionado al gobierno establecido; ha conspirado con quienes tratan de derrocar al señor Madero. La pena para los traidores es la muerte.

—¡Pero ni siquiera se me ha juzgado! —protestó vehementemente don Francisco.

—En las actuales circunstancias no cabe juicio alguno —replicó Garmendia, y se dirigió luego hacia el joven oficial que mandaba el pelotón—: ¡Álvarez! —repitió la orden—. Lleve al patio a este señor y páselo por las armas.

Rubén Álvarez, más tranquilo ya porque tenía en la mano la orden de ejecución escrita de puño y letra de Garmendia, hizo que León de la Barra se colocara entre las dos filas del pelotón y empezó a descender por la escalera del Estado Mayor en dirección al patio central del Palacio Nacional. Don Francisco León de la Barra iba lívido, caminando como un fantasma. Había llegado ya la comitiva al segundo tercio de la escalera cuando se oyó, arriba, la voz del señor Madero.

—¡Oficial! ¿A dónde lleva usted a ese hombre?

Rubén Álvarez vio una puerta abierta para librarse de la grave responsabilidad que Garmendia había hecho recaer en él: ¡fusilar a un ex presidente de la República! Ordenó al pelotón que se detuviera y subió hasta donde estaba Madero.

—Señor presidente —le informó—. El mayor Garmendia me mandó fusilar al señor De la Barra. Aquí tiene usted la orden por escrito.

Ni siquiera la leyó Madero. Haciéndola a un lado dijo a Álvarez.

—Ésas son intemperancias de Garmendia. Deje usted inmediatamente en libertad a ese señor.

No esperó otra cosa León de la Barra. Salió de entre los soldados que lo custodiaban y subió a unirse con Madero. Éste lo tomó del brazo y lo llevó a sus oficinas.

Así salvó don Francisco la vida de uno de los que estaban al tanto de la conjura para derrocarlo. La muerte de León de la Barra bien pudo suceder: días antes había sido ejecutado en el mismo patio del Palacio Nacional el general Ruiz, quien pidió la rendición del edificio y de las fuerzas que lo custodiaban y pagó con la vida su deslealtad.

¡Qué grandeza la de Madero! ¡Salvaba aun a aquellos que lo querían perder! Bien dijo Félix Álvarez Sáenz cuando relató este suceso, tan poco conocido: "El señor Madero actuaba en un plano superior al del conocimiento humano. Para él no existía la maldad; creía firmemente que el perdón rectifica todos los errores de los hombres. Pero ¡cuán difícil es en medio de la lucha aquilatar esa nobleza! Los hechos mismos llevaron al señor Madero al conocimiento de la verdadera realidad".

Fusilamientos de mentiritas

El relato de esto que sucedió en Monterrey puede servir para ilustrar más la personalidad de uno de los mejores hombres de la Revolución.

Cuando el general Felipe Ángeles ocupó la capital de Nuevo León, lo primero que hizo fue tranquilizar a los alarmados pobladores. Ni él ni sus hombres, dijo hablando desde un balcón del Hotel Iturbide, venían a cometer abusos. A nadie se extorsionaría; nadie sería molestado en su persona o en sus bienes. Aun los mismos elementos tildados de carrancistas, aseguró, podían estar tranquilos: él los consideraba como hermanos, pues muchos habían luchado por la causa de Madero, y si ahora estaban en el campo opuesto era por las diferencias surgidas entre los jefes, de las cuales no les cabía culpa alguna. Añadió:

—Ruego a los señores comerciantes, a los industriales, a los banqueros, que sigan dedicados a sus actividades cotidianas, en la certeza de que nadie los molestará.

La actitud de Ángeles asombró a los regiomontanos y los llenó de gozo. Los villistas venían precedidos de fama de violentos, pero las garantías que ofreció su jefe hicieron que el sosiego retornara a la ciudad. Aquella misma noche volvió a haber la tradicional serenata en la plaza Zaragoza.

Una excepción hubo a esa tranquilidad. Pancho Villa, a fuer de astuto, solía colocar elementos de toda su confianza al lado de los jefes que mandaban los diversos cuerpos de su ejército. En el Estado Mayor de don Raúl Madero puso a un individuo rústico y violento, un general apellidado Castro. A ese sujeto le molestaba mucho ver el buen trato que Ángeles daba a la población civil. A su juicio, todos los habitantes de Monterrey eran "riquillos" a quienes no se debía tener ninguna consideración.

Todos los días el tal Castro aprehendía a algún pacífico regiomontano y lo acusaba de ser espía de Carranza. Estudiantes, oficinistas, curas, señores de sociedad, obreros, todos caían en manos de aquel atrabiliario individuo, que los hacía encerrar en el cuartel para luego comunicarles personalmente que serían fusilados por traidores a la causa.

El general Ángeles, enterado de la conducta de Castro, lo felicitaba por su celo y le pedía a los reos para hacerlos fusilar inmediatamente. Castro, muy ufano, entregaba a los infelices que tenía en prisión. Todos eran llevados al panteón, y cuando llegaban ahí, seguros de que estaban viviendo sus últimos instantes, un jefe de las confianzas de Ángeles los desataba y les decía que estaban en libertad, que podían volver a sus casas. Eso sí: debían tener cuidado y no dejarse ver por Castro.

Una vez el enviado de Villa sí pescó a una espía de verdad. Era una vieja muy fea a quien se le encontró entre las ropas un nombramiento de agente especial firmado por don Pablo González, una pistola calibre 32 y un frasco con pastillas que luego se supo eran venenosas. Como de costumbre, el general Ángeles pidió a Castro que le entregara a la prisionera; la llevó él mismo al panteón y ahí la puso libre.

—Dígale a sus jefes —le ordenó— que nosotros no matamos mujeres… ni aunque parezcan hombres.

La carrera de Bicicletas

Del generoso modo de ser del general Felipe Ángeles han quedado muchos testimonios. Esta anécdota nos presenta uno más.

Era un excelente hombre, un hombre muy bueno, don José Treviño. Lector de los clásicos, tenía en su casa una excelente biblioteca y gozaba en Monterrey fama de hombre culto, de sabio intelectual. Sus escarceos con las musas lo dieron a conocer como apreciable poeta, aunque otros menesteres lo apartaron de ese oficio deleitoso. Era muy popular el señor Treviño, muy "amiguero" como se dice por acá en el norte. Todos lo conocían con un cariñoso mote: *el Bicicletas*.

Pues bien, sucedió que don Pepe entró en cosas de política y se volvió partidario acérrimo de Madero y después, a la muerte de éste, de don Venustiano Carranza. A todas partes a donde iba el Bicicletas hablaba muy bien del Varón de Cuatrociénegas, pronunciaba sonorosos discursos en su honor, hacía campaña elogiando sus méritos.

Llegó la fecha en que Carranza y Villa se enfrentaron de modo radical. Monterrey cayó en poder de las fuerzas villistas y don José Treviño, el Bicicletas, quedó como adentro de una ratonera. Para colmo no dejó de perorar en favor de don Venustiano, antes bien empezó a decir pestes de Pancho Villa casi en la presencia misma de su gente.

Llegaron a los oídos del general Castro, rudo general villista, aquellas expresiones de don Pepe, y lo puso en la mira. Su muerte era segura, pero —como de costumbre— intervino el general Felipe Ángeles. Llamó a uno de sus hombres de mayor confianza, Jesús Aguilar, y le dijo:

—Tenemos un caso muy grave en nuestras manos. Estos malditos —se refería a los villistas radicales— tienen sed de sangre, y están furiosos porque no hemos fusilado a nadie. Hoy mismo van a tomar preso a un señor de la sociedad, un don José Treviño, y lo van a fusilar. Yo sé que ese señor es carrancista, y por tanto un enemigo nuestro, pero me enteré también de que antes fue maderista. Hemos de considerarlo por lo tanto como merecedor de salvación, y vamos a salvarlo. Queda usted comisionado para que se encargue de este asunto. Usted sabe cómo le hace.

Aguilar y Treviño eran amigos, de modo que aquél sabía bien dónde localizarlo. Con su asistente le mandó un recado: debía salir de la ciudad inmediatamente. Esperó unas horas y luego se presentó con 10 hombres en casa de su amigo. Después de guiñar un ojo a sus familiares, fingió catear todos los cuartos en busca del Bicicletas, que desde luego se había puesto a buen recaudo, y así salvó la vida.

Después, cuando pasó el peligro y Pepe Treviño pudo volver a la ciudad, contaba a sus amigos que la suya fue la carrera de "Bicicletas" más veloz que haya habido en Nuevo León. Memoria muy grata dejó don Pepe en Monterrey. Todos aquellos que tuvieron la fortuna de tratarlo lo recordaban con especial afecto. Fue el padre de don Abiel Treviño, quien merecidamente destacó en la política de su entidad natal.

Aquí no matan a nadie

Dar la muerte —o recibirla— era tarea de aquellos hombres que se lanzaron a la Revolución. Por el relato que ahora inscribo aquí, doy una idea de la consideración que se daba a la vida en aquellos aciagos días de la historia mexicana.

Cuando Pancho Villa llegó a Monterrey en 1915, plaza ocupada por las fuerzas del general Felipe Ángeles, lo primero que hizo fue reunirse no con él, sino con sus generales de pura extracción villista, sus hombres de mayor confianza.

—¡Qué *güeno* que ya vino *usté*, mi general! —le dijo aquel Castro—. Aquí estamos rodeados de centíficos: puros reyistas, curas y hasta huertistas. Ya el general Ángeles se ha hecho amigo de la Cámara de Comercio. ¡*Afigúrese* que todavía no hemos fusilado a *naiden*!

Villa se preocupó al oír aquellos informes que le daban sus generales. Hizo llamar a Ángeles, y le dijo de buenas a primeras:

—Oiga, general. Esta campaña, así como *usté* la está llevando, la *verdá* que no me cuadra nada.

—Mi general —respondió Ángeles—. Yo estoy hecho a combatir ejércitos, no ciudades.

—*Pos* será —replicó el Centauro—. Pero no debemos tener consideraciones con nuestros enemigos. Déjeme encargarme yo de algunas cosas.

Al día siguiente supo Villa, por los informes de sus agentes, que un señor Gómez Dupeyron, quien administraba una hacienda cercana propiedad de don Francisco Sada, había tenido la osadía de pretender que el maíz que necesitaba la tropa le fuera comprado, no requisado. Lo hizo llevar a su presencia.

—No hay tal, señor general —explicó el administrador—. Lo que sucede es que uno de sus jefes soltó su caballada en una milpa que apenas empezaba a jilotear. Yo le reclamé su proceder, y él es el que me está acusando.

En efecto, aquel hombre había dicho a Villa que tanto Dupeyron como Sada eran reyistas.

—*Pos* será —repitió Villa una de sus expresiones más usuales—. Pero a *usté*, muchachito, lo vamos a quebrar.

Y ordenó que el administrador fuera pasado por las armas.

El señor Gómez Dupeyron fue llevado por las calles a la parte de atrás de la Cervecería Cuauhtémoc. Ahí se le iba a fusilar. Don Raúl Madero, quien conocía a la familia del desdichado, intervino de inmediato para salvarle la vida.

—Mi general —dijo a Villa—. Ese hombre no merece la muerte. Todo se debe a un malentendido. Le pido a usted que lo perdone. No tiene caso enemistarnos con la población.

—*Pos* será —contestó Villa—. A lo mejor tiene *usté* razón. Ya se ha derramado mucha sangre. Mande *usté* a alguien que detenga el fusilamiento.

Don Raúl envió inmediatamente a Carlos Navarro, uno de sus oficiales, a cumplir aquel encargo. Le pidió que se apresurara antes de que fuera demasiado tarde.

A todo galope fue Navarro por las calles de Monterrey. Cuando llegaba ya a las puertas de la Cervecería escuchó una descarga. No se detuvo, pensando que quizá el fusilado habría sido otro y que aún podía evitar la muerte del señor Gómez Dupeyron, pero al llegar a la escena de la ejecución pudo verlo en las últimas convulsiones de la agonía. Había llegado demasiado tarde.

Resucitado y muerto

Una bala le dispararon al capitán Irineo Villarreal. Cuatro le entraron en el cuerpo. ¿Cómo sucedió eso? El anecdotario de la Revolución podría aportarle al señor Ripley muchos "Aunque usted no lo crea".

En noviembre de 1913, el Ejército Constitucionalista tomó la plaza de Ciudad Victoria. Desde Monterrey había salido una fuerza de 2000 huertistas mandados por el general Guillermo Rubio Navarrete, quien ignoraba que la capital de Tamaulipas estaba ya en poder de los revolucionarios.

A encontrar al federal fueron los defensores de la plaza. Al frente de ellos iban los generales Antonio Villarreal, Francisco Murguía y los Castro (no Gualberto y Benito, sino Cesáreo y Jesús Agustín).

Atacantes y atacados se encontraron en Santa Engracia, a unos kilómetros de Ciudad Victoria, y se trabó una escaramuza sin importancia, pues Rubio Navarrete se enteró de que la posición estaba ya perdida y prefirió retroceder. Sucedió, no obstante, que sin haber combatido perdió el general huertista más de la mitad de sus efectivos: numerosos soldados de leva aprovecharon el encuentro para escapar y unirse a los rebeldes.

Sin la amenaza ya del enemigo, y reforzados por el mismo, los Constitucionalistas se determinaron a avanzar sobre Tampico, plaza importantísima, pues a través de ese puerto el Ejército Federal recibía constantes refuerzos para fortalecer su campaña en el noreste. En Altamira, los revolucionarios se toparon con una columna huertista y se trabó la lucha. Fueron vencidos los elementos del gobierno, cuyo comandante, un coronel apellidado Gómez, puso pies en polvorosa a las primeras de cambio, dejando en poder del enemigo su escasa artillería, sus vituallas y numerosos prisioneros.

Fue en ese combate donde sucedió un acontecimiento extraordinario. Lo narro solamente porque sé que nadie me lo va a creer. En el Regimiento Madero, mandado por el teniente coronel Villaseñor, iba con grado de capitán Primero un joven muy valiente llamado Irineo Villarreal. Quiso ser el primero en entrar en la batalla, pero tan pronto se lanzó contra el enemigo al galope de su caballo, recibió un balazo en pleno pecho. Cayó malherido, y unos soldados lo recogieron y lo llevaron fuera del campo de batalla.

Ahí observaron los compañeros de Villarreal que el capitán tenía cuatro heridas de bala, tres de ellas con trayectoria muy extraña que de momento no se pudieron explicar.

Revisaron con más detenimiento, y uno de ellos encontró al fin la clave del misterio. Sucedió que la bala que algún soldado federal le disparó a Irineo pegó en la cartuchera que éste llevaba cruzada al pecho. El impacto del balazo hizo que estallaran tres cartuchos, cuyas balas hirieron también al revolucionario.

No había con qué curar al capitán. Ni siquiera alcohol llevaban consigo los rebeldes. Alguien llevó una botella de tequila, y con el ardiente líquido y un paliacate uno de los compañeros del herido procedió a limpiarle las heridas. Luego, para evitar una infección, vació un chorro de tequila en cada uno de los agujeros causados por las balas.

—Dame *pacá* —pidió Irineo con débil voz requiriendo la botella.

Cuando la tuvo en la mano le dio un formidable trago que casi la vació.

—Por dentro me hará más bien que por fuera —dijo a modo de explicación. Intentó una débil sonrisa y luego quedó privado de sentido.

Sus compañeros de armas pensaron que había muerto. Se equivocaban. Sencillamente se había desmayado. Lo más increíble de todo es que Irineo Villarreal, con el cuerpo herido por cuatro balas, logró salvar la vida. Pocos minutos después de su desvanecimiento, volvió en sí. Al darse cuenta de que la tropa se disponía a continuar la marcha, pidió que lo subieran en su caballo, y penosamente emprendió la jornada. En Tampico fue internado en un hospital, donde recibió atenciones que le permitieron recuperarse.

Todavía nos falta saber lo más triste.

Aquel hombre que por una extraña circunstancia estuvo a punto de perder la vida, y que la salvó milagrosamente, murió asesinado años después, en 1929, cuando se hallaba en Nuevo León haciendo la campaña contra la rebelión escobarista. En muchos combates se libró de morir sólo para ir a perder la vida a manos de un asesino. Tal se diría que la muerte ya lo tenía señalado, y que si escapó de ella una vez no se libró la otra de la fatalidad. De eso habló Víctor Hugo cuando en uno de los muros de Notre Dame inscribió la palabra griega *anagké*, vocablo que sirve para designar al hado de los hombres, a ese destino misterioso del cual, afirman quienes creen en él, nadie tiene escapatoria. "Del rayo podrás salvarte —dicen nuestros campesinos—, pero de la raya nunca".

¡Morir por unas tortillas!

En este episodio aparece la figura del general Joaquín Amaro. El verdadero protagonista, sin embargo, es un muchacho cuyo nombre ni siquiera registró la historia.

Era el año de 1914. En los estados de Morelos y Guerrero fuerzas al mando de Joaquín Amaro hacían la guerra al ejército huertista. En Huetamo, el revolucionario Francisco Aguilar tenía a su cargo una trinchera que defendía al frente de unos cuantos soldados, bisoños todos.

Desde hacía varios días custodiaban esa precaria posición sin que nadie se hubiera acordado de llevarles algo de comer. Asediados por el hambre, los soldados pidieron a su jefe que les diera permiso de salir a buscar algo de comer.

—Si salen de aquí van a morir —les dijo Aguilar—. Yo iré a traerles aunque sea unas tortillas.

Salió en efecto, y se dirigió a una ranchería que sabía cercana a ver si conseguía algo para dar de comer a sus soldados. Cuando llegaba ya al caserío, escuchó disparos. ¡Los huertistas atacaban por el punto donde estaba su trinchera! A toda velocidad se regresó. Cuando llegó al sitio donde había dejado a sus hombres, ya no los encontró: asustados por el tronar de la fusilería escaparon todos dejando abandonada la trinchera.

Fuerzas de Amaro llegaron al sitio del combate. El general, lleno de cólera, preguntó a Aguilar por qué había dejado desguarnecida la posición. Con toda franqueza éste narró lo que había sucedido.

—¡Por su causa perdimos una trinchera que nos hacía fuertes! —dijo Amaro—. ¡Es usted culpable de abandonar una posición en combate! ¡Aquí mismo será pasado por las armas!

Intervino el general Inocente Lugo, quien bien sabía que Amaro se dejaba llevar muchas veces por impulsos de iracundia.

—Mi general —le dijo con reposada voz—. El mayor no huyó de la batalla. Cometió el error de abandonar la trinchera cuando ni siquiera empezaba el ataque todavía, pero no es un cobarde ni un desertor. Le pido clemencia para él.

—No puede haber clemencia para quien por torpeza abandona una posición frente al enemigo —respondió airadamente Amaro, y repitió su orden—: ¡Fusílenme a este tal!

Aun cuando un oficial había tomado ya por el brazo a Aguilar para conducirlo al sitio en que sería pasado por las armas, se interpuso Lugo entre ellos y el pelotón y habló de nuevo a Amaro.

—Mi general —insistió—, si el mayor Aguilar es culpable de que se haya perdido la trinchera, ordénele usted que vaya él solo a recuperarla. Que su sangre no sea derramada por sus propios compañeros; que muera a manos de nuestros enemigos.

Amaro se quedó pensando un momento y respondió:

—Eso no me parece mal.

Se dirigió a Aguilar y le ordenó:

—Ándele, amigo. Vaya usted a quitarles a los huertistas esa trinchera que les dio. Y vaya solo, pues sólo por su culpa se perdió la posición.

Aguilar se cuadró ante Amaro y requirió su rifle y su pistola, armas que le habían sido quitadas cuando el general dio la orden de que lo fusilaran. Enseguida se dispuso a ir él solo a enfrentarse con la tropa huertista que se había apoderado de la trinchera, perdida por causa de su error. Iba, lo sabía muy bien, a una muerte segura: jamás podría salir vivo de aquel enfrentamiento.

En ese momento, sin embargo, de entre los soldados de Aguilar, salió un jovenzuelo de 13 o 14 años, que servía en calidad de mocito al mayor.

—Mi general —habló con voz de adolescente, pero firme—. Déme permiso de ir con mi jefe.

—¿Quién eres tú y cómo te llamas? —pregunto sorprendido Amaro.

—Soy el mozo del mayor. Nunca he sabido cómo me llamo, porque no tengo familia, pero todos me dicen *el Chiquillo.*

—¿Y sabes que si vas con él vas a morir también?

—No me importa, mi general. Don Francisco ha sido para mí igual que un padre.

—Está bien —contestó Amaro—. Si quieres ir puedes hacerlo. No te lo puedo prohibir. Que les vaya bien.

Los otros soldados estaban impresionados por la decisión y el valor del muchacho. Avergonzados por su fuga anterior, y movidos por el ejemplo que les ponía el Chiquillo, hicieron una rápida consulta entre sí y por boca de uno de ellos dijeron a Amaro:

—Señor, si nos lo permite nosotros también queremos ir.

—Háganlo —concedió el general—. A ver si recuperan lo que perdieron.

Se dirigieron todos al lugar del anterior combate, y pronto Amaro y los suyos pudieron escuchar la balacera. Media hora después llegó un mensajero.

—Mi general —dijo cuadrándose frente a Amaro—. Me manda mi mayor a informarle que la trinchera ha sido recuperada. El enemigo ha huido.

—¿Y Aguilar? —preguntó Amaro.

—Ya viene para acá —respondió el otro.

En efecto, poco después apareció Aguilar. Llevaba en los brazos, cargado como si fuera un niño, el desmedrado cuerpo del Chiquillo, que había perdido la vida en el encuentro.

Una pobre cruz hecha con dos palos señaló por algún tiempo en el barrio de Cahuaro, en Huetamo, el recuerdo de aquel jovencito cuya vida tronchó la guerra, locura de los hombres. Luego se perdió del todo su memoria. Tan sólo el mayor Aguilar se acordaba de él. Cuando lo mencionaba, solía decir lleno de tristeza:

—Mi gran culpa fue no haber visto como hijo a aquel niño que siempre me vio como padre.

Hombres sin nombre

La Gran Historia se ocupa sólo de los enormes personajes. Nada habrían sido ellos, empero, sin el concurso de miríadas de hombres que nacieron, vivieron y murieron sin dejar de sí otra cosa que el puñado de tierra del cual estamos hechos todos.

Año de 1915, presente lo tengo yo. Había surgido ya la pugna irremediable que separó a Villa de Carranza y convirtió a esos dos hombres en irreconciliables enemigos. Nadie pudo llevarlos a dirimir esa contienda, a arreglar sus diferencias de tal modo que no causaran daño a la nación. A causa de esa lid se derramaron ríos de sangre.

Por el rumbo de Tonilita, poblado de Jalisco, merodeaba un contingente villista que tenía asolada la región. El jefe de las fuerzas de Carranza envió desde Colima a un grupo de soldados pertenecientes al Tercer Batallón Rojo. Bisoños combatientes eran todos, obreros metidos a la guerra por efecto de tratos hechos entre líderes y generales. Salieron aquellos hombres de la preciosa ciudad a luchar contra los villistas para que no siguieran aterrorizando a la región. Pero una cosa no sabía el negligente jefe que los envió a cumplir esa misión: los carrancistas que iban a atacar eran 19, mientras los villistas que iban a ser atacados eran 250.

No es difícil prever el resultado de esa insensata empresa. Inexpertos los obreros metidos a soldados; avezados hombres de armas los villistas, y además superiores en armamento y número, en unos cuantos minutos hicieron éstos retroceder a aquéllos hasta ponerlos al borde de una barranca. Copados, los carrancistas se parapetaron en unas peñas.

Ahí empezaron a resistir con desesperación el ataque de aquellos a quienes iban a atacar. Los de Villa olieron sangre y se precipitaron sobre la fácil presa. Parapetados tras de las rocas disparaban los carrancistas, en la esperanza de hacer a sus adversarios desistir del ataque, o pensando que al oír la balacera llegarían quizá otros efectivos a sacarlos de aquel predicamento.

Ni una esperanza ni otra vieron realizada. Tres horas después de resistir se les acabó el parque. Sin balas, pero con vida estaba todos: ninguno de los 19 había caído herido o muerto por el fuego graneado de los otros.

Entonces deliberaron rápidamente y tomaron una decisión unánime que de inmediato llevaron a la práctica. Después de romper sus rifles golpeándolos contra las peñas se lanzaron todos al abismo, a aquel profundo precipicio que medía 200 metros de profundidad. Todos murieron destrozados; ni siquiera pudieron los villistas mirar los cadáveres de sus enemigos, perdidos en la sombría oscuridad de aquella inmensa sima.

Este episodio, desconocido casi, sucedió el 18 de enero de 1915. De él casi no quedó memoria.

La caudalosa oratoria tabasqueña

Hay que conocer Tabasco para explicarse el cálido temperamento de su gente, su pasión de vida —y a veces de muerte—, sus amores y sus odios, y también sus demasías.

Los canallescos asesinatos de Madero y Pino Suárez descorrieron el telón de la gran tragedia mexicana. Esa tragedia duraría muchos años. Después de aquellos dos nobles predicadores de la paz y de las cosas del espíritu, la ambición y el crimen se enseñorearon de la vida nacional. La historia política del país se volvió el mezquino relato del "quítate tú *pa* ponerme yo" y, peor aún, la crónica de una sucesión de hechos sangrientos que reforzaría en el extranjero nuestra triste fama del salvaje. Los matadores eran después muertos, y a su vez sus asesinos se levantaban por sobre los cadáveres de sus antiguos socios para erigir hedientos tronos cuyos dictados tienen efecto todavía en el modo de ser de este país.

Poco después de la caída de don Porfirio Díaz, el señor Madero hizo un viaje por el sureste en gira de propaganda. En Villahermosa (entonces no se llamaba así la capital tabasqueña; ese sonoro y bello nombre se lo pondría años después don Francisco J. Santamaría), que entonces se llamaba San Juan Bautista, Madero y Pino Suárez encabezaron un mitin en el cual el Apóstol de la Democracia recibió el saludo entusiasmado de incontables partidarios.

La oratoria tabasqueña ha sido siempre caudalosa, como los ríos que cruzan aquellas tierras tropicales. Ha fluido también desde hace mucho por las venas políticas de sus habitantes una corriente anticlerical muy jacobina. Detrás de casi todos los tabasqueños ha habido un comecuras, ya rabioso, ya comedido, pero siempre enemigo de la sotana y de la mitra. Así, en aquella manifestación en homenaje de Madero, un político de la ciudad tomó de pronto la palabra y lanzó una fulminosa arenga contra la clerigalla y sus anexos de oscurantismo, dogma, superstición y todos los males que se achacaban a los curas. Terminó su tremebunda perorata el sonoroso señor exhortando a Madero a aniquilar del todo a las fuerzas reaccionarias.

Cuando le tocó el turno de hablar a don Francisco —lo hizo desde el balcón central del Palacio Municipal—, respondió con serenidad, pero con energía:

—No estoy de acuerdo con lo que este señor ha dicho. Mi gobierno será de paz, de concordia entre todos los mexicanos, sean cuales fueren su credo y sus ideas.

Paz y concordia... Tales eran los ideales de Madero, quien no supo odiar ni siquiera a sus más feroces enemigos, en cuyas garras acabó por perecer.

Por cierto, en aquellas manifestaciones hubo algo que me entristece. Todos los vítores eran para Madero; ninguno para Pino Suárez. Aunque avecindado en Mérida, don José María era tabasqueño de nacimiento, pues vio la luz primera en Tenosique. Hasta el final de la jira por Tabasco, ya cuando estaban en el muelle de San Juan Bautista, se oyó un ¡Viva Pino!, que nadie coreó en la multitud. Una sombra de infinita tristeza cubrió el rostro de aquel sensible poeta que era Pino Suárez.

Ni siquiera conoció él las luces de la gloria antes de entrar en las sombras de la muerte.

Una sopa caliente y un ideal

Gran precursor de la Revolución fue Ricardo Flores Magón. De él se habla aquí; de él se dice algo muy poco conocido.

A finales de 1907, don Próspero Sandoval dirigió un mensaje urgente a don Enrique Creel. Era don Próspero un próspero banquero de Sonora avecindado en Los Ángeles; era don Enrique representante en los Estados Unidos del gobierno de don Porfirio Díaz.

El mensaje no podía ser más urgente. Sandoval le comunicaba a Creel que había recibido un telegrama de los hermanos Flores Magón, anarquistas —o comunistas— enemigos del gobierno del general Díaz. Ricardo había sido aprehendido y puesto en una cárcel norteamericana. Sus familiares temían que fuera deportado a México, donde seguramente se le aplicaría la ley fuga, y pedían a don Próspero su intervención para impedir el atentado. El banquero —buen banquero y buen porfirista— preguntaba a Creel si con motivo de esa petición de los Magón podía él hacer algo en beneficio de don Porfirio y su gobierno.

"Puede usted hacer mucho —le respondió el plenipotenciario—. Hágale ver a Magón que su oposición al régimen es irracional y antipatriótica. Podemos ofrecerle una pensión que, sin indignidad, lo reconcilie con el Presidente y le asegure una vida descansada".

Con esa autorización fue Sandoval a ver a Flores Magón y le transmitió el ofrecimiento del gobierno.

—Primero que todo —le contestó Ricardo—, consígame por favor un médico que me revise. Me estoy muriendo de disentería, no sé si por el coraje que me hicieron pasar los gringos o por la comida que me dan. Luego mándeme una buena sopa casera, calentita, pues ya no aguanto la bazofia que aquí sirven. Muchas veces he estado preso en cárceles mexicanas, y puedo asegurarle que ni la peor es comparable con esta prisión americana. Saben martirizar los yanquis cuando se lo proponen.

—Bien, don Ricardo —interrumpió el banquero—. ¿Y qué me dice de la oferta que le hace el gobierno de nuestro país?

—De eso ni hablar —respondió con voz firme el anarquista—. Yo ando en esto por un ideal, no en busca de una pensión. Nada me importa la opinión de la gente, pero sí me preocupa el juicio de mi conciencia. Dígale de mi parte al general Díaz que le propongo un trato equitativo: él se queda con su dinero y yo me quedo con mis ideas.

Las tesis internacionalistas sostenidas por los partidarios del anarquismo y el comunismo arrastraron a Flores Magón y lo llevaron a incurrir en actos deplorables. Participó en una desatinada empresa cuyo propósito fue invadir la Baja California, aventura en la cual tuvieron parte extremistas norteamericanos. En su poder habría quedado aquel territorio en caso de haber triunfado esa conspiración, muy proletaria, sí, pero muy poco mexicana.

Dijo don Victoriano Salado Álvarez al referirse a Flores Magón y a su tristísimo final en la prisión de Kansas: "Tuvo la visión de una roja ciudad del futuro para llegar a la cual había que vadear ríos de fuego y sangre. Por eso acabó ciego de entrambos ojos: le quemó la retina aquella horrible hoguera que encendió".

Las barbas del general

Una palabra de más o de menos podía ser causa de muchas muertes en los agitados días de la Revolución.

Terminaba el año de 1913, y la Revolución constitucionalista avanzaba por diferentes rumbos del país. En Tamaulipas, fuerzas revolucionarias al mando de los generales Jesús Agustín Castro y Francisco Murguía luchaban contra el huertista Guillermo Rubio Navarrete.

Tomaron los rebeldes el poblado ribereño Doña Cecilia, que hoy se llama Ciudad Madero, pero no pudieron entrar en Tampico porque los de Huerta volaron el puente de Moralillo, haciendo imposible el avance contra el puerto. Al mismo tiempo, Rubio Navarrete recibió nutridos contingentes que le fueron enviados en tres barcos. La plaza resistió un asedio de dos días, al cabo de los cuales los revolucionarios acordaron levantar el sitio. Murguía se dirigiría al norte; Castro iría a incursionar en la Huasteca.

Para ultimar los detalles de la campaña se reunieron los dos jefes, con sus respectivos oficiales, en el restaurante del ferrocarril de Estación González. Después de tratar los asuntos del día comieron todos, y luego se dedicaron a las libaciones que eran de rigor en esos casos. Ya estaban todos muy excitados por las copas, cuando entró en el local el teniente coronel David Berlanga, de las fuerzas de don Antonio Villarreal, y de buenas a primeras empezó a perorar en términos muy acres, manifestando su reprobación por la retirada de Tampico que hicieron las fuerzas de Castro y de Murguía. Les reprochó su conducta; les dijo que bien habrían podido tomar el puerto para la Revolución.

Aquello causó gran confusión. Todos empezaron a hablar al mismo tiempo, culpándose unos a otros del abandono de Tampico. Tomó la palabra Murguía, y en forma velada culpó del hecho a la falta de decisión de Castro. Habiendo determinado éste retirarse, dijo, ni modo que se quedara él solo a combatir contra los federales.

La alusión enfureció al general Castro. Se puso en pie, la diestra mano apoyada en el puño de la pistola, y gritó dirigiéndose a Murguía mientras con la izquierda se mesaba la profusa barba que le cubría el rostro:

—¡General Murguía! ¡Estas barbas huelen a pólvora!

De seguro iba a estallar la balacera. Pero en eso un oficial se trepó a una silla y haciendo con las manos un gesto para detener a los pugnaces, dijo más o menos lo siguiente:

—¡Señores! ¡Qué espectáculo estamos dando! ¡Qué daño le estamos haciendo a la Revolución! Todos sabemos que los generales Castro y Murguía son jefes muy dignos. Los dos son muy valientes. ¡Cómo es posible que permitamos que por motivos sin importancia se vayan a distanciar! Amigos todos: los invito a acompañarme en estos gritos: ¡Vivan Castro y Murguía! ¡Viva la Revolución!

Dos estruendosos vivas corearon los gritos del improvisado orador. Siguió una ovación entusiasmada, y todos los ojos se volvieron hacia Murguía y Castro. Se abrazaron los dos, y ahí terminó todo. Nadie registró, por cierto, el nombre del oficial que con su oportuna elocuencia evitó lo que de seguro habría sido "una matazón".

Más vale que digan...

La anécdota que ahora cuento aquí demuestra que a veces lo mejor que podía hacer un revolucionario era correr.

El profesor Francisco Figueroa, antiguo maderista, entró en la revolución de Carranza montando una mula panzona a quien por mal nombre le decía *la Mamá de Huerta*. Jinete en esa mula libró muchos combates, y jamás se supo que la noble bestia cediera un palmo a los lucidos caballos que montaban otros jefes de la rebelión.

El 3 de octubre de 1913 llegó el maestro con su hermano, el general Rómulo Figueroa, a Cumbitaro, un pequeño lugar en el camino que de Huetamo, Michoacán, llevaba a Cutzamala. Con ellos iban los dos hijos mayores de don Rómulo, Efrén, de 18 años, y Chuy, de 16. A los dos les había dado el general unas clases de tiro con rifle, pero ni el uno ni el otro habían tenido ocasión aún de disparar ni una sola bala.

Ciertos arrieros le aconsejaron a Figueroa que tuviera cuidado, pues habían oído decir a unos compañeros con los que se toparon que andaba cerca una fuerza de federales. Sin embargo, los hombres que formaban el pequeño contingente de don Rómulo ya iban muy cansados, igual que sus cabalgaduras, de modo que el general se determinó a darles un descanso.

Procuraron todos la fresca sombra de unos amates que crecían en la plaza del pueblo, y el jefe envió a su asistente a buscar un sitio donde poder comer algo. No tardó en regresar el enviado. Una señora les ofrecía comida sabrosa y limpia a cambio de una pequeña suma. Fueron a su casa don Rómulo, sus hijos, el profesor y cuatro o cinco oficiales, y pronto se hallaron frente a una mesa bien aderezada. La señora les sirvió grandes jarros de limonada fría y platos de riquísimo clemole, orgullo de la cocina del lugar.

Estaban los carrancistas dando buena cuenta del suculento manjar cuando se oyó galope de caballos que entraban en el pueblo y fuego graneado de fusilería. ¡El enemigo los había tomado por sorpresa! Ni una orden se escuchó; nadie dijo nada. Todos saltaron y echaron a correr para salvarse de las balas, que ya silbaban por todos lados. Oigamos el relato de Chuy, aquel muchachillo de 16 años:

"Yo apenas tuve tiempo de tomar mi rifle, que dejé recargado en la pared. Corrí a montar en mi caballo, pero en las prisas no pude desatar el nudo de la reata con que lo había amarrado a la rama de un amate. Monté, saqué el machete de la silla y corté la cuerda. Las balas me zumbaban, y hasta me caían las hojas que cortaban de los árboles. Ya iba a emprender el galope, pero en eso me di cuenta de que el caballo de mi papá, un precioso alazán tostado, quedaba ahí amarrado. Me volví y lo solté, también de un machetazo, pero cuando el caballo salió corriendo el mecate se enredó en las patas del mío, que se encabritó y me tiró al suelo.

"Cuando me levanté ya venían a agarrarme cuatro soldados federales. '¡Ríndete, güerito! —me gritaban—. ¡Ríndete!'.

"Rápidamente me levanté. Al pararme sentí dolor en la mano izquierda, y pude ver que me sangraba, pues al caer me golpeé contra mi rifle, un automático Remington calibre 30. Eché a correr; las balas picaban y levantaban polvo a mis lados.

"En ese instante, con la rapidez de la imaginación, pensé en los horrores de caer prisionero, y me resolví a jugarme la vida. Ya sintiendo que me alcanzaban los jinetes me paré bruscamente, di media vuelta y echándome la carabina al pecho disparé uno tras otro cuatro tiros de mi arma automática".

Excelente tirador era Jesús. De su padre había recibido lecciones de tiro al blanco, y en el momento de disparar sintió que lo hacía contra los monigotes de paja que el general había puesto en el corral de la casa para que sus hijos practicaran con el rifle antes de llevárselos a "la bola". Cuatro disparos hizo; tres huertistas cayeron sin vida del caballo. El cuarto, herido en un brazo, volvió grupas y escapó.

Echó a correr otra vez Chuy en la dirección en que iban sus compañeros, pero abandonó el camino y atravesando penosamente una cerca de alambre de púas se metió en una labor sembrada de maíz. Su propósito era alcanzar una pequeña loma que bordeaba la labor, y perderse luego entre los cerros para ocultarse de sus perseguidores.

Al empezar a subir la lomita vio al capitán Rodrigo Jiménez, jinete en un caballo de buena alzada, que trataba de darle el estribo a su amigo, el también capitán Cipriano Toledo. Éste intentaba subir en ancas sin conseguirlo.

Consiguió por fin subir al caballo y se perdieron los dos jinetes entre el monte. Jesús siguió corriendo. Para poder hacerlo más aprisa se quitó las espuelas, que no necesitaba, y unas grandes polainas de cuero, regalo de su tío, el profesor Pancho. Así corriendo llegó hasta la cima de la loma. Ahí encontró a un compañero que iba a pie y desarmado, y juntos buscaron el rumbo del campamento carrancista.

Cuando llegaron, Jesús fue recibido con vítores y aplausos. Resultó, según le contaron sus agradecidos compañeros, que los huertistas detuvieron su ataque al ver caer a los tres soldados que él había matado. Pensaron que la gente del Barbón se había parapetado e iba a hacerles frente. Así frenada la persecución del enemigo, los asustados carrancistas pudieron escapar y ponerse a salvo. La única pérdida que sufrieron fue la de tres soldados de la escolta del general Figueroa que, por querer salvar a sus mujeres montándolas en sus caballos, cayeron en poder del enemigo y fueron fusilados en el sitio.

El último día de la vida

Amaneció en Viesca, Coahuila, el 16 de marzo de 1916. Se hallaba en esa plaza una fuerza de revolucionarios, el regimiento Morelos, cuyos jefes y oficiales eran en su mayoría jóvenes y por tanto muy dados a fiestas y cosas de romanticismo.

Fresca mañana fue la de aquel día, con una suave brisa que alegraba el ánimo. Por eso tan pronto se pasó la lista de diana, el sargento Andrés Ramírez fue por su guitarra y empezó a cantar una canción llamada *Las golondrinas de marzo*.

Se reunió un buen grupo en torno del cantador. Uno de los capitanes, Ernesto Portillo, dijo a sus compañeros:

—¿Qué les parece, camaradas, si le llevamos las mañanitas a esa muchacha tan linda, la señorita Chelina?

—¿Hoy es su cumpleaños? —preguntó alguien.

—No —respondió con una sonrisa el capitán—. Pero se llama Marcelina, y así todo el mes de marzo es su santo.

Al grupo le pareció muy buena idea esa de ir a cantarle a la muchacha, pues a más de agraciada era simpática y amable. Llegaron a su casa y le cantaron *Las mañanitas* con bien entonada voz de buenos cantadores. Salió ella a la ventana y los invitó a pasar. En la elegante sala les ofreció unas copitas de finísimo aguardiente, café negro y gorditas de harina recién hechas.

—¿Qué canciones le gustan, señorita? —preguntó el capitán Portillo—. Usted pida y nosotros cantamos.

Ella citó sus canciones predilectas: *Perjura*, de don Miguel Lerdo de Tejada; *La pajarera*, que estaba muy de moda; *La paloma*, de Yradier, y una canción de la comarca que gustaba mucho a la gente de Viesca, llamada *El payo Nicolás*.

Todo cantaron los jóvenes oficiales. Luego de grata conversación con la anfitriona se despidieron de ella, y Chelina les agradeció cariñosamente la improvisada serenata. Al pasar frente a la botica del lugar, los llamó el boticario. Era don Panchito, cuyo diminutivo no quitaba un solo gramo a los 150 kilos que pesaba su robusta humanidad.

—Señores —les dijo—. Oí por la ventana las canciones que le cantaron a Chelina. ¿No serían tan amables de cantar una aquí? A mi hija Jesusita le gusta mucho *El payo Nicolás*, y yo quisiera que ella la escuchara.

No se hicieron del rogar los jóvenes cantantes. Al terminar la pieza se dirigieron a la casa donde acostumbraban almorzar. Encontraron ahí al jefe de la fuerza, el teniente coronel Del Arco.

—Qué alegría traen, muchachos —les dijo a modo de saludo.

—Sí, señor —respondieron ellos—. Andamos muy contentos.

Terció el mayor Antolín Soria, que acompañaba al jefe. Dijo con voz grave:

—Ojalá y el gusto no se nos convierta en pena.

—No, mi jefe —respondió uno de los capitanes—. Con nosotros pura vida y puro corazón.

¡Pura vida y puro corazón! ¿Cómo podía saber el que eso decía que unas horas después estarían muertos casi todos aquellos jóvenes cantores, tan llenos de vida y tan alegres en su corazón?

Estaban los jefes y oficiales en casa de doña Panchita, que con su hija Ramona daba asistencia a los militares. Se sentaron todos a la mesa. Ocupó el sitio de honor el teniente coronel Francisco del Arco, quien había traído a Viesca a su esposa; en la cabecera opuesta se sentó el mayor Antolín Soria, segundo en el mando, y a los lados los capitanes José Martínez, Ernesto Portillo, Luis García y Gustavo Salado.

Mientras Ramona servía el puchero, habló el jefe Del Arco y dijo a sus hombres que debían tratar bien a los soldados, pues había recibido quejas en el sentido de que algunos oficiales insultaban de palabra y maltrataban de obra a sus subordinados.

—Eso es muy peligroso —les dijo—. No tengan ninguna querella con sus hombres. Debemos cuidar nuestro regimiento, que tan bonito historial revolucionario tiene hasta ahora.

En eso apareció en el comedor doña Panchita.

—¡Ay, señores! —dijo retorciéndose las manos con angustia—. Ahí anda otra vez ese condenado pájaro, y ya cantó tres veces viendo para el rumbo de la Guayulera. ¡Quién sabe qué traiga ese maldito animal!

Doña Panchita era supersticiosa. Hacía días miraba a un cuervo que andaba en la vecindad, y pretendía sacar oscuros vaticinios del canto y el vuelo de aquella ave agorera.

—¡Ande, Panchita! —le contestó Del Arco atrayendo cariñosamente hacia sí a la apurada anciana—. No crea en esas cosas.

—No creo, señor —aseguró Panchita—. Pero por si las dudas tampoco dejo de creer. Y ese desgraciado cuervo me da miedo.

—Déjese de cosas, nana Panchita —dijo entonces el mayor Soria—. Usted es muy feliz con su hija Ramoncita y nosotros estamos felices con la comida que nos dan.

Regresó a su cocina doña Pancha. A más del infaltable puchero de res había preparado para sus huéspedes una riquísima liebre en vino blanco, unas mojarritas lampreadas, los necesarios frijoles y el fuerte café norteño, todo con acompañamiento de las gorditas de harina de rigor. Para los militares aquello era un banquete regio, hartos como estaban de la dieta del revolucionario en campaña: carne asada a mañana, tarde y noche con acompañamiento de un burdo pan hecho con bolas de harina de trigo amasada con agua y puestas en el rescoldo de la hoguera.

Eran las dos de la tarde. En ese preciso instante se oyó estrépito de disparos en las afueras de la población. ¡Los villistas habían caído sobre Viesca! Saltaron los jefes y oficiales y salieron atropelladamente a la calle. Por ella venían a todo correr cinco soldados que hacían fuego mientras escapaban.

—¡Nos cayeron, jefe! —dijo uno a Del Arco respirando con agitación—. ¡Ya nos jodieron! ¡Son más de mil!

Aquellos hombres eran de la avanzada de la Guayulera. Después de comer dormían la siesta cuando los sorprendieron los villistas. Diez soldados y el oficial responsable pasaron sin darse cuenta del sueño de la siesta al sueño eterno de la muerte.

Piloncillo pal *susto*

Salieron todos de la casa y se enteraron de lo que sucedía: más de mil villistas llegaban a atacar la plaza, ocupada por menos de 200 carrancistas. El teniente coronel Del Arco saltó a su caballo y se dirigió a la salida de la población para dirigir la resistencia contra el enemigo que llegaba. A poco regresó a pie y cojeando. Le habían matado el caballo y él venía herido de las dos piernas.

El capitán Gustavo Salado lo tomó en sus brazos, pues estaba a punto de caer, y lo llevó a la casa, donde su esposa le hizo las primeras curaciones. Llegaban ya lo atacantes por las calles o metiéndose por entre las huertas de las casas. Salado salió de la villa y se metió por unos campos sembrados de maíz. Llegó a la casa de la antigua hacienda y vio unos fresnos que crecían junto al muro principal de la morada. "Llegué a aquellos hermosos árboles —contaba después— y ríanse ustedes de un enorme gorila escalando árboles. Cuando menos creí ya estaba pecho a tierra en la azotea, con la buena suerte de que nadie me vio subir. Hasta la fecha no puedo explicarme cómo pude subir tan aprisa".

Desde ahí vio Salado la tragedia. Uno a uno fueron cayendo todos sus compañeros muertos casi a boca de jarro por los fusiles de los villistas, que los perseguían como a conejos. En unos instantes desapareció todo aquel grupo de arrogantes y alegres oficiales que apenas esa mañana se dedicaban a llevar mañanitas a las muchachas del poblado coahuilense.

"Al oscurecer —sigue contando el capitán—, me bajé de la casa por el árbol y ocultándome tras de los arbustos tomé una vereda y llegué al jacal de una anciana. Le pedí que me permitiera pasar y esconderme. Ella me recibió, me dio un jumate de agua y un pedazo de piloncillo, para que se me pasara el susto, según me dijo".

En eso se oyó trote de caballos y un grupo de villistas llegó a la casa.

—¡Escóndase en el rincón! —le dijo la viejecita al fugitivo.

Con nada pudo cubrirse Salado, sino con la sombra. Entró un villista alto y corpulento.

—¿Cómo está usted, nana? ¿Cómo la han tratado los carranclanes?

—No, señor —respondió ella—. Por aquí no ha venido ninguno. Sí pasaron unos por el crucero de las vías, pero los de ustedes hicieron una matanza de hombres muy fea.

—Así es la Revolución, nana, no se fije, y más que eran puros carranclanes. Si alguien la viene a molestar avíseme. Pregunte por el Negro Maldonado, soy muy conocido.

Se fueron los villistas y salió el capitán de su rincón.

—Voy a darle un jarro de atole y unas gordas —le dijo la anciana—. El piloncillo me lo voy a comer yo, *pa* que ahora se me pase el susto a mí.

El general de la barba vellida

Tengo ante mí un retrato antiguo. Cinco hombres aparecen en la vieja fotografía color sepia. Todos visten uniforme militar: son generales todos. Ellos se llaman Francisco Cosío, Antonio Villarreal, Pablo González, Vicente Dávila Sánchez y Fortunato Maycotte.

Se ven jóvenes todos; se ven los cinco apuestos y gallardos. Entre ellos sólo Dávila Sánchez luce barba, una barba bien poblada y oscura que le llega casi a la mitad del pecho. Esa vellida barba y el general su dueño tienen una historia simpática que quiero relatar.

Al paso de los años aquel robusto joven se convirtió en un anciano de erguida presencia que usaba elegante bastón, más por adorno que por necesidad. Su barba, negra y florida antes, ahora era muy blanca, con una albura que resaltaba en el luto del traje de negro casimir con que el general sustituyó el atuendo militar una vez que retornó a la tranquila vida del civil.

Aquella barba de armiño de don Vicente Dávila llamaba la atención. Yo la recuerdo, pues todavía alcancé a conocer al general. Niño yo, ya muy anciano él, lo veía caminar por la plaza de Armas, frente a la catedral, apartando suavemente con el extremo del bastón a las mansas palomas que se congregaban a sus pies.

Cuenta la gente vieja de Saltillo que en cierta ocasión una curiosa niña le hizo esta pregunta al general: ¿Dónde ponía la barba cuando se acostaba? ¿Abajo de la colcha o encima de ella?

Don Vicente, desconcertado, no supo cómo contestar. La mera verdad no se acordaba. Trató de hacer memoria, pero por más que hizo le fue imposible responder. Salió de aquel apuro diciendo a la chiquilla que esa noche se iba a fijar muy bien, y que al día siguiente le diría.

Llegó la noche; con ella la hora de acostarse. Y se metió en la cama el general dispuesto a hacer la observación que había prometido a aquella niña. ¿Cómo acomodaba la barba al taparse? Vamos a ver. La puso por fuera de la colcha. Las sábanas le molestaron en el cuello. La puso por dentro. Sintió calor. La acomodó por fuera otra vez. ¡Qué incomodidad! La metió de nuevo. ¡Qué opresión!

Y así se la pasó el general toda la noche, metiendo y sacando la barba de las sábanas. No pegó el ojo; la luz del día lo sorprendió en aquella inútil investigación. Al día siguiente lo buscó la chiquilla en su diaria caminata por la placita de Armas.

—¿Ya me puede decir, señor, dónde pone la barba al acostarse?

No respondió nada el general. Bufó enojado, fulminó con el rayo de una bélica mirada a la inocente enemiga de su sueño y se alejó deprisa. La pobre niña se quedó turulata, sin conocer la causa del enojo de aquel señor que siempre era tan apacible y bondadoso.

Ni quito ni pongo rey...

Hombres ignorados ayudaron en la Revolución a los protagonistas de los sucesos, y a veces les salvaron la vida... o les ayudaron a quitársela a otros.

Un espía informó a la gente del gobierno carrancista que en el pueblo de Las Palmas se encontraba el coronel Ángel Vicuña, uno de los jefes zapatistas más destacados. Se proponía este señor atacar el tren de pasajeros en Galarza como parte de la campaña que hacía Zapata para oponerse a la administración de Carranza.

Pidió permiso, pues, el jefe de la fuerza carrancista para atacar a Vicuña en su madriguera. Por telégrafo, en mensaje cifrado, recibió la autorización.

Con 40 hombres, muy buenos andadores todos, se dirigió al poblado. Antes tuvo buen cuidado de cerrar todos los caminos que conducían a Las Palmas, no fuera que alguien se adelantara e informara a los zapatistas que sus enemigos iban contra ellos.

A las 5.30 de la mañana llegaron a la cima del pequeño cerro que señoreaba el poblado. Vieron en las afueras de Las Palmas a un grupo de unos 20 hombres que al parecer hacían la guardia, y que despreocupadamente tomaban café en torno de una hoguera sin imaginar que a unos cuantos metros estaban sus perseguidores.

A las seis en punto, el jefe carrancista dio la orden de atacar. Los 40 soldados se lanzaron contra los descuidados hombres y cayeron sobre ellos como el milano sobre la paloma. Tres cayeron muertos en el acto; los otros, sorprendidos y asustados, levantaron las manos en señal de rendición y se entregaron.

—Me van a decir —ordenó el de Carranza—, cuál es la casa donde está Vicuña. Si no me lo dicen, aquí mismo los vamos a fusilar.

—Venga *pa* decirle *ónde* es —ofrecieron todos los prisioneros en conmovedora muestra de solidaridad.

La casa estaba frente a la plaza principal del pueblo. Doblaron la esquina los carrancistas y su jefe se adelantó hasta llegar al portal. De una patada trató de abrir la puerta, pero estaba bien cerrada, al parecer con una tranca.

Los soldados empezaron a golpear la puerta para derribarla. En ese momento al jefe se le ocurrió que Vicuña podía escapar por atrás de la casa. Corrió hacia la parte trasera de la finca. No se había equivocado. El coronel zapatista, sorprendido en paños menores, saltaba en ese momento sobre la barda del corral y, ya en la calle, se disponía a trepar a un pequeño muro para meterse en el corral de la casa vecina y esconderse ahí.

Le gritó el alto el jefe carrancista, y Vicuña volvió el rostro. Al ver a su enemigo, le apuntó con su pistola Smith & Wesson y le disparó toda la carga. No le acertó una sola bala. Desesperado, arrojó la pistola y trató otra vez de brincar sobre la tapia para escapar.

El jefe carrancista no quiso matarlo a sangre fría como a un conejo que escapa. Corrió hacia él y lo tomó por las piernas. Empezaron a librar los dos un raro combate que no dejaba de tener algo de cómico: el zapatista cogido con todas sus fuerzas al pretil de la barda, y el carrancista tratando de hacerlo venir al suelo. Antes de conocer el desenlace de esta historia, recordemos un extraño suceso de la historia universal.

El caballero francés Bertrand Du Guesclin era feo, deforme e ignorante, pero poseía una fuerza descomunal. Fue una especie de "guarura" de Enrique de Trastamara, hermano bastardo del rey Pedro I de Castilla, apodado por sus contemporáneos *el Cruel*.

Los dos hermanos, Enrique y Pedro, se enemistaron con violencia, pues ambos ambicionaban el trono castellano. Para dirimir su disputa acordaron entrevistarse cerca de Ciudad Real, en el campo de Montiel. Apenas se vieron frente a frente, los dos hermanos se lanzaron el uno sobre el otro y rodaron por tierra en una lucha de gañanes. Don Pedro, el rey, era más fuerte, de modo que bien pronto dominó a Trastamara, lo puso de espaldas contra el suelo y se dispuso a darle muerte con su puñal. Pero intervino entonces Du Guesclin. Valido de su gran fuerza derribó al monarca y puso sobre él a su señor, que merced de esa ayuda pudo sacar su daga y quitar la vida a su rival.

Después explicaría su conducta Du Guesclin con una expresión que figura en todas las antologías de frases célebres:

—Ni quito ni pongo rey, pero ayudo a mi señor.

Lo mismo sucedió, *mutatis mutandi*, con aquel jefe carrancista que sorprendió a su enemigo zapatista, el coronel Vicuña, en el pequeño poblado de Las Palmas. En ropas menores Vicuña quiso escapar del súbito ataque de los carrancistas saltando una barda. El hombre de Carranza lo tomó por los pies para hacerlo caer, pero el zapatista le propinó una violenta patada en pleno rostro, y el atacante tuvo que soltar su presa, pues por la fuerza del golpe cayó a tierra. En eso, llegó el asistente del jefe carrancista, estiró por las piernas al que huía, lo hizo venir al suelo y ya caído le pegó un balazo en la cabeza.

Al día siguiente, el jefe victorioso rindió a la superioridad el parte de aquella extraña batalla: "Muertos del enemigo: 23, entre ellos el coronel Ángel Vicuña y el capitán Gustavo Villaseñor. Heridos: 9. Prisioneros: 68. Capturados: 46 caballos y tres mulas bayas".

Esa misma mañana, la esposa del desdichado coronel fallecido, doña Margarita A. de Vicuña, llegó a Las Palmas y llorando desconsoladamente suplicó al jefe carrancista que le entregara el cadáver de su esposo para darle cristiana sepultura. Aquél entregó el cuerpo, y la columna del gobierno salió del poblado mientras la pobre viuda llevaba al cementerio el cuerpo sin vida de su compañero.

¿Quién era ese jefe carrancista cuyo asistente le ayudó a obtener una sonada victoria sobre las tropas de Zapata? Era Alberto Terrones Benítez. Al paso del tiempo este señor llegaría a ser general de división y director general de Infantería de la Defensa Nacional, lo mismo que comandante de las zonas militares de Mérida y San Luis. Quizá no habría llegado a tales alturas si no es porque su asistente, aquel oscuro soldado cuyo nombre nadie conoció, lo ayudó oportunamente a obtener aquel sonado triunfo contra uno de los mejores hombres de Zapata. Murió don Alberto no hace mucho tiempo, en 1971.

Hijos artificiales

Muchos humildes mexicanos han dado la vida por la patria, pero nadie recuerda su sacrificio.

Cuando la invasión de Veracruz por los norteamericanos, aquel año fatal de 1914, un humilde carpintero llamado Andrés Montes ardió en patriótica ira. Al tener noticia de que los norteamericanos entraban en el puerto, cerró inmediatamente su modestísimo taller y corrió a su casa, donde tenía una muy mala carabina que usaba para matar conejos en cacerías de fines de semana. Tomó el arma, se despidió con premura de su esposa y de sus hijos y salió a la calle a combatir al invasor.

No alcanzó a llegar ni a la esquina. Una bala expansiva disparada por un soldado yanqui le destrozó el pecho y lo dejó ahí muerto.

Quedó viuda la pobre mujer del carpintero, y huérfanos sus hijos. Durante mucho tiempo ella estuvo pidiendo la ayuda del gobierno, no para dar de comer a sus niños, pues los sostenía lavando ropa ajena, sino para poder ofrecerles una mediana educación. Jamás consiguió esa ayuda. No sería hasta muchos años después cuando el nombre de su esposo se le puso a un apartado callejón del Puerto, y los restos del carpintero fueron llevados a la cripta donde reposan los caídos en aquella heroica e inútil defensa contra el americano.

En esa misma gesta perdieron la vida dos muchachos. Tenían unas pistolas oxidadas que habían pertenecido a su abuelo, y armados con ellas tomaron posición en los terrenos de la Terminal, los dos solos.

Cuando avanzaron por ahí los invasores, aquellos jovencitos se pusieron a dispararles. Tan antiguas eran las pistolas, y estaban en tan mal estado, que apenas alcanzaron a disparar dos o tres balas cuando sus armas quedaron inutilizadas. Cayeron sobre ellos los soldados yanquis y los mataron a bayonetazos.

La madre de los muchachos solicitó después una pensión. El encargado de decidir aquella ayuda dijo a la señora que sólo podía otorgársela si demostraba que los muertos eran sus hijos legítimos. Ella no pudo acreditar tal circunstancia, y la pensión le fue negada.

Solía decir con tristeza la señora:

—Cuando salieron a pelear mis hijos no sabían que no se puede dar la vida por la patria si se es hijo natural.

Igual que estos casos hay muchos otros de injusticia palmaria.

Debemos recordar, sin embargo, que la injusticia puede venir lo mismo por dar de menos que por dar de más.

Cuentan las lenguas vespertinas —así decía alguien por decir *viperinas*— que en cierta ocasión dialogaban dos supuestos revolucionarios que no habían logrado colarse en los batallones del presupuesto público, ni mamar de la ubre oficial. Uno de ellos se quejaba amargamente. Decía con tono rencoroso:

—A nosotros no nos hizo justicia la Revolución, compadre.

Y contestaba el otro, filosófico, más realista que su compañero:

—*Pos* hay que darnos de santos, compadre. Si nos hubiera hecho justicia ya nos habrían ahorcado.

Los niños en la Revolución

En medio de esa locura de hombres que es la guerra, están esos ángeles que son los niños. Con los ojos muy abiertos miran la muerte y no la entienden. Igual que nosotros.

Me contaba uno de mis tíos, hermano de mi madre, que su papá lo alquilaba en tiempos de la Revolución. Asombrábame yo. ¿Cómo podía ser que un padre alquilara a su hijo, y para qué? Mi tío me explicaba:

—Vivíamos en General Cepeda, y merodeaban por la región partidas de hombres que asolaban los caminos diciéndose revolucionarios. Había un comerciante, hombre soltero, que debía ir a Saltillo a comprar mercancía. Y me pedía a mi padre, niño yo, para llevarme en esos viajes. Pensaba que si lo asaltaban los bandidos al menos no lo matarían, por lástima del niño, que creerían hijo de él.

"Los tiempos eran difíciles —añadía mi tío—. No había trabajo, y a veces faltaba qué comer. Mi padre le cobraba al comerciante algunos pesos por llevarme. Es decir, me alquilaba. A los cuatro o cinco años ya ganaba yo dinero para mi familia. Claro, sin darme cuenta".

Solía relatar el coronel Magdaleno Pérez, de San Luis, que al empezar la revolución de Madero, su abuelo empezó a hacer viajes de arriería a diversos pueblos de Guanajuato. Un día, cosa rara, lo invitó a ir con él, por más que era apenas un niño de primaria. Iban los dos solos con una recua de una docena de mulas bien cargadas.

En el camino entre Jesús María y Jaral de Berrios vio el abuelo que a lo lejos venía una partida de "pelones", soldados del gobierno que andaban por ahí a la caza de revolucionarios.

—Llévate el atajo —dijo a su nieto—. Yo voy a calzonear.

Cuando llegaron los federales, un capitán interrogó al chiquillo.

—¿A dónde vas?

—Voy al Jaral, señor.

—¿Quién más viene contigo?

—Nadie. Voy solamente yo.

—¿A poco tú solo llevas tanto animal?

—¿Por qué no? —contestó amostazado el niño—. Soy hombre como *usté*. Si acaso me faltará el bigote, pero todo lo demás lo tengo, y bien completo.

Se rieron el capitán y los soldados.

—Anda, síguele —dijo el jefe—. No te quitaremos nada ni te revisaremos la carga porque traemos el tiempo contado. Pero mucho cuidado; no vayas a decirles a los "encuerados" que nos encontraste.

Siguió su camino el muchachillo. Poco después lo alcanzó su abuelo. Antes de llegar al pueblo sacó las mulas del camino, subió a un árbol y desde ahí lanzó unos estridentes silbidos de arriero. Como salidos de la nada aparecieron ocho o 10 rebeldes.

—¿Qué pasó, mi Rafa? —preguntó uno—. ¿Trajiste el encargo?

—Con algo de peligro —respondió el abuelo—, pero aquí está.

Descargaron las mulas los rebeldes. Las cajas estaban llenas de rifles y municiones.

—Oiga, abuelo —reclamó hosco el niño—. ¿Conque eso traíamos? ¿Y qué tal si me pescan? ¿Que ahorquen al tiernito mientras se escapa el viejito?

Los ojos del abuelo se llenaron de lágrimas. Eran lágrimas de vergüenza.

—Perdóname, hijo. No te dije nada para que no te pusieras nervioso. Y me escondí porque yo hubiera despertado más sospechas. Además a lo mejor a ti no te habrían hecho nada, por tu edad.

"O a lo mejor sí", pensó el chiquillo. Mientras tanto los revolucionarios, indiferentes, se alejaban ya con su carga de muerte.

Ya llegó Domingo Arrieta

Vencido y quebrantado va Carranza. En Torreón fue derrotado por tropas del gobierno. Fueron inútiles 10 días de combates: la plaza, bien defendida, resistió. Lleno de pesadumbre, el Varón ordena a sus cansados hombres que se replieguen y vuelvan a sus antiguas posiciones en espera de mejor oportunidad para atacar de nuevo.

Don Venustiano emprende a caballo el camino a Durango. Esa ciudad se halla en poder de la Revolución, y Carranza confía en llegar a ella. Los hombres que forman su escolta, unos pocos leales, cabalgan temerosos. Es largo el camino de Torreón a Pedriceña, donde Carranza va a tomar el tren que lo llevará a Durango, y son muchas las partidas de huertistas que andan por ahí. Será difícil, piensan todos, que el jefe de la rebelión pueda llegar a la estación.

Cabalga el reducido contingente por aquellas desérticas tierras. De pronto suena una voz de alarma. Un oficial ha visto, allá a lo lejos, una nube de polvo que se hace más grande a cada momento. No cabe duda: aquella polvareda la levanta una considerable fuerza de caballería. Quienes la forman no pueden ser más que huertistas. Carranza y los soldados de su escolta están perdidos.

Se acercan aquellos hombres. Y entonces un grito jubiloso se levanta de entre los carrancistas. ¡Los que llegan son revolucionarios! Se adelanta del grupo un jinete solitario que monta un soberbio bridón moro de poderoso pecho y gran alzada. Baja de su caballo y va con los brazos abiertos hacia don Venustiano.

Era Domingo Arrieta, el gran revolucionario duranguense, que venía a dar protección al Primer Jefe. Se funde con Carranza en un estrecho abrazo, entre el aplauso y los vítores de los soldados. Luego el Primer Jefe le dice muy conmovido a don Domingo:

—¡Mi general! ¡Con jefes tan patriotas y leales como usted puedo garantizar desde ahora el triunfo de nuestra causa!

Pasó el tiempo. Cayó Huerta; triunfó la Revolución constitucionalista. Luego vino la violenta pugna de don Venustiano con Francisco Villa y el enfrentamiento de ambos en los campos de batalla. Arrieta permaneció fiel a Carranza, a pesar de que estaba en territorio norteño, controlado casi todo por Pancho Villa.

Atacado por los Dorados, Domingo Arrieta se vio obligado a abandonar Durango, y hubo de retroceder hasta los límites con Sinaloa. Oculto en la alta sierra recuperó sus fuerzas, y cuando mermaron las de Villa por sus derrotas en el Bajío, atacó otra vez y recuperó Durango. Eso sucedió en agosto de 1915.

Volvió la paz a la República. Arrieta, lleno de popularidad, pensó que bien merecía ser gobernador de Durango. Pero surgió un inconveniente: la gente "bien" del estado rechazó abiertamente su candidatura. Arrieta, decían, era un ignorante que ni siquiera sabía leer y escribir. ¿Cómo iba a gobernar el estado un zafio así?

Domingo Arrieta continuamente se veía en la necesidad de firmar documentos importantes, o mensajes dirigidos a otros jefes de la Revolución. Para eso llevaba siempre consigo un enorme sello de goma y su correspondiente cojinillo de tinta, que guardaba en uno de los bolsillos de su guerrera. Su secretario, hombre de todas sus confianzas, le escribía los documentos, se los leía luego, y entonces don Domingo estampaba solemnemente su sello en el papel.

Don Venustiano se dio cuenta de eso, y supo de la vergüenza que era para su compañero de armas no saber ni siquiera escribir las letras de su nombre. Y sucedió —cosa muy poco conocida— que el Varón de Cuatrociénegas se metió a maestro. En los ratos que le dejaban libres los ajetreos de la vida militar, se encerraba en su despacho con Arrieta para alfabetizarlo. Comenzó por enseñarle a escribir su nombre. El método que usó no era muy ortodoxo desde el punto de vista de la pedagogía, pero resultó efectivo. Escribió con letras grandes don Venustiano en un papel: DOMINGO ARRIETA, y luego hizo que el general copiara una y otra vez esos signos, para él tan extraños, hasta que los pudo reproducir. Así aprendió Domingo Arrieta a escribir —o a dibujar— su nombre. Pero ya no pudo pasar de ahí, y don Venustiano renunció a su noble magisterio.

Los notables de Durango, pues, se encendieron ante la sola idea de ser gobernados por un analfabeto. Una comisión de ellos fue a hablar con don Venustiano para darle a conocer la oposición de todas las fuerzas vivas —y las demás también, dijeron— a la candidatura del rudo combatiente.

Carranza estuvo de acuerdo con los opositores. En efecto, no era conveniente que un estado tan importante como Durango fuera gobernado por alguien que no tenía más cualidades que la valentía y la lealtad. Envió entonces a Juan Barragán, su jefe de Estado Mayor, para que hablara con el general Arrieta y lo convenciera de declinar su postulación.

El enviado invitó a comer a don Domingo y le manifestó la razón de su visita.

—Yo creo, mi general —le dijo después de exponerle el caso—, que un militar de su prestigio no debe enredarse en las sucias cosas de la política. Usted se debe al Ejército, en el que tantas glorias ha ganado. El señor Carranza le ofrece la jefatura de la Zona Militar de Durango. Como estamos en tiempos de guerra, el gobernador, sea quien sea, quedará bajo las órdenes de usted.

—Mira, muchachito —respondió Arrieta—. Dile al Presidente que yo nunca seré problema para él. Escríbeme un papelito donde diga que renuncio a la política, y yo lo firmo.

A pie se dirigieron los dos a Palacio, y ahí Barragán dictó a un amanuense un manifiesto dirigido al pueblo de Durango. En él don Domingo Arrieta anunciaba el retiro de su candidatura. Los enemigos de la Revolución, decía, no cejaban en su lucha contra el legítimo gobierno, y él consideraba que sus servicios como soldado serían más útiles a la causa que su trabajo como gobernador.

Le leyó Barragán al general Arrieta el manifiesto; éste lo escuchó en silencio y al terminar la lectura requirió el papel y estampó al calce el famoso sello de goma que usaba para imprimir su firma. Luego, con voz en que no dejaba de traslucirse cierta tristeza, dijo a Barragán:

—Están ustedes servidos.

—Mi general —dijo el enviado de Carranza—, créame usted que la Revolución y el Primer Jefe sabrán agradecer cumplidamente su desprendimiento.

—No hay nada que agradecer —contestó don Domingo—. Pero quiero hacerte una pregunta. Dime con franqueza, muchacho: ¿por qué don Venustiano me mandó pedir que retirara mi candidatura?

Barragán vaciló.

—Ándale, muchachito —insistió Arrieta—. Respóndeme lo que te pregunté.

—Bueno, mi general —balbuceó el mensajero—. Fue una comisión de señores de Durango a hablar con el señor. Parece que no estaban de acuerdo con la candidatura de usted.

—¿Qué le dijeron a don Venustiano?

—Entre otras cosas, mi general, le dijeron que no podían admitir que los gobernara un hombre que no sabe leer ni escribir.

—Ah, vaya. ¿Y qué les contestó don Venustiano?

—Tuvo que darles la razón, mi general. Le ruego que entienda.

Arrieta se quedó pensando.

—De modo que el señor Carranza me pidió el retiro de mi candidatura porque no sé leer y escribir.

—Creo que ésa fue la razón, mi general.

—Muy bien. Ya viste que no hubo problema para que atendiera yo el deseo del Primer Jefe y retirara mi candidatura, según me lo pediste en su representación. Pero ahora soy yo el que te va a hacer un encarguito. Y me lo cumples, por favor.

—El que usted diga, mi general.

—Pregúntale de mi parte a don Venustiano si se acuerda cuando lo salvé en Pedriceña, él derrotado y yo con 800 hombres de a caballo que puse a sus órdenes. Dile que si se acuerda de eso, y pídele que te diga si aquella vez me preguntó si sabía yo leer y escribir.

He aquí a Juan Barragán, jefe del Estado Mayor de Carranza, en el trance de tener que transmitir al Primer Jefe el recado de Domingo Arrieta.

Don Venustiano había leído el manifiesto en que el general renunciaba a su candidatura. Con expresivas palabras elogió la actitud del duranguense, y su desprendimiento.

—Señor —le dijo Barragán—. Traigo un recado para usted del general. Con todo respeto me veo en la precisión de transmitírselo tal como él me lo dijo, pues así se lo prometí.

—Hable usted. ¿Qué recado es ése?

—Me pidió que le dijera si cuando estaba usted en apuros en Pedriceña, y fue él a ayudarlo, le preguntó usted si sabía leer y escribir.

Carranza frunció el ceño y empezó a acariciarse la barba, gesto común en él cuando una cosa lo ponía a pensar. Largos momentos permaneció en silencio, como dando detenida consideración al mensaje que Barragán le había transmitido.

—¿Eso le dijo a usted el general Arrieta? —preguntó por fin.

—Sí, señor.

—Muy bien. Suplíquele de mi parte que venga a verme hoy mismo.

De inmediato, Barragán buscó en su hotel al general y le manifestó el deseo de don Venustiano. Hosco, pero obediente y leal como siempre, acudió Arrieta. Barragán lo introdujo en el despacho del presidente y luego pidió permiso para retirarse.

—No —le ordenó Carranza—. Hágame el favor de quedarse.

Luego, dirigiéndose a Arrieta, le dijo:

—Mi general: me ha dado usted una lección que nunca olvidaré. Ahora soy yo el primero en suplicarle que por ningún motivo se retire de la campaña política. Mis deseos no eran otros que librarlo de los ataques de sus enemigos. Pero ellos, como yo, deben saber que para ser un buen gobernante lo primero es ser un ciudadano honrado. Eso no lo digo yo: lo dijo Jorge Washington. Y usted, mi general Arrieta, es honrado a carta cabal. A mí me consta. Vaya usted a Durango a hacer campaña; cuente con mi apoyo y que todo sea para bien de sus conciudadanos.

Y fue así como Domingo Arrieta, un minero y arriero analfabeto, llegó a ser gobernador de Durango. Ahí había combatido por la Revolución, primero como maderista, como carrancista después. Al paso de los años llegó a general de División, y fue senador de la República de 1936 a 1940. Murió no hace mucho tiempo, en 1962, a los 88 años de su edad.

A solicitud del (joven) interesado...

El aprendiz de historiador saca del mar amarillo de los archivos una balumba de documentos oficiales y encuentra en ellos historias increíbles cuyo fragor no se percibe en el lenguaje curialesco de la burocracia.

"RAMÓN F. ITURBE, General de Brigada del Ejército Nacional, actualmente en la Plana Mayor de la Secretaría de la Defensa Nacional, CERTIFICA:

"Que el día 2 de octubre de 1913, cuando el suscrito sitió la Plaza de Sinaloa de Leyva, Sin., con las fuerzas constitucionalistas a su mando, y estando defendida esa Plaza por fuerzas federales, se le presentó el hoy C. JOSÉ BON CÁRDENAS para manifestar que él sabía por dónde pasaban los alambres que conectaban todo el campo minado por el enemigo, ofreciéndose para cortar personalmente esos alambres.

"Su proposición fue rechazada al principio, por no querer exponer su vida, pidiéndole únicamente la información; pero ante su tenaz insistencia, alegando que sólo yendo él podría localizar los alambres, se le permitió ir, pero acompañado por el Capitán Primero José Olguín, quien con toda su Compañía se dispuso a proteger la maniobra.

"Se entabló un nutrido tiroteo entre las fuerzas enemigas y nuestros soldados. En la refriega murió el Capitán Olguín y fue herido el Mayor Romero. Murieron también siete soldados, y once resultaron heridos.

"Bon Cárdenas logró llegar hasta donde estaban los cables y los cortó, pero en ese momento cayó gravemente herido. No sin gran esfuerzo de la tropa se le pudo sacar del campo. Al volver a nuestro campamento dijo: 'Qué importa que yo muera, si ya salvé la vida de muchos compañeros'.

"Afortunadamente se le pudo prestar atención médica después de que su hazaña nos permitió atacar y tomar la Plaza. Más tarde se le trasladó en tren especial a la Ciudad de Culiacán, donde se le atendió hasta su completo restablecimiento, quedando posteriormente incorporado a nuestras fuerzas como soldado, hasta que el Ejército Constitucionalista tomó la Capital de la República al mando del General Álvaro Obregón. Se separó del servicio activo de las armas con el grado de Sargento Segundo del 13° Batallón en el mes de abril de 1918.

"A solicitud del interesado, y para los usos legales que le convengan, le extiendo el presente CERTIFICADO en la Ciudad de México, Distrito Federal, a los veintiséis días del mes de abril de mil novecientos cuarenta y tres. Rúbrica".

El anterior documento carecería de importancia, y sería simplemente una certificación militar de rutina que no habría recogido yo en estas trascendentales páginas, si no es por un hecho muy particular: José Bon Cárdenas era un niño de 11 años cuando participó en aquella acción de guerra. De lo anterior doy constancia, y hago propicia la ocasión para manifestar a quienes esto lean las seguridades de mi más alta y distinguida consideración.

El tan amado Amado

Solía contar Alí Chumacero, escritor nayarita, que en cierta ocasión fue invitado a visitar su estado natal, pues se le rendiría un homenaje. Al llegar a la estación de Tepic la vio llena de gente: tocaba la banda municipal; los niños de las escuelas ondeaban banderitas y estaban ahí todas las autoridades. Sobre todo eso lucía una manta en la que se leía con letra grande: "¡VIVA ALÍ CHUMACERO, EL MEJOR POETA DE NAYARIT!" Y abajo, en letras muy pequeñas: ("Después de Amado Nervo").

Siempre me ha intrigado el sentido de unos versos en el poema *Suave patria* de Ramón López Velarde. Nunca los he podido descifrar:

... y nuestra juventud, llorando, oculta
dentro de ti el cadáver hecho poma
de aves que hablan nuestro mismo idioma...

¿Qué quiso decir con eso el poeta de Jerez? Si alguien conoce la clave del enigma le suplico me la diga, para poseerla yo también. A lo más que he llegado es a suponer que esos versos hacen alusión a Amado Nervo, quien murió en Montevideo, Uruguay, el año de 1919. En noviembre de ese mismo año sus restos fueron llevados a la ciudad de México y sepultados en la Rotonda de los Hombres Ilustres. Fueron muy solemnes y lucidos los actos que con tal motivo se efectuaron, tanto que quizá inflamaron la imaginación de López Velarde y lo hicieron mencionar el hecho, en forma simbólica, en su poema *Suave patria*, aparecido en 1921.

En pleno fragor de las luchas revolucionarias se le acabó la vida al místico cantor de *Gratia plena*. Muchos años después, en 1953, la Asociación Uruguaya de Escritores envió una carta al Gobierno Comunal de Montevideo. La misiva estaba firmada antes que nadie por una señora llamada Juana de Ibarbourou. Nada menos. Los escritores solicitaban al gobierno de la capital que las habitaciones 116-118 del Parque Hotel, donde murió Nervo, fueran destinadas a una biblioteca que llevaría el nombre del poeta.

La carta cayó en el vacío de la indiferencia burocrática. Pero años después, en 1958, surgió una iniciativa parecida en un grupo de mexicanos que ni siquiera conocían la anterior. Sus gestiones fueron apoyadas por el entonces secretario de Relaciones Exteriores, don Manuel Tello, y por el destacado filósofo Leopoldo Zea, que a la sazón tenía entre paréntesis sus disquisiciones filosóficas para entregarse al arduo desempeño del cargo de director de Relaciones Culturales.

Estas gestiones sí tuvieron respuesta: "Lamenta la Comuna no poder fundar esa biblioteca en las habitaciones señaladas del Parque Hotel, por no existir en las mismas espacios adecuados a tal propósito. En esas habitaciones donde expiró el poeta se colocará una estela con inscripción alusiva a su personalidad, y en los jardines de dicho Hotel, perfectamente visible desde la Rambla que linda con la Playa Ramírez, y a la vera de un hermoso nopal, símbolo de México, se colocará el pedestal que ha de sostener el busto de Nervo, enviado para ese fin por don Manuel Tello".

No he ido últimamente a Montevideo porque he andado muy ocupado, pero supongo que ahí deben de estar todavía la estela, el pedestal y el busto. Y también —así lo espero— el nopal.

Urbina, el feroz

Tomás Urbina, amigo y compadre de Pancho Villa, se hizo de triste fama por sanguinario. En la siguiente anécdota se muestra que esa fama estaba bien cimentada.

Mayo de 1915. Tropas villistas se han apoderado de Tampico y de una vasta región sobre el río Pánuco. En el pueblo de este nombre había un agente de publicaciones que se puso a enviar a los periódicos notas muy contrarias al general Urbina, jefe de los Dorados en esa zona del país. El rencoroso ranchero ordenó que se lo buscaran.

Viene un barco por el Pánuco, corriente abajo. Y va por la orilla una partida de villistas. Hacen señas para que se detenga el barco. Hay que revisarlo, no sea que lleve armas o parque para el enemigo.

El capitán ordena a su piloto que acerque el barco a la ribera, pues si no los revolucionarios dispararán contra él y alguno de los pasajeros puede resultar herido. Suben los villistas y revisan las bodegas. No encuentran nada aparte de la carga usual. Ya los soldados van a bajar del barco cuando un sujeto se acerca al jefe de la partida y le dice al oído:

—Ese curro vestido de café es Jesús Mesa, el agente de publicaciones que ustedes andan buscando.

Se acerca el soldado al hombre y le dice con burlona voz:

—¿Qué tal, señor don Jesús Mesa? Tanto gusto en conocerlo.

El hombre se pone intensamente pálido. Ha caído en poder de sus enemigos cuando buscaba llegar a Tampico para embarcarse ahí y salir del país. Es conducido al campamento de Urbina, en la estación del ferrocarril. En un carro exprés tiene ese jefe su oficina, y ahí vive también.

—Sin más novedad, mi general —le dice el soldado— que este curro es Jesús Mesa. Lo agarramos en un barco que venía a Tampico.

Urbina clava en el prisionero una feroz mirada. Luego, sin volver la vista, llama:

—¡Margarito!

Aparece un individuo de horrible catadura. Es cojo de la pierna izquierda y le falta el brazo de ese mismo lado. Sin quitar la vista del aterrorizado prisionero, dice Urbina:

—Ahí tienes a Jesús Mesa.

En ese momento todos saben que la suerte del infeliz está sellada: Margarito Orozco, más feroz aun que el mismo Urbina, actúa como su verdugo.

—Traigan una pala y un pico —ordena el cruel ejecutor.

Luego, al agente de publicaciones:

—Cárguelas y vámonos.

Urbina vuelve a su vagón mientras el grupo se dirige al monte. A unos 100 metros se detiene Orozco y dice al prisionero:

—Ándele, don Jesusito. Escarbe su sepultura.

Tembloroso, el desdichado se quita el saco y el sombrero y empieza a cavar. Lo hace con torpeza.

—A ver —se enoja Margarito—. Uno de ustedes escarbe porque con este cabrón se nos va hacer de noche.

Con presteza uno de los soldados cava el agujero. Se acerca Orozco a Mesa con la Colt 44 en la mano y burlonamente se despide de él:

—Adiós, don Jesusito. Salúdeme por favor a Satanás.

Y a quemarropa le pega un tiro en el corazón. El soldado que cavó la tumba le quita al cadáver los zapatos y el pantalón. Es su pago por el trabajo hecho.

¡A rajarse a su tierra!

¿Sabrían los hombres de la Revolución que estaban escribiendo páginas grandes de la historia? Quién sabe. En todo caso actuaban con la naturalidad de quien vive la intensidad del momento sin cuidarse de la solemnidad de Clío.

Febrero de 1913. Han llegado a Saltillo, la capital del estado gobernado por Carranza, las noticias del cuartelazo de Mondragón y Félix Díaz y de la gran traición de La Ciudadela. El Congreso local, movido por don Venustiano, ha emitido el histórico decreto por el cual el gobierno de Huerta era desconocido.

A las cinco de la tarde, la plaza de Armas hervía con una multitud de saltillenses deseosos de enterarse de los acontecimientos. En su oficina del Palacio de Gobierno, don Venustiano Carranza hace llamar a Ernesto Meade Fierro, oficial mayor del Congreso, y le pone en las manos una gran cantidad de copias del decreto de la Legislatura.

—Háblele al pueblo, señor Meade, y hágale llegar estos papeles.

Entre la expectación de la muchedumbre salió don Ernesto a un balcón del palacio. Con palabras claras y precisas habló del atentado cometido en la ciudad de México contra el gobierno establecido, y destacó la urgencia de exigir respeto a la Constitución. Esa legalidad, manifestó, no podía venir de un gobierno espurio como el que encabezaba Victoriano Huerta. Por eso la usurpación había sido enérgicamente condenada por los representantes del pueblo coahuilense. Ese pueblo, dijo, sabría luchar por la causa de la justicia y la razón.

Al terminar su discurso, Meade arrojó una lluvia de papeles, el decreto del Congreso local, que fueron ansiosamente arrebatados por quienes los tuvieron a su alcance. El pueblo entonces, con grandes gritos, empezó a demandar la presencia del gobernador. Carranza apareció en el balcón, y fue saludado con una gran ovación.

—Ciudadanos —dijo—, los sagrados derechos del pueblo han sido atropellados. Quienes tal hicieron no quieren oír la voz de la legalidad. Tendremos que hacernos oír con la voz de las carabinas 30-30. Quienes hemos protestado cumplir y hacer cumplir la Carta Magna de la República iremos a la lucha. Es preciso que ésta sea la definitiva y que el país y sus mandatarios queden bajo el imperio del Derecho y la Justicia.

Sólo eso dijo don Venustiano. Los saltillenses querían oír más, querían saber más. Empezaron a gritar:

—¡Que hable Breceda! ¡Que salga Breceda!

Alfredo Breceda no quería hablar; no quería salir. El vocerío de la multitud se hacía más intenso, pero el orador se resistía a tomar la palabra. Iba a retirarse para evitar el compromiso cuando sintió que lo rodeaban unos corpulentos brazos. Se vio levantado en vilo y llevado en volandas hacia el balcón central, al mismo tiempo que una voz grave le decía con tono terminante:

—¡A rajarse a su tierra, amigo!

No tuvo más remedio que pronunciar su discurso. Al terminar preguntó quién era aquel hombrón que levantándolo como una pluma lo llevó cargado hasta el balcón para incitarlo a hablar.

Alguien le respondió:

—Se llama Pancho Coss.

No dije lo que dije

Don Venustiano Carranza no quería a los gringos. Desde sus tempranas lecturas de la historia de México les cobró una gran antipatía que fue creciendo al paso de los años, quizá por acontecimientos como el que narro aquí.

En los archivos de la Secretaría de Estado, en Washington, debe de estar todavía un telegrama que a la letra dice: "De Saltillo, fechado el 21 de febrero de 1913.— Recibido febrero 22,

1.22 a.m.— Secretario de Estado. Washington, D.C.— Febrero 21, 1 p.m.— Gobernador Carranza acaba de anunciarme oficialmente que dará su conformidad para con la nueva administración de la Ciudad de México. Toda oposición abandonada aquí. Ferrocarriles quedarán abiertos desde luego. Prevalece perfecta quietud. Embajada notificada.— Holland".

Este tal Holland era cónsul de los Estados Unidos, y se dirigía al Departamento de Estado de su país para comunicar la importantísima noticia de que Venustiano Carranza, gobernador de Coahuila, le había manifestado su disposición para reconocer el cuartelazo de La Ciudadela, y por lo tanto su conformidad con la prisión de Madero y Pino Suárez.

El 27 de abril de 1916, míster Philander Knox, el secretario de Estado a quien se dirigió ese telegrama —ya no desempeñaba el cargo en 1916— dictó una conferencia a los socios del American Club en la ciudad de Pittsburgh. Al terminar, en el período de preguntas y respuestas, uno de los asistentes lo interrogó en tono de reclamación sobre el hecho de que los Estados Unidos hubieran dado su reconocimiento al gobierno de Victoriano Huerta, nacido del crimen y la violencia.

Argumentó míster Knox que los embajadores extranjeros en México coincidieron en la opinión de que el gobierno provisional —el salido de la conjura de La Ciudadela— había sido instalado de acuerdo con la Constitución mexicana, y que su pronto reconocimiento ayudaría a restablecer la paz y el orden público en la capital de la República y en todo el país. Mexicanos muy importantes, añadió, estuvieron conformes con el establecimiento de un nuevo gobierno. Como prueba de su afirmación Knox mencionó el telegrama que recibió del cónsul Holland, en el cual constaba la intención de Carranza de dar su reconocimiento a Huerta.

A eso se hubiera reducido todo, a una conversación de sobremesa en aquel club, si no es porque el periódico *The Pittsburgh Dispatch* recogió las palabras del ex secretario de Estado, a la sazón senador por Pennsylvania, y las destacó en su edición del día siguiente. La noticia llegó a conocimiento del gobierno mexicano y Carranza se apresuró a desmentir al senador a través de la Secretaría de Relaciones Exteriores. "Los sentimientos personales del senador —decía la aclaración de don Venustiano— lo hacen dar carácter de autenticidad a una declaración del cónsul Holland que éste dice haber obtenido de mí, pero [Knox]no tiene pruebas de que yo se la haya hecho".

¿Quién está diciendo la verdad? ¿Carranza o Knox?

—No quiero que se me juzgue un mentiroso —dijo Knox ante el Senado norteamericano, en el cual tenía la representación por Pennsylvania—. Pido que se solicite al Departamento de Estado una copia de aquel telegrama, que debe de estar todavía en los archivos.

El presidente del Senado solicitó el documento que exigía míster Knox. Y, en efecto, apareció el papel, escrito en los mismos términos en que el senador había manifestado.

¿Qué sucedió? No lo sabemos de seguro. Todo indica, sin embargo, que el informe enviado por el cónsul Holland era cierto. Un funcionario diplomático menor, como era él, no podía —ni tenía por qué— mentir en un asunto tan delicado. Igual hubiera cumplido él su deber comunicando la rebeldía de Carranza si tal hubiese sido el caso. No hizo otra cosa más que comunicar a Washington el contenido de la conversación que sostuvo con Carranza.

Don Venustiano, según todas las evidencias, debe de haberle dicho a Holland que se proponía reconocer como legítimo al gobierno emanado del Pacto de La Ciudadela. Se sabe que en los días cruciales que siguieron a la asonada de Mondragón y Díaz, guardó Carranza una prudente —y sospechosa— cautela. Se sabe también que envió comisionados a hablar con los rebeldes que se levantaron contra el gobierno de Madero. Dijo él que hizo eso para ganar tiempo a fin de prepararse para desconocer al gobierno de la usurpación. Averígüelo Vargas. En todo caso la conducta del Primer Jefe en esos días trágicos tiene la misma oscuridad que los hechos que sacudieron la vida nacional.

Lo cierto, en todo caso, es que maderistas y carrancistas no se entendieron nunca. Tal fue el origen de la feroz pelea entre Villa, acendrado partidario de Madero, y Carranza, acendrado partidario de Carranza.

Carranza carranceado

Hubo una ocasión —machetazo a caballo de espadas— en que Carranza resultó carranceado. He aquí esa anécdota.

El 11 de noviembre de 1915 le fue ofrecido un banquete a don Venustiano. Para él ese ágape tenía una significación muy especial, pues tenía lugar en Cuatrociénegas, el suelo natal del Primer Jefe.

A los postres sus paisanos le pidieron, como era de rigor, que pronunciara un brindis. Discurso más bien fue aquél, pues cuando el Varón de Cuatrociénegas cogía la palabra ya no la quería soltar. Y muy curiosa pieza oratoria dijo esa vez, pues estaba en la cumbre de su buenaventura, y en sus palabras se nota aquella egolatría que algunos de sus contemporáneos le reprochaban tanto.

"No tengo yo palabras —empezó diciendo don Venustiano, a pesar de que traía muchas— para manifestar mi agradecimiento por las expresiones que acaban de producirse con motivo de la obra que el destino quiso que encabezara yo, y que vino a significar para la República un cambio completo en su modo de ser, y probablemente, como se ha anunciado, un cambio en los destinos de la América Latina".

Siguió hablando y hablando: del hogar, de la familia, del papel de la mujer en la nueva sociedad, de los maestros. Luego, cosa extrañísima, cambió por completo el hilo de su discurso y empezó a tratar un tema que a todos los comensales dejó turulatos y boquiabiertos: la Estadística.

"Por primera vez en las dependencias de la Defensa Nacional —anunció solemnemente— se va a emplear la Estadística. La Estadística es una ciencia que estudia todos los fenómenos en forma global para sacar de ellos una consecuencia general. Es susceptible de implantarse en todas las ramas de la colectividad humana, ya que de diversos detalles de un conjunto de hechos va separando los casuales para llegar a las conclusiones por examen de las comparaciones sucesivas".

Las buenas gentes de Cuatrociénegas se miraban estupefactas unas a otras. No entendían ni papa de lo que estaba diciendo don Venustiano. ¿Qué eran aquellos *casuales*? ¿Con qué se comían aquellas *comparaciones sucesivas*? De cualquier modo, al terminar de hablar —media hora después— el agasajado, todos los presentes rompieron en una ovación atronadora. No habían entendido el discurso, de modo que debía de ser muy importante.

Terminó el acto. Al salir del salón, don Venustiano pidió su sombrero. Sus ayudantes buscaron por todos lados el finísimo tejano que el Primer Jefe estaba estrenando, reservado especialmente para la ocasión, y no lo pudieron hallar por ningún lado. Así se lo comunicaron a don Venustiano después de un buen rato de búsqueda.

Carranza se mesó las barbas con enojo y luego masculló, mohíno:

—Ni modo, compañeros. Ya se lo carrancearon.

Un gran consuelo

Gran revolucionario villista fue Raúl Madero González. Se cuenta aquí una de sus anécdotas.

Era senador de la República, representando al estado de Guerrero, el profesor Caritino Maldonado cuando fue a Coahuila invitado por el general Raúl Madero, que entonces era gobernador de ese estado.

El general Madero lo atendió muy bien. Tuvo hacia don Caritino aquel afable trato que daba igual a los humildes que a los encumbrados. Una sola cosa molestaba a don Caritino: el general Madero parecía no ser capaz de aprenderse bien el nombre de su huésped, y le decía don Catarino en lugar de don Caritino.

—El nombre es Caritino, general —le corregía, el senador una y otra vez.

El general Madero se daba una gran palmada en la frente y ofrecía profusión de disculpas por el imperdonable error. Pero pocos minutos después volvía a decir:

—Oiga, don Catarino…

Viendo la inutilidad de sus rectificaciones, Caritino Maldonado optó por dejar las cosas así, y nada más volvía la vista al cielo muy discretamente, como pidiendo paciencia a las potencias celestiales, cada vez que don Raúl lo *catarineaba*. Y así continuó la visita, don Catarino por aquí, don Catarino por acá; el general Madero muy atento con su invitado, el senador guerrerense resignado ya a su nuevo bautizo, y pensando quizá —siempre hay que ver el lado bueno de las cosas— que después de todo quizá salía ganando, pues como quiera que sea Catarino es un poco mejor que Caritino.

Posiblemente en eso estaba pensando el visitante, rodeado de un grupo de personas, cuando se le acercó el general Madero.

—Perdone, señor senador —le preguntó—. ¿Cómo me dijo usted que se llamaba?

—Caritino, señor gobernador —repuso el guerrerense muy esperanzado en que por fin se le devolvería su nombre original.

—Caritino, Caritino —repitió por dos veces don Raúl como pensando muy bien en aquel nombre, luego le dio unas palmaditas consoladoras al senador y le dijo con acento de profunda comprensión—: No se apure, don Caritino. Para el tiempo que nos queda por vivir.

Las dos montañas

Hay una escena en que me habría gustado estar presente. No lo estuve, pero la revivo como si la hubiera visto. O mejor, a lo mejor.

Terminada la rebelión delahuertista, la paz volvió a reinar en la República. Llegó por esos días a Veracruz el famoso transatlántico español *Alfonso XIII*, uno de los pertenecientes a la gran línea naviera del marqués de Comillas. Subió al barco el periodista Justino Palomares, corresponsal de prensa, y entrevistó al capitán del buque, quien con gusto accedió a darle detalles de la travesía. Al despedirse le dijo el marino bajando la voz:

—Con nosotros viaja el famoso escritor Vargas Vila. Viene sin más compañía que la de su secretario. Aunque pretende viajar de incógnito yo lo conozco bien y sé que le agradaría ser entrevistado por la prensa.

—Jamás lo he visto en persona —respondió Palomares—. ¿Podría darme algunas señas para reconocerlo?

—Dos le daré —indicó el capitán—. Anda vestido de café, y tiene tantas arrugas que su rostro parece una región montañosa vista desde un aeroplano. Su secretario es alto, y lleva siempre un traje negro.

Se puso a buscar el periodista entre los pasajeros y no dio con el célebre escritor. Pensó que quizá Vargas Vila había bajado al puerto aprovechando que el barco estaría en el muelle un par de días. Lo buscó por las calles, en los comercios y cafés. También lo buscó en los hoteles sin hallarlo. Por fin se le ocurrió lo obvio: seguramente don José María viajaba con un nombre supuesto. Fue entonces al hotel principal de la ciudad, el Diligencias, y luego de deslizar un billete en la mano de un mozo, le dijo:

—Busco a un señor de cara muy arrugada. Lo acompaña un joven alto vestido de negro.

—Están en el hotel. Tienen el cuarto número 45. Pero en estos momentos no están en su habitación. Los vi salir hace unos momentos en un coche verde.

Palomares tomó un automóvil de sitio y se dio a buscar el tal coche verde. Lo halló pronto, estacionado frente al edificio del Telégrafo. Entró y de inmediato reconoció a Vargas Vila. Estaba frente a una de las mesas escribiendo un telegrama. Se acercó el periodista y pudo ver que el mensaje iba dirigido al general Álvaro Obregón. Tocó levemente al escritor en un brazo.

—Señor Vargas Vila —le dijo de buenas a primeras—. En nombre del periódico que represento, sea usted bienvenido a Veracruz y a México.

—¡Cómo! —se sorprendió el escritor—. ¿Usted sabe quién soy?

—¿Quién no lo conoce a usted? Pero sé además que está hospedado en el Diligencias, cuarto número 45.

—¡Ah, estos periodistas! —exclamó Vargas Vila con fingida mortificación—. No puede uno escapar de ellos. En fin. ¿En qué puedo servirlo?

—Maestro: no puedo dejar ir al sublime escritor sin hacerle una entrevista. Le ruego me indique a qué horas puedo verlo en el hotel.

—Lo espero a las 12.30. Le suplicaré nada más que sea breve, pues tengo otros asuntos que atender.

José María Vargas Vila, escritor de moda en la década de 1920, y el periodista Justino Palomares tuvo la fortuna de que éste le concediera una entrevista. Por esos días, el autor de *Flor de fango* e *Ibis* se hallaba en la cumbre de la popularidad. Hoy ya nadie lo lee. ¡Quién sabe a cuántos escritores que hoy están en la cumbre de la popularidad ya no los leerá nadie mañana! Por si las dudas, seguiré manteniéndome abajito de la cumbre de la popularidad.

De todo se habló en la entrevista Palomares-Vargas Vila: de ideas políticas y estilos literarios, de la escena europea, de la moda... No se habló, por supuesto, del motivo por el cual don José María estaba en México. Lo sabía bien, sin embargo, el reportero: había venido en busca del presidente Obregón. Lo adularía con su pluma a cambio de recibir uno de aquellos jugosos cañonazos con que el Manco de Celaya aplacaba la malquerencia de sus enemigos e incrementaba el fervor de sus amigos. Uno de esos cañonazos lo había recibido ya el novelista español Vicente Blasco Ibáñez. El colombiano no veía la razón por la cual él no debía recibir otro igual.

Pero aún no tenía Vargas Vila la respuesta de Obregón a su mensaje de solicitud de audiencia. Disponía de tiempo, pues, para atender otro asunto que le interesaba.

—Dígame —preguntó a Palomares—. ¿Sabe usted dónde está la casa de Salvador Díaz Mirón? Entiendo que vive aquí.

—En efecto. Vive en la calle Zaragoza número 28, a cuadra y media de donde estamos. Si usted gusta yo puedo decirle que usted quiere saludarlo.

—Hágalo ahora mismo, por favor. Ardo en deseos de conocer al gran poeta.

Sin más se dirigió Palomares al domicilio del volcánico escritor. Como a Díaz Mirón le gustaba tener buenas relaciones con la prensa recibió de inmediato al periodista.

—Don Salvador —le dijo éste—, se encuentra aquí el escritor colombiano Vargas Vila.

—¿Ah sí? ¿Y qué anda haciendo por acá ese trotamundos?

—Vino a conocerlo a usted —lo halagó Palomares—. Me encargó preguntarle si podría usted recibirlo. Está en el hotel esperando su respuesta.

—Dígale que puede venir ahora mismo —respondió Díaz Mirón.

Fue Palomares con la respuesta del poeta, y unos minutos después ya estaba con Vargas Vila de regreso en la casa del veracruzano. Hicieron sonar la campana. Desde el primer descanso de la escalera, Díaz Mirón tiró de un cordón que servía para abrir la puerta. Entró Vargas Vila. Vio a don

Salvador, que aguardaba peldaños arriba, e hincó una rodilla en tierra.

—¡Vengo a México —dijo con tono grandilocuente de orador— a conocer dos montañas veracruzanas! ¡Una se llama el Pico de Orizaba; otra se llama Salvador Díaz Mirón!

Con tono aún más magnílocuo respondió Díaz Mirón abriendo los brazos:

—¡De pie, poeta! ¡De pie, como acostumbráis escribir vuestros libros!

Ascendió los peldaños Vargas Vila y se fundieron los dos escritores en un estrecho abrazo.

Me habría gustado estar ahí para mirar aquello. Porque esas cosas ya no se ven.

Las maravillas de la ciencia

Famoso general villista fue Santiago Ramírez. Aquí se narra una de sus muchas anécdotas... y la final.

El general Santiago Ramírez, de las gentes de Villa, fue durante poco tiempo gobernador de Coahuila. A ese puesto lo llevaron los azares de la Revolución. Hombre rudo, apenas sabía leer y escribir, y se expresaba con las rotundidades de los hombres del campo y de la guerra.

En su despacho del Palacio de Gobierno todo lo asombraba y le sorprendía todo: el grosor de la mullida alfombra en que se hundían sus recias botas de jinete; los candiles de prismas que descomponían los rayos de la luz en todos los colores. Pero su máximo asombro era el teléfono. Cuando lo usaba, solía decir:

—De aquí *pa* allá Santiago Ramírez. ¿Quién de allá *p'acá*?

Un día fue invitado a un baile. No tenía zapatos apropiados para la ocasión, de modo que decidió ir a comprar unos.

—No se moleste usted, mi general —le sugirió algún conocido secretario—. ¿Por qué no los pide por teléfono y que se los traigan aquí?

Platicando después de aquel asunto, el general Ramírez se hacía lenguas de los progresos de la ciencia. Decía que apenas había descolgado la bocina cuando sin siquiera saber que él quería zapatos una voz le preguntó:

—¿Qué número? —contestó él dando su número, y la voz le volvió a preguntar—: ¿Negro o rojo?

Negro, claro respondió él. Bonito se iba a ver con zapatos rojos en un baile. Y es que entonces los números telefónicos se duplicaban según la compañía que los operaba, y para distinguirlos los dividían en colores.

Así como se lo dieron, los azares de la lucha civil le quitaron a Santiago Ramírez el puesto de gobernador. Y, más aún, le quitaron la vida.

Cayó en manos de los carrancistas y juzgado en consejo sumarísimo de guerra fue condenado a ser fusilado en el panteón. Tranquilamente afrontó sus últimos instantes. Con actitud altiva fue por las calles, escuchando sin inmutarse los gritos de la turba, que lo denostaba por crueldades que había cometido. En la esquina de las actuales calles de Emilio Carranza y Madero pidió que le compraran un jarrito de pulque, y lo fue bebiendo a pequeños sorbos mientras iba llegando al panteón. Ya frente al paredón dictó a los periodistas sus últimas palabras, pronunció un pequeño discurso ante la multitud que veía su fusilamiento y luego dirigió su ejecución. Cuando gritó la voz de ¡fuego!, dicen, tenía una extraña sonrisa entre los labios.

Cabezas duras

La antigua villa de Ramos Arizpe, Coahuila, hoy ciudad, fue escenario de luchas revolucionarias.

De cabeciduros han tenido fama siempre nuestros vecinos de Ramos Arizpe, no sólo en sentido figurado, sino recto también. Se dice de ellos que son empecinados y tozudos, y que su mollera tiene la consistencia de la piedra, tanto, que ramosarizpenses ha habido que con la sola fuerza de su cabeza han parado trenes grandes y máquinas de vapor.

Se cuenta que una vez hubo una guerra campal entre los pobladores de Ramos Arizpe y los de Arteaga. Entre la niebla fue la batalla final de esa gran guerra, niebla impenetrable que cubrió por mucho tiempo el campo de batalla. Cuando se disipó, se vio que los combatientes muertos en aquella lucha de cíclopes o de titanes eran ya sólo esqueletos mondos y lirondos.

Mucho se angustiaron sus deudos, pues ni siquiera era posible saber cuáles esqueletos eran de un bando y cuáles de otro, para así poder identificarlos y llevarlos después al panteón respectivo: unos al de Ramos, en cuya barda estaba escrita con grandes letras la palabra "Bienvenidos"; y otros al cementerio de Arteaga, al que se llega por un camino bordeado de cipreses que se llama, adivine usted por qué, Los Estirados.

Alguien dio por fin con el modo y manera de saber cuál esqueleto pertenecía a alguien de Arteaga y cuál a uno de Ramos Arizpe. Pidió un mazo de esos terribles, contundentes, de los que se usan en las canteras para de un golpe solo volver guijarros la roca más firme y resistente. Dijo que ese mazo era la llave para la identificación de los esqueletos. Con él se irían golpeando las calaveras de los muertos, una a una. Si el cráneo se quebraba al primer golpe, estaba claro que el muerto era de Arteaga. Si por el contrario era el mazo el que se rompía, dejando el cráneo tan entero como si en vez de golpe furibundo de pesado hierro hubiese recibido caricia de pétalo de pluma, entonces el esqueleto podía sin reservas ser declarado ramosarizpense.

Hay exageración, claro, de la leyenda. En lo que nunca se exagerará lo suficiente es en elogiar el temperamento firme, tesonero, digno y fuerte de los habitantes de Ramos Arizpe, los de ayer igual que los de hoy y, esperemos que los de mañana. Es ese carácter firme el que ha permitido que los hijos de esa laboriosa comunidad hayan hecho su villa, hoy flamantísima ciudad, un centro de su trabajo creador del que todos los coahuilenses nos sentimos orgullosos.

La sabiduría de Eulalio Gutiérrez

Gran revolucionario, presidente de la República, fue don Eulalio Gutiérrez. De él trata este capítulo.

Qué bueno que hay en Saltillo una calle que lleva el nombre General Eulalio Gutiérrez, presidente que fuera de México por virtud de la Convención de Aguascalientes. Desde los más humildes orígenes, los vientos de la fortuna lo llevaron a las más altas cumbres del poder, pero él se conocía bien y jamás se dejó vencer por la jactancia ni incurrió en las torpezas en que suele caer la vanidad.

Fue pastor en su niñez y minero en su juventud, en Concepción del Oro. Luchó luego en la Revolución, y fue subiendo de grado en la milicia. Sus ascensos los consiguió en los campos de batalla y no en la mesa de los brindis ni en las antesalas de los poderosos. Sabía pocas letras, pero sabía mucha vida, de modo que no se dejó engañar jamás por los hombres ni por la fortuna caprichosa. Cuando las circunstancias de la política variaron, él no mudó de condición. Fue el mismo siempre, igual en el poder que en la llaneza de su vida sencilla de hombre bueno.

Poca escuela tuvo, pero estudió en la mejor que hay, que dicen que es la vida. Y por eso sin saber nada sabía mucho. Ponía luz de sentido común en las cuestiones más oscuras.

Cuando fue hombre de mando y de gobierno tuvo cerca de sí a don Luis Cabrera, sabio lleno de adornos de cultura. Un día le preguntó don Eulalio a su asesor:

—Dígame usted, señor licenciado Cabrera: ¿qué es eso del comunismo?

—Pues mire, general —respondió el abogado procurando poner su respuesta al alcance de las mientes de don Eulalio—. Es una doctrina que piensa que todos los hombres son iguales.

—Uh —respondió de inmediato el general con su recio acento de ranchero—. Cuando yo fui pastor aprendí que no hay una chiva que sea igual a otra, cuantimenos los hombres.

Don Luis Cabrera narraba ese rasgo de Eulalio Gutiérrez y se hacía lenguas sobre su rectitud de juicio y claridad de entendederas. Decía que pocos hombres había conocido él con tanta inteligencia natural, y alababa los dones de aquel rudo norteño que supo servir a su país, y servirlo muy bien, en horas de necesidad. Ramos Arizpe, terruño de don Eulalio, debe sentir justo orgullo y ufanía por haber sido cuna de aquel hombre tan digno que en todas partes dio buena fama y buen nombre a su tierra natal.

El otro Bravo

Benjamín Argumedo fue aquel que pidió, según narra el corrido, que lo fusilaran "en público de la gente". Nacido en 1876 en Matamoros, Coahuila, fue llamado *el Tigre de la Laguna*, por más que nunca tuvo instintos sanguinarios. El mote hacía alusión más bien a su valor. Voluble en sus simpatías, fue primero maderista, luego orozquista y al final huertista.

Ahora está don Benjamín Argumedo con sus generales. Platican en una sala de la casa de huéspedes Cuauhtémoc, cerca de la estación del tren, en San Luis Potosí. Corren los últimos días del mes de junio de 1914.

Argumedo traía en el brazo izquierdo un listón rojo. Tanto él como sus hombres portaban siempre esa seña distintiva. Con ella querían significar que no eran parte del ejército regular, de los "pelones" reclutados por la innoble leva para hacer fuerte a Huerta ante la rebelión constitucionalista. Ellos, todos, eran voluntarios. Y más que soldados eran guerrilleros, pues Argumedo usaba siempre tácticas de guerrilla, aunque llevase consigo numerosa tropa. Por aquel listón los soldados de don Benjamín eran conocidos con el nombre de *los Colorados*.

Cuando más entretenido estaba el coahuilense en la conversación, llegó el coronel Livas.

—Mi general —dijo a Argumedo con temblorosa voz—. Acaban de matar a su padre.

No dijo nada don Benjamín. Ni siquiera preguntó cómo había sucedido aquella muerte. Tal parecía que la esperaba ya. Inclinó la cabeza sobre el pecho y quedó sumido en un largo silencio. Después se enderezó y pidió una botella de coñac. Cuando se la trajeron, se sirvió dos medios vasos y los apuró uno tras otro como si fueran de agua. A todos los presentes sorprendió esa muestra: Argumedo era abstemio; jamás bebía una copa.

Entraron unos hombres llevando el cadáver del difunto.

—Pónganlo en su cuarto, en la cama —ordenó el general.

Luego se dirigió a la habitación, él solo, y cerró la puerta. Sus hombres lo oyeron sollozar.

Salió después, ya sereno, y preguntó qué había pasado; quién había dado muerte a su padre, y por qué. El coronel Livas le relató lo sucedido. El señor se había hecho de palabras con un soldado de las fuerzas regulares a quien nadie entre los Colorados conocía. En un momento de la discusión ambos sacaron al mismo tiempo sus pistolas. El federal disparó primero, y el señor Argumedo cayó al suelo privado de la vida.

Llegaron varios oficiales. Traían prisionero al matador. De seguro se lo llevaban a Argumedo para que éste ordenara su inmediata ejecución. No lo hizo el Tigre de la Laguna.

—¿Para qué me traen a este hombre? —preguntó—. Ni siquiera supo a quién mató. Sáquenlo de aquí. Llévenselo muy lejos, fuera de la ciudad. Que no lo vuelva yo a ver. ¡Pero cuidado si lo tocan!

Se había repetido el caso de Bravo, que perdonó a los asesinos de su padre. El periodista Justino Palomares, que años después narró el suceso, escribió lo que sigue: "Esta anécdota de Argumedo se incrusta como algo raro en la historia revolucionaria. El general fue el reverso de los asesinos de Sonora [se refería a Calles y Obregón], que igual que bárbaros mongoles victimaban a inocentes, como el Padre Pro".

Los apuros de un poeta

Muchos apuros suelen pasar todos los poetas. Salvador Díaz Mirón pasó uno mayor que los de la generalidad de sus colegas.

Había cundido por Veracruz la rebelión delahuertista. Fracasó a fin de cuentas la asonada, pues poco diestro en bélicos afanes era su principal caudillo, el ex presidente Adolfo de la Huerta. Era él tenor —bastante bueno, por cierto—, y las rebeldías de los tenores nada más suenan bien en los escenarios de la ópera.

Vivía en el Puerto el celebrado autor de *Lascas*, don Salvador Díaz Mirón. Cierta noche —serían las 10.30— el egregio poeta se hallaba tomando el fresco en el parque Cipriano Vázquez, frente a su casa. Estaba solo, sin más compañía que la de sus pensamientos. En eso se apareció un sujeto que le puso una daga en el vientre.

—¡Arriba las manos, roto infeliz! —le dijo con ronca, amenazante voz—. ¡Y estésе quieto, o me lo echo!

Alzó los brazos el poeta. Intimidado, se dejó quitar el reloj, la cadena de oro con el dije de Napoleón que tanto estimaba, su preciosa pluma fuente y todo el dinero que traía. Cogió su botín el ladrón y echó a correr.

—¡Infame! ¡Bandido! ¡Sinvergüenza! —empezó a gritar Díaz Mirón hecho un basilisco.

Otras cosas más le gritó; lamentablemente no puedo transcribirlas aquí en virtud de las disposiciones que sobre materia de pública moral contiene la vigente Ley de Imprenta.

Por pura casualidad iba pasando un militar, el mayor Rangel. Oyó las voces del poeta y se lanzó tras el hampón. Lo alcanzó, y propinándole un fuerte puñetazo lo tiró por tierra. Después de desarmarlo, lo llevó a empujones hacia el lugar donde estaba la furiosa víctima.

—Aquí tiene usted a su asaltante, señor —le dijo sin conocerlo—. Tome las cosas que le quitó el bribón. Yo me voy a llevar a este tal por cual para que lo fusilen en el cuartel. Hay Estado de guerra, y estos asaltos no se pueden consentir.

—Por favor, amigo mío —pidió solemne Díaz Mirón—. Le ruego que deje libre a este infeliz. No sabía lo que estaba haciendo.

Obsequió el militar la súplica del asaltado y dejó ir al malandrín. Antes, como costas del sumario proceso, le saludó la cara con media docena de sonorosas cachetadas.

—Me felicito, señor —dijo a continuación Rangel—, de haberlo librado de ese infame. ¿Con quién tengo el gusto de hablar?

Respondió con cierta vergüenza el bardo:

—Está usted hablando con Salvador Díaz Mirón.

Rangel se quedó estupefacto. ¿Cómo? ¿De modo que un vulgar ladrón había sorprendido al gran cantor de *A Gloria*, a aquel gigante tan temible, y le había quitado sus pertenencias como se quita el dulce a un niño? ¿Podía ser verdad aquello? El poeta tenía fama de valiente —había matado a uno o dos cristianos—; de él se decía que nadie podía atrevérsele sin riesgo de la vida. Y ahí estaba el coloso, temblando, lleno de susto por el incidente.

—Es un honor conocerlo, maestro —dijo entonces Rangel—. Sólo lamento que haya sido en estas circunstancias.

—Cosas que pasan, hijo —respondió procurando serenarse Díaz Mirón—. Nada se puede contra un ataque cavernario. Pero quiero pedirle una cosa: va usted a ser mi amigo —dijo el poeta al militar—. Pero como hombre y como hijo del Heroico Colegio Militar me va usted a jurar que este incidente no lo sabrá nadie.

Apenas pudo contener una sonrisa el mayor Rangel. ¡Le preocupaba a Díaz Mirón que se conociera su incapacidad para defenderse de un vulgar ladrón!

—Queda prometido, maestro —respondió.

Se despidieron los dos, y fue Rangel a su acostumbrada tertulia del Restaurante Alemán, en los portales de Veracruz, llenos de tradición. Esa noche se agasajaba al general Ignacio Almada, quien celebraba su cumpleaños. Estaban presentes en el ágape los generales Eugenio Martínez, Alfredo Rueda Quijano y Fausto Topete, entre otros. Cuando llegó Rangel y se unió a ellos, alguien notó su excitación.

—¿Qué te sucede? —le preguntó—. Te noto extraño.

Rangel contestó que le acababa de pasar un incidente extraordinario. Sin embargo, no podía relatar lo sucedido, pues había dado promesa de callarlo. Picados por la curiosidad, los generales lo acuciaron para que les contara el hecho. No pudo resistir el acoso el mayor Rangel y desembuchó. Pensó seguramente que si los poetas no cumplen nunca sus promesas, tampoco obliga la promesa hecha a un poeta. Contó lo del asalto y de cómo Díaz Mirón, avergonzado por haber desmentido su fama de invencible, le pidió que a nadie revelara aquel suceso.

Divirtió a todos el relato, y ahí paró la cosa. Sucedió, por desgracia, que entre la concurrencia se hallaba un reportero de *El Dictamen*, corresponsal además de uno de los periódicos de la capital. Sin esperar a más, se escurrió discretamente y fue a su redacción. Al día siguiente, el principal periódico de Veracruz y el de más circulación en la ciudad de México daban a conocer que un asaltante callejero había hecho su víctima al temible poeta Díaz Mirón, cuyo prestigio de bravo e invicto combatiente quedaba mal parado.

El periodista tuvo que esconderse durante varios días, pues el autor de *Asonancias* lo buscaba con empeño llevando en la cintura un pavoroso pistolón. Publicó un cuarto de plana el gran poeta en *El Dictamen*, y envió telegramas a todos los periódicos de la capital para negar que hubiera ocurrido aquel suceso. "Miente su corresponsal. Díaz Mirón es un hombre que todavía puede defenderse".

El que mentía era el poeta. Y nada tiene de malo su mentira: los poetas no están obligados a decir la verdad. Por el contrario, sus fantasías tienen más verdad que nuestras realidades.

Más apuros de Díaz Mirón

A Salvador Díaz Mirón, gran poeta veracruzano, le encantaba meterse en líos. Al fin poeta. Y al fin veracruzano.

Los asesinatos de don Francisco I. Madero y don José María Pino Suárez hicieron que muchos mexicanos de todas las condiciones ardieran en santa indignación. Entre los más indignados por las proditorias muertes de los próceres estuvo un hombre de Veracruz llamado Santana Rodríguez, más conocido por el sobrenombre de *el Santanón*. Las autoridades le daban el calificativo de bandolero, pero muchos veían en él al rebelde generoso que luchaba por nobles causas y daba al pobre lo que quitaba al rico.

A la muerte de aquellos señores, el Santanón empezó a combatir al gobierno local, de filiación huertista. Llegaron a tanto sus acciones que la administración central se preocupó, y Victoriano Huerta anunció la formación de una fuerza especial que iría a Veracruz a poner coto a los desmanes de aquel "latrofaccioso".

Por entonces Salvador Díaz Mirón era director de *El Imparcial*, el más importante periódico de la capital. El escritor era veracruzano, lo sabemos, y cuando supo de aquella misión contra el bandido se ofreció a dirigirla él mismo. Tenía fama de valiente, y además era absolutamente adicto al nuevo régimen. Llegó hasta la abyección en sus afanes de adular a Huerta. Consiguió que el presidente visitara la redacción de su periódico. Al día siguiente hizo la crónica del acontecimiento y escribió que "el señor Presidente se retiró dejando tras de sí un perfume de gloria". ¡De gloria! A coñac trasnochado y a cebolla pestífera olía siempre Huerta. ¿Cómo podía dejar las aromáticas emanaciones que aquel magnílocuo poeta percibió?

Pues bien. Pidió don Salvador a Huerta que lo nombrara jefe de la expedición contra el bandido. Iba, según él, a coronarse de gloria militar. No se coronó. La expedición fue un completo fracaso y acarreó considerables burlas a su adalid. Jamás pudo Díaz Mirón dar con el Santanón, no ya entablar formal combate con él. Durísimas jornadas se pasó en las espesuras del trópico buscando al enemigo. No vio nunca ni su rastro.

Tuvo muy cerca al Santanón, pero ni siquiera se dio cuenta. Fumaba puros Díaz Mirón. Un día se le acabaron, y mientras caminaba por la selva se quejó con uno de sus ayudantes de no tener los excelentes puros que fumaba, de San Andrés. Ese mismo día llegó al Puerto. Alojó a sus soldados en un mesón y él fue a dormir en el mejor hotel. Cuando se registró, el administrador le entregó un paquete que hacía unas horas alguien había dejado para él. Lo abrió el poeta: una caja de sus puros favoritos. En una tarjeta adjunta se leía una dedicatoria escrita en un dístico octosílabo:

Al poeta Díaz Mirón,
del bandido Santanón.

¡El perseguido iba siguiendo a su perseguidor a unos pasos, y había escuchado su queja por no tener sus cotidianos puros!

Volvió a la ciudad de México el poeta. En círculo de amigos se daba a los mil diablos por haberse expuesto a correr aquella aventura desastrada.

—Igual que Ulises tuve mi odisea —decía muy mohíno—. Pero a mí no me la impusieron los dioses: yo mismo me la busqué por pendejo.

A la víbora, víbora de la mar...

Algunos caudillos revolucionarios tenían un instinto que los hizo ser excelentes jefes militares. Se narra aquí una acción de Benjamín Argumedo que bien merece estar inscrita en un manual de táctica.

Por tierras del norte andaba el Tigre de la Laguna, don Benjamín Argumedo. Militaba todavía en las filas de la rebelión. Después las circunstancias y su carácter tornadizo lo llevarían al huertismo.

El gobierno mandó al afamado general Rubio Navarrete a combatir a Argumedo. Llevaba 3000 soldados de línea el federal, carros blindados, ametralladoras y hasta un cañón de largo alcance. Argumedo, por su parte, no contaba más que con 500 hombres mal armados. Cuando tuvo noticia de que llegaba ya Rubio Navarrete, se dirigió con sus hombres a la hacienda El Hormiguero, dio instrucciones a sus jefes y luego él se acostó a dormir por ahí cerca.

Llegaron los 500 Colorados a la hacienda. El que los mandaba, Pedro V. Rodríguez Triana, llamó con grandes aldabonazos a la puerta de la casa. Abrió asustado y medio dormido el administrador, y vio a la tropa.

—Dispense, amigo —le preguntó con buenas palabras Rodríguez Triana—. ¿No ha pasado por aquí la tropa de mi general Argumedo?

—No, señor. Lo que sabemos es que no tardan en llegar las fuerzas de Rubio Navarrete.

—Gracias, y perdone la molestia.

Se retiraron los 500 soldados. Dieron la vuelta a un cerro vecino y regresaron a la hacienda, ahora bajo el mando de otro jefe. Llamó éste otra vez a la puerta de la casa.

—Oiga —preguntó de nuevo al administrador—. ¿No han pasado por aquí los hombres de mi general Argumedo?

—Unos 500 acaban de pasar —respondió el hombre—. Se fueron por el rumbo del cerro de Guadalupe.

Hacia allá fueron los Colorados. Dieron otra vuelta y volvieron a la hacienda. Otro preguntó lo mismo. Y 10 vueltas más dieron en la misma forma, presentándose siempre en la penumbra del amanecer como un nuevo contingente de Argumedo. Ya claro el día llegó el general y dijo al administrador:

—Soy Benjamín Argumedo, amigo. ¿Sabe si mi ejército pasó por aquí?

—Sí, mi general —contestó el administrador—. Son unos 10 000 hombres. Deben de andar por el cerro de Guadalupe.

—Muchas gracias.

El ardid dio resultado. Poco después llegaba a la hacienda Rubio Navarrete con sus 3000 soldados. Se informó con el administrador si andaba por ahí Benjamín Argumedo.

—Está atrás de aquel cerro, mi general —le dijo el hombre—. Trae unos 10 000 hombres.

Rubio Navarrete, impresionado por la considerable fuerza del revolucionario, que el administrador de la hacienda había visto con sus propios ojos, dio la vuelta y regresó a Saltillo.

Valeroso y muy hábil combatiente era Argumedo. Si cayó en manos de sus enemigos fue porque éstos lo cogieron enfermo, y además herido. Fusilado por la Revolución, pidió que lo mataran "en público de la gente", y dio esta razón para fundar su solicitud:

—Yo también fui hombre valiente.

Perdón: los héroes ¿dónde?

Hace muchos años, tantos que me acuerdo de esto como si fuera ayer, asistí a la ceremonia con que cada año se celebra en Coahuila el 26 de marzo, aniversario de la promulgación del Plan de Guadalupe. En ese Plan, según ya casi nadie sabe, Carranza desconoció al gobierno usurpador de Victoriano Huerta y convocó al pueblo mexicano a luchar por el restablecimiento del orden constitucional.

Tenía yo gloriosos 18 años y era conscripto. Quizá no he hecho muy bien mi servicio civil, lo reconozco, pero mi servicio militar lo hice cumplidamente. En aquella ceremonia del Plan de Guadalupe recibí junto con mis compañeros la encomienda de cuidar las mesas donde se serviría el banquete acostumbrado en la ocasión. Se trataba de que nadie se sentara antes que el presidente, el gobernador y los invitados especiales. Entonces el protocolo tenía gran importancia; ahora ya ni protocolo hay.

Los festejos del Plan de Guadalupe eran muy lucidos. Asistía siempre el presidente de la República, a quien acompañaban numerosos miembros de su gabinete. Se decían sonoros discursos, oficiales unos; más oficiales otros; oficialísimos todos. La banda del estado tocaba un año sí y el otro también un popurrí formado con *La Valentina*, *La Adelita*, *Jesusita en Chihuahua* y *La cucaracha*. Muy bonito era ese popurrí, sobre todo en la parte de *La cucaracha*, pues ahí todo el público palmeaba. Invariablemente un señor declamaba el *Credo* del vate López Méndez y una señora decía *Guadalupe la Chinaca*. Muy bonito todo, muy bonito.

En esa ocasión que estoy contando, cuando fui de conscripto al Plan de Guadalupe, el orador oficial habló de los valientes hombres que hicieron "la gesta revolucionaria". Como siempre, estaba ahí un grupo de veteranos de la Revolución, viejos combatientes, algunos de los cuales habían sido llevados en silla de ruedas o llegaron caminando con dificultad apoyándose en sus bastones o muletas. El magnílocuo orador se dirigió a ellos y los apostrofó. Conmovido, lleno de emoción, la voz trémula, declamatorio el tono, enalteció su sacrificio; habló de la sangre —bastante— con que regaron los campos de batalla; honró sus heridas y sus mutilaciones. Terminó el elocuente orador con un sonoroso epílogo en el cual les aplicó el consabido calificativo de héroes.

Al terminar el acto, los asistentes pasaron al lugar de la comida. Bajo unos árboles estaban colocadas las mesas donde se serviría el ágape. Ahí nos hallábamos nosotros, los conscriptos, muy impuestos de nuestra trascendental misión: que nadie fuera a sentarse en las sillas antes que el señor presidente, el señor gobernador, y los señores miembros de sus respectivas comitivas.

Llegaron los altos funcionarios. Tras ellos, pisándoles los talones, irrumpió una horda de políticos que nos arrollaron en carga como de cosacos sedientos o famélicos ulanos. Abriéndose paso con hombros, codos y rodillas, aquellos barbajanes se apoderaron de todos los lugares disponibles. Sudorosos, pero triunfantes, ganaron lugar y se acomodaron en sus asientos muy orondos. Ni una silla quedó sin ocupar, pues a los políticos se había sumado una turbamulta de burócratas, gacetilleros al servicio del gobierno, buscadores de chambas, todos del Partido de la Revolución, ahora tan partido. Boquiabiertos nos quedamos los incipientes mílites al ver perdida sin remedio la batalla, primera que librábamos contra aquellos descomunales búfalos.

Veía yo todo eso, desolado, cuando se me acercó un anciano revolucionario. Ya lo había visto yo buscando con ansiedad un lugar donde sentarse. Ninguno encontró, claro. Llegó hasta mí penosamente y me preguntó con tono humilde y respetuoso:

—Perdone usted, joven: los héroes ¿dónde nos sentamos?

Décima parte

Cuentos y cuentas

Cómo buscar un tesoro

En la guerra todo se vale, dice un antiguo adagio. La anécdota que sigue nos demuestra que en las revoluciones se valen aún más cosas.

Tomando la copa estaban algunos jefes carrancistas en el Café del Principal. La animada conversación era presidida por el general Alfredo Flores Alatorre. Cuando más entretenidos estaban se les acercó un pobre indio vestido con calzón y camisa de manta y tocado con sombrero de palma.

—*Siñor* general —se dirigió con mansedumbre a Flores—. ¿Me permite su *mercé* el honor de unas palabritas?

—¿Qué quieres? —le preguntó hosco el general.

—Aquí *dilante* de tanta gente no se lo puedo *dicir* —vaciló el indio—. Si su buena *mercé quere*, hágase tantito para acá.

Se levantó Flores y el indio lo condujo a un discreto rincón del restaurante.

—Mire su buena *mercé.*

Desató un paliacate y Flores Alatorre se quedó boquiabierto. Lo que el indio llevaba en su envoltorio era un pedazo de oro macizo.

—Soy gambusino en el Ajusco, mi general —habló el indio—. Acabo de encontrar una veta muy rica, pero no puedo trabajarla porque ahí andan los hombres de ustedes, y me pueden robar y hasta matar.

—¿Y qué pides? —preguntó con interés el general.

—Perdone su buena *mercé* mi atrevimiento —respondió el hombre—. Le pido que *séanos* así como socios. Yo pongo la mina; *usté* me da protección y hombres que me ayuden a trabajar, y partimos por *mitá* las ganancias.

Flores citó al hombre para el día siguiente. Por la mañana consultó el caso con don Pablo González, quien le dijo que valía la pena informar del asunto a don Venustiano.

Éste escuchó el caso con su acostumbrada parsimonia y luego autorizó a Flores a "seguirle las causas" a la mina.

—Gracias, señor —dijo el general—. Si sale bien la mina le ofrezco aportar el 30 por ciento de todo lo que salga para el pago de la deuda nacional.

—Se lo agradezco mucho —replicó Carranza con una media sonrisa—. Y le pido que antes de salir a esa expedición minera, venga por una carta que le voy a dar.

Al día siguiente fue el general por la carta. Don Venustiano se la entregó, cerrada, y le dijo que no la abriera sino hasta el final del día. Una hora después salió Flores con una fuerza de 100 hombres a buscar la mina.

El indio iba guiando. De pronto, al entrar en un desfiladero, el hombre agitó en el aire su sarape rojo. De inmediato cayó sobre los carrancistas una lluvia de balas. Aquello era una emboscada. Zapatista era el fingido gambusino y zapatistas los que disparaban.

A duras penas lograron escapar los de Alatorre, no sin antes colgar de un árbol al maldecido indio traidor. Ya regresaban a la ciudad cuando el general Flores se acordó de la carta de don Venustiano. La abrió y leyó estas palabras: "Pienso que eso de la mina es un burdo embuste. Ojalá no les acarree problemas. De cualquier modo traigan al indio, si es que logran pescarlo después de lo que les va a hacer. Y recuerden: no hay mejor mina que un trabajo honrado ni riqueza mayor que una vida ejemplar".

Cuando los muertos no mueren

De historias de aparecidos están llenos los tiempos revolucionarios. La de hoy interesará a los estudiosos de la parasicología o de esos fenómenos supranaturales en los que algunos creen y otros no tanto.

Don José Piñero era el más importante cafetalero de Jalapa. En Plan de las Hayas tenía fincas que le rendían jugosos dividendos. A más de próspero agricultor era también muy hábil comerciante: compraba las cosechas de otros productores y las vendía con ganancia a los exportadores de la ciudad de México.

Los éxitos de don José fueron causa de envidia entre sus competidores. Se vivía la época violenta de las luchas revolucionarias. Por los alrededores de Jalapa merodeaban partidas lo mismo de revolucionarios que de soldados del gobierno. Las actividades de unos y otros hacían difícil el trabajo y llenaban de riesgos la vida cotidiana de la gente.

En esa confusión vieron los enemigos de don Pepe ocasión para librarse de su competencia. Así, conspiraron entre ellos e iniciaron una campaña de descrédito cuyo propósito era ligar al señor Piñero con los rebeldes. La ruin artimaña rindió frutos: don José fue aprehendido por la policía acusado de revolucionario. En Veracruz fue embarcado con rumbo a La Habana.

Grande, muy grande, fue la angustia de su señora esposa, doña María Morales, y grande también la preocupación de sus hijos (los hijos de María Morales). A los tres días de haber salido don Pepe a su destierro, se hallaba doña María velando en su recámara, cuando he aquí que a eso de las dos de la mañana se le presentó su marido. Ya se imaginará el lector (si alguno está leyendo esto) los transportes de alegría de la esposa. Abrazó a su marido y llorando de felicidad le pidió que le contara cómo había podido regresar tan pronto a Jalapa.

—No tengo tiempo para explicarte eso, Mariquita —le respondió con ternura don José—. Ven, vamos al comedor a platicar.

—Pepe —le dijo ella—. Debes de venir muy cansado del viaje. Descansa, duerme; ya mañana me contarás todo.

—No —insistió él—. Vamos a hablar. Quiero ponerte al tanto de algunos asuntos que debes conocer.

Fueron al comedor. Sirvió él dos copas, una de coñac para él y una de vermut para su esposa. Luego le dijo:

—En el último cajón de mi escritorio, puestos entre las páginas de un libro, hay unos documentos importantes que podrás cobrar. También encontrarás ahí algún dinero.

La puso al tanto de otras cuestiones: dinero que le debía Fulano; propiedades que últimamente había comprado y de las cuales ella no sabía; acciones que tenía en tal o cual empresa. De todo hizo que tomara nota su mujer.

—Ahora sí —le dijo—, vamos los dos a descansar.

Volvieron a la alcoba. Ella se acostó, su marido le dio un beso en la frente y apagó la lámpara. Sin embargo, despertó poco después, presa de inquietud. Buscó a su lado en la cama y no sintió a su esposo. Encendió la luz. No había nadie en la habitación. Seguramente aquello había sido un sueño, uno de esos sueños tan vívidos que los confundimos con la realidad. Pero no: ella había sentido plenamente la presencia de su esposo; habló con él; sentía aún en los labios el sabor del vermut que bebió junto con él.

Fue a despertar a su hija mayor.

—¡Hijita! ¡Acabo de hablar con tu papá! ¡Estuvo aquí conmigo, y luego se marchó!

—No es posible, madre. Lo embarcaron a La Habana. No pudo haber regresado tan pronto.

—¡Te digo que lo vi! ¡Estuvimos hablando en el comedor! ¡Ven, vamos allá!

Se dirigieron a la pieza. Sobre la mesa estaban las dos copas vacías, ambas con restos de licor. Fueron luego al despacho de don Pepe. En la cerradura del cajón de abajo de su escritorio, donde él había dicho que guardaba papeles de importancia, estaba la llave para abrirlo. Esa llave la traía siempre don José en un llavero del que jamás se desprendía.

Abrieron las dos mujeres el cajón. En perfecto orden, tal como había dicho el señor Piñero, estaban los papeles que describió. Entre las páginas del libro que dijo estaban los billetes que le indicó encontraría ahí.

En eso se oyeron aldabonazos en la puerta. Llenas de agitación fueron a abrirla madre e hija. Era un mensajero. Entregó a doña Mariquita un cablegrama procedente de La Habana. El gobierno lamentaba informar a la señora doña María Morales que su esposo, el señor don José Piñero, había fallecido en la capital de Cuba a las dos de la mañana del día anterior.

No acaba aquí la historia. Cuando don Pepe —o el fantasma de don Pepe— habló con su mujer, le dijo entre otras cosas que había prestado 500 pesos, a la pura palabra y sin papel alguno, al coronel Mayer, de Jalapa. De esa deuda nada más ellos dos sabían. Días después de la muerte de don José, la viuda visitó a Mayer.

—Coronel —le dijo—. Antes de ser deportado me dijo Pepe que le prestó a usted 500 pesos.

—En efecto, doña Mariquita —reconoció el coronel—. Ahora mismo voy a pagarle a usted ese dinero.

La peregrina historia que he contado se recuerda aún en Jalapa. Ahí la escuché yo, agrandada por el tiempo y por la imaginación de las buenas gentes de cuyos labios la escuché.

Una más de Díaz Mirón

Alto, robusto, de leonino aspecto, el poeta veracruzano Salvador Díaz Mirón imponía por su presencia y por sus arrebatos de iracundia. Sin embargo, a ese hombrón salvaje debemos uno de los más bellos poemas religiosos de la literatura mexicana, *El fantasma*. Aquí se narra una anécdota muy poco conocida del gran Díaz Mirón.

Ha llegado al Puerto de Veracruz un grupo de intelectuales de la capital de la República. Van presididos por dos poetas, José Péon del Valle y Manuel Múzquiz Blanco, el autor de *La marimba*.

Los visitantes llevan un encargo de don José Vasconcelos, ministro de Educación. Se trata de invitar a Salvador Díaz Mirón a ir a la capital de la República, donde recibirá un grandioso homenaje del gobierno federal.

Recibió el autor de *Lascas* a los comisionados, y con mucha cortesía los oyó.

—Maestro —comenzó Peón del Valle—. La República desea rendir a usted el homenaje debido a su talento, a su gran genio. Es usted la mayor gloria de las letras nacionales, y la patria lo va a premiar como merece.

—Gracias —contestó Díaz Mirón con ceño adusto.

—Habrá una gran velada —dijo Múzquiz Blanco—. Será usted coronado con una guirnalda de oro formada por hojas de laurel. En cada hoja estará escrito el nombre de uno de los grandes poetas de la antigüedad: Homero, Virgilio, Dante, Shakespeare, Milton, hasta llegar al inconmensurable vate Víctor Hugo, a quien usted dedicó uno de sus mejores poemas.

—Gracias —dijo otra vez el bardo de *Asonancias*.

—La ceremonia tendrá lugar en Bellas Artes —siguió Peón—. Junto a usted estarán don Jacinto Benavente y Gabriela Mistral. Ambos han sido invitados por el gobierno de la República para tal efecto; ya confirmaron su asistencia.

Se meneó incómodamente en su asiento Díaz Mirón, tosió y después dio su respuesta en forma lacónica y cortante:

—Señores, gracias por la invitación. Sin embargo, en esas condiciones no puedo aceptar el homenaje.

—¿Por qué, maestro? —preguntaron a coro, muy desolados, los invitadores.

Les contestó el poeta:

—Porque Salvador Díaz Mirón no puede estar entre un maricón y un marimacho.

Y así diciendo se levantó para dar fin a la entrevista. Sin saber si debían reírse o enojarse, los comisionados salieron de la casa y se fueron al bar del Diligencias a comentar lo sucedido.

Vasconcelos sí supo qué hacer cuando conoció de labios de sus mensajeros el resultado de la invitación. Rió a carcajadas la intemperancia del poeta. Pero él quería homenajear al veracruzano, premiar en alguna forma la espléndida poesía que dio a México. Como sabía que Díaz Mirón afrontaba penurias económicas, le mandó ofrecer el simbólico puesto de inspector bancario, una sinecura que el poeta podía desempeñar sin siquiera salir de Veracruz. El sueldo era fabuloso: 2000 pesos al mes. Una fortuna; así era de generoso Vasconcelos.

Díaz Mirón estuvo a la altura del *Ulises criollo*: declinó la canonjía. "Si quiere usted favorecerme —escribió a Vasconcelos— déme la dirección de la Preparatoria de Veracruz. A otro cargo no aspiro; ninguno podría honrarme más".

¡A devolver la frontera!

Pancho Villa ordenó y dirigió la única invasión armada que ha sufrido los Estados Unidos en su territorio en toda su historia. Aquí se trata de ese singularísimo acontecimiento.

A las 4.15 de la madrugada del 9 de marzo de 1916 irrumpieron 400 mexicanos en la pacífica —y dormida— población de Columbus, Nuevo México, frontera a la Villa de Palomas, Chihuahua. Los asustados vecinos despertaron al oír tropel de caballerías, disparos de armas de fuego, y un grito que les heló la sangre en las venas, o por lo menos se las dejó bastante fría. Tal grito era el de "¡Viva Villa!".

El Centauro del Norte no quería nada a los americanos. El gobierno de Washington dio todo su apoyo a Carranza. Reconoció en 1915 a su gobierno, y cuando surgieron las hostilidades entre Villa y don Venustiano, los yanquis le permitieron a éste pasar sus tropas por territorio estadounidense, lo que permitió a los carrancistas sorprender al guerrillero y asestarle una dura derrota en Agua Prieta.

Otros motivos de malquerencia tenía Villa hacia los gringos, y muy concretamente hacia los que vivían en Columbus. En el banco de ese lugar tenía depositado algún dinero. Cuando se enemistó con el gobierno americano, el banco se negó a pagar los cheques que giró sobre su cuenta. Para colmo, un mercader de armas de Columbus, apellidado Ravel, les vendió a los Dorados una buena partida de balas, la mitad de las cuales estaban rellenas con aserrín en vez de pólvora. Así, muchos motivos había para que Villa quisiera cobrar venganza por toda esa colección de agravios.

Aparentemente, esas fueron las causas que movieron la audaz invasión. Sin embargo, podrían ser acertadas las versiones según las cuales hubo mar de fondo en el ataque a aquella aldea. Los Estados Unidos seguían con atención el desarrollo de la Primera Guerra Mundial, como aliados que eran de Inglaterra, en lucha contra Alemania. Se ha dicho que el secretario de Villa para asuntos exteriores, un tal Rauschbaum, de origen alemán, era en verdad agente al servicio de la embajada alemana. Sus intrigas habrían llevado a Villa a atacar Columbus. El grave incidente —eso esperaban Rauschbaumy sus jefes— provocaría un conflicto de trascendencia entre México y los Estados Unidos, y eso apartaría la atención de Washington del escenario europeo.

Quién sabe. El caso es que aquella madrugada cayeron los villistas sobre la desprevenida guarnición que protegía Columbus. El astuto Centauro, que conocía bien el pueblo, rodeó las casas donde vivían los jefes del 13° Regimiento de Caballería, de modo que los soldados yanquis tuvieron que hacer frente al repentino ataque sin contar con ninguna dirección. Declaró después el mayor Tompkins, uno de aquellos jefes, ante el tribunal militar que conoció del hecho:

"Me despertó el ruido de balazos disparados cerca de mi ventana, acompañados con gritos de ¡Viva Villa! y ¡Viva México! Me vestí y armé, y cuando intentaba unirme a mis tropas en el campo militar me convencí de que eso era imposible, pues mi casa estaba rodeada por soldados mexicanos. Mi esposa y otras dos mujeres se encontraban en la casa y yo no podía dejarlas a merced de esos bandidos. Por eso no pude unirme a mis tropas".

No decía toda la verdad. Lo cierto es que con su habilidad de guerrillero Pancho Villa rodeó las casas donde dormían los jefes militares de Columbus, como primera providencia antes de atacar la guarnición. De ese modo los soldados yanquis no contaron con la dirección de sus superiores, y así, la sorpresa y el desconcierto fueron totales. Triunfante, el Centauro del Norte regresó a México llevando un cuantiosísimo botín de armas, municiones, vituallas y equipo militar en general.

Además de eso también sacó mucho dinero, pues se apoderó del que guardaban las arcas del Banco de Columbus, el mismo banco que no había querido hacer efectivos los cheques que sobre sus depósitos en esa institución giró Villa. También buscó a aquel inmoral mercader de armas que le vendió cartuchos cargados con aserrín en vez de pólvora, y lo obligó, a pesar de la premura del ataque, a devolverle el dinero que le pagó, so riesgo de ser muerto en la misma habitación del hotel donde los villistas lo encontraron.

El famoso corrido *El siete leguas*, compuesto por Graciela Olmos, *la Bandida*, dice en una de sus estrofas:

Ya llegó Francisco Villa
a devolver la frontera...

El intento parece hiperbólico. Sin embargo acertó la intuición de la compositora: en efecto, Pancho Villa albergó alguna vez la intención de quitarles a los Estados Unidos las grandes extensiones que nos arrebataron en la inicua guerra de 1847.

¿Cómo iba a hacer tal cosa? Formaría un ejército de 35 000 Dorados; poco a poco los iría infiltrando en territorio norteamericano, por distintos puntos y a lo largo de varios meses, y cuando los tuviera a todos juntos lanzaría un ataque por sorpresa sobre la ciudad de Washington. Ya en posesión de la capital norteamericana, haría un llamamiento a los negros norteamericanos. Por lo menos 35 millones de ellos, hartos de la opresión que sufrían por parte de sus amos blancos, se sumarían a los invasores mexicanos, contentos de ir a la lucha guiados por el legendario Pancho Villa. Éste, después de recobrar para México los estados de Tejas, Arizona, Nuevo México y California, les dejaría a sus aliados negros el resto del país.

Increíble como pueda parecer ese proyecto, lo cierto es que alguna vez Villa le dio muy detenida consideración. Así lo relató alguna vez el general Tito Ferrer, presidente de la Unión de Supervivientes de la División del Norte, quien conoció esa idea de labios del propio Pancho Villa.

La muerte de Villa

El asesinato de Villa fue ordenado por Plutarco Elías Calles. Tal se desprende de este testimonio recogido del periodista Justino Palomares.

"Uno de tantos días se encontraban reunidos alrededor de dos mesas jugando dominó y escanciando diversas copas los generales Héctor Ignacio Almada, Rodrigo Quevedo, Alfredo Rueda Quijano y Félix C. Lara, este último precisamente Jefe de la Guarnición de Parral con el grado de coronel cuando la muerte de Villa.

"Aprovechando que uno por uno de los generales me guardaba solícitas atenciones, vi una clara oportunidad para interrogar al general Lara sobre los sucesos de Parral sin mostrarle sumo interés:

"Dígame, mi general Lara, ¿sobre la muerte del general Francisco Villa usted, primera autoridad militar en el teatro de los acontecimientos, bien me podrá ilustrar? Como tanto Lara, Rueda Quijano y yo, no estábamos más que de mirones, el general inició su plática con la voz reposada característica en él. 'Unos meses antes fui llamado a México por el general Calles quien en sus instrucciones me dijo de la conveniencia de eliminar al nuevo Cincinato de Canutillo, pues que era un peligro para todo el país, máxime cuando sabía que era poseedor de una gran cantidad de armas, las que podía utilizar en cualquier momento. Regresé a Parral y mi trabajo empezó entrevistando a los destacados enemigos de Villa a los que había de unir unos cuántos oficiales diestros en el tiro. Todo salió a pedir de boca. Los particulares escogieron el lugar estratégico para el paso de Villa y con paciencia se llegó al 20 de julio del año pasado cumpliéndose mi comisión. Los particulares después del tiroteo los hospedé en el cuartel y conforme las instrucciones del general Calles se voló la especie de que los asesinos estaban siendo activamente perseguidos sin que se les haya dado alcance'.

"Ya en posesión de los preciosos datos sólo esperaba ocasión para publicarlos. El general Rueda Quijano minutos después le decía al general Lara: '¡Cómo eres bruto, Félix! Tú no sabes que el vate Palomares fue secretario de Villa y en la primera oportunidad va a publicar todo lo que le desembuchaste'. Y no se equivocó Rueda Quijano. Meses más tarde algo escribí sobre el asunto, siendo ya el general Lara jefe de operaciones en Querétaro. Me lo encontré cierto día en Tacuba saludándonos con afecto, sin que jamás llegara a reclamarme mi indiscreción.

"Más tarde por el mismo general Alfredo Rueda Quijano, quien había militado a las órdenes del Centauro supe que el general Lara recibió en premio a su comisión [?] cincuenta mil pesos y el grado inmediato. Hace poco murió. De Rueda Quijano es sabido que es todo un héroe y murió fusilado en la Escuela de Tiro. De los complotistas parece que solamente vive Melitón Lozoya, quien sigue asegurándose autor, cuando menos intelectual, del asesinato del revolucionario más discutido, pero jamás imitado en el historial de nuestras guerras intestinas".

La noche de los asesinos

Un día me llamó por teléfono el señor ingeniero don Pablo González Miller, hijo de aquel ameritado hombre de la Revolución que fue el general Pablo González.

Don Pablo me habló para corregir una apreciación del periodista Justino Palomares. Me reclamó:

—¿Cómo le pudiste creer, si es periodista?

Dice Palomares que fue Plutarco Elías Calles quien ordenó la muerte de Pancho Villa.

—Eso no es cierto —declara el ingeniero González Miller—. El asesino de Villa es el mismo de Carranza, y se llama Álvaro Obregón.

Añade don Pablo que esa versión la recogió de labios mismos de un hijo de Villa, Octavio, quien culpaba al Manco de Celaya de haber organizado la conspiración que quitó la vida al Centauro del Norte.

En mi ciudad, Saltillo, siempre ha existido la convicción de que Álvaro Obregón fue el causante de la muerte de Carranza. Incluso hubo un veterano carrancista que varias veces fue llevado "al bote", reprendido y multado una y otra vez, porque salía de noche llevando una escalera en la que se trepaba para quitar las placas con el nombre de Obregón en la calle de su nombre.

—¿Cómo va a haber en la capital de Coahuila —se defendía furioso aquel viejito— una calle con el nombre del asesino de Carranza?

Entre las víctimas de Obregón, en opinión de don Pablo, estuvo Villa.

Recogí la versión del ingeniero González, pues mucho me ayudó él en mis aprendizajes de narrador de historia —de historias—, y en incontables ocasiones me proporcionó material invaluable que sólo la generosidad de un hombre tan bueno como él podía poner en manos de otro. Puedo decir, como fruto de esas lecturas, que ni Obregón ni Calles se ponían la mano en el corazón para sacar adelante sus propósitos. Tlaxcalantongo y Huitzilac son sólo dos cruces en lo que debe ser un cementerio de muertos a causa de aquellas pugnas que aniquilaron los ideales revolucionarios y convirtieron a México en arena sangrienta señoreada por políticos metidos a asesinos… o asesinos metidos a políticos.

Y ahora, los Castro

Eran los últimos días de enero de 1918. Ocupaba la presidencia de la República don Venustiano Carranza, y el general Joaquín Amaro desempeñaba una de las jefaturas militares de mayor responsabilidad.

En el Ferrocarril Mexicano se hallaban los trenes del ejército. A ellos llegó un joven de buena presencia llamado Carlos Basave Piña, quien le ofreció a Amaro una ametralladora que le había sido dada en comisión para su venta. El general se interesó en el arma, preguntó acerca de sus características y llegó con el muchacho a un acuerdo sobre el precio. Le pidió que le llevara la ametralladora al día siguiente; él tendría dispuesto el pago.

Llegó Basave con el arma. Al revisarla, el general Amaro montó en cólera. La ametralladora era vieja y estaba en pésimo estado. Le faltaba el cierre, sin el cual no podría funcionar. Le preguntó al joven por el adminículo faltante, lo que hizo que el vendedor se pusiera muy nervioso. Amaro juzgó que aquel señorito había querido tomarle el pelo, darle gato por liebre, aprovecharse de su condición de militar sin muchas letras para venderle un producto falso.

Llamó el general a los integrantes de su escolta y les dio una orden perentoria:

—Cápenme a este cabrón, *pa* que se enseñe a hombre.

A pesar de sus súplicas, Basave Piña fue arrastrado a uno de los patios de la estación, y ahí el asistente de Amaro lo castró usando la bayoneta de su rifle. Quedó el infeliz tirado en el suelo, sin sentido y desangrándose. Amaro, temiendo el escándalo, mandó a sus hombres que se llevaran de ahí al herido. Lo subieron en un automóvil, y aprovechando las sombras de la noche lo arrojaron en el Zócalo, confiando en que alguien ahí le daría auxilio.

En efecto, unos gendarmes hallaron al herido y lo llevaron al hospital más cercano. Un día después los periódicos dieron cuenta del brutal atentado, pues el joven, atendido convenientemente, rindió su declaración tan pronto volvió en sí. Por supuesto, el nombre de Amaro no apareció en las publicaciones de los diarios. Intervino la familia de Basave; sus padres presentaron una queja formal ante el gobierno, y luego una denuncia penal, y el juez de instrucción tuvo que pedir la comparecencia del general.

Negó Amaro, naturalmente, haber ordenado la bárbara mutilación. Pero la víctima se mantuvo en su dicho como todo un hombre —o como casi todo— y, tembloroso, el juez se vio en la penosa necesidad de fulminar contra Amaro una sentencia contundente: se suplicaba al general que tuviera a bien acceder por favor a presentarse nuevamente, si sus ocupaciones se lo permitían, a fin de contar con su valiosa ayuda para esclarecer el penoso incidente de que se trataba.

Ahí terminaron las averiguaciones. Sin castigo quedó aquel atentado. El sueño de igualdad ante la ley, parte de los ideales de Madero, había sido ya suplantado por la grosera impunidad que dura hasta estos días.

¿Se suicidó Carranza?

Uno de los episodios más oscuros de la historia revolucionaria es el de la muerte del Varón de Cuatrociénegas. Triunfó sobre él Obregón, a quien muchos han señalado como el ordenador del crimen que acabó con la vida de don Venustiano, y ya se sabe que los vencedores pueden hacer hablar a la historia, y también son capaces de hacerla callar.

Le decían *Flor de Té*. Con ese mote el pueblo hacía alusión al ingeniero Ignacio Bonillas, pues aquella canción hablaba de una misteriosa mujer que "nadie supo de dónde venía ni a dónde se fue". Igualmente desconocido era el candidato escogido por Carranza para sucederlo.

El presidente, igual que Madero, era civilista. Había estudiado nuestra historia y sabía por tanto que México había sufrido muchos daños por causa de las ambiciones de los militares. Su aspiración fue implantar un poder plenamente civil en la nación, para lo cual pensó en aquel oscuro hombre que se sacó de pronto de la manga en la misma forma que de su sombrero extrae un conejo el prestidigitador.

Pero lo militares no estaban para prestidigitaciones. Ellos se sentían salvadores de la patria, e iban a pasarle la factura. ¡Cuán alto precio ha debido pagar México a sus salvadores! Así, Obregón se rebeló ante las claras intenciones mostradas por el presidente, pues él quería ser presidente también.

Objeto de las sospechas de Carranza, Obregón escapó a tierras guerrerenses: su gobernador, Francisco Figueroa, era su adicto. Fortunato Maycotte, enviado a perseguirlo, se puso a sus órdenes, y le mostró un telegrama de Carranza en el cual éste ordenaba el fusilamiento de Obregón. Lo arrugó él y lo arrojó despectivamente al suelo al tiempo que decía entre dientes:

—Ya veremos quién mata a quién.

Los hechos se precipitaron. Muy pronto Carranza se vio asediado por la deserción de numerosos jefes militares que se le alejaron para acercarse a su colega, a quien miraban como el próximo hombre fuerte. Acosado, Carranza hubo de abandonar la capital. Se dirigía a Veracruz para establecer ahí su gobierno, pero cambió de planes al enterarse de que Guadalupe Sánchez había hecho causa común con sus enemigos. Entonces vino lo de Tlaxcalantongo.

Ya se ha contado mucho de la noche trágica en aquel pueblo de la sierra. Dormido en un jacal, el señor Carranza despertó al escuchar disparos. Lo atacaban fuerzas del general Rodolfo Herrero. Se ha dicho que don Venustiano murió a consecuencia de las heridas de bala que recibió de sus atacantes. Existe, sin embargo, otra versión, según la cual el presidente, al verse perdido, y herido ya de muerte, se disparó dos tiros en el pecho con su pistola .44, quizá para no caer vivo en manos de sus enemigos, que de seguro se habrían ensañado con él.

No es posible confirmar esa versión, pero diversos testigos la acreditaron en sus declaraciones. Queda por ellas el pensamiento de que Carranza conservó hasta el final su recio carácter y su férreo sentido del honor.

Vida después de la vida

Acosado por todos, ya sin fuerza, Pancho Villa no sabía ya qué hacer. Este relato de los días más negros del Centauro contiene una visión de su carácter y de su pensamiento.

"Señor: Al dirigirme a usted me guía sólo el amor a mi patria. Como yo pienso deben pensar todos los que sean honrados con ella. Para llegar a unos arreglos definitivos sobre la pacificación de la República necesito yo que el señor general Obregón no trate detrás de la puerta conmigo. Yo estoy dispuesto a darme un abrazo de hermanos con usted, con el señor general Obregón y con el señor general Hill. Si ustedes se sienten avergonzados de ser mis amigos, rechácenme; yo me concretaré a seguir la voz de la justicia. Mientras tanto voy a suspender las hostilidades. Un hermano de su raza que le habla con el corazón".

Esa carta con el ofrecimiento de su rendición la dirigió Pancho Villa a don Adolfo de la Huerta, presidente de la República después del proditorio asesinato de Carranza. Agobiado estaba el guerrillero, casi solo, perseguido por fuerzas del gobierno y de sus enemigos. El presidente respondió en términos corteses, pero enérgicos, a la instancia de Villa. No era cierto, le dijo, que él, De la Huerta, tuviese escrúpulos para tratar con "el ameritado revolucionario". Pensaba, sí, que debía abandonar su inútil campaña y entregarse al trabajo pacífico en compañía de su esposa (no decía de cuál). Para facilitar el regreso del general Villa a la vida privada, el gobierno estaba dispuesto a entregarle en propiedad una gran hacienda que había pertenecido a Tomás Urbina y que ahora se hallaba en posesión del gobierno. Otra finca rural sería puesta a disposición del mismo Villa para que ahí vivieran y trabajaran sus hombres de mayor confianza. Además, le serían entregados, en efectivo, los haberes de un año correspondientes al grado de general.

Esa misiva le fue enviada a Villa a Parral, Chihuahua, pues Joaquín Amaro le había asegurado al presidente que en esa ciudad tenía rodeado ya al jefe de la División del Norte. Don Adolfo se quedó estupefacto cuando le llegó de Sabinas la respuesta del guerrillero aceptando esas condiciones para su rendición. ¡Más de 700 kilómetros había entre Encinillas, último sitio en donde Villa fue avistado, y aquella población del norte de Coahuila!

Con mil hombres hizo Doroteo Arango aquel largo camino, en una de esas jornadas que en sus buenos tiempos le dieron fama legendaria. Volvió a vivir sus tiempos de bandolero fugitivo; quizá se sintió otra vez enfrentado a la expedición punitiva del general americano John Joseph, *Black Jack*, Pershing, campaña durante la cual Villa puso en ejercicio todas sus estratagemas de ranchero astuto para despistar y finalmente hacer fracasar al yanqui en sus propósitos de hallarlo y aprehenderlo. Lo cierto es que cuando el somnoliento telegrafista de Sabinas estaba dormitando en su estación, súbitamente se le presentó un hombre alto, bien vestido, de chamarra blanca, botas de cuero y sombrero también blanco, fumando un puro, y que quería enviar un telegrama al Palacio Nacional. Aquel hombre —inconfundible hombre— era Francisco Villa.

Vida después de la vida (II)

Cerca de Ojinaga habló Villa con sus generales. La lucha, les dijo, ya no debía continuar. La Revolución estaba convertida en una lucha por el poder, y él no lo ambicionaba. Muerto Carranza, lo que correspondía era dejar las armas y ponerse a trabajar en paz.

Con tristeza, los aguerridos combatientes le dieron a su jefe la razón. Cansados de ir de batalla en batalla sin mirar nunca la recompensa final a sus esfuerzos, muchos Dorados habían dejado las filas para volver a sus hogares. No quedaban más que unos cuantos centenares de hombres: los más fieles, los más empecinados, o los que no tenían casa a dónde regresar.

Quedaba también el orgullo de no haber sido vencidos jamás. Contra ellos mandó De la Huerta al general Amaro, el más astuto, el más arrojado, el más cruel. Y dijo Amaro que ya tenía rodeado a Villa en el Parral. Cuando lo dijo, Villa estaba a muchos kilómetros de ahí, escondido en la sierra que conocía tan bien.

Pero debía salir de Chihuahua. Ahí ni él ni sus hombres tenían garantías. En cada elemento del gobierno había un enemigo; en cada antiguo aliado un posible traidor. Así pues, decidieron emprender un larguísimo viaje para evadir la persecución. Irían hacia el oriente, hacia Coahuila.

Tenían 500 vacas, única riqueza aparte de sus caballos y sus armas. Las sacrificaron casi todas, y con la carne hicieron tasajos y cecina. Se dividió el alimento entre los soldados, y cada uno puso su parte en su caballo. Con el vientre y las tripas de las reses hicieron odres para cargar el agua, pues no la hallarían en muchas leguas. Cargaron una recua de mulas con maíz y emprendieron el largo, fatigosísimo camino.

Pronto empezaron las penalidades. Las vacas que habían dejado vivas, para comer carne fresca, empezaron a morir víctimas de la sed y del cansancio. Agobiados por los terribles soles del desierto los hombres, caían de sus caballos, desfallecidos. El viejo general don Nicolás Fernández, campesino del desierto, daba a los insolados pequeños tragos de agua mezclada con sal y con sotol, e instruyó a los soldados sobre las hierbas y raíces que podían mascar para quitarse la sed.

Cuando ya todos habían perdido la esperanza de salir con vida de aquel inacabable vía crucis, una mañana Villa tomó sus catalejos y oteó el horizonte. La noche anterior algunas reses habían escapado. Ahora regresaban caminando con lentitud, pero con paso firme.

—Esos animales ya encontraron agua —dijo Villa.

Siguieron las huellas de los animales y dieron con una presa llena con el agua de las últimas lluvias. Era La Merced, obra construida por don Francisco I. Madero en sus años de agricultor.

Los ojos de Villa se llenaron de lágrimas mientras observaba cómo los hombres y las bestias bebían hasta saciarse. Exclamó lleno de emoción:

—¡Hasta muerto me sigue protegiendo el señor Madero!

Historia de locos

Locura es la guerra siempre a fin de cuentas. En el fondo de toda lucha armada, sean cuales fueren las razones para justificarla, siempre yace la atávica violencia animal que quita al hombre su dignidad y lo convierte en bestia. Es entonces cuando se ven grandes locuras.

Se disponían los villistas a atacar la ciudad de Zacatecas. En una pequeña estación de tren a la cual habrían de llegar convoyes de revolucionarios, las avanzadas rebeldes sorprendieron a un hombre que merodeaba cerca de los rieles. Llevaba consigo un manojo de grandes llaves que los soldados supusieron eran para hacer cambios de vías. Lo condujeron ante el oficial de guardia, y éste lo interrogó:

—¿Quién eres?

Guardó silencio el hombre.

—¿Cómo te llamas? ¿Dónde vives?

No respondió el preso.

—¿Nada dices? —se exasperó el oficial—. Tu vida está en peligro. Me dicen que ibas a mover los rieles para hacer que nuestro tren descarrilara. ¿Eso es cierto?

El hombre, tenaz, siguió callado.

—¿Por qué no me contestas? —estalló el oficial.

A esa pregunta sí respondió el sujeto. Alzó la cabeza, con desdeñosa mirada vio a su interrogador de la cabeza a los pies y luego contestó calmadamente:

—Porque eres un gusano. ¿Cómo se te ocurre pensar que alguien como yo se va a rebajar hasta el punto de responder las preguntas que le hace alguien como tú?

El oficial, sorprendido e irritado por aquella respuesta inusual, insistió en seguir preguntando.

—¿Trabajas en la estación? ¿Eres de los pelones?

—Yo sé quién soy —respondió arrogante y altivo el individuo.

En eso intervino uno de los soldados que había aprehendido al hombre.

—Mi capitán —dijo a su superior—. Este hombre es un espía. Vamos a fusilarlo.

La guerra, dicen, es la guerra. El capitán pensó que el

extraño sujeto había sido sorprendido haciendo manejos sospechosos. Por sus respuestas estaba claro que no era partidario de la Revolución, sino más bien del enemigo. Así, autorizó a los soldados a ejecutar la sumarísima justicia de aquellos duros tiempos.

El prisionero fue conducido hasta el pequeño panteón del lugar. Se le puso de espaldas al muro y un soldado fue a vendarle los ojos. Con gesto despectivo el hombre rechazó la venda. Luego se encaró a los hombres que lo iban a matar.

—Muero con gloria —dijo—. Tal era mi destino. Con mi sangre quedará fecundado el mundo para la eternidad, y la historia repetirá mi nombre hasta el fin de los siglos.

Nadie entendió aquella perorata, ni el grito final que se quebró en la garganta del hombre al recibir la descarga:

—¡Viva Napo…!

Cayó el hombre herido por las balas, y el soldado que dirigió la ejecución le asestó el tiro de gracia. Luego llevaron sus despojos para echarlos en la fosa común. Cuando lo hacían se acercó el enterrador del cementerio y echó una mirada al rostro del difunto.

—¿Por qué lo fusilaron? —preguntó.

—Por espía —le contestó el soldado.

—¡Qué espía iba a ser este infeliz! —dijo el sepulturero consternado—. Es Milo, el loco del pueblo. Miren, ahí trae sus llaves viejas; decía que eran las llaves de sus reinos. A nadie hacía daño, antes bien nos divertía con sus discursos. Se creía Napoleón Bonaparte. ¡Pobre Milo!

Cal y cantos de la Revolución

¿Qué música escuchaban, tocaban, bailaban y cantaban los hombres de la Revolución? Bien conocidas son *La Adelita*, *La Valentina* y otras todavía muy populares. Pero otras piezas más humildes se oían al calor del fuego en el vivac, en las cantinas de pueblos y ciudades, en los cuarteles y bajo el cielo en días de campaña.

Me pregunto si mis paisanos coahuilenses de San Buenaventura han conservado un jarabe que pertenece a su solar nativo. Llegó esa pieza a San Buena allá por los primeros años del siglo XX. La tocaba un músico andariego que pasó por el lugar, y en su violín la oyó don Pablo Sifuentes, violinista, quien le adaptó unas coplas juguetonas y bautizó a la obra con el nombre de *San Buenaventura.*

Tanto gustó el jarabe a los lugareños que lo adoptaron como su himno. Contaba don Manuel Neira Barragán, buscador incansable de folclore, que alguna vez vio cómo al empezar a tocar una orquesta ese jarabe, la gente de San Buena se puso en pie, se descubrieron los hombres y entonaron todos las picarescas coplas de su himno con la misma reverencia con que se canta el Himno Nacional.

Ya me voy pa San Buenaventura;
ya me voy, ya me voy, ya me voy;
allá voy a quitarme la cruda;
¡ay, ay, ay, qué dolor, qué dolor!

La cucaracha, canción que todos pensamos es de la época revolucionaria, nació en verdad muchos años antes, en tiempos de la Intervención francesa. Empezó a oírse otra vez en 1913, cantada por la gente de Carranza.

Ya se van los carrancistas,
ya se van haciendo bola;
a los chacales huertistas
se los "trayen" de la cola.

El triste y dolorido *Adiós del soldado* (Adiós, adiós, lucero de mis noches, dijo un soldado al pie de una ventana. Me voy, me voy; no llores ángel mío, que volveré mañana) dice don

Manuel Neira que ni siquiera es canción mexicana, sino de Colombia.

Tampoco es mexicana la marcha *Se llevaron el cañón para Bachimba*. Es adaptación de una marcha de los Estados Unidos. El pueblo tomaba canciones de otras partes, les endilgaba cualquier letra y las cantaba a gusto. Así sucedió con el fox trot americano *Pretty Baby*, cuyo estribillo quedó así:

¿Cuándo mates la marrana me darás un chicharrón?
Pura lonja; pura lonja...

Mexicana, sí, era la danza "repiqueteada" favorita de Pancho Villa: *Las tres pelonas*, al parecer compuesta en Tampico. Mexicana, mexicanísima, la espléndida *Marcha de Zacatecas*, original de don Genaro Codina, la preferida del general Francisco Murguía. Y mexicana también una bella canción que dice: "Tengo celos del viento...", atribuida a don José Mauro Garza, compositor nativo de Cadereyta, Nuevo León.

Cantando iban a combatir aquellos hombres de la Revolución, y se morían cantando. Su vida era una trágica letra y una música interrumpida por la muerte.

La mitad de un huevo

Don Venustiano Carranza estaba viviendo las últimas horas de su vida. Acosado por sus enemigos se dirigía hacia la muerte. Sin embargo, conservó hasta el final su fortaleza de roble y su presencia de ánimo.

Camino de Veracruz iba Carranza cuando lo alcanzó la persecución de los obregonistas. Con unos cuantos de los suyos se internó en la sierra a efecto de ganar la Huasteca, llegar al norte y reorganizar ahí sus fuerzas para enfrentar la defección. No lograría hacerlo: la muerte lo estaba esperando ya en una choza de Tlaxcalantongo.

Uno de los que acompañaban al Varón de Cuatrociénegas era el general Bruno Neira, quien gozaba de toda la confianza del presidente fugitivo.

En un punto del fatigoso camino, don Venustiano lo designó jefe de Día, es decir, encargado de la guarda del grupo durante 24 horas.

Cumplió bien su comisión Bruno Neira, sobre todo en lo relativo a la vigilancia, para evitar que Carranza fuera a ser sorprendido y atacado. Igualmente envió una avanzada a fin de preparar la siguiente estación en la jornada.

Al terminar sus tareas fue a rendirle a don Venustiano el parte que correspondía. Lo encontró en un jacal en el momento en que se disponía a comer un magro almuerzo consistente en un huevo y una tortilla.

—Señor presidente —le dijo Neira después de hacerle el saludo militar—. No hay ninguna novedad que reportar.

—Muchas gracias, general —le contestó Carranza—. Venga, siéntese. Vamos a almorzar.

Bruno Neira sabía bien que no había nada que almorzar. De modo que se disculpó con su jefe.

—Muy agradecido, señor presidente. Ya almorcé.

—Por favor —insistió Carranza—. Siéntese y almuerce conmigo.

—Señor —repitió a su vez el general—. Le agradezco la invitación, pero, de veras, ya almorcé.

"Yo sabía muy bien cuál era la situación de nuestro grupo —relataría después don Bruno Neira—. En aquel caserío miserable lo único que habíamos podido hallar para comer esa mañana era aquel huevo. Lo guisó una mujer, y en una tortilla se lo mandamos a don Venustiano. Otra cosa no había para nadie más".

Carranza, impaciente, clavó la mirada en el general Neira y le volvió a decir:

—General, siéntese a almorzar. Antes se lo pedí; ahora, si me permite, se lo ordeno.

Obedeció Bruno Neira. Carranza puso otro plato en la mezquina mesa, sacó su navaja y parsimoniosamente dividió con ella el huevo y la tortilla. Le sirvió su parte al general y ambos comieron en silencio.

"Almorzamos sin sal —recordaba Bruno Neira—, porque no había".

Detalles pequeños como éste sirven a veces para ilustrar el carácter de los grandes hombres. Cerca ya del final, perseguido por quienes lo buscaban para darle muerte, aquel recio señor que fue Carranza seguía siendo el mismo que fue en los momentos de la gloria: ecuánime y preocupado por el bien de los demás.

Rayo y raya

Para los que andaban en la Revolución vivir era un milagro, y por milagro salvaban la vida muchas veces. El relato que sigue se antojaría cosa de película si no es porque las películas son eso —pura película— ante el real dramatismo de la vida.

—¿Quién vive?

La voz sonó en la noche como un disparo seco. Los hombres que escapaban supieron que aquella voz era la de la muerte.

Julio de 1918. El gobierno perseguía a las fuerzas de Francisco Villa, insurrecto contra el señor Carranza. La Brigada Canales, al mando del general González Villarreal, hacía campaña por rumbos de Camargo, allá en Chihuahua, para batir a los Dorados.

Al ponerse el sol, las fuerzas gobiernistas llegaron a una pequeña presa sobre el río Conchos. Cansada iba la tropa, sin alimentos ya, agotados los hombres en la inútil persecución de los villistas, invisibles como fantasmas del desierto. Se alegraron los soldados al hallar una labor sembrada de sandías: ese fruto fue su único alimento para pasar la noche.

A las tres de la mañana atacaron los villistas. Emboscados, cayeron sobre sus enemigos como sombras exterminadoras. La sorpresa fue tal que en unos cuantos minutos el 27° Regimiento quedó del todo destrozado. Los hombres de Villa desataron un espantoso fuego de fusilería. "El espectáculo era impresionante —relata un testigo de la acción—. Las bocas de los rifles, al disparar, parecían luciérnagas que llenaban la noche hasta donde podíamos mirar".

Antes de que saliera el sol finalizó el encuentro. Se retiró la gente de Villa, consumado su triunfo sobre el enemigo sorprendido. El campo de batalla quedó cubierto de cadáveres, muchos de ellos de infelices soldaderas que acompañaban a sus "Juanes". Algunos villistas rezagados fueron sorprendidos por los perdedores, y ahí mismo les dieron muerte con sendos balazos en la nuca.

El capitán Daniel González, de las fuerzas del gobierno, quedó solo en medio de los cuerpos inertes de sus compañeros de armas. Apenas se apartaba del trágico sitio cuando se topó con dos amigos, los tenientes Juárez y Aguilar.

—Tenemos que salir de aquí —les dijo—. El combate se perdió; estamos ante el sálvese quien pueda.

Se escurrieron por una pequeña cañada. Oían a lo lejos los gritos de victoria de los villistas y las descargas con que fusilaban a los prisioneros. En eso se les juntó un hombre que iba también perdido en aquella oscuridad. Ni siquiera se hablaron. Eran compañeros de desgracia y peligro.

Salieron a campo abierto. Y de pronto sonó la perentoria voz:

—¿Quién vive?

El capitán González supo que estaban perdidos. Los jinetes eran villistas y los rodeaban ya. Al huir habían tomado el rumbo equivocado: en vez de alejarse de las líneas enemigas se dirigieron hacia ellas. Acercó la mano a la pistola. Iba a gritar:

—¡Viva Carranza!

Quería al menos morir luchando, llevarse por delante a dos o tres dorados. Pero justo en el momento en que iba a contestar, se adelantó el desconocido que poco antes se les había juntado.

—¡Viva Villa! —respondió con voz fuerte.

—¿Quién eres? —le preguntó el jefe de los de a caballo.

—Soy Arcadio Ramírez. Tú me conoces bien; soy de los mismos.

—A ver, hazte pacá.

Se acercó el tal Ramírez al sujeto, y éste se inclinó sobre su caballo para mirarle bien la cara.

—Es cierto; te conozco. ¿Qué andas haciendo por acá?

—Busco mi caballo. Me tumbó en la pelotera, y el animal ganó quién sabe *pa onde*.

—*Pos* ándale, síguele buscando.

Echó a caminar el villista, y junto con él fueron también los carrancistas muy calladitos. La cosa más extraña había sucedido: los del gobierno creyeron que el dorado era carrancista, y el soldado de Villa había dado por supuesto que sus acompañantes eran villistas como él. La doble equivocación salvó la vida a todos.

Cuando los cuatro llegaron al campamento de Villa, el capitán González dijo en voz baja a sus dos camaradas:

—Vámonos de aquí. Si este amigo descubre que somos carrancistas estamos fregados.

Se escabulleron otra vez entre los matorrales y a toda prisa se alejaron. A la salida del sol hallaron un camino; lo siguieron y fueron a dar a Santa Rosalía. Ahí encontraron a sus compañeros. De 400 que habían sido quedaban menos de 100. No todos tuvieron la misma suerte que ellos: la de escapar del rayo que era Villa y de la raya de la muerte.

La guerra que no se conoció

Pocos saben que los combates de la Revolución se libraron no sólo en México, sino también en el extranjero. En este capítulo, y en los siguientes, doy cuenta de un episodio muy desconocido de la rebelión delahuertista. He aquí que en Alemania se enfrentaron en una guerra singular los partidarios de don Adolfo de la Huerta y los de Álvaro Obregón. Ese episodio, entre chusco y melodramático, nos enseña que jamás acabará de asombrarse el lector de la historia revolucionaria ante la riqueza y sorprendente originalidad de sus acontecimientos.

Don Adolfo de la Huerta era contador. Por cosas del destino llegó a ser presidente de México. Pero lo que a él más le gustaba era cantar. Tenía una voz bien timbrada, de tenor, sabía mucho de música, tocaba el piano y el violín.

Nacido en Guaymas en 1881, fue a estudiar la preparatoria en la ciudad de México. Ahí conoció a José María Pino Suárez, poeta muy apreciable, y como compartían los dos esa afición del arte pronto se hicieron buenos amigos. Pero Chema le hablaba a Adolfo no sólo de poesía, sino también de cuestiones sociales, y de la actualidad política. Eso hizo nacer en De la Huerta una conciencia que no tenía antes. Empezó a escribir, y logró publicar artículos en varios periódicos de la capital. En sus textos deslizaba ideas contrarias al régimen de don Porfirio.

Cuando estalló la rebelión encabezada por el señor Madero, Adolfo de la Huerta figuró entre sus seguidores. Luego militó en la Revolución constitucionalista de Carranza. Bien apreciado por él, al triunfo del movimiento don Venustiano designó al joven sonorense oficial mayor de la Secretaría de Gobernación. Las circunstancias de Sonora hicieron que los servicios del joven político fueran requeridos, y en mayo de 1916 fue nombrado gobernador provisional de Sonora. Su primera medida fue pedir a todos los funcionarios una declaración de bienes a fin de evitar la corrupción.

Cumplido el encargo que lo llevó a su tierra, volvió De la Huerta a la ciudad de México. Fue senador de 1918 a 1922, y luego cónsul de nuestro país en Nueva York. Regresó para ocupar de nuevo el gobierno de su estado, ahora como gobernador constitucional. Para entonces se había distanciado del señor Carranza, pues un movimiento muy fuerte de disidencia contra el presidente se había gestado entre los sonorenses. Agitando esas aguas andaban Álvaro Obregón y Plutarco Elías Calles, tan ambiciosos ambos. Cuando se proclamó el Plan de Agua Prieta, contrario al Varón de Cuatrociénegas, De la Huerta fue uno de sus más entusiastas partidarios.

Al caer asesinado Venustiano Carranza, los triunfadores pusieron a Fito en la presidencia de la República, con carácter de provisional, pues se trataba sólo de que le calentara la silla a Obregón y de que éste llegara a presidente con ciertos visos de legalidad. Del 1° de junio al 1° de diciembre de 1920, De la Huerta ocupó la presidencia, y luego se la entregó a Obregón.

El presidente Obregón lo hizo su secretario de Hacienda. Pero a finales de 1923, cuando se trató de convocar a elecciones presidenciales, don Adolfo chocó violentamente con las ambiciones de Calles y Obregón, que ya tenían determinado repartirse el gran botín de México. Todo indica que el plan de estos señores era perpetuarse en el poder, reformando la ley fundamental para quitar de ella la figura de la No Reelección establecida por Carranza en la Constitución de 1917.

Se rebeló De la Huerta contra el gobierno de Obregón, y lo desconoció. Aceptó el cargo de presidente provisional que le dieron algunos militares enemigos del obregonismo, como el general Guadalupe Sánchez. Comenzó así el efímero episodio conocido como la Rebelión delahuertista.

Sucedió que los rebeldes se apoderaron de las oficinas del cable en Veracruz. Desde ahí empezaron a enviar mensajes a los titulares de embajadas y consulados en las naciones donde México tenía acreditada representación. Se les hacía saber que el gobierno de Obregón había sido desconocido, y que De la Huerta ocupaba ahora la presidencia de la República. Debían promover que esas naciones reconocieran al nuevo gobierno mexicano encabezado por don Adolfo de la Huerta.

Ese ardid tan elemental fue descubierto rápidamente y la Secretaría de Relaciones Exteriores envió con celeridad las instrucciones oficiales al respecto. En Alemania, sin embargo, nuestro embajador Salvador Guzmán simpatizaba con De la Huerta. Así, la representación mexicana acordó levantarse a distancia contra el gobierno obregonista.

Obregón se comunicó urgentemente con el general Pascual Ortiz Rubio, su partidario, quien se hallaba en París, y le pidió que de inmediato se trasladara a Berlín, a fin de reducir al orden a los insubordinados. Igual petición hizo a otro de sus amigos, Enrique Liekens, que estaba en Viena. Llegaron los dos obregonistas a la capital germana con un día de diferencia. La situación que hallaron no podía ser más extraña: la representación diplomática de México se había hecho fuerte en el recinto de la embajada, convertida en cuartel militar, y se declaraba en estado de guerra contra el gobierno mexicano. La cancillería alemana estaba consternada; lleno de escándalo el cuerpo diplomático. ¡Una embajada en guerra! Aquello no tenía precedente en la historia universal.

Antes de proseguir, haremos un paréntesis para reconsiderar a una figura muy flagelada por nuestra historia oficial.

Paréntesis ortizrubista

A don Pascual Ortiz Rubio siempre se le ha tenido en menos. En su tiempo la gente lo llamaba *el Nopalito.* Será necesario revalorar su figura. Como en este episodio se habla de él, incluyo estas palabras de alguien que lo conoció, el veterano Isaac M. Ramos.

"El Señor General Ortiz Rubio ha sido flagelado en múltiples ocasiones, con el léxico hiriente y satírico de sus gratuitos enemigos, por supuestos e imperdonables errores que dicen cometió en política, cuando ocupó la Presidencia de la República en el período comprendido del 5 de Febrero de 1930 al 2 de Septiembre de 1932, en que renunció a dicho elevado cargo, para exiliarse voluntariamente a los Estados Unidos de

Norteamérica, refugio obligado de quienes tienen que ausentarse de la patria para satisfacer los caprichos del dictador en turno, o para olvidar las injusticias que en materia política se cometen, invocando la salud pública.

"Es un hecho perfectamente conocido, para quienes tuvimos alguna injerencia o representación dentro del régimen Ortiz Rubista, que nuestro homenajeado de hoy pudo haber terminado su período de Gobierno para el que fue electo, hasta el último día de su mandato, porque contaba con el absoluto respaldo militar que le brindaron en forma insistente los señores Generales Joaquín Amaro, Lázaro Cárdenas, Juan Andrew Almazán, Saturnino Cedillo y otros divisionarios no menos destacados, que tenían el efectivo control de las fuerzas armadas, pero el señor General e Ingeniero Don Pascual Ortiz Rubio no quiso llevar el marbete de asesino, como distintivo de una actuación política a la que se pretendía conducirlo como Jefe de la Nación Mexicana, con la finalidad de imponer su autoridad sobre quienes supusieron torpemente que al político michoacano podrían manejarlo como un títere, a su capricho, para alcanzar fines inconfesables, lo que no lograron, porque el rectilíneo gobernante se negó a delegar en terceras personas los poderes constitucionales de que se encontraba investido, prefiriendo por ello renunciar, para no ensangrentar a la República, acto éste que muchas personas han calificado como un signo de positiva debilidad, pero que nosotros conceptuamos constituye un raro ejemplo de acendrado patriotismo y desinterés, si se tiene en cuenta la tragedia que se habría desarrollado en nuestra amada Patria, al pretender justificar una guerra fraticida, invocando el respeto al principio de autoridad, aunque para ello tuvieran que sacrificarse las preciosas vidas de muchos mexicanos inocentes".

La guerra que no... en Alemania

De vuelta a Alemania, encontramos al entonces embajador de México, don Salvador Guzmán, en la sede de la embajada, desde donde giró instrucciones a todos sus cónsules a fin de que lo acompañaran en la extraña sedición en contra del gobierno de Álvaro Obregón. Este don Salvador era constituyente de Querétaro.

Pascual Ortiz Rubio llegó a Berlín con cartas credenciales expedidas por el gobierno obregonista, por las cuales se le nombraba nuevo embajador. En la capital germana se reunió con Enrique Liekens, un militar enviado a poner en orden a los disidentes. Fueron los dos a la embajada, se hicieron pasar por ciudadanos alemanes que solicitaban visa para viajar a México, y de ese modo lograron penetrar hasta el despacho del embajador. Ahí lo sometieron, y *manu militari* lo obligaron a salir de la embajada con toda su gente.

Luego Liekens se dirigió a Hamburgo, donde se habían juntado diez o doce cónsules, todos partidarios de la rebelión delahuertista. Los encabezaba don Rafael Múzquiz, y todos estaban atrincherados en el recinto consular. Liekens ocupó una *suite* en el mejor hotel de la ciudad, puso en la ventana la bandera mexicana y en la puerta el escudo nacional, y declaró territorio de México aquel cuarto de hotel.

Desconcertadas, las autoridades de la ciudad se dirigieron a él. ¿Acaso había dos consulados de México en Hamburgo? Uno nada más, les respondió el militar. Tenía ya planeado su asalto al reducto enemigo. Pidió a Ortiz Rubio que le mandara un grupo de cadetes mexicanos que hacían estudios militares en Berlín. Cuando llegaron los muchachos, tendió con ellos un cerco alrededor del consulado. Ya nadie pudo salir ni entrar del edificio. A los tres días, vencidos por el hambre, los sediciosos salieron cabizbajos y mohínos, y entró vencedor Liekens. Eso sucedió el último día del año 1923.

No se fueron con las manos vacías los delahuertistas: cargaron con 40 000 dólares, producto de los derechos recabados por la embajada y los diversos consulados. Había que evitar que esa suma llegara a México para servir a los rebeldes. Ortiz Rubio y Liekens lograron eso de la manera más divertida. Empezaron a girar telegramas falsos a los depuestos cónsules: su jefe, el señor Múzquiz, los citaba a todos en tal hotel de Budapest. Cuando llegaron los conspiradores, ya los esperaba otro telegrama: la reunión había sido descubierta por el enemigo; debían acudir a Roma. Allá fueron los fugitivos. Y en la Ciudad Eterna, otro mensaje igual les hizo saber que el sitio de la reunión se había cambiado a Ámsterdam. En un mes de idas y venidas los despistados delahuertistas agotaron todos sus caudales. Así terminó aquella singularísima batalla de la Revolución que se libró en Alemania.

Los de arriba...

Lo malo de las revoluciones es que son revoluciones. Quiero decir que después de una revolución lo que estaba arriba queda abajo, y lo que estaba abajo se vuelve lo de arriba. Eso de las revoluciones es el cuento de nunca acabar. En su famosa novela, don Mariano Azuela habló de *los de abajo*. Pues bien: los de abajo, y sus descendientes, se convirtieron en *los de arriba*.

Rosario Sansores era la cronista de sociales del periódico *Excélsior*. La lectura de sus artículos era obligada, pues ahí aparecían los nombres de quienes formaban la sociedad del México posrevolucionario.

Hallé la relación que hizo doña Rosario de una boda de postín celebrada en la ciudad de México. Algunos de los nombres que en esa crónica aparecen son de gente salida del movimiento revolucionario, hombres a quienes —para usar la frase dicha en burlas— sí les hizo justicia la Revolución. Leamos:

"La casa de Los Delfines, allá por rumbos de San Ángel, es un verdadero museo en que su dueño, el General Adolfo León Osorio, ha logrado reunir obras de arte de gran mérito, recogidas en sus viajes por todos los países de América y Europa. Porcelanas, esmaltes, plata, cristalería, cuadros, y la colección más valiosa de armas de todas las épocas, que representan una fortuna.

"Rodeada de vastos y floridos jardines, la casa de Los Delfines se iluminó la noche del martes. La lindísima hija del General celebró su matrimonio. La novia lucía bellísima, esbelta como junco marinero, con una suave tez de porcelana, unos ojos melados y una rubia y dorada cabellera suelta sobre los hombros. El frágil tallo lucía banda de color de oro; el traje, de escote discreto, era de brocado blanco bordado en oro. Una maravilla.

"Fueron testigos el licenciado Javier Rojo Gómez, el licenciado Agustín García López y el licenciado Adolfo Aguilar y Quevedo. Los regalos, enviados de la Ciudad de México, de la Florida, de Panamá, Argentina, Perú y otros países, pasaron de 300. Un bello bargueño, enviado de Madrid, traía la tarjeta de la viuda de don Ricardo León, el gran escritor y poeta. Ricardo León era primo de D. Ángel León, padre del General Adolfo León Osorio. Más de 600 fueron los invitados, que por la enorme cantidad de coches casi cerraron las calles que conducen a la casa.

"La tarde fue fresca, y grupos de violinistas amenizaron el acto recorriendo las mesas de la concurrencia y tocando exclusivamente música antigua.

"Los novios partieron ese mismo día a los Estados Unidos, donde pasarán su Luna de Miel".

No cabe duda: la Revolución mexicana dio origen a una nueva casta que en mucho imitó las formas de vida y las costumbres de aquellos porfirianos contra los cuales se levantaron. *Los de abajo* se volvieron *los de arriba*. Arriba están ahora muchos de sus descendientes. Quién sabe cuánto tiempo aguantarán abajo los demás.

Cuando muere un mexicano

Siempre se ha dicho que el mexicano se ríe de la muerte, y que hasta la desprecia. Quizá no pueda asentarse ese principio con carácter general, pero no cabe duda de que en tiempos de la Revolución, la muerte se convirtió en asunto cotidiano, de tal manera que muchos morían sin darle mayor importancia al delicado asunto.

En noviembre de 1913 salió Pancho Villa de Ciudad Juárez al frente de su poderosa División del Norte. Iba a combatir a una considerable fuerza huertista formada por las tres armas —infantería, caballería y artillería— y enviada por el gobierno usurpador para acabar de una vez por todas con la amenaza de Villa, quien había jurado vengar la muerte de don Francisco I. Madero.

Un gran espectáculo fue el ordenado desfile de los Dorados. Miles de americanos vinieron "del otro lado" a ver aquellos marciales contingentes. Querían conocer a Villa. Cuando apareció el guerrillero, los hombres agitaron sus sombreros y sus pañuelos las señoras, al tiempo que todos vitoreaban y aplaudían al legendario personaje. Villa, muy serio, se limitaba a saludar con una inclinación de cabeza, sin alterar el gesto adusto que mostraba. Ya que no podían hacerlo con Pancho Villa, las señoritas americanas se esforzaban en retratarse con alguno de los Dorados. Accedían gustosamente los oficiales más jóvenes y posaban junto a las gringuitas, que correspondían regalándoles dulces y cigarros.

—Nadie va a llevar mujer a esta campaña, porque va a estar muy difícil —había dicho Villa a sus hombres—. Al que lleve vieja lo fusilo junto con ella.

El día 23 se toparon las dos fuerzas, la del gobierno y la de los rebeldes, y el 25 empezó el combate. Al principio el resultado del encuentro pareció inclinarse en favor de los huertistas. Hubo un momento de apuro en que los Dorados empezaron a ceder el campo al enemigo. Llegó al galope de su caballo el general Maclovio Herrera, y dijo a Villa con irritada voz:

—¿Qué está esperando, compadre, que no se echa encima? Mi gente ya no puede, no nos han dejado descansar.

—Regrésese a su puesto —le respondió Villa tajantemente—. Yo sabré cuándo me voy a echar encima.

Mohíno volvió a su sitio el general Herrera. Y es que Villa no toleraba que nadie, ni aun sus más cercanos amigos, le levantara la voz.

Cuando lo juzgó oportuno, ordenó Villa una de sus famosas cargas de caballería, y pronto la artillería enemiga dejó de sonar. El resto no fue difícil: atacó la infantería y muy pronto las tropas huertistas emprendieron una desordenada fuga.

Había caído herido en una pierna el general José Rodríguez, de los Dorados. Lo estaban atendiendo en el vagón hospital del tren villista, cuando sus hombres le llevaron 14 prisioneros. Uno era un oficial huertista de nacionalidad española; los otros eran mexicanos, simples soldados reclutados en la leva, de los "pelones". Rodríguez mandó fusilarlos de inmediato.

Un teniente, Francisco Mercado, fue designado para dirigir la ejecución. Con seis soldados tomó a los prisioneros y los llevó fuera del campamento villista. Tomó primero al oficial español, que temblaba como azogado, y lo puso frente al pelotón. Pero cuando se dio la vuelta para ir a dar las órdenes del fusilamiento, el español lo siguió, suplicándole por su vida. Molesto, Mercado lo puso otra vez en el sitio donde recibiría la descarga. De nuevo el español se le abrazó, pidiéndole entre gemidos que lo perdonara. Otra vez el teniente lo rechazó con violencia, y otra vez regresó el español a impetrar compasión.

Sacó el teniente su pistola y lo amenazó:

—Si se me vuelve a mover yo mismo lo mato.

Al saber lo irremediable de su suerte, el español se desplomó. No pudo ya tenerse en pie y vino al suelo, desfallecido. Los soldados trataron de enderezarlo, y sólo consiguieron que quedara sentado en cuclillas. Alzó la vista el español y vio que los villistas tomaban ya su sitio para fusilarlo. Aterrorizado cruzó los brazos y sumió entre ellos el rostro para no ver ya nada. Sonó la descarga, y en esta extraña posición recibió el prisionero los disparos.

Tocaba el turno de morir a los 13 mexicanos. En eso se vio a un jinete cuyo caballo venía al galope. Desmontó apresuradamente el hombre, un mayor muy joven, y ordenó a Mercado que retirara al pelotón de fusilamiento. Una luz de esperanza iluminó a los prisioneros. ¿Acaso se les iba a perdonar la vida? Ellos eran simple tropa. Villa, también hombre del pueblo, sabía bien que si andaban en "la bola", metidos a pelones del Ejército Federal, era porque habían sido arrancados de sus hogares por la leva.

Desgraciadamente era engañosa la esperanza de aquellos pobres.

—Capitán —dijo el mayor a Mercado—, mi General Villa ordena que no se gaste parque en el fusilamiento de los prisioneros.

—¿Y cómo entonces los voy a ejecutar? —se desconcertó el teniente.

—Le voy a decir cómo —contestó el recién llegado.

Ordenó a los 13 prisioneros que se formaran en hilera, uno al lado del otro. Luego se dirigió al extremo de la fila, sacó su pistola y puso el cañón en la frente del primero. El desdichado supo lo que enseguida iba a pasar, y lo único que hizo fue voltear el rostro hacia su derecha a fin de no recibir el disparo en la frente. Sonó el tiro y cayó el hombre como fulminado, con una flor de sangre manchándole la sien izquierda. Luego el mayor hizo lo mismo con el segundo prisionero, y con el tercero, y con los demás hasta que acabó con todos.

Ninguno de los ejecutados tembló; ninguno dijo nada. Todos recibieron la muerte con la misma indiferencia con que habían recibido la vida.

Las cosas de Obregón

Ni sus más enconados enemigos pudieron nunca negar dos cualidades de Álvaro Obregón: su presencia de ánimo y su sentido del humor.

La señora doña Luz Corral, esposa de Francisco Villa, estaba llena de sobresalto y de inquietud. En la sala de su casa discutía su marido con el enviado de Carranza, el general Álvaro Obregón. Iba y venía furioso Pancho de uno al otro lado de la habitación. Ella podía verlo, pues en su cuarto de costura había hecho colocar un espejo de tal modo que aunque ella diera la espalda a la sala podía mirar todo lo que en ella sucedía.

Gritaba Villa, se exaltaba; muy bien podía ver Luz su cara enrojecida por la cólera. Con descompuestas voces amenazaba con fusilar a Obregón.

—De nada le servirá matarme, general —respondía tranquilo y mesurado Álvaro Obregón—. No soy más que un mensajero. Muy mal se verá usted si asesina a alguien que ha venido aquí, solo y sin armas, confiado en la hombría de bien, en la caballerosidad y en la palabra del jefe de la División del Norte.

Villa sentía desprecio por Obregón. Lo llamaba *el Perfumado*. Pero en esa ocasión la serenidad del sonorense triunfó sobre los arrebatos de Francisco Villa. El furioso rencor de éste fue cediendo. Muy pronto llamó a Luz y le pidió que les sirviera de comer. En la mesa, el rebelde y el enviado departieron amigablemente, y por la noche los dos se divirtieron mucho en un baile que Villa improvisó en honor de su visitante. Villa y Obregón, lo mismo que Madero, Juárez y don Miguel Hidalgo, eran incansables bailadores.

Obregón poseía un gran sentido del humor. Hasta los asuntos más graves los solía tratar en forma festiva. Cuando Villa se dispuso a atacar las tierras del Bajío, don Venustiano envió un telegrama urgente a Obregón para preguntarle si consideraba que la División del Norte podría avanzar más.

Por el mismo conducto, y en forma muy lacónica, le respondió Obregón. Decía su telegrama, que de seguro hizo sonreír al siempre adusto Varón de Cuatrociénegas: "Villa no pasa de Guaje". (Guaje es una pequeña estación ferroviaria a pocos kilómetros de Celaya).

En cierta ocasión, cuando Obregón era ya presidente de la República, se hallaba en reunión con sus ministros, y un ujier le anunció que estaba en la antesala el general Antonio I. Villarreal, con quien recientemente se había enemistado Obregón por cosas de política, lo que hizo que Villarreal se viera obligado a hacer renuncia de la cartera de Agricultura.

—Hágalo usted pasar —ordenó el presidente al ujier.

Entró Villarreal hecho una furia, se plantó ante Obregón y le gritó en su cara:

—¡Sólo he venido para decirle a usted que es un cabrón!

Ante el silencio tenso de los circunstantes, Obregón respondió tranquilamente:

—Muy bien. ¿Se le ofrece algo más?

No pudo Villarreal seguir hablando. Trabado, con los puños cerrados, dio la media vuelta y abandonó la sala.

—Éste ya se desahogó —dijo Obregón a los presentes—. Y qué bueno. Prefiero que me cabroneen y no que me cañoneen.

Era llena de gracia...

Entre el espíritu y la carne andaban siempre los hombres de la Revolución. Muchos alentaban un vago ideal que no alcanzaban a definir pero que cobraba forma en la figura del caudillo a quien seguían: Madero, Carranza, Villa, Zapata, Coss. Todos vivían con intensidad cada hora: no ignoraban que ésa podía ser la última.

La toma de Monterrey por los Constitucionalistas fue uno de los triunfos más grandes de Carranza. El general en Jefe, don Pablo González, acordó numerosos ascensos en las jerarquías de jefes y oficiales. Al respecto escribió don Javier Echeverría: "Nadie fue ascendido a la categoría de General, aunque había muchos que lo merecían. Era la época en que para ascender había que jugarse la vida como los buenos, y a pesar de que lo hacíamos con frecuencia los ascensos no se prodigaban. El servilismo, las rastrerías y las influencias no se conocían. Esos motivos de política artera, o el despreciable comercio y afán de lucro de entes que prostituyeron y desvirtuaron la más alta recompensa a que puede aspirar un militar en su carrera, tardarían muchos años en llegar".

Si no el generalato, todos disfrutaron de otras recompensas al fin de la batalla en Monterrey. Los jóvenes jefes y oficiales carrancistas dedicaron los días del triunfo a disfrutar los encantos de la Sultana del Norte. Por las tardes contrataban carruajes de los llamados *jardineras* y paseaban por las calles de la Sultana para deleitarse en la contemplación de las bellísimas regiomontanas, que al ponerse el sol acostumbraban salir a la puerta o sentarse en las terrazas para tomar el fresco de la tarde.

Uno de los militares descubrió en el balcón de cierto hotel a una hermosa mujer, alta y de bruna cabellera, que pronto averiguó no era de Monterrey, sino sonorense. De inmediato recordó el dicho: "Trigo, garbanzo y mujer, de Sonora deben ser", y empezó el asedio de aquella plaza que quizá sería más difícil de tomar que la de Monterrey. No fue así. Se las arregló el cortejante con el dueño del establecimiento para que le presentara a la dama, y entabló rápida amistad con ella.

Resultó que la frondosa mujer había sido "amiga" de un capitán federal que al escapar de la ciudad la dejó sola, librada a su propia suerte y sin dinero. Alguno tenía el carrancista. Con él pagó la cuenta del hospedaje de la bella, y eso le dio derecho a ocupar pacíficamente la ansiada posición. Mostró con orgullo su adquisición, paseando a su nueva novia en carretela ante las envidiosas miradas de sus compañeros, ninguno de los cuales había podido hacer entre las muchachas de la localidad ninguna conquista tan pronta como aquélla.

Cuando los carrancistas dejaron Monterrey, el afortunado mortal que gozó los favores de la gentil señora la dejó otra vez fiada a sus encantos y mohínes. Después, ya en campaña, a la luz incierta del vivac o en la plática sabrosa de cantina, se ponía romántico al evocarla:

—Era llena de gracia, como el Ave María —suspiraba suavemente tomando las líricas palabras de Nervo.

Y añadía luego, ya en tono más revolucionario:

—¡Y tenía unas tetas enormes la *jija* de la tiznada!

Cosas que no se saben de Obregón

He aquí algunos datos muy poco conocidos de Álvaro Obregón. Por ellos sabremos cosas muy interesantes acerca de ese tremendo señor, prototipo del político mexicano.

Obregón fue el menor de 18 hermanos, 12 hombres y seis mujeres. Su padre era agricultor; se llamaba Francisco. Su madre era ama de casa; se llamaba Cenobia, Cenobia Salido.

Obregón, tan enemigo de la Iglesia católica, fue bautizado por esa iglesia. Nacido el 17 de febrero de 1880, su bautizo se efectuó casi un año después, el 6 de enero de 1881. Fungió como madrina una de sus hermanas, Rosa, que a la sazón tenía seis años de edad.

Al cumplir Álvaro cinco meses, murió su señor padre, y doña Cenobia quedó a cargo de toda la familia.

Un extraño niño fue Álvaro Obregón. Llegó a la edad de cinco años sin hablar. No decía una sola palabra; se expresaba sólo con señas y algunos sonidos guturales. Pero pasó una cosa muy notable. Su mamá hizo un viaje a Álamos a fin de visitar a una prima suya de nombre Guadalupe Palomares. Llevó consigo a sus dos hijos menores, Álvaro y Carlos. Este Carlitos era un niño muy agraciado, simpático y bonito. Álvaro, en cambio, era más feo que el pecado, y siempre andaba con gesto agrio. Cuando Lupe Palomares vio a los niños no pudo contener una expresión de asombro.

—¡Qué diferentes son tus hijos! —manifestó a Cenobia—. Carlitos es lindísimo; Álvaro, en cambio, parece chango.

Sucedió entonces algo maravilloso. Al oírse llamar "chango", el niño Álvaro miró con fea mirada a Lupe y dijo con alta y clara voz:

—¡Vieja loca!

Doña Cenobia se volvió loca también por la alegría. Creo que de haber sabido que oyéndose llamar chango hablaría por fin su hijo, desde mucho tiempo antes le habría dicho chango, gorila, mono, mico, mandril, chimpancé y orangután. Toca a los expertos en fonología averiguar la causa de la infantil mudez de Álvaro Obregón, y tócales también explicar otro hecho interesante: uno de los hijos que Obregón tuvo con su esposa María Tapia no habló —igual que su padre— sino hasta que cumplió cinco años.

Es legendaria la buena memoria de Obregón. No fue habilidad adquirida; todo indica que nació con él. Tendría unos 10 años cuando realizó una hazaña que a todos dejó estupefactos. Había fiesta en su casa, con gran concurrencia. Alvarito repartió al azar las 40 cartas de la baraja española —oros, copas, bastos y espadas— y luego dijo a cada invitado, sin fallar, la carta que le había correspondido.

Desde que habló se convirtió el niño Obregón en un chamaco amabilísimo y cortés. Trataba a todo mundo con tal urbanidad que sus tías le pusieron el apodo de *el Caballerito*, y así lo llamaron siempre, incluso después de que llegó a la presidencia de la República.

En un pequeño huerto que tenía su madre, el niño Álvaro Obregón sembró varias matas de tabaco. Se dio bien la cosecha, y después de tratar las hojas en la debida forma el muchachillo fundó una fábrica de cigarros. Puso a sus hermanas a picar el tabaco; envolvía él la picadura en hojas de papel arroz y empacaba luego los cigarros en cajetillas cuya cubierta él mismo dibujó. Les puso la marca América, no en honor de las tierras descubiertas por Colón sino como tributo de amor a una niña de la cual estaba enamorado, y a la que vio por primera vez en un desfile del 16 de septiembre representando al continente americano.

Para "mercadear" su producto se valió Obregón de un método que, según he leído, ha sido utilizado por otros fabricantes, entre ellos el del famoso chocolate Azteca. Consiguió la ayuda de todos sus amigos, que fueron uno por uno preguntando en todas las tiendas de la localidad:

—¿Tiene cigarros América?

Ningún tendero los tenía, claro, pero todos compraron la marca cuando Obregón llegó días después a ofrecer aquella mercancía tan solicitada.

Llegamos ahora a un extraño episodio en la vida de Obregón. Tenía ya 15 años y trabajaba en un rancho propiedad de su hermano Alejandro. Dormían los dos en la misma habitación. Una noche Alejandro se despertó al escuchar gemidos. Era Álvaro, que se revolvía inquieto en su cama y se quejaba con angustia. Lo movió Alejandro para despertarlo.

—Acabo de tener una pesadilla horrible —dijo Álvaro—. Soñé que nuestra madre se moría.

Ninguno de los dos pudo ya dormir. Al amanecer se disponían a levantarse cuando oyeron los cascos de un caballo que llegaba al galope. Era un mensajero: la madre de los muchachos había muerto en Huatabampo. Se le acabó la vida en los momentos en que su hijo soñaba su muerte.

—Álvaro jamás olvidó esa pesadilla —relataba Rosa, su hermana—. Todavía grande, cada vez que la recordaba se ponía sumamente nervioso y se retiraba con los ojos llenos de lágrimas.

Extraño hombre fue Álvaro Obregón, dueño de una inquebrantable voluntad y de un ansia de poder incontenible. Tuvo todos los vicios y todas las cualidades del político mexicano típico. ¿Vicios? La ambición extremada, la corrupción moral.

¿Cualidades? La fuerza de voluntad; el tesón en la búsqueda de sus designios; la inteligencia —o astucia— para llegar al poder y mantenerse en él. Con Obregón y Calles la Revolución se convirtió en gobierno.

Detrás de las de Pershing

¿Qué pensarían esos americanos?
¿Que con dinero nos iban a ganar?
Si ellos tienen cañones y airoplanos
acá nos sobra lo mero prencipal…

Esa estrofa, sacada de un corrido popular en homenaje a Villa, describe el orgullo mexicano por el fracaso de la Expedición Punitiva mandada por el general Pershing, quien nunca pudo encontrar al famoso guerrillero para castigarlo por el asalto a Columbus, Nuevo México.

Se ha dicho que Villa no estuvo en el ataque a Columbus; que permaneció en el rancho El Alamito, municipio de Janos, en Chihuahua, mientras dos de sus Dorados, los coroneles hermanos Pablo y Martín López, consumaron el ataque sobre aquella población, de la cual El Alamito estaba distante más de 100 kilómetros.

Sea lo que fuere, el caso es que el atentado suscitó las iras de la Casa Blanca. De inmediato se ordenó la formación de una fuerza expedicionaria al mando de John Pershing. A la una de la tarde del 9 de marzo de 1916, domingo, un regimiento americano, el 18º, ingresó a territorio mexicano por Ciudad Juárez. Por cierto, ese regimiento estaba formado por negros. Pobrecitos, siempre los echaban por delante.

Entonces el que puso el grito en el cielo fue don Venustiano Carranza. La soberanía nacional, dijo muy enojado, había sido violada. Bien pudo ahorrarse su enojo el adusto Varón de Cuatrociénegas: no era la primera vez que los americanos violaban esa tan maltratada soberanía, ni sería la última. Como respuesta a la reclamación, los yanquis esgrimieron un antecedente: en 1886 los indios Jerónimo y Victorio atacaron un rancho en Chihuahua, y algunos mexicanos se internaron en territorio de los Estados Unidos para perseguir a esos salvajes. Para evitar problemas, el ministro encargado de Relaciones Exteriores y Gobernación, don Jesús Acuña —por cierto paisano mío saltillense—, extendió un apresurado permiso, pero lo cierto es que ya la invasión estaba consumada. Sea por Dios.

A nada vino Pershing. Sólo a que le salieran ampollas en los pies, por lo mucho que hubo de caminar, y en el nalgatorio, pues muy largas jornadas cabalgó buscando a Villa en aquellas fragosas serranías y largas, desérticas planicies. Del 17 de marzo de 1916 al 15 de febrero de 1917 lo buscó. Jamás vio ni la apariencia del espejismo de su sombra.

Años después, cuando Villa ya se había rendido al gobierno y estaba viviendo su pacífica vida de agricultor en Canutillo, un periodista yanqui fue a entrevistarlo y le preguntó:

—Dígame, General Villa: ¿por qué las tropas de Pershing nunca lo pudieron alcanzar?

—Es muy sencillo —respondió Villa con una amplia sonrisa al tiempo que se echaba hacia atrás el sombrero tejano que llevaba—. Nunca me pudieron alcanzar porque mis tropas siempre anduvieron atrás de las de Pershing.

Y soltó una carcajada homérica el Centauro, cuyas hazañas andan todavía en labios de la gente como las de algún héroe legendario de los poemas épicos antiguos.

Luis Gutiérrez

De la Revolución surgieron hombres justos que han sido para México un ejemplo a seguir. Don Luis Gutiérrez fue uno de ellos.

Pocos gobernadores ha tenido Coahuila como don Luis Gutiérrez. Hombre de pocas letras, pues casi no tenía ninguna, llegó don Luis al cargo por los azares de la Revolución. Las buenas familias del Saltillo se hacían lenguas sobre la rudeza del nuevo gobernante y ponían el grito en el cielo, en la tierra y en todo lugar porque decían que aquel ranchero inculto iba a dar al traste con la administración.

Pronto puso freno a las lenguas Luis Gutiérrez, y no con hechos de imposición, sino con sus acciones buenas. A falta de sabiduría de esa que se consigue en aulas, y que las más de las veces es inútil adorno pedantesco, don Luis poseía ese que es el menos común de todos los sentidos, el sentido común. Tenía también el don de la justicia, que consiste en dar a cada quien lo suyo. Y supo rodearse de hombres buenos que lo ayudaron con sus luces a gobernar muy bien. Los jefes de primera, dicen, buscan colaboradores de primera. Los jefes de segunda buscan colaboradores de tercera. Luis Gutiérrez los tuvo muy valiosos, y oyendo sus consejos gobernó muy bien.

No se escapaban al socarrón gobernador los tejemanejes de la política; conocía muy bien sus intrincadas urdimbres. Con habilidad sabía tirar los hilos que movían a los hombres que andaban en los ires y venires del gobierno. A cada uno ponía en su lugar, y así los iba ordenando y conduciendo de modo que sus acciones todas tendieran a conseguir el bien común. Y cuando alguno no le servía para lograr ese fin superior, lo hacía a un lado con su ruda franqueza de ranchero.

Así le sucedió a un cierto político que quería ser alcalde de Ramos Arizpe. Se presentó de candidato, y celebradas que fueron las elecciones reclamó el triunfo. Como se lo negaron —era orden del gobernador—, el reclamante acudió con don Luis y en una larga exposición alegó haber conquistado el voto popular, y haber obtenido en las urnas la mayoría de los sufragios. Con energía dijo que él había ganado.

Y le contestó Luis Gutiérrez con frase que inmediatamente se hizo parte del habla popular:

—*Ganates*, pero no *salites*.

Gobernó muy bien aquel hombrote recio que a falta de ciencia tenía sobra de buen sentido. Y otra cosa más: cuando don Luis Gutiérrez entregó el gobierno, dejó las arcas públicas repletas de buenos dineros, y él salió tan pobre como había llegado. Eso es más de lo que puede decir la mayoría de los hombres de gobierno en estos empecatados tiempos que nos tocó vivir.

La Convención

Madero fue el último idealista entre las figuras mayores de la Revolución. De una u otra manera los demás personajes que se disputaron el poder eran movidos por la ambición política.

Del 10 de octubre al 13 de noviembre de 1913 tuvo lugar la Convención de Aguascalientes. Dicha junta era un intento de conciliar a las distintas facciones en que se había dividido la Revolución.

La tal Convención de Aguascalientes fue —para decirlo en términos amables— una cena de negros. Asistieron carrancistas, villistas, zapatistas, maytorenistas. En medio de una terrible confusión se acordó que Carranza debería dejar la presidencia, y una comisión encabezada por el tortuoso Álvaro Obregón fue a comunicar esa decisión al presidente. Don Venustiano despachó con cajas destempladas a los comisionados: la Convención, les dijo secamente, no tenía facultades para deponerlo.

Eso aumentó el caos. Antonio Díaz Soto y Gama pronunció un flamígero discurso que terminó arrancando la Bandera Nacional del pedestal en que se hallaba y echándola por tierra. Eso hizo que las pistolas salieran a relucir, y sonaran disparos en la sala. Cuando volvió la calma, el general Antonio Villarreal hizo una propuesta interesante:

—La Constitución nos impide actuar —dijo—. Vivamos algunos días sin Constitución.

Siguieron las discusiones. A fin de empatar el *score* surgió otra propuesta: si se demandaba la renuncia de Carranza también Villa tendría que abandonar el mando. Sin vacilar, el Centauro del Norte aceptó: dejaría su jefatura si la Convención así se lo ordenaba. Aquello parecía un principio de arreglo, pero otra vez Carranza desconoció a los convencionistas y se mantuvo "en sus trece". Entonces fue Villa el que salió con una proposición: para bien de la República tanto él como Carranza deberían ser fusilados.

—¡No, no! —gritaron llenos de emoción algunos convencionistas.

Villa entonces cambió su propuesta:

—Bueno —dijo—. Si no nos quieren fusilar, entonces que Carranza y yo nos suicidemos.

Después de tormentosas deliberaciones se llegó a un acuerdo. Carranza quedaba destituido y se nombraba presidente provisional de la República, por decisión de la Soberana Convención Revolucionaria, al general don Eulalio Gutiérrez. La norteamericana Edith O'Shaughnessy, inteligente mujer esposa de un diplomático que por entonces residía en México, escribió estas palabras en el diario que llevaba, donde apuntaba cotidianamente sus reflexiones sobre los sucesos mexicanos. Esas palabras aparecerían luego publicadas en el libro *Intimate Pages*:

"El general Gutiérrez es ancho de hombros, con cuello de toro, barrigón y de cabeza pequeña, y apasionado tanto de las mujeres como del vino. Vive en una gran casa del Paseo de la Reforma, confiscada especialmente para ese objeto".

En los pliegues de la Bandera Nacional, desagraviada, estamparon su firma los convencionistas como solemne juramento de que respetarían los acuerdos tomados. Sin embargo, bien puede decirse que de esos vientos de la Convención saldrían nuevas tempestades que pondrían luto y desolación en la República.

Don Jesús de la barba florida

Saltillense, y dueño de estilo saltillero, fue el general don Jesús Dávila Sánchez. De él hablo en este capítulo.

Después del asesinato de Carranza, un modo de ser cínico y brutal se apoderó de los hombres en la lucha. Lo que hacían no era ya una revolución: era una burda lucha por el poder y la dominación. Los ideales de Madero, las aspiraciones de Carranza, fincadas en su conocimiento de la historia, fueron suplantados por la pura ambición personal. Ahora los militares cambiaban su afiliación según el rumbo de los vientos; traicionaban a sus antiguos camaradas; se vendían sin recato al mejor postor. No en vano dijo Obregón su conocida frase, irónica y desvergonzada, pues ciertamente en su tiempo no había general que resistiera un cañonazo de 50 000 pesos.

Antes sí los hubo. Uno de ellos fue mi paisano, el general Jesús Dávila Sánchez. Ya conté aquí una anécdota de él: en su ancianidad una chiquilla le preguntó dónde ponía la barba al irse a acostar, si por encima o por abajo de las cobijas. El pobre general no durmió aquella noche, pues jamás se había fijado en lo que le preguntó la niña, y en cualquier forma que ponía la barba se sentía extraño. Quienes conocieron a don Jesús en plenitud de edad, nos dejaron la descripción de su figura: era de estatura procerosa; su barba —entonces negra— le daba un aspecto de patriarca. "Bonachón y amable en su trato —escribió de él un coetáneo— era sumamente enérgico e intransigente en materia de orden y de acrecentar, con el respeto a la vida, al honor y a la propiedad de los civiles, el prestigio de la Revolución".

Cuando la lucha contra Huerta, el general Dávila Sánchez emprendió una campaña con fuerzas no muy considerables en número, pero disciplinadas y muy combativas. Su misión era tomar dos plazas de mucha importancia para favorecer el avance del constitucionalismo hacia el sur: Cedral y Matehuala. Al acercarse a la primera población, un enviado de Huerta le pidió hablar con él.

—Estoy autorizado por el Supremo Gobierno —le dijo— para hacer a usted una proposición. Si deja el campo rebelde y se une al Ejército Federal recibirá la cantidad de 60 000 pesos. Su grado y el de sus jefes y oficiales serán reconocidos. Tendrá usted mando de fuerzas y podrá escoger el lugar a donde quiera ir.

—Diga a quien lo mandó —le respondió escuetamente el general— que yo no hago tratos con la usurpación.

De modo que se equivocaba Obregón: antes de él sí hubo generales que no sólo resistían cañonazos de 50 000 pesos, sino hasta de 60 000. Y vaya que ese dinero le fue ofrecido a Dávila Sánchez en pesos duros, no en billetes, y menos aun en aquellos *bilimbiques* a que se refirió un cierto comerciante árabe que le prestó dinero a un jefe revolucionario. Éste le pagó después con aquellos billetes revolucionarios que valían menos que el papel en el que estaban impresos:

—*Jijo de la changada* —decía el "baisano" hablando de aquel jefe—. *Yo le bresté daneros y él me bagó con buros brogramas.*

Un verbo muy mexicano

La fuerza de un movimiento popular puede medirse en razón directa de los nuevos vocablos que incorpora al habla de la gente. Aquí me refiero a una palabra que se usó mucho en tiempos de la Revolución constitucionalista y que quedó tan grabada en la conciencia de la gente que todavía hoy la seguimos usando.

El glorioso Ateneo Fuente, el plantel de educación más antiguo de Coahuila, es dueño de una importante pinacoteca que todos los amantes de la pintura mexicana, de la Colonia hasta principios del siglo XX, deberían conocer. Hay ahí cuadros de los grandes pintores novohispanos, y hay también obras de algunos de los mejores artistas del porfiriato.

Alguna vez hablé de esa pinacoteca, que llegó a Saltillo y al Ateneo merced a un generoso donativo que al ilustre colegio hizo el ilustre Varón de Cuatrociénegas. Dije que don Venustiano se había *carranceado* las pinturas que forman ese precioso acervo. Y no mentía yo al decir tal cosa, pues el entonces presidente de la República buscó en museos oficiales, iglesias y colecciones particulares aquellos cuadros y en forma no muy regular los entregó al Ateneo, que desde entonces los ha cuidado celosamente mirando por su conservación.

El verbo *carrancear* forma parte de nuestro acervo lingüístico. Es una pena que el Diccionario de la Academia no lo recoja, a pesar de que registra muchos "mejicanismos" que el noventa y nueve por ciento de los mexicanos no reconoceremos. Sí lo registra, claro, don Francisco J. Santamaría, uno de los más sabios lexicógrafos de nuestro país. "Avanzar, hurtar, apoderarse de lo ajeno", dice don Pancho que quiere decir *carrancear*. El verbo *avanzar*, usado como sinónimo de apoderarse ilícitamente de una cosa ajena, es —dicho sea de paso— otro mexicanismo.

Hay una avecilla muy urbana y muy poco urbana cuyo nombre científico es *Passer domesticus*. Es el llamado *chilero*, que en Francia y en otras partes se conoce como gorrión. Es pajarillo enamoradizo y belicoso. Su número lo hace atrevido; hace sus nidos en las casas; anda por calles y patios y en las plazas; y en todas partes se acerca muy osado a tomar lo que puede para su comida. Pues bien: en mi tierra a ese pájaro se le conoce también con el nombre de *carrancista*.

¿De dónde les vino a los *carranclanes* esa fama de sinvergüenzas y ladrones? Al parecer de que solían tomar sin permiso todo lo que necesitaban. Se cuenta en Múzquiz, Coahuila, tierra que ha dado muchos generales, que un general carrancista gritaba con voz estentórea en las campañas:

—¡A las armas!

—¿A las armas? —preguntaban desconcertados sus jefes y oficiales, que no veían ningún enemigo al frente.

—Sí —completaba la frase el general Constitucionalista—. ¡A lazar más vacas!

Los asesinos de México

Con el vencimiento del carrancismo empezó una serie de pugnas por el poder que acabaron con el triunfo de dos sonorenses: Plutarco Elías Calles y Álvaro Obregón. Se ha dicho que de su victoria arranca el nacimiento de las instituciones que ahora existen en México. Lo cierto es que su dominación trajo consigo un vicioso sistema que durante siete décadas arruinó las posibilidades de establecer en el país un gobierno democrático.

El 24 de mayo de 1920, el cadáver del presidente Carranza bajó a su tumba en el Panteón de Dolores. Una sombría multitud acompañó al cortejo. Los carrancistas dijeron que al pueblo le dolió en el alma la muerte del Varón. Quién sabe: muchos no querían al "viejo". Lo que es indiscutible es que el sepelio fue una manifestación de repudio al crimen cometido por los asesinos de don Venustiano.

A Obregón se le considera sin lugar a dudas el autor intelectual del proditorio crimen. Se había cumplido el vaticinio de Pancho Villa, quien con certera intuición predijo que Carranza, al entregar su confianza a Obregón, se estaba echando una sierpe al seno.

Sin problemas llegó el sonorense a la presidencia luego del breve interinato cubierto por don Adolfo de la Huerta. El 1° de diciembre de ese año (1920) tomó posesión, y designó a Calles su segundo de a bordo, pues lo hizo secretario de Gobernación. Don Adolfo de la Huerta recibió premio por sus meritorios servicios: fue ministro de Hacienda. La Secretaría de Guerra la ocupó el general Benjamín Hill por breve tiempo: a los 15 días murió repentinamente. Se dijo que su muerte fue causada por envenenamiento.

Villa se fue a trabajar la hacienda de Canutillo, que le fue obsequiada por el gobierno a cambio de su rendición. Trató el guerrillero de implantar ahí un experimento comunal semejante al que trajo Roberto Owen. Su mayor preocupación eran los niños, a cuya educación proveyó con particular esmero. Les construyó una escuela, e iba con frecuencia a escuchar, sentado entre los chamacos, las clases que daban los maestros. Era feliz el guerrillero en su amable retiro campesino. Lo acechaba, sin embargo, la sevicia de Calles y Obregón.

Para fortalecer su gobierno, lo primero que hizo Obregón fue ofrecerlo a los americanos. En efecto, por intermedio de su canciller, Alberto Pani, hizo llegar al encargado de Negocios de los Estados Unidos una especie de memorándum confidencial en el que ofrecía, a cambio del reconocimiento del país del norte, "un tratado de amistad y comercio que México celebraría gustoso". El diplomático viajó a Washington y regresó con un proyecto de tratado que prácticamente anulaba la soberanía nacional. Sin embargo respondió Pani a la proposición: "El tratado podrá celebrarse con todo el beneplácito del Gobierno de México tan pronto este Gobierno se encuentre capacitado internacionalmente para ello". Es decir, tan pronto recibiera el reconocimiento de los Estados Unidos.

Bilimbiques

El que encabeza estas líneas es otro de los vocablos salidos de la Revolución.

Después del asesinato de don Francisco I. Madero, la Revolución entró en un período degenerativo motivado por la pugna entre las diversas facciones que se disputaban el poder. La revolución de Carranza sí fue eso, una revolución verdadera. La lucha por el restablecimiento del orden constitucional culminó con la promulgación de otra norma constitucional que introducía en el país cambios que modificaban radicalmente el anterior orden establecido.

A partir de 1913 quedó rota la unidad original de los revolucionarios. Villa se levantó contra Carranza; éste se lanzó contra Zapata; Obregón y Calles atentaron contra el Varón de Cuatrociénegas. Aquello fue el caos. Y en época de caos no sólo hay muchas leyes y muchos jefes: también hay muchas monedas.

Cada bando emitió la suya, y así surgieron aquellos famosos billetes de la Revolución que hoy son simples curiosidades numismáticas objeto de atención para los coleccionistas. Por millones, obviamente sin ningún control, se imprimieron billetes que circulaban tan sólo en el territorio dominado por la facción correspondiente. Cuando las tropas de esa facción ponían pies en polvorosa, arrojadas por la facción contraria, eran los billetes de ésta las que adquirían curso forzoso.

De útil instrumento de cambio le servía su moneda a cada jefe: imponían a la población préstamos obligatorios por los cuales los ricos de las ciudades debían entregar sus caudales en monedas de oro y plata. Los jefes militares —muy honrados ellos— pagaban esos créditos religiosamente, con interés y todo, pero entregando sus billetes, los cuales valían menos que el papel en que estaban impresos.

Tales billetes adoptaron las formas, tamaños y diseños más variados que es dable imaginar, y recibieron el nombre de *bilimbiques*. Dos teorías conozco yo para explicar ese nombre. Dice la primera que se llamaron así por la expresión "Bill of Bank" impresa en los primeros billetes, que se elaboraron en los Estados Unidos y cuya redacción, por tanto, venía en inglés. Afirma la segunda tesis que en una hacienda o fundo mineral de Durango había un administrador, gringo él, que se llamaba William Vique, nombrado Bill. Este señor solía pagar a los trabajadores con billetes que él mismo mandaba hacer, papeles a manera de vales que luego los trabajadores debían cambiar por mercancía en la tienda del propio Bill, pues en ninguna otra parte eran admitidos. Así, cuando Villa empezó a hacer circular sus "sábanas", billetes de gran tamaño, la gente los llamó *bilimbiques* por el nombre de aquel administrador.

Ninguna de las dos tesis, a decir verdad, me suena muy convincente. Vaya usted a saber cuál es el verdadero origen de esa palabra *bilimbique*. La seguimos usando hasta la fecha: a cada devaluación suspiramos hondamente y decimos que nuestros billetes son puros *bilimbiques*, es decir, papeles sin ningún valor. No andamos lejos de la verdad cuando decimos eso.

Cuando lloran los valientes

Debo a don Raúl Chao y a su señora esposa este relato hecho de viva voz por doña Luz Corral, esposa de Pancho Villa. Nos muestra a un Villa sensible, angustiado por el peso de su destino.

"Yo en el camino me decía: ¿Qué me importa esta ciudad; qué vale para mí el acento de otra lengua que no es la mía; de otros sentimientos que me son extraños, si voy a reunirme con él; si voy a vivir en ella una vida generosa y noble? Mi mente figuraba el nuevo hogar, ya sin inquietudes, sin sobresaltos, sin ese alerta continuo en espera de la noticia trágica.

"Ya estando en la casa del Sr. Saldívar, y casi en familia, a los pocos momentos se presentó mi marido, pues el Sr. Saldívar no me había dicho nada de su disfraz; tal vez para darme una sorpresa. Iba hecho un tipo: con capa española cruzada, sin bigote, lentes obscuros, una mascada al cuello, parecía un muchacho de veinte años; lo seguían Carlitos Jáuregui y Darío Silva.

"Terminada la cena, nos despedimos de aquella casa amiga, seguimos varias calles hasta llegar a la de El Paso, donde tenía un departamento en un Hotel; me sorprendí grandemente, pues tenía la idea de una casita sencilla, hogareña, modesta, como para encerrar dentro de sus paredes, en el secreto de su refugio, todo nuestro cariño, el milagro de nuestros amores y el anhelo de vivir felices...

"Lo entendió él y así me dijo: 'Esperaba que tú vinieras. Esto no te va a gustar, te prometo que mañana buscaremos casa'.

"Como una semana más duramos en el hotel y allí recibió mi marido, la visita de varios políticos, entre ellos la de don Primitivo Uro y de don Sebastián Vargas, enviados por don Abraham González, y entre sus amigos que lo visitaban a diario, estaba el Gral. Manuel Ochoa, Pedrito Sapién, Teodoro Kgririacópulos. Entre sus amigos americanos, recuerdo a don Panchito Jonah, George Herald y el Sr. McKlain, con los que salía a pasear y a tirar al blanco. Un día le dije: 'Tengo ganas de verte un día tomado, para ver si eres peleador, o te da por llorar'. Y como si tuviera mucha prisa en cumplir mis deseos, esa misma tarde vinieron por él sus amigos como de costumbre, y llegada la hora de cena y no habiendo regresado, nos fuimos a cenar mi prima Raquel y yo, llegando media hora más tarde Pancho, a nuestro reservado. Se acercó y me dijo al oído: 'Yo no ceno, vámonos pronto; no quiero que me vea Raquelito' y yo no pude dejar de reírme, pues era la primera vez que lo veía alegre y me anticipó la siguiente explicación: Que había ido a jugar con sus amigos y habiéndoles ganado algunas cervezas, no había tenido más remedio que tomárselas en su compañía.

"Nos fuimos a nuestro departamento y ya no recibió a nadie: en nuestro cuarto, se puso a platicarme de su vida, de su estancia en la prisión y lo que aún le faltaba que sufrir para volver a nuestro hogar y acabó por ponerse a llorar. Y así quedaron cumplidos mis deseos.

"Y como un sueño que se realiza, fue el verlo llorar, refugiado en mi regazo, dulcificando esta página de mi vida que hoy reconstruyo y en que vuelvo a sentir la mágica alegría de aquella hora, en que su alma de guerrero indomable se unió a la mía, pobre mujer arrancada del marco de un pueblecito, para subir un instante hasta la celebridad del guerrillero más grande, del más discutido y terrible guerrillero, pero humano... ¡muy humano!".

Una oración

He aquí otra anécdota narrada de viva voz por doña Luz Corral, esposa de Pancho Villa. Ella le había pedido que en la casa que estaba construyendo para ambos hubiera un oratorio o capilla.

"No obstante lo que mi marido me había dicho repetidas veces, durante nuestra estancia en Ciudad Juárez, que mi casa no estaba todavía terminada a mi llegada a Chihuahua, encontré que el primer piso se encontraba ya terminado, así como gran parte del segundo.

"Una mañana llegué a inspeccionar los trabajos de la construcción, como acostumbraba hacerlo; caminaba por el segundo piso, cuando pensé que un oratorio en mi casa sería de gran satisfacción para mí; pero sabía demasiado bien, que un oratorio en nuestra casa, sería motivo de riña entre mi marido y yo. No obstante, hablé con el arquitecto y le supliqué agregara a su plano una pieza más que sirviera de oratorio, que quedaría en la parte más conveniente y de manera que no estuviera muy visible, para evitar que mi marido lo viera, sino hasta estar terminado, pues creía que una vez ya el hecho consumado, no se atrevería a mandarlo destruir.

"Al subir la escalera y después de atravesar un corredor, se construyó un salón de recepción, después un pequeño cuarto, que fue el orgullo de mi marido y que él lo llamaba el 'Cuarto de los Héroes', sus adornos son estilo azteca y sobre sus muros hay retratos de don Miguel Hidalgo y Costilla, de Morelos, de don Vicente Guerrero, de don Francisco I. Madero, de los Niños Héroes, de don Nicolás Bravo, el Castillo de Chapultepec, las Estatuas de la Libertad y de la Justicia y como una demostración de gratitud y cariño, mandó pintar en óvalos más pequeños, retratos de Aquiles Serdán, de don Abraham González y de los generales Trinidad Rodríguez y Toribio Ortega.

"Este cuarto se construyó al mismo tiempo que el oratorio, pues yo sabía que el 'Cuarto de los Héroes', ocuparía la atención de mi marido y no se preocuparía por ningún otro detalle.

"La pintura y decorado de la casa, estuvieron a cargo de los señores Carrasco, Berumen, Portillo y de un italiano Mario Ferrer.

"Una mañana llegó Pancho a la casa en construcción, acompañado del Gral. Obregón; y por las muchas ocupaciones que tenía en mi casa, no pude acompañarlos, como siempre acostumbraba.

"Mi marido, orgulloso de lo que había mandado construir, llevó al general Obregón hasta los rincones de la casa; naturalmente llegó hasta el oratorio y se quedó estupefacto, viendo que se construía una pieza, que no disimulaba a lo que estaba destinada. Preguntó a don Santos Vega, encargado de la construcción qué significaba aquello y el aludido contestó:

"—Un oratorio, que la Sra. ordenó que se hiciera.

"Dicen que mi marido, dirigiéndose al general Obregón, comentó:

"—Esto me huele, general, a que ya los curas se cogieron del rebozo de mi mujer y me la van a echar a perder.

"Y a don Santos Vega, le dijo:

"—Ordene que se destruya lo que está hecho; es decir, el oratorio.

"Regresó a la casa y al entrar y encontrarme, lo primero que me dijo fue:

"—Oye, Güera —por supuesto iba enojado—, ¿quién te metió en la cabeza hacer un oratorio en la casa?

"—Nadie; fue una idea mía.

"—Pues ya ordené que lo tiraran.

"—Hiciste bien; un oratorio en la casa no es más que un lujo; pero a mí no me hace falta, pues si con oratorio en la casa, nos habíamos de mantener tú y yo riñendo, está mejor que no lo construyan. Además, para rogar a Dios por ti, nunca me ha hecho falta, pues siempre acostumbro cuando todos duermen, cuando todo está en silencio, hincarme y con todo mi corazón, implorarle que te ayude y hasta hoy me ha oído, pues no te ha pasado nada y ya ves que no tengo oratorio.

"Dio media vuelta y yo me fui al comedor, a ver si todo estaba dispuesto para el almuerzo; almorzamos y como quien tiene prisa de acabar, por tener algún pendiente, terminó y ordenó su carro en el que se fue nuevamente a la casa en construcción, sin siquiera invitarme.

"Al llegar le dijo a don Santos:

"—Vengo a retirar mi orden; terminen ese oratorio lo más hermoso que se pueda. ¿Qué le falta para que esté terminado?

"Don Santos contestó:

"—Como usted ve, general, lo de pintura está terminado, falta el trabajo de madera, que es el altar y los recintos; pero aquí no hay quien lo haga; se necesita un ebanista.

"Y mi marido le preguntó:

"—De ésos ¿dónde hay?

"—En San Luis Potosí'.

"Y allí mismo al instante, ordenó que se le pusiera un telegrama al general Tomás Urbina, que estaba en aquella Plaza, para que mandara dos ebanistas que vinieran a encargarse de ese trabajo, habiendo llegado una semana más tarde.

"El oratorio se terminó más hermoso de lo que yo me había imaginado y aún ahora, aunque no luce ya su hermoso altar, ni su pila de agua bendita, ni sus hermosas imágenes importadas de Italia, ni su órgano; ahora que sólo puede revelar la mano enemiga que todo lo destruyó, ese cuartito es todavía mi orgullo, porque me recuerda cada vez que lo veo, la satisfacción que me causa, cuando mis palabras dichas sin saber el resultado que iban a tener, hicieron cambiar los sentimientos de mi marido y aún reflexiono:

"Si yo hubiérale contestado de distinta manera, me lo habría mandado tirar, es casi seguro".

Boda con la muerte

El melodramático nombre que puse a este artículo corresponde a un singular episodio de la Revolución. El suceso tuvo lugar en Monterrey, y muestra el raro talante con que iban a la muerte los mexicanos que lucharon en aquella confrontación sangrienta.

La toma de Monterrey, el 24 de abril de 1914, fue uno de los triunfos más grandes de la Revolución constitucionalista, pues abría el paso para el avance final hacia la capital de la República.

La derrota del Ejército Federal fue absoluta. Huyeron los huertistas dejando tras de sí seis cañones, a más de considerable armamento, municiones y vituallas. Por centenares se rendían los "pelones"; lo hacían ondeando sus pañuelos a manera de banderas de paz ante el primer revolucionario que veían.

Generales, jefes y oficiales gobiernistas quedaron humillados. Algunos se embriagaron al terminar la batalla, y dando traspiés por las calles fueron a dormir en las casas u hoteles que habitaban. Ahí mismo, sorprendidos por los vencedores, perdieron la vida.

Un cierto mayor Tello, joven militar de carrera, había vivido durante varios meses en Monterrey. Conoció a una linda regiomontana. Se prendó de ella, la cortejó con asiduidad y consiguió que aceptara sus atenciones. Luego de un corto noviazgo la pidió en matrimonio a sus padres, quienes aceptaron de buen grado —grado de mayor— el desposorio. Se fijó para fines de abril la fecha del enlace.

Cuando se perdió la plaza de Monterrey, el sentimiento del mayor Tello fue muy grande. Con otros jefes y oficiales se emborrachó por la tristeza del vencimiento. Esa noche no fue a la casa de su novia, quien llena de inquietud aguardaba sus noticias. Ebrio de licor y de rabia llegó a su cuarto en horas de la madrugada y se durmió.

Despertó a la mañana siguiente, aún con los humos del alcohol. Recordó, sin embargo, la derrota, y lo sobrecogió el temor: su vida estaba en peligro; debió haber salido de la ciudad con los que huyeron. Pensó que en la casa de su novia se podía ocultar. Vestido de civil salió a la calle. Pretendía hacerse pasar por comerciante de la localidad. Pero fue detenido e interrogado, y no pudo negar su identidad. Reconocido por algunos revolucionarios quedó en el cuartel en calidad de prisionero. Después de un juicio sumarísimo se le condenó a morir fusilado.

—Un solo favor les tengo que pedir —dijo a quienes lo sentenciaron.

—¿De qué se trata? —preguntó uno de ellos.

—Mandé hacer las invitaciones de mi boda —explicó el mayor—. Las tengo ya pagadas, y sería una lástima que se desperdiciaran. Por favor, que alguien vaya a la imprenta, y que esas invitaciones para la misa nupcial se conviertan en invitaciones para mi fusilamiento. Repártanlas entre mis amigos, de modo que vaya el que quiera ir.

La singular solicitud fue obsequiada. Con toda solemnidad se repartieron las invitaciones para el fusilamiento, igual que si hubieran sido para el matrimonio. Ninguno de los invitados asistió a la ejecución, naturalmente, pero quedó en la memoria de muchos aquel singular rasgo del mayor.

Extraña cosa, en efecto, ésa de convertir las invitaciones de boda en invitaciones para un fusilamiento. Alguien podrá pensar que en esto se manifiesta —para decirlo con frase de Agustín Lara— "la exquisita ironía de las cosas amargas". Yo pienso más bien que durante su corta estancia en Monterrey ya había adquirido Tello el sentido de economía de los regiomontanos, y no iba a permitir que se desperdiciaran los pliegos ya pagados. Es teoría, claro.

El casamiento de Villa

Muy poco conocidos son ciertos detalles íntimos en la vida de Francisco Villa. En este capítulo se da noticia de su matrimonio con Luz Corral y de lo que aconteció en la iglesia con el sacerdote que los iba a casar.

Poco después del triunfo de Madero, llegó Villa a cumplir la palabra de esposo que había dado a Luz Corral.

—Aquí estoy —le dijo—. Traigo el grado de coronel, pero traigo también mi baja del servicio. Cuando quieras nos casamos.

Estaba presente la mamá de la muchacha.

—Le aseguro, señora —dijo Pancho dirigiéndose a ella—, que si la Güera no va a ser rica tampoco la va a pasar mal con su marido. Yo le dije al señor Madero que estaba ya cansado de mi vida aventurera; que deseaba establecerme, ponerme a trabajar y formar una familia. Y el señor Madero me regaló 10 000 pesos. Tenlos, Güera. Compra lo que necesites para la boda y guarda el resto para empezar con eso nuestro hogar.

No parecía Villa el rudo bandolero, el temible revolucionario de antes. Ahora era un hombre común que buscaba tranquilidad para pasar la vida al lado de la mujer amada.

Se llegó el día de la boda. Iba a tener lugar en San Andrés.

—Vamos a ver el templo, Güera —propuso Villa a Luz—, a ver qué te parece.

Cuando llegaron a la iglesia había gente terminando el arreglo del altar, donde lucía gran profusión de flores y de velas. El cura párroco, padre Muñoz, se afanaba dando las últimas instrucciones para el importante matrimonio en el que iba a oficiar. Cuando vio a Villa fue hacia él, lo saludó afablemente y luego de un rato de conversación, le preguntó:

—Perdone usted, coronel: ¿se va usted a confesar?

Villa se le quedó mirando con aquella mirada suya, penetrante.

—Mire, padre —le respondió con tono grave—, para confesarme tendría que emplear usted no menos de ocho días, y ya sabe que la boda es mañana.

—Pero si va usted a comulgar —insistió con cierta vacilación el sacerdote— tendrá que confesarse.

—Mire —replicó Villa—. Necesitaría usted un corazón más grande que el mío para recibir en él todo lo que el Señor me ha dado licencia de hacer. Pero yo sé, padre, que la misericordia de Dios es infinita. Ponga usted mis pecados en un montón, y al lado de ellos un montoncito de la misericordia de Dios. Cuando se emparejen los dos montones absuélvame, y asunto arreglado.

"Es preciso que yo le cuente al mundo —escribiría muchos años después de su marido Luz Corral— que él no era un perverso, como lo presenta la leyenda que a su derredor se ha tejido. Pero si era un amoral yo pregunto a la sociedad y a quienes lo acusan: ¿en qué escuela fue educado? ¿Qué labios amorosos insinuaron la caridad en sus oídos? ¿Acaso él y los suyos no vivieron eternamente escarnecidos por aquellos que debieron ser para él ejemplo de virtud y de nobleza? Ellos fueron quienes arrojaron a Pancho a esa vida miserable, a su peregrinaje eterno y terrorífico."

Madre Constitución

Un gran acierto de Carranza fue haber convertido la Revolución en ley. En la Constitución de 1917 se plasmaron muchas aspiraciones cuya realización había sido postergada.

El 14 de septiembre de 1916 convocó Carranza a una asamblea constituyente que se reuniría en Querétaro para dar a los mexicanos nueva Carta Magna. Una diputación supuestamente nacional daría forma al documento. Lo cierto es que más de la mitad de la República se hallaba en manos de zapatistas o villistas, y ninguno de los dos bandos estuvo representado en la diputación.

Los legisladores fueron designados por dedazo, arte en el cual don Venustiano llegó a ser muy diestro. A fines de noviembre empezaron a llegar a Querétaro. Todo diciembre se les fue en discutir las credenciales de cada uno y en largos discursos en que los oradores querían lucir como Demóstenes. Un diputado se inscribió para "una moción de orden" y cuando subió a la tribuna dijo que sólo tenía una pregunta: ¿cuándo les iban a pagar sus dietas?

Dos días antes de Navidad, la ciudad de Torreón fue tomada por Pancho Villa, quien ya para entonces era acérrimo enemigo de Carranza. Aunque Torreón está a bastantes kilómetros de Querétaro, algunos cautos diputados temieron por sus preciosas vidas y prepararon sus maletas para huir.

Carranza tenía listo un proyecto de constitución que le ayudaron a hacer los diputados Macías, Palavicini, Cravioto, Frías y otros. Sucedió, sin embargo, que entre los diputados había algunos muy radicales, y para colmo, más tercos que Carranza. Así, lo que don Venustiano pensó que iba a pasar sin discusión, cuestión de mero trámite, fue objeto de fuertes —y a veces agrias— discusiones, de modo que al terminar las deliberaciones algunos de los artículos propuestos por la comisión quedaron tan cambiados que no los podía conocer ni la madre que los parió.

El tono general de la Constitución fue populista y anticlerical. El carrancismo revivió la actitud jacobina y de comecuras de los tiempos de Juárez, y otra vez la Iglesia católica se sintió amenazada, pues se ponían en entredicho los fueros y privilegios de que siguió gozando por obra y gracia de la política conciliatoria de don Porfirio Díaz.

La Iglesia había estado contra la Revolución. En el clero tuvo Madero a uno de los sectores que más se le opusieron. Los curas tildaban de loco a don Panchito, lo consideraban hereje apartado del seno de la Santa Madre por sus creencias espiritistas. No es de extrañar, entonces, que en las sucesivas etapas de la Revolución, la Iglesia haya sido objeto de inquina por parte de los revolucionarios.

En enero de 1917, Obregón le informó a don Venustiano que tenía preso al obispo de Zacatecas. ¿Podía fusilarlo por anticonstitucionalista en los términos de la Ley Juárez de 1862? Respondió don Venustiano que lo mejor sería que fuerza juzgado por la autoridad local. Otra vez empezaba la lucha entre la Iglesia y el Estado. Lástima grande que haya terminado: a las iglesias les sientan bien las persecuciones.

El color de la Constitución

En la Constitución llamada de Querétaro, por haber sido promulgada en esa ciudad en 1917, quedó plasmado el ideario de las diversas facciones que concurrieron a la lucha contra la ilegalidad representada por Victoriano Huerta.

La de 1917 fue una Constitución que bien podría llamarse ecléctica, es decir, conciliadora de tendencias opuestas entre sí. Conservó muchos de los rasgos propios del liberalismo fincado en el "Dejad hacer; dejad pasar" del Estado liberal, y mantuvo en su capítulo de garantías individuales la libertad de expresión, la de comercio, la de tránsito, la de asociación, etcétera. Al mismo tiempo, sin embargo, como resultado de las ideas socialistas de moda en aquel tiempo, impuso reformas derivadas del radicalismo de algunos de los diputados, sobre todo en lo relativo a la tenencia de la tierra y a la educación impartida por el Estado. Preguntó alguien a Vasconcelos si la Constitución era "blanca", es decir liberal, o "roja", o sea socialista:

—Más bien creo que es violada —respondió sin vacilar el oaxaqueño.

Objeto de grandes controversias fue el artículo 130 de la ley fundamental. Se manifestó en esa norma la palmaria actitud anticlerical de la mayoría de los diputados, por no decir de todos. Se negó personalidad "a las asociaciones llamadas iglesias"; se privó de todo carácter sagrado a las personas de los ministros, a quienes se consideró como simples ejercitadores de una profesión; se impusieron severísimas restricciones a la propiedad y posesión de bienes por parte de las iglesias y de sus ministros; se prohibieron los actos externos del culto.

Por más que estas medidas parezcan extremosas, hay que decir, en abono de los constituyentes, que los moderados lograron atemperar los excesos de quienes exigían mayor radicalismo en la legislación sobre "los curas". Hubo ejemplos de esa actitud: en San Luis Potosí se dictó un decreto que autorizaba la confesión de los fieles católicos sólo en artículo de muerte. En Toluca, un reglamento municipal prohibió que los creyentes ayunaran, o se sometieran a mortificaciones en las peregrinaciones tradicionales de los pueblos.

No obstante esa actitud moderadora, a los ojos de los jerarcas la Constitución se presentó abiertamente anticatólica. Pusieron el grito en el cielo, en la tierra y en un importante punto equidistante, que fue Roma. Enviaron al papa Pío XI un ejemplar de la Carta Magna a fin de que sus cardenales la examinaran y rindieran sobre ella su opinión. Como resultado del dictamen, Su Santidad emitió *urbi et orbi* nada menos que una encíclica, la *Iniquis afflictisque*, de fecha 18 de noviembre de 1926, en la que el Sumo Pontífice condenó expresamente lo antirreligioso de la Constitución de México.

No cabe duda de que en esas disposiciones de la ley fundamental estuvo el germen del tremendo conflicto que ese mismo año, 1926, estallaría entre la Iglesia católica y el Estado mexicano. Capítulo cada vez más estudiado de nuestra historia, la llamada Persecución, Cristíada o Guerra de cristeros merece consideración muy especial.

Un caballero en la Revolución

Vuela, vuela palomita,
párate en aquel barranco,
anda y dile a mi mujer
que me voy con Lucio Blanco.

Era alto. Era robusto. Era bien parecido. Era muy culto y educado. Era Lucio Blanco, a quien su pundonor y su nobleza le ganaron el calificativo de *el Caballero Bayardo de la Revolución*.

Sabía del campo, pues en su juventud fue administrador del rancho de su padre. Se llamaba ese rancho Los Ojos de María, y estaba en el municipio de Múzquiz, en Coahuila. Pero a Lucio le gustaba leer, y uno tras otro devoraba los libros que podía conseguir. Particularmente le apasionaron los de Alejandro Dumas. Leyó *Los tres mosqueteros*, con sus secuelas *Veinte años después* y *El vizconde de Bragelonne*; leyó *El conde de Montecristo*, *Las lobas de Machecoul*, *El collar de la reina*, *La boca del Infierno* y *El caballero de la casa roja*. Quizá de esas lecturas novelescas le salió aquel espíritu romántico que lo hizo ser una especie de galante mosquetero en épocas en que la caballerosidad era cosa bien rara y singular. Por eso también fue llamado Lucio Blanco *el Mirlo Blanco de la Revolución*.

El doctor Peña, médico prominente de Múzquiz, le abrió su biblioteca. En ella leyó Lucio la *Historia patria*, voluminosa colección escrita por don Julio Zárate. Con especial detenimiento estudió la Intervención francesa, y eso lo hizo arder en patriotismo. Como se acercaba el 5 de mayo, decidió cobrar venganza por los agravios de la invasión en la persona de un pobre cura de origen francés que oficiaba en el templo de Santa Rosa de Lima. Se compró una buena dotación de cohetones y armó a varios de sus amigos con pitos y botes de hojalata. El propósito era interrumpir el sueño del bienaventurado con una sonata de cohetes y ruidos desapacibles, especie de cencerrada burlesca.

El sacerdote se enteró de lo que tramaba el joven Blanco, y como era sumamente nervioso y asustadizo llamó a las muchachas del pueblo y les dijo que si el tal Lucio llevaba a cabo su propósito él pediría su cambio a otra población. Las chicas querían bien al padrecito, de modo que fueron en gran comisión a buscar a su amigo. Lo encontraron leyendo en una nevería frente a la plaza del pueblo.

—Lucio —le dijo la que llevaba la voz—, venimos a pedirte que no molestes al padre. Tú sabes cómo es. Tememos que se vaya a enfermar por el disgusto, y además nos ha dicho que si le llevas esa serenata se irá del pueblo.

—Que se vaya —respondió con tono zumbón Lucio—. Sirve de que nos mandan un cura mexicano.

—Pero, Lucio —tomó la palabra Argentina Blanco, muchacha muy guapa y excelente pianista—. Si se va el padre las Hijas de María nos quedaremos sin director espiritual.

—Eso sí me preocupa —dijo Blanco adoptando un continente serio.

—¿Por qué? —se extrañaron las muchachas.

—Porque yo también soy hijo de María.

—No es posible —le dijeron—. Los hombres no pueden pertenecer a la congregación.

—Será —insistió Lucio—, pero yo soy hijo de María porque mi mamá es María Fuentes.

Vuela, vuela palomita...

Nació Lucio Blanco en 1879 en Nadadores, pequeño poblado de Coahuila llamado así por los indios que otrora habitaron la región, pertenecientes a esa tribu. Era de origen campesino, y aunque luego ganó cultura en libros, no dejó nunca de recordar sus raíces. Ese origen explica por qué Lucio Blanco dio siempre dimensión de lucha social a la Revolución.

Desde su juventud mostró inquietudes por el destino del país. Ferviente maderista, fue de los primeros partidarios del Apóstol. Cuando el 20 de noviembre de 1910 estalló la lucha armada contra el porfiriato, sin vacilar, Lucio se afilió al movimiento. La victoria del maderismo no lo hizo abandonar la lucha: al estallar la rebelión de Pascual Orozco fue a combatirla, y se hizo de fama por su valentía y arrojo en los combates.

No conocía el descanso Lucio Blanco. Tal parece que un destino inexorable lo empujaba a combatir. Tras el asesinato de Madero volvió a su lugar de origen, pero inmediatamente se sumó a la Revolución constitucionalista encabezada por el gobernador de Coahuila, don Venustiano Carranza. Fue de los escogidos para firmar con el Primer Jefe, en la Hacienda de Guadalupe, el plan de este nombre, por el cual se convocaba a todos los mexicanos a luchar contra la usurpación de Victoriano Huerta.

En el curso de sus campañas llegó a obtener el grado de teniente coronel. Tomó para la Revolución la importante plaza de Matamoros, Tamaulipas, y ahí realizó el primer reparto agrario de la Revolución en el norte de la República.

Se ha dicho que Carranza era una especie de apóstol del agrarismo. Si lo fue no lo mostró en esta ocasión. Se irritó por aquella acción de Lucio Blanco, lo hizo llamar y le quitó el mando de sus tropas, enviándolo a Sonora como castigado. Algunos dicen que el reparto hecho por Lucio molestó al antiguo terrateniente que era don Venustiano; otros afirman que el Varón de Cuatrociénegas sintió celos por la creciente popularidad de su paisano coahuilense. El caso es que lo apartó de su gracia.

En Sonora entró Lucio Blanco en trato oficial con Obregón, pues quedó bajo su mando. Sin embargo, jamás lo vio con buenos ojos, y en más de una ocasión discutió con él en forma aspérrima, pues los dos tenían una idea muy distinta de por qué andaban luchando. No obstante esa disidencia, fue siempre Lucio Blanco un leal subordinado, y consumó brillantes acciones de guerra que dieron sonados triunfos a la Revolución en el noroeste.

Surgieron luego las pugnas entre los diversos caudillos revolucionarios —Carranza, Villa, Obregón—, y Lucio Blanco se afilió en la facción de Villa, que fue la que más cerca quedó de sus ideas en la cuestión social. Como villista participó activamente en la Convención de Aguascalientes, y de ella salió como secretario de Guerra en el efímero gobierno que encabezó otro pundonoroso coahuilense, don Eulalio Gutiérrez.

La cucaracha

Un coahuilense, Ildefonso Vázquez, mandaba en Monterrey. Pocas vidas tan cortas hubo entre los revolucionarios como la de este muchacho: vivió 25 años. Nacido en Piedras Negras en 1890, se unió al movimiento maderista en 1911. Su carrera de militar fue relampagueante: ganó sonados triunfos en Sacramento, Monclova y Cuatrociénegas. Su victoria más brillante, sin embargo, la ganó en Candela, donde con 40 hombres batió a una fuerza muy superior. Por esa acción fue llamado *el Héroe de Candela*. Llegó a ser gobernador provisional de Nuevo León, en 1915, y murió ese mismo año en una escaramuza en Icamole.

Vasconcelos, quien conoció a Poncho Vázquez, dice de él que era "un muchacho de pueblo, bien plantado, alegre, noblote, ignorante". En cierta ocasión invitó a Vasconcelos a cenar, en Monterrey, y para impresionarlo hizo que cada tres minutos se le apersonara en la mesa algún licenciado, un funcionario, o el inspector de Policía, que le pedía instrucciones u órdenes, más una larga fila de jefes y oficiales que se le cuadraban y le daban reportes sobre el orden y la tranquilidad de la ciudad. El filósofo se divirtió mucho mirando aquella procesión hecha para qué él la viera y observando la grave solemnidad con que el joven Vázquez ejercitaba su gobierno.

Al terminar la cena, Ildefonso le hizo una invitación muy especial a Vasconcelos.

—¿No gusta ir con las muchachas? —le preguntó muy cortesanamente.

Vasconcelos, que era el mismo en un palacio que en una taberna, no se hizo del rogar y acompañó a su anfitrión en una ronda nocturna por los prostíbulos de Monterrey. La visita no le agradó: halló que casi todas las mujeres eran muy feas y vulgares. "Apenas si algún borracho se dejaba llevar a la intimidad".

Sin embargo tuvo una experiencia interesante que apuntó en la libreta que siempre llevaba consigo para dejar constancia de sus impresiones. En Monterrey, aquella noche, escuchó por primera vez uno de los himnos de la Revolución:

La cucaracha, la cucaracha,
ya no quiere caminar,
porque le falta, porque no tiene
mariguana qué chupar...

Vasconcelos, que conocía los entretelones de la política y la guerra, supo (como ya lo sabemos nosotros) que aquellos versos hacían referencia a un suceso de la Revolución constitucionalista: el ejército de Huerta, dirigido por el usurpador, dejó una vez de combatir todo un día porque su jefe no tuvo a su disposición la mariguana de donde sacaba el valor para luchar. El despectivo mote de *La Cucaracha* le era aplicado a Huerta por su color cetrino y por el aspecto que le daban a su rostro los anteojos negros y redondos que acostumbraba usar para ocultar los efectos de la cotidiana "cruda".

La inocencia y la mugre

De sus andanzas revolucionarias sacó José Vasconcelos una desoladora conclusión: "Es inocencia suponer que la barbarie desencadenada puede engendrar instituciones; engendra nuevas y más feroces tiranías".

A finales de 1915, Antonio Villarreal invitó a Vasconcelos, a una "memorable excursión", como la calificó el filósofo oaxaqueño. Fueron a las grutas de García. La profundidad, largor y belleza de las cavernas impresionaron a Vasconcelos y le dieron una nueva idea de las incontables maravillas que México posee.

Al regreso del recorrido, quizá bajo el influjo de lo que había visto, fantasmagoría espectral de luces y sombras, se puso a hacer en voz alta consideraciones sobre el movimiento revolucionario y su futuro. El porvenir parecía brillante, dijo, pero estamos borrachos de discursos. Un hábito de quienes viven bajo cualquier tiranía es no analizar la realidad. No necesitamos frases sobre la libertad: necesitamos hechos que hagan libres a los mexicanos.

Pocos, o nadie, entendían la preocupación de Vasconcelos. La Revolución carrancista había triunfado; faltaba sólo recoger los lauros de la victoria. Y eso era precisamente lo que más inquietaba a aquel hombre de claro pensamiento. Sabía que iba a suceder lo que había pasado en el siglo XIX: cada "salvador de la patria" se sintió con derecho a pasarle la factura.

En muchas actitudes de Carranza advertía Vasconcelos que el nuevo redentor iba a reclamar poder absoluto como pago de su revolución. Aquel hombre que al lado de Madero había luchado por la consagración de los ideales democráticos sentía que Carranza podía regresar a los viejos esquemas autoritarios contra los cuales se había rebelado el Apóstol.

Un acontecimiento intrascendente —¿acaso suceden cosas intrascendentes?— alivió de su desánimo a Vasconcelos. En Lampazos les fue ofrecida a los jefes vencedores una especie de tertulia o velada literario-musical en casa de una familia de la pequeña población. "Se hizo música —recordaría después el escritor—. Se jugaron juegos de prendas; se disfrutó de la intimidad pueblerina, ingenua y cordial".

Una jovencita vestida de azul recitó *La Serenata de Schubert*, de Manuel Gutiérrez Nájera. Luego unas muchachas cantaron a coro una canción vernácula. Vasconcelos, conmovido por la sencillez del instante, dejó de pensar en las violencias que sacudían a la nación y fijó su atención en la calidez de aquella vida aldeana, en la cual sentía latir la última y más íntima verdad de México.

Pensó entonces, y lo escribió después, que la situación nacional era "como la Sonata a Kreutzer: en el tercer movimiento hay un instante en que parece que todo terminó; pero en seguida, como engendrado del desastre mismo, nace un canto de consolación, como si Dios mismo nos levantara el alma, deshecha en la amargura [...] Me dejé llevar de la ilusión de la luna, que en esos momentos plateaba por igual el bello semblante de las mozas que la escoria de los muladares y me dije: ¿Qué importan, Señor, el fracaso y la mugre con tal de que las almas, a ratos, se abran a la luz?".

Chiles verdes y colorados

Secretario de don Venustiano Carranza fue el licenciado Gustavo Espinosa Mireles.

Fue el licenciado Gustavo Espinosa Mireles un hombre culto y dueño de exquisita educación. Muy allegado a don Venustiano Carranza, gozó de todas las confianzas del señor, de quien fue secretario particular. Al triunfo de la Revolución constitucionalista, don Venustiano dio a Espinosa Mireles el encargo de gobernador de Coahuila, encargo lleno de honor y de responsabilidad, pues era el estado mismo que Carranza había gobernado y de donde era original.

La extrema juventud de Espinosa Mireles no le impidió gobernar Coahuila con acierto. De hecho, es uno de los mejores gobernantes que el estado tuvo en el siglo XX. Realizó obras muy importantes y bajo su guía los coahuilenses conocieron el progreso, aun en aquella época tan abundosa en toda laya de dificultad.

Además de todo era Gustavo Espinosa Mireles hombre de singular ingenio. Y de ese ingenio trata la anécdota que enseguida voy a narrar.

Había llegado la época de elegir diputados al Congreso del estado. Tiempos muy primitivos eran aquéllos, porque figúrense ustedes que los diputados se elegían mediante el voto popular, y no con el modernísimo y eficaz sistema del dedazo. Atrasados que eran nuestros abuelos, que ni siquiera conocían esa utilísima invención llamada *democracia sui generis*. El caso es que concurrieron a elección candidatos de dos partidos, uno el oficial, apoyado por el gobernador Espinosa Mireles, y otro el de la oposición. Los candidatos oficiales participaban con el distintivo rojo; los oposicionistas con el verde.

Las elecciones se efectuaron y ganaron algunos candidatos "rojos" y otros "verdes". Como en aquellos tiempos bárbaros se acostumbraba en Coahuila —dígame usted— reconocer los triunfos de la oposición, un colaborador cercano de Espinosa Mireles le mostró su preocupación.

—¿Qué haremos, licenciado, con los diputados contrarios a nosotros que entraron al Congreso?

Espinosa Mireles no compartía esa preocupación. Conocía muy bien la naturaleza humana, y sabía que cuando conocen las mieles del presupuesto, el tibio acogimiento de la nómina, la tranquilizadora seguridad que dan el día 15 y el día último, hasta los más acérrimos oposicionistas, hasta los rebeldes más intransigentes se amansan y dulcifican, se vuelven mansos y dóciles y se olvidan de sus pasados arrebatos. Conservador, he dicho antes, es aquel que tiene algo que conservar. Así que dijo Espinosa Mireles con una socarrona sonrisa:

—No se preocupe usted, mi amigo. A esos señores diputados les pasará lo que a los chiles verdes, que con el tiempo se ponen colorados.

Puros papeles

Ahora que tanto se habla de la debilidad de nuestra moneda, me ha venido a la memoria una anécdota de don Celedonio Junco de la Vega.

Hombre ingenioso y bueno era don Celedonio Junco de la Vega. Poeta de notable calidad, a él se deben algunas pequeñas joyas de poesía. Tuvo amistad y correspondencia con los más distinguidos hombres de letras de su tiempo. En especial con Manuel José Othón cultivó entrañable amistad: el poeta potosino veía al regiomontano, si no como a un padre, sí como a un cariñoso hermano mayor.

Con mucha fortuna solía incursionar don Celedonio en la poesía festiva. Escribía epigramas picarescos que hacían las delicias de todos. En los banquetes improvisaba brindis en verso, regocijados y traviesos. Cuando estaba en la intimidad de sus amigos, recitaba coplas de su cosecha con las cuales todos soltaban el trapo de la risa.

Encontré, en mi búsqueda de cosas de la Revolución, una décima de don Celedonio a propósito del papel moneda que emitían las diversas facciones revolucionarias: zapatistas, carrancistas, villistas. Eran esos billetes los *bilimbiques*, que valían menos que el papel en el que se imprimían.

En su décima se refirió también Junco de la Vega a los incontables decretos con que esos bandos castigaban a la población, y a los abusos de los revolucionarios, sobre todo de los zapatistas de guarache. Terminaba haciendo referencia a la pasividad y resignación con que todos los mexicanos sufrían tantos males.

Leamos esa décima, que tiene la característica de ser "de cabos rotos". Eso quiere decir que el poeta, en un alarde de ingenio, suprime la última sílaba de la palabra con que remata cada verso para hacer que rimen entre sí las penúltimas sílabas. La ingeniosa décima de don Celedonio dice así:

Hay papel que mete mie—:
el papel de los villis—;
el papel del carrancis—,
que ya ninguno lo quie—;
el papel de los decre—,
que ya llegan a millo—;
el papel de podero—
que fingen los de guara—…
¡y el papel de desgracia—
que hacemos todos noso—.

La maquinita

El ministro de Hacienda de Carranza se negó a poner su firma en los *bilimbiques*.

—El jefe me tiene dándole vueltas al manubrio de la máquina de imprimir billetes —decía con enojo—. Le he pedido que al menos numeremos las series, que detengamos este torrente de dinero, pero él se niega. Dice que si necesitamos dinero lo único que tenemos que hacer es imprimirlo.

Por lo bajo el pueblo explicaba aquella invasión de billetes: se decía que los usaba "el viejo" para comprar la fidelidad de algunos generales, quienes estúpidamente se vendían a cambio de un millón o dos de aquellos pesos más falsos que las promesas de la Revolución.

El gobierno carrancista se dedicó a recoger el oro y la plata. Se confiscaba por la fuerza lo que tenía la gente, y a cambio se le daban aquellos bilimbiques inservibles. Los precios se fueron por las nubes. Sucedió, sí, que el gobierno canjeó por plata y oro los billetes de los favoritos, y éstos se apresuraron a llevar sus pesos fuertes a bancos de los Estados Unidos. Algunos críticos del carrancismo dijeron que se sacó del país el ahorro de varias generaciones de mexicanos.

Tanto en la economía como en la política se estaba despeñando la nación. Los adversarios de Carranza tenían la esperanza de verlo caer por un levantamiento popular. No se produjo ese levantamiento, cansado como estaba el pueblo de tanta sangre derramada. La que se derramó —precisamente la de Carranza— fue por obra no de sus enemigos, sino de los que alguna vez se dijeron sus amigos, Obregón el primero.

Tras de Obregón vino Calles. A él se debe la fundación del partido que terminó por ser el Revolucionario Institucional. Lo creó *El Turco* a fin de que los diversos bandos que se disputaban el poder dejaran de luchar y pudieran repartirse a la nación en paz, como quien se reparte un gran pastel. Así nacieron los cacicazgos políticos que aún padecemos; así nació ese partido de Estado que en sus principios tuvo el mérito de dar a México la estabilidad, pero que lo hizo a costa de la democracia, anulando la capacidad del pueblo mexicano para decidir por sí mismo el rumbo que quería tomar.

Lo cierto es que con Madero se perdió la gran esperanza democratizadora de nuestro país. Por eso se le regatean los homenajes al Apóstol de la Democracia: porque no la tenemos. En cambio, a los hombres de la corrupción se les enaltece y encomia en toda suerte de homenajes. Y es que corrupción, por desgracia, no nos falta.

Alucinación

Pancho Villa y Luz Corral habían terminado por separarse. Bien pudo pasar ella por alto las continuas infidelidades de su esposo, pero no pudo tolerar que a una de sus amantes, una jovencita liviana y llena de coqueterías llamada Austreberta, la llevara a vivir con él a Canutillo.

Así, un día en que una ahijada de Villa, Paula, iba a dejar la hacienda para volver al lado de su madre, Luz le pidió permiso a Pancho para irse con ella.

—Si quiere váyase —le respondió ceñudo el guerrillero—. Pero no a la casa de su madre. Irá a vivir con mi hermano y su mujer. Y no se lleve sus cosas. Alguna vez espero que regrese.

Así se hizo. Luz Corral se instaló en casa de Hipólito Villa. Una noche dormía en su recámara cuando despertó al sentir que se abría la puerta. Se enderezó en el lecho, y a la incierta luz del amanecer vio a una figura de pie en medio de la habitación. Era Pancho Villa.

Se acercó y sentándose al borde de la cama le tomó cariñosamente una mano. Ella se estremeció: la de su esposo estaba muy fría.

—Güera —le habló Villa—. ¿Estás enojada conmigo?

Ella iba a responder que sí. Realmente estaba muy enojada con su marido. Sentía que la había cambiado por otra. Pero se contuvo.

—No —le respondió—. No estoy enojada. ¿Por qué?

—Porque te he hecho sufrir mucho —dijo Villa con acento de honda tristeza—. Pero me perdonas, ¿verdad?

Ya iba a contestarle Luz que sí cuando un rayo de sol, el primero del día, entró por la ventana. La figura se desvaneció. Hasta entonces se dio cuenta Luz Corral de que había estado soñando, o de que todo había sido una alucinación.

Ya no pudo dormir. Poco después se levantó, y luego de realizar su aseo fue al cuarto de costura y se sentó ante la máquina de coser. Estaba haciendo un vestido de seda color vino. No pudo trabajar: sentía una honda congoja, un vago presentimiento inexplicable. Al poco rato alguien la llamó golpeando ligeramente con los dedos los cristales de la ventana que daba a la calle. Era la señora Portillo de Rubia, vecina de los Villa y amiga de Luz. Llena de agitación le preguntó:

—¿Ya viste el periódico?

—No —respondió ella con alarma—. ¿Qué sucede?

—Parece que asaltaron el automóvil del general Villa. Según esto él se encuentra herido de gravedad.

Luz recordó su sueño y dijo con la mirada puesta en el vacío:

—No, no está herido. Está muerto.

En efecto, a media mañana se recibió la confirmación. El general Villa había perecido a manos de sus enemigos. La premonición de Luz estaba cumplida.

"Tal vez Pancho —escribiría después— al momento de desprenderse su espíritu de la materia sintió remordimientos, y su pena fue de tal manera grande que su sentimiento alcanzó a llegar a mí".

Locura de poder

El asesinato de Madero, aquel idealista soñador, inauguró una trágica sucesión de asesinatos. En nombre de la Revolución el país se convirtió en un inmenso fangal de lodo y sangre.

Tenemos de Obregón la imagen de un hombre de madura edad. Así lo vemos en las fotografías. Sin embargo, el sonorense tenía solamente 40 años de edad cuando asumió la presidencia. Llegó a ella merced al asesinato de Carranza y después de un breve interinato cumplido con discreción por un hombre muy bueno, don Adolfo de la Huerta, quien no tuvo más culpa que la de haberse prestado a servir los intereses de su ambicioso paisano, el Manco de Celaya.

En cierta ocasión, el ingeniero don Pablo González Miller, hijo del general Pablo González, me dijo que había hecho una lista de los hombres a quienes Obregón mandó matar: la relación contiene más de 500 nombres. Carranza, Villa, Ángeles, Diéguez, Lucio Blanco, Benjamín Hill...

Obregón pretendió hacer un gobierno "socialista". Eso era, ya para entonces, lo revolucionario. Afirma Schlarman, historiador católico, que tanto Obregón como Calles y Cárdenas se decían socialistas pero eran en realidad —usando una expresión de Charles Péguy— "capitalistas de hombres", es decir, políticos que mueven a las masas con la promesa de mejorar su condición, pero sólo para utilizarlas en beneficio propio.

Una variopinta colección de personajes treparon al poder junto con Obregón. Sujetos de toda laya se encumbraron. Estaba entre ellos Adalberto Tejeda, que ponía en sus tarjetas de presentación, abajo de su nombre, este sonoro título: "Enemigo personal de Dios". Estaba Luis N. Morones, de quien se dijo era un agente de los americanos para controlar a los trabajadores mexicanos y hacerlos servir a intereses de los Estados Unidos. Morones fundó la CROM. Esas iniciales significaban: Confederación Regional Obrera Mexicana, pero la voz del pueblo les dio otra significación: "¡Cómo Roba Oro Morones!".

Don Adolfo de la Huerta, conciliador, había reabierto los templos católicos clausurados durante el gobierno de Carranza, tan anticlerical. Pero Obregón volvió a alentar la fobia contra el catolicismo. El nuevo presidente estaba irritado a causa de las pastorales emitidas por algunos obispos para protestar por el hostigamiento de los gobernadores obregonistas. El 8 de febrero de 1921 estalló una bomba en la puerta del domicilio del arzobispo. Nada hizo la policía para encontrar a los responsables del atentado. Poco después, el 12 de mayo, una muchedumbre gobiernista tomó por asalto la catedral de Morelia e hizo ondear la bandera roja del comunismo en una de las torres. Cuando al día siguiente los católicos salieron a protestar en una manifestación muda y pacífica, la policía disolvió a balazos a los manifestantes. Hubo cinco muertos y numerosos heridos. Empezaba a gestarse el gran enfrentamiento entre la Iglesia y el gobierno en México.

La Virgen agraviada

Señas de intenso anticatolicismo empezó a mostrar el gobierno de Álvaro Obregón. Al mismo tiempo, su gobierno mostró muy clara voluntad de acercamiento con los Estados Unidos, cuyo reconocimiento era cimiento fundamental para los gobiernos de los países latinoamericanos. Así, el régimen obregonista, que inició el mayor hostigamiento contra la Iglesia católica del siglo XX, fue el mismo que suscribió con el gobierno americano los infames Tratados de Bucareli —tan nefastos como el de MacLane-Ocampo que aceptó Juárez—, por los cuales se conferían a los ciudadanos estadounidenses privilegios que no gozaban en su país los mismos mexicanos.

El 14 de noviembre de 1921, un acontecimiento sacudió al país. Un individuo hizo estallar una bomba de dinamita al pie del altar de la Virgen de Guadalupe, en su basílica. El propósito era muy claro: destruir la imagen de la Morena del Tepeyac, tan venerada por el pueblo. Si el atentado hubiera tenido el éxito que buscaban quienes lo perpetraron, de la tilma o ayate de Juan Diego no habría quedado ni rastro. La bomba era muy potente. Sin embargo, ocurrió algo que la fe popular atribuyó a un milagro: aunque el altar sufrió daños considerables, la bella pintura quedó incólume. No sufrió absolutamente ningún daño. Queda como memoria del acontecimiento un grande, fuerte y pesado candelabro de bronce que quedó todo torcido como consecuencia de la explosión.

Ningún paso dio el gobierno para castigar al culpable de aquel atentado. Se supo de cierto, sin embargo, que era un empleado al servicio de la presidencia de la República: trabajaba en la secretaría particular de Obregón. Colocó la bomba en un ramo de flores, para lo cual llegó al santuario acompañado por 50 soldados de línea disfrazados de civiles. Otros tantos militares, éstos uniformados, hicieron acto de presencia inmediatamente después de la explosión y se llevaron consigo al terrorista. Trascendió que Obregón había llamado por teléfono al presidente municipal de la Villa de Guadalupe ordenándole dar protección al individuo.

Desde luego, el pueblo atribuyó el atentado a Obregón, y desde entonces se le tuvo no sólo por enemigo de la Iglesia, sino del pueblo mexicano, cuya fe y devoción por la Guadalupana habían sido de tal manera agraviadas. Hubo manifestaciones de católicos, que tuvieron cumplida respuesta por parte del gobierno: el 14 de febrero de 1922, una turba de supuestos trabajadores asaltaron el local de la ACJM (Asociación Católica de la Juventud Mexicana) y, tras golpear a indefensos muchachos, destruyeron todo lo que había en el lugar.

Cielo rojo

El asesinato fue método político en los días señoreados por Álvaro Obregón y Plutarco Elías Calles.

—Yo soy soldado de verdad. Y tengo gente. En 24 horas puedo poner 50 000 soldados en pie de lucha. A ver si alguno de esos generalitos de petate que están en la ciudad de México puede hacer lo mismo.

Quien eso decía era Pancho Villa, en entrevista que concedió en su hacienda de Canutillo al reportero Regino Hernández Llergo. No sabía que al decirle esas cosas estaba firmando su sentencia de muerte. En la capital había gran conmoción: un diario hizo una "encuesta de exploración" para encontrar a quién quería el pueblo de presidente, y Villa sacó una de las más altas votaciones.

Adolfo de la Huerta estaba preocupado. La popularidad de Villa endurecería el ánimo de Obregón. Convertido éste en Jefe Máximo de la Revolución, se desataría una época de violencia política en México. Había que conciliar, tranquilizar las cosas. Así, propuso a don José Vasconcelos para que fuera presidente de la República.

—Vasconcelos es un excéntrico idealista —le respondió Obregón—. El día en que Vasconcelos gobierne, tú, Plutarco y yo tendremos que hacer las maletas y salir de México.

Por lo pronto el mayor peligro para el obregonismo lo representaba Villa. Así, Obregón trató con el coronel Félix Lara, comandante militar de Parral, la conveniencia de "eliminar" al guerrillero. Al asunto no fue ajeno Plutarco Elías Calles, a quien luego señalaría Lara como el verdadero autor intelectual del asesinato.

A las siete de la mañana del 20 de julio de 1923 se dirigía Villa al pueblo de Río Florido, donde sería padrino en un bautizo. Los conspiradores aguardaron su paso en una casa deshabitada cerca del Puente Guanajuato, en Parral. Aunque Villa iba a ir en automóvil, el vehículo tendría que aminorar su velocidad tanto por la estrechez del puente como porque ahí la calle formaba un recodo. Se acercó el Dodge en que viajaba Villa con sus acompañantes. Manejaba el propio general; a su lado iba Miguel Trillo, su fiel amigo y secretario; atrás, dos miembros de su escolta y el chofer.

Tomó el automóvil por la calle Juárez y se dispuso a dar vuelta en la Gabino Barreda. Sonaron disparos y cayó Villa doblado sobre la portezuela. Aunque quiso sacar su pistola no alcanzó a hacerlo: las balas expansivas le destrozaron el cráneo, el corazón, las manos.

Trillo quedó con medio cuerpo salido por la ventanilla, y en el asiento trasero, igualmente muertos, los demás acompañantes.

Concluido el atentado, los conspiradores se fueron al cuartel militar. Ahí los acogió Lara, y los mantuvo escondidos mientras se hacía una simulada búsqueda de ellos. Esa misma mañana, mientras se rasuraba, recibió Obregón la noticia de la muerte de Villa. Llegaron a inquirir sobre el suceso los generales Francisco Serrano y Arnulfo Gómez, a quien preocupaba el crimen.

—Villa era un problema para el gobierno —les contestó Obregón sin dejar de afeitarse—. De manera que ustedes saben si quieren también su Canutillo.

El mismo camino

En agosto de 1923, un diputado local por Durango, Jesús Salas Barraza, se atribuyó la dirección del asesinato de Francisco Villa. Dijo que fue él quien encabezó "al puñado de valientes" que libró a la nación de "esa hiena". El caso es que la muerte de "la hiena" conmovió profundamente al pueblo mexicano, el cual lloró la muerte de Villa y pronto lo convirtió en lo que es hasta ahora: un personaje de leyenda que vive en la memoria popular y en los corridos que cantan los troveros.

Inquisiciones hechas por los amigos y partidarios de Villa pusieron en claro algunos hechos. Cometido el asesinato, Salas Barraza tomó el tren y fue a Torreón. De ahí, también por ferrocarril, se dirigió a Tampico. Luego viajó a Soledad de la Mota y tuvo una larga entrevista con Plutarco Elías Calles.

De la Huerta supo todo eso y se indignó. Ya estaba distanciado de Calles y de Obregón, a quienes en lo privado acusaba de estar entregando México a los Estados Unidos.

—Todo eso lo va a saber el pueblo mexicano —dijo una vez en círculo de amigos— si es que alguien, siguiendo el mismo camino que con Villa, no me corta antes la cabeza.

Se firmaron los nefastos Tratados de Bucareli. Don Adolfo de la Huerta, buen hombre y mexicano bueno, protestó airadamente cuando conoció el contenido de los acuerdos con los yanquis.

—¡Eso es una traición a la patria! —exclamó lleno de enojo en una entrevista que para el caso buscó con Álvaro Obregón.

—No seas quisquilloso —le respondió el Manco de Celaya—. Yo no quiero pasar a la historia sin el reconocimiento del gobierno de las naciones civilizadas. Algún sacrificio tenía que hacer. No seré el primero ni el último: todos los gobiernos firman tratados y hacen arreglos para entenderse con las demás naciones.

Inminente la imposición de Calles como próximo presidente, el Bloque Cooperatista empezó a manejar la candidatura de don Adolfo de la Huerta. Éste se resistía a figurar como candidato, pero hubo una fuerte presión popular en su favor. Obregón, irritado, provocó la renuncia de su antiguo amigo como secretario de Hacienda e hizo que el nuevo titular, Alberto Pani, hiciera declaraciones que desprestigiaban a De la Huerta. Éste demostró que había entregado la hacienda pública sin deudas, con 7 millones de pesos en la Tesorería y 25 millones más en bancos de México y los Estados Unidos. El pueblo salió a la calle a gritar: "¡Calles no, Calles no!". En especial a los católicos les preocupaba que el Turco tuviera en sus manos el destino de la nación.

Mancha sobre los hijos

Calles y Obregón estaban entregando México a los Estados Unidos. Contra eso se rebeló don Adolfo de la Huerta, al que siguieron numerosos militares.

—Por dignidad de hombre y de ciudadano acepto la candidatura que me ofrecéis a la presidencia de la República.

Con esas palabras se convirtió don Adolfo de la Huerta en opositor de Calles y Obregón. La respuesta no se hizo esperar: en la esquina de Bolívar y Madero, en pleno corazón de la ciudad de México, el automóvil en que iba el candidato independiente fue ametrallado por desconocidos. De milagro salvó la vida don Adolfo. Aconsejado por los suyos fue a refugiarse a Veracruz, el mismo asilo que buscó don Venustiano Carranza para salvarse de la saña asesina de los que ahora perseguían a De la Huerta.

Recibió éste el apoyo del general Guadalupe Sánchez y de otros antiguos revolucionarios: Fortunato Maycotte, Manuel Diéguez, Antonio Villarreal. Personalmente Obregón, con fama de invencible, salió a batir a los rebeldes. Sin embargo, éstos se hicieron fuertes en diversas plazas, y la rebelión contra el gobierno empezó a cundir.

En este punto aparece otra vez *el hilo negro*, es decir, la constante intervención de los Estados Unidos en los asuntos mexicanos. Al ver que el fiel de la balanza y —sobre todo— la popularidad en el pueblo, favorecía a De la Huerta, Washington puso en él los ojos. A Veracruz llegó por barco un enviado del gobierno yanqui con el ofrecimiento de apoyar con armas y dinero —y hasta con aeroplanos— a la Revolución delahuertista. ¿La condición? Que don Adolfo aceptara suscribir los Tratados de Bucareli, que ya no se opusiera a ellos.

Don Adolfo se negó de plano a la proposición, por más que algunos de sus generales le aconsejaban ceder ante ella.

—Mal me veré aceptando esos tratados —dijo— si los he considerado traición a la patria, si por causa de ellos empezó mi sublevación.

—Pues va usted a perder la presidencia— le dijo con altanería el vicecónsul Mayer, quien actuaba como intérprete.

—No estoy luchando para ganar la presidencia —respondió exaltado De la Huerta— sino para mostrar que no es posible ya engañar al pueblo mexicano, ni entregarlo en manos de extranjeros.

—Señor De la Huerta —insistió el enviado Wood—. Sabemos que tiene usted el apoyo de gran parte del pueblo mexicano. No renuncie al de los Estados Unidos. No nos dé una negativa rotunda. Estudie bien el asunto, y volveremos a hablar.

—No necesito estudiar nada —repitió el mexicano—. Ninguna vacilación tengo en este punto, y si alguna tuviera se desvanecería con mi temor de hacer caer una mancha de vergüenza sobre mis hijos y mis nietos. Ustedes mismos se dan cuenta de la infamia que representan para mi país esos tratados.

—Lo siento mucho, entonces —dijo Wood—. Con esto queda usted descalificado para nosotros.

—Qué le vamos a hacer —terminó De la Huerta poniéndose de pie.

Fríamente se despidieron los norteamericanos. Pocos días después, las fuerzas gobiernistas cobraban súbita fuerza y empezaban a vencer a los partidarios de don Adolfo de la Huerta.

La leyenda de Carrillo Puerto

Un aura de romanticismo envuelve la figura del yucateco Felipe Carrillo Puerto. Esa aura se debe a una mujer, la norteamericana Alma Reed, y a una canción: *Peregrina*. Pero ¿quién fue en verdad Carrillo Puerto?

El 26 de septiembre de 1920 ondeó la bandera de la Internacional Comunista en el asta del Palacio Nacional. Una manifestación obrerista había ocupado el Zócalo para exigir la reforma a los artículos 27 y 123, considerados "reaccionarios" y "burgueses".

Tomó la palabra el líder de los manifestantes, un hombre de buena presencia. Dijo que todo el país vivía bajo la reacción, menos Yucatán. Ahí sí el proletariado había tomado el poder.

—En lugar de pedir que bajen los precios debéis saquear las tiendas; en lugar de pedir reformas a los diputados debéis quemar la cámara donde sesiona ese Congreso inútil.

También propuso dinamitar el Palacio Nacional. ("Pero no en ese momento —apunta Taracena— porque volaría él igualmente".) Cuando decía su discurso empezaron a tocar las campanas de la catedral.

—Y esas campanas —clamó— deberíamos fundirlas. ¿Cuántos centavos podrían hacerse con su metal para repartirlos entre los pobres?

Carrillo Puerto había vivido una existencia política variada y tormentosa. Fue antimaderista: en su estado natal se opuso a la revolución iniciada por el Apóstol de la Democracia. Luego fue huertista: cuando el usurpador hizo campaña como candidato a la presidencia, Carrillo Puerto fue uno de sus propagandistas en Mérida.

Por cuestiones de política tuvo un duelo con un sujeto y lo mató. Prófugo, se embarcó en Progreso y fue a Cuba. Regresó para unirse al zapatismo. Luego se hizo carrancista, y fue con Salvador Alvarado a Yucatán. Su conducta dio lugar a quejas, y Carranza lo hizo llamar a la ciudad de México, donde lo reprendió con severidad. Carrillo Puerto quiso congraciarse con "el viejo" y le ofreció 50 000 indios mayas con los que se podría formar una fuerza para imponer como sucesor de don Venustiano al ingeniero Bonillas. Carranza lo despachó con cajas destempladas, y Carrillo Puerto se convirtió en obregonista.

Su tema constante era el proletariado, la liberación de los pobres, pero era el político que mejor vestía: usaba camisas de seda, zapatos de charol y lucía siempre una cadena de oro pendiente de un ojal en la solapa. Cuando alguien le reprochaba esa conducta burguesa, Carrillo Puerto manifestaba con suma seriedad:

—Para combatir mejor a los burgueses hay que infiltrarse entre ellos disfrazado de burgués.

Sus extremos oratorios lo ponían a veces en apuros. Cuando los trabajadores de El Buen Tono se fueron a la huelga, él les propuso en un discurso que lo acompañaran a su casa. Ahí, les dijo, tenía 20 rifles. Con ellos tomarían la fábrica y la entregarían a los trabajadores.

—¡Vamos, vamos! —gritó la multitud.

Todos echaron a caminar, Carrillo Puerto delante. Pero poco antes de llegar a su casa se detuvo, se volvió hacia sus enardecidos compañeros y les dijo que mejor se regresaran: todavía no era llegada la hora de la revolución obrera.

El otro Carrillo Puerto

La leyenda romántica de Felipe Carrillo Puerto, el que mandó escribir la canción *Peregrina* para llevarla de serenata a la periodista norteamericana Alma Reed, debe contrastarse con los datos que nos ofrece la realidad.

Los más cercanos colaboradores le reclamaban a Carrillo Puerto su cercanía con Obregón, a quien los socialistas miraban como un odioso hombre de capital aliado al imperialismo yanqui.

—Le estoy dorando la píldora —se justificaba el yucateco—. Quiero que me tome confianza. Las armas que me dará para sostenerlo las entregaré a mis indios y haré con ellos la verdadera revolución social.

Había dicho Carrillo Puerto a sus simpatizantes que no aspiraba a ningún puesto público.

—Si algún día me lanzo de candidato a gobernador —les manifestó una vez— podrán ustedes escupirme a la cara.

Se lanzó de candidato y desde luego nadie le escupió, porque iba a ser gobernador merced a su alianza con el obregonismo. Su campaña parecía hecha por los soviets: en volantes se convocaba a los trabajadores a prepararse para el advenimiento de la República Comunista. Más de mil muertos causó la campaña de Carrillo Puerto para adueñarse del poder en Yucatán. Los trabajadores que no simpatizaban con la causa socialista fueron objeto de tremenda persecución. Muchos cayeron en la cárcel o murieron asesinados. El menor indicio de oposición era brutalmente reprimido: salió una manifestación de católicos a protestar por el intento de Carrillo Puerto de implantar una especie de control obligatorio de la natalidad. La policía atacó ferozmente a los manifestantes y alguien arrojó sobre ellos una bomba de dinamita.

Vivas polémicas causó el gobierno de Carrillo Puerto. La prensa de la capital lo acusaba de ser un dictador. Peor todavía: un dictador dominado por "una marimacho yanqui" (se hacía alusión a Alma Reed) que daba con el gobernador ejemplo de fomentar el concubinato. Los partidarios de Carrillo Puerto —los tenía en grandes cantidades— hablaban de su sencillez (la gente lo llamaba simplemente Felipe), de sus esfuerzos en pro de los indios.

La ruina de Carrillo Puerto vino de su entrega a Obregón. Lo adulaba enviándole costosísimo regalos, uno de ellos un aderezo de brillantes que hizo llegar a la esposa de Obregón. La alhaja costó —según se dijo— cerca de 100 000 pesos. No era el único gobernador Carrillo Puerto que daba regalitos al presidente: al parecer Obregón esperaba de todos los gobernadores una especie de tributo personal pagadero en obsequios, principalmente joyas.

Al estallar la rebelión delahuertista contra Obregón, se vio Carrillo Puerto en posición de mucho riesgo, pues eran muchos los enemigos que había hecho en Yucatán, y éstos se apresuraron a apoyar el levantamiento como medio para deshacerse de aquel a quien juzgaban dictador.

Vamos a Tabasco...

La historia no es cosa del pasado: sigue viva y presente en la vida de los hombres mucho tiempo después de que acaecieron los sucesos que narró.

Quien esto y otras cosas escribe gusta de ir a los mercados. En ellos late la vida cotidiana de la gente, de modo tal que es posible aprender mucho de una ciudad y de sus habitantes visitando el mercado de esa población.

El de Villahermosa, Tabasco, es muy especial. En ningún otro del país he visto tal cantidad de puestos dedicados a la venta de artículos de magia: amuletos, pociones milagrosas, extraños talismanes, jabones esotéricos, figuras para ahuyentar la mala suerte y atraer la buena.

Quienquiera que conozca la historia regional de aquel estado, se explicará tal abundancia de artículos mágicos, y no extrañará que el pueblo crea en ellos. Sucede que durante mucho tiempo, Tabasco fue señoreado por Tomás Garrido Canabal, furibundo fanático al revés, o sea perseguidor acérrimo de la Iglesia católica y los curas.

La gente siempre tiene necesidad de creer en algo. Cuando Garrido le quitó al pueblo —a viva fuerza— su fe en las cosas del catolicismo, todos volvieron ojos a la magia, a la superstición popular. Hasta nuestros días prolifera ese lucrativo comercio de extrañas cosas de magia negra y blanca: inciensos, velas, ajos con listones, pájaros disecados, misteriosos líquidos de todos colores, una balumba, en fin, de extravagante quincalla con supuestos poderes sobrenaturales.

Tomás Garrido Canabal, dictador de Tabasco, no era tabasqueño. Nació en 1890 en Chiapas. Le echaron en cara su origen forastero la primera vez que se lanzó como candidato a diputado.

—No nací en Chiapas —respondió—. Nací en la mera raya de Tabasco.

Eso fue suficiente para que los ingeniosos tabasqueños le pusieran como mote *el Rayado*.

Provenía de familias ricas Garrido Canabal. Su padre era hacendado. Fiel a ese origen, el joven Tomás fue opositor de la Revolución maderista. Estudiante de Leyes en Campeche, publicó varios artículos atacando a Madero y elogiando a sus perseguidores. No fue el único: Felipe Carrillo Puerto fue también gran enemigo de Madero.

Después, Garrido se hizo anticarrancista. Aduló a Obregón y a Calles prometiéndoles grandes ganancias en una futura explotación petrolera. Nombrado gobernador interino de Tabasco, tuvo que salir a las volandas cuando estalló la Revolución delahuertista. Derrotado ese levantamiento, regresó vencedor y castigó a sus adversarios haciéndolos apalear en la vía pública.

Muchas historias se cuentan de Garrido. Era muy mujeriego. En una alta ceiba, se dice, hizo construir una especie de nido forrado por dentro con sedas y algodones. En él, entre las frondas y al compás del trinar de los pájaros, hacía el amor con las daifas que le brindaban sus favores. Sin embargo, mostraba un extraño puritanismo que le hizo prohibir el alcohol y los bailes en todo el territorio bajo su dominación.

...que Tabasco es un edén

Buen título el de la biografía que Baltasar Dromundo escribió de Tomás Garrido Canabal. Se llama *Su vida y su leyenda*. En efecto, con su azarosa vida tejió una leyenda este tabasqueño que no nació en Tabasco.

Como tirano déspota actuaba Garrido Canabal. Para él no debía haber en Tabasco otra voluntad más que la suya. No le preocupaba su "imagen", el concepto que de él tuviera la gente. Los periódicos de la capital del país lo llenaban de acres adjetivos; le reprochaban su rabioso anticatolicismo. No dejaban de ser fariseos esos ataques: los editores señalaban en Garrido lo que no podían decir de Calles, el poderoso en turno. Un enviado de cierto diario capitalino visitó a Garrido Canabal en Villahermosa y le pidió dinero por dejar de atacarlo.

—Si no compro el periódico —le respondió Garrido— menos voy a comprar a quienes lo hacen. No le daré dinero por dejar de atacarme, pero sepa que si me sigue atacando mandaré que le den una paliza. Y por ella no tendrá que pagarme ni un centavo. La paliza se la daré gratis.

En su odio hacia la Iglesia católica y hacia los sacerdotes llegaba Garrido a la locura. Hizo quemar muchas iglesias.

—Y si es posible —decía a sus esbirros— quémenlas con el cura adentro.

Más de una vez esa orden fue cumplida al pie de la letra. Leamos lo que escribió un tabasqueño contemporáneo de Garrido:

"Su odio al alcohol corría parejo con su saña contra los sacerdotes católicos romanos. Implantó un programa antifanático innecesario ya que, en realidad, el problema religioso en Tabasco no existía. Ello fue que hizo desatar una diabólica persecución de la que no se libraron ni las imágenes de los santos, que eran quemadas entre gritos ululantes. Desaparecieron casi todas las iglesias para convertirlas en escuelas o centros culturales obreros. La legislatura, garridista, expidió una Ley de Cultos que impedía ejercer a los curas que no estuvieran casados [...] La labor de Garrido fue exaltada no sólo por Calles y Obregón, sino nada menos que por Antonio Díaz Soto y Gama y Aurelio Manrique. Obregón proclamó que Tabasco era 'el baluarte de la Revolución'".

Tomás Garrido Canabal fue el fundador de aquel temible grupo fascistoide que se llamó de los Camisas Rojas. Lo componían hombres jóvenes fanatizados en las ideas del bolchevismo y con odio feroz contra la Iglesia católica. Fueron los camisas rojas quienes en diciembre de 1934 atacaron a balazos a los fieles que salían de la misa en un templo de Coyoacán. Causaron entre ellos varios muertos, e indignación en todo el país.

Callista de hueso colorado, Garrido se desterró de México cuando don Plutarco fue expulsado por Lázaro Cárdenas. En Costa Rica se dedicó a la agricultura. Regresó a México, pero tuvo miedo de morir a manos de sus numerosos enemigos (ya una vez había sufrido un atentado que estuvo a punto de costarle la vida), y entonces se fue a Los Ángeles, California. Ahí murió en 1943. Tenía 53 años de edad.

Otra y otra vez el hilo negro

"La hebra de oro". Así llamó cierto historiador a la influencia de la Antigüedad clásica —el legado preciosísimo de Grecia y Roma— a lo largo de toda la cultura occidental, hasta nuestros días. Pues bien: en burda parodia de esa idea es posible llamar el hilo negro a la constante influencia de los Estados Unidos en la historia mexicana. Descubrir ese hilo negro no es descubrir el hilo negro: es sacar a la luz uno de los más perniciosos elementos que han influido en los asuntos nacionales.

Soplaban vientos de fronda en la cuestión del petróleo mexicano. Las compañías norteamericanas sentían amenazados sus intereses por un gobierno que se decía socialista. Había aparecido una Ley del Petróleo que contenía artículos "peligrosos" a juicio de los yanquis. El 3 de noviembre de 1927, para disipar las nubes de borrasca, Calles se reunió con el embajador norteamericano Morrow. Éste le manifestó la inquietud de su gobierno por la promulgación de aquella ley.

—Con el general Obregón no hubo problemas —dijo a Calles—. En las pláticas de Bucareli nos ofreció respetar las ejecutorias de la Suprema Corte.

Esas ejecutorias hacían nugatorio todo reclamo mexicano sobre el petróleo tratándose de concesiones dadas a compañías extranjeras antes de la aparición de la ley.

—Tuvimos el caso de la Tejas Co. —recordó el embajador—. La Suprema Corte la amparó contra un decreto que emitió Carranza en 1917. Quizá usted podría conseguir que el mismo precedente se aplique en relación con la nueva Ley del Petróleo.

Y ahí tienen ustedes a don Plutarco obligado —para no indisponerse con los americanos— a anular los efectos de una ley dictada por él mismo.

El presidente de la Suprema Corte, licenciado Salvador Urbina, fue llamado con urgencia a la Secretaría de Industria. Ahí el líder Luis N. Morones, vocero principal callista, le transmitió "la línea", la consigna:

—El señor presidente me ha encargado comunicar a usted que el gobierno de la República está en peligro. Es necesario que antes de que las fuerzas del extranjero nos obliguen a claudicar, declare la Suprema Corte que la Ley del Petróleo es anticonstitucional.

Dicho de otra manera: antes de que los extranjeros nos obliguen a claudicar, claudiquemos nosotros.

El licenciado Urbina, sumiso, amparó a las compañías americanas contra la Ley del Petróleo. Cuando los líderes obreros —Lombardo Toledano entre ellos— le reclamaron a Morones la claudicación, respondió él:

—¿Y qué otra cosa podíamos hacer? ¡Los gringos se estaban preparando para invadirnos!

No era cierto. La verdad consistía en que Calles tenía que asegurarse el apoyo de los Estados Unidos para su gobierno. Y a fin de ganárselo no vaciló en hacer lo mismo que en su momento hizo don Benito Juárez: comprometer gravemente la soberanía nacional.

Obregón, el entreguista

Antes que Calles fue Obregón quien entregó la Revolución a los americanos. Estableció con ellos nefastos acuerdos que prácticamente pusieron a México en manos de los Estados Unidos.

Junto con don Benito Juárez es Álvaro Obregón el tipo más acabado del político mexicano. Su vocación fundamental era el poder; todas sus acciones estaban encaminadas a conseguirlo y retenerlo.

Contrariamente a lo que muchos piensan, Obregón no era un hombre culto. El mito de su cultura viene de los escritores —algunos de ellos famosos, como el español Vicente Blasco Ibáñez— que recibieron por adularlo muy fuertes cantidades de dinero. Era hombre inteligente, sí. O, quizá mejor dicho, era hombre astuto. Lo de su memoria prodigiosa sí es verdad. En una ocasión el excelente novelista y poeta michoacano José Rubén Romero recitó frente a él, en un banquete, un largo poema que había escrito. Al terminar le dijo Obregón:

—Ese poema es muy hermoso, licenciado, pero no es de usted.

—¿Cómo dice, señor? —farfulló confuso el escritor—. Sí es mío; lo terminé de escribir ayer.

—Perdóneme, pero desde los tiempos de la escuela conozco yo esos versos. No solamente los conozco: me los sé de memoria.

Y así diciendo Obregón recitó el poema de cabo a rabo sin olvidar una sola línea. Romero, azorado y lleno de turbación, no sabía qué decir. Al fin le ganó la risa a Obregón.

—No se apure, licenciado. El poema es suyo y muy suyo, ya lo sé. Lo que sucede es que me lo aprendí al tiempo que usted lo iba diciendo. Es esta maldita memoria mía que todo lo registra y guarda.

Hábil político, Obregón imitó en mucho a don Porfirio Díaz. Gran parte de su política se fincó en el pragmatismo de la conciliación. Cuando no podía conciliar, asesinaba. Magnífico administrador, aprovechó muy bien la bonanza petrolera que se registró durante los años de su administración. Empezó a construir las carreteras de México a Puebla, a Acapulco, a Laredo. Se honró el gobierno de Obregón llamando a colaborar a mexicanos como José Vasconcelos, quien en la Secretaría de Educación hizo una labor que algunos consideran no superada hasta nuestros días. Aun contra el criterio de Obregón, respetuoso de su ministro, Vasconcelos llevó a cabo una tarea cultural sin precedentes ni continuación. Hizo editar una serie de volúmenes de autores clásicos —los famosos "libros verdes"— cuyo cuidado encargó al saltillense Julio Torri. Al lado de *La Iliada*, *La Odisea* y las tragedias de Esquilo, Sófocles y Eurípides aparecieron los Evangelios, considerados como texto perteneciente a la cultura universal. Ofrecidos al pueblo esos preciosos libros, a bajísimo precio, Vasconcelos instruía así a los estudiantes encargados de venderlos en la vía pública:

—Si alguien no tiene dinero para comprar un libro vuelvan ustedes la vista hacia otro lado para que se lo pueda robar.

La política protestante

Muchas veces se le ha reprochado a la Iglesia católica meterse en cosas de política. Lo que no se ha dicho es que algunas denominaciones protestantes han tenido también dimes y diretes con la cosa pública. Juárez y Carranza dieron facilidades al protestantismo norteamericano para sentar sus reales en México. También los protestantes, entonces, son reos de no dar siempre a César lo que es del César y a Dios lo que es de Dios.

Una de las primeras providencias de Álvaro Obregón fue pedirle a José Vasconcelos que se hiciera cargo de la Universidad Nacional. Vasconcelos se resistía a la encomienda: afirmaba que la Universidad era "una cloaca carrancista". Pero aceptó ir a ella como paso previo al establecimiento de una Secretaría de Educación de donde arrancara la transformación de México. Tal era el sueño del tormentoso oaxaqueño.

Pidió a Obregón un oficio en el que se le hacía entrega de la institución. Armado con ese oficio se dirigió él solo al recinto de la Universidad. Al entrar se topó con Antonio Caso, amigo suyo.

—Acompáñeme, Antonio —le pidió.

Sin saber lo que iba a pasar, el ilustre filósofo acompañó a su amigo al despacho del rector.

Entraron los dos y después de los saludos de rigor, Vasconcelos entregó al funcionario el oficio que llevaba.

—Vengo a tomar posesión inmediata de todo —dijo al aterrado señor, que apenas acertó a sacar algunas cosas del cajón antes de marcharse apresuradamente.

El maestro Caso estaba estupefacto. Le reprochó su proceder a Vasconcelos:

—Debió usted mandarle un aviso por los conductos debidos.

—¿Y para entrar aquí usó él los conductos debidos? —respondió con sorna Vasconcelos—. Convénzase, Antonio: éstas son las gentes que más daño hacen al país. Los que esperan que el triunfador, sea quien sea, los llame a colaborar. Y lo mismo que acabo de hacer con la Universidad haré con la Preparatoria: la voy a recobrar de manos de los protestantes que se adueñaron de ella con ayuda de Carranza.

—¿Tendrá usted poder para hacer eso?

—Mi poder, Antonio, durará lo que dure mi voluntad de hacer las cosas bien.

Al día siguiente llegó Vasconcelos a la oficina del director de la Preparatoria. Éste, sabedor de lo que iba a suceder por el antecedente de la Universidad, no se había presentado ese día en su oficina. Sobre su escritorio halló Vasconcelos un escrito en que la Iglesia Metodista de los Estados Unidos designaba al señor Sáenz obispo y principal jefe de la propaganda en México. Vasconcelos entregó a la prensa copias de ese escrito a manera de prueba de la infiltración protestante en la educación de la niñez y juventud de México. Sin embargo, el mismo Sáenz se hizo cargo de la Secretaría de Educación Pública cuando con Calles volvió a tener poder el protestantismo político.

Los "clásicos verdes"

Quienes amamos los libros, y más aún los libros viejos, nos alegramos cada vez que encontramos en un baratillo alguno de aquellos preciosos "clásicos verdes" que editó don José Vasconcelos cuando fue secretario de Educación en tiempos de Obregón. Le ayudó en la tarea mi ilustre —y extraño— paisano Julio Torri. Esos libros son joyas de bibliófilo, y se atesoran con afán de avaro.

Habent sua fata libelli. Los libros tienen su destino. La frase es de Terenciano Mauro, que la puso en su copioso libro *De litteris, syllabis et metris*, capítulo 1, verso 286. Tienen su destino, sí, los libros; pero también tienen su nacimiento. El origen de esos famosos y queridos "clásicos verdes" es muy interesante.

Don José Vasconcelos se reía bastante cuando los intelectuales bolcheviques y los políticos comunistoides le decían que eso de editar a los clásicos era tarea de burgués para deleite de burgueses. A fin de mostrarles cuán equivocados estaban, solía contarles de dónde sacó la idea de poner las obras de los grandes autores al alcance del pueblo.

Poco antes de hacerse cargo de la SEP, el inquieto Vasconcelos, que todo lo quería leer, leyó *El capital*, de Marx. No sé de nadie que haya leído completa esa fatigosísima obra, con excepción del inolvidable don Casiano Campos. Alguien me dijo que la lectura de ese voluminoso volumen era muy buena para conciliar el sueño, mejor que cualquier hipnótico o papaverácea. En efecto, leí media página y me dormí como un bendito, aunque no cuadre la palabra con la obra. Pero me acometieron tremendas pesadillas en forma de monstruosos pejes que me perseguían. Sería el libro, sería una mala digestión, el caso es que en mi sueño vi esas criaturas desasosegadoras. A lo mejor fue premonición.

Los pocos amigos de Vasconcelos que intentaron leer *El capital* lo dejaron en las primeras páginas, y aun a ésas les entendieron menos que si hubiesen estado escritas en finés antiguo o chino mandarín. Don Pepe, en cambio, gran conocedor de Hegel, entendió perfectamente las enredadas tesis del marxista Marx. Que le hayan aprovechado. A mí el único Marx que me gusta es Groucho.

Escribió Vasconcelos acerca de ese libro: "En realidad 'El Capital' no tiene nada de oscuro y sí mucho de retrasado. Se funda en dos filosofías caducas: la de Hegel y la de Comte. Tomarlo como nuevo era imposible si se quería tomar en cuenta el abecé de la cultura general de la época. Y menos con la tendencia de crear una sociedad marxista. Esa pesadilla hay que obsequiarla a los que, por ignorantes, no ven otra cosa y andan desesperados, o a los pícaros que de ella se sirven para lucrar".

Como quiera, la lectura de Marx le sirvió a Vasconcelos para poder conversar de igual a igual con marxistas tanto de los Estados Unidos como de México. Por ellos se enteró de las novedades políticas en la Unión Soviética y de lo que se estaba haciendo ahí en materia educativa. Algo le llamó profundamente la atención: los comunistas soviéticos sentían un gran respeto por la cultura clásica. El saber de la antigüedad no lo consideraban adorno vacuo para uso de burgueses: pensaban que el conocimiento de las grandes obras del pensamiento universal era elemento esencial para conformar la nueva sociedad proletaria.

—Gorki —decía Vasconcelos— era proletario, pero un proletario genial que se acordó de los suyos y supo que leer a los clásicos no debía ser privilegio de los ricos. Había que abaratar las ediciones de los grandes autores para que el pueblo pudiera conocer su obra.

Añadía el gran oaxaqueño: "Humildemente confieso de dónde tomé la idea para mis ediciones, que constituyen lo que más me enorgullece y satisface de todo lo que hice en Educación, y vaya que hice muchas cosas importantes. Me criticaron esa obra muchos 'revolucionarios' callistas, que es lo mismo que decir reaccionarios huertistas: Portes Gil, Ortiz Rubio, Almazán... Calificaron de 'aristocrática' mi medida para editar a precios populares los mejores libros de la Humanidad. Pero mi edición de los clásicos llegó al pueblo, y de paso fue la mejor propaganda en favor de México, pues no se había hecho nada igual en castellano, y no existe persona culta de habla española que no haya admirado la colección o la haya bendecido por el bien que hizo a los humildes y por la honra que dio a la patria".

Obregón esquina con Washington

Ningún historiador ha recogido el nombre del *Chino León*. Sin embargo, ese mexicano desconocido fue protagonista de un hecho muy gallardo que ahora narro aquí.

Había estallado la rebelión delahuertista. Don Adolfo de la Huerta y sus partidarios consideraron que los famosos Tratados de Bucareli constituían una verdadera traición a la patria, pues comprometían en modo muy grave su soberanía. Denunciaron a Obregón por la perfidia de los arreglos a que llegó con los americanos y se declararon en rebelión contra el gobierno.

El Departamento de Estado norteamericano emitió una autorización por medio de la cual se permitía la venta de toda suerte de material de guerra a la administración presidida por Álvaro Obregón, y la entrada a México de esos pertrechos. Secretamente se preparó el envío de dos cruceros y 10 aviones de guerra que darían apoyo a los obregonistas en la campaña para batir a los rebeldes.

Don Adolfo de la Huerta había emitido un decreto en Veracruz en el que ordenaba a las compañías petroleras norteamericanas pagar los impuestos correspondientes a la oficina recaudadora revolucionaria. Los pagos que hicieran al gobierno de Obregón, indicaba aquel manifiesto, serían considerados nulos.

Como respuesta Washington ordenó que buques de guerra americanos se dirigieran tanto a Veracruz como a Tampico en defensa de los intereses de sus ciudadanos. Al mismo tiempo, el Departamento de Estado giró mensajes a todas las ciudades fronterizas con México a fin de que se impidiera la entrada al país de cualquier elemento de guerra destinado a los delahuertistas. Aun las medicinas serían consideradas contrabando.

Por esos días, el general José Morán, partidario de la rebelión, fue a atacar Tampico. Para eso contaba con fuerzas de mar y tierra. Cuando los barcos rebeldes se acercaban al puerto, les salieron al paso unos acorazados norteamericanos cuyo comandante se puso al habla con el jefe de la fuerza mexicana.

—Le doy una hora para retirarse de estas aguas. En Tampico hay ciudadanos norteamericanos. Si usted ataca el puerto será como si atacara a los Estados Unidos.

Al conocer esa amenaza se enfureció el marino que mandaba el barco *Tampico*, una de las naves delahuertistas. Se valió del telégrafo y envió un mensaje a don Adolfo de la Huerta, que estaba en Veracruz. Tras describirle la situación le decía:

"Pido su permiso para dispararles unos cañonazos a los gringos. Sé que me van a hundir, pero no quiero quedarme con las ganas".

Desde luego don Adolfo le negó la autorización, y el Chino hubo de retirarse hecho una furia.

El apoyo de los americanos fortaleció a Obregón, y éste logró acabar bien pronto con la rebelión delahuertista. Ferozmente castigó el levantamiento. Por centenares fueron fusilados los prisioneros. Cayó Salvador Alvarado; cayó Manuel García Vigil; cayeron Manuel Diéguez y Fortunato Maycotte. Estos dos últimos le habían salvado la vida a Obregón en diferentes ocasiones. Obregón no correspondió a tan señalado favor y los mandó fusilar. Así era él.

La Revolución que no fue (y la que fue)

Piedra de escándalo ha sido siempre la Revolución. Lo es todavía. Para unos fue triunfo magnífico del pueblo sobre la opresión; para otros consituye un tremendo fracaso político y social; el cambio de una dictadura dura por otra que era casi siempre blanda, excepción hecha de las veces en que debía endurecerse para poder seguir durando.

Así como en su tiempo se dijo aquello de "La revolución es la revolución", así en el nuestro podemos decir, sin caer en la perogrullada, que la Revolución fue la Revolución. Tenía que suceder, y sucedió. El idealismo de Madero no tuvo, por desgracia, consumación cabal, y naufragó en la terrible realidad del crimen. El mismo final tuvo la aspiración legitimista de Carranza. Vino luego una serie de caudillos más o menos violentos que se enfrentaron en luchas a muerte de "quítate tú *pa* ponerme yo". El asesinato se convirtió en método político; la sangre fue en ese tiempo el telón de fondo del paisaje mexicano. Culminaron tales pugnas con el surgimiento del sistema presidencialista y de partido único bajo el cual transcurrió la vida nacional durante largos años.

Cosas buenas y malas derivaron de ese sistema, considerado fruto de la Revolución. Madero buscó la democracia, y el sistema surgido de las luchas revolucionarias fue por esencia negador del ejercicio democrático. Ahora los mexicanos hemos empezado a transitar por una nueva vía. Vamos cayendo y levantándonos —¿quién no camina así?—, pero estamos más cerca del ideal por el que Madero dio la vida.

Si algún aprendizaje nos deja el relato de este período de nuestra historia, el revolucionario, ese aprendizaje es el de la búsqueda de la paz en el respeto a la libertad y el apego a la justicia. Sabemos que las instituciones nacionales están llenas de defectos, pero no hemos de usar violencia contra ellas, sino tratar de mejorarlas con nuestra participación de ciudadanos. La educación, el respeto a la ley, y —sobre todo— conseguir que todos los bienes sociales lleguen a todos los mexicanos, nos harán rechazar cualquier llamado a la violencia. Después de todo, el propósito fundamental de una revolución es evitar que vuelva a haber otra revolución.

Escribí esto en Saltillo,
el Año del Centenario de la Revolución.

Contenido

Sexta parte
El Apóstol que llega

Séptima parte
El martirio

Octava parte
Carranza: el hombre y el destino

Novena parte
Cuentas y cuentos

Décima parte
Cuentos y cuentas